2021 上海房地产年鉴

华　伟　主编
《上海房地产年鉴》编委会　编

线装書局

图书在版编目（CIP）数据

上海房地产年鉴. 2021 / 华伟主编 ；《上海房地产年鉴》编委会编. -- 北京 ：线装书局，2022.11
ISBN 978-7-5120-5286-4

Ⅰ. ①上… Ⅱ. ①华… ②上… Ⅲ. ①房地产业—上海—2021—年鉴 Ⅳ. ①F299.275.1-54

中国版本图书馆CIP数据核字(2022)第226093号

上海房地产年鉴（2021）SHANGHAI FANGDICHAN NIANJIAN(2021)

主　　编：华　伟
编　　者：《上海房地产年鉴》编委会
责任编辑：程俊蓉
出版发行：线装书局
地址：北京市丰台区方庄日月天地大厦B座17层（100078）
电话：010-58077126（发行部）010-58076938（总编室）
网址：www.zgxzsj.com
经　　销：新华书店
印　　刷：上海长鹰印刷厂
开　　本：890mm×1240mm　1/16
印　　张：19
字　　数：490千字
版　　次：2022年11月第1版　第1次印刷
印　　数：0001-3000册

线装书局官方微信

定　　价：680.00元

《上海房地产年鉴》编纂委员会

《上海房地产年鉴》编辑部

上海市住房和城乡建设管理委员会领导（最新）

姚　凯　上海市住房和城乡建设管理委员会主任
裴　晓　上海市住房和城乡建设管理委员会副主任
王　桢　上海市住房城乡建设管理委副主任
　　　　市房屋管理局局长、党组书记
张　政　上海市住房和城乡建设管理委员会副主任
马　韧　上海市住房和城乡建设管理委员会副主任
金　晨　上海市住房和城乡建设管理委员会副主任
朱剑豪　上海市住房和城乡建设管理委员会副主任
刘千伟　上海市住房和城乡建设管理委员会总工程师

上海市房屋管理局领导（最新）

王　桢　上海市住房城乡建设管理委副主任
　　　　市房屋管理局局长、党组书记
冷玉英　上海市房屋管理局党组成员、副局长
张立新　上海市房屋管理局党组成员、副局长
林伟斌　上海市房屋管理局党组成员、副局长
季祖坚　上海市房屋管理局党组成员、机关党委书记

上海市规划和自然资源局领导（最新）

徐毅松　上海市规划和自然资源局局长
韩志强　上海市规划和自然资源局党组书记、副局长
张玉鑫　上海市规划和自然资源局副局长、党组成员
王训国　上海市规划和自然资源局副局长
许　健　上海市规划和自然资源局副局长、党组成员
郑佐利　上海市纪委监委驻局纪检监察组组长
　　　　上海市规划和自然资源局党组成员
韦　冬　上海市规划和自然资源局总工程师

上海实用房产指南

厉无畏

全国政协原副主席　厉无畏

蓝天绿水楼市旺

安居乐业奔小康

庄晓天

二〇〇四年六月

上海市原副市长　庄晓天

上海市房地产经济学会原会长　桑荣林

规范房地产市场
造福于人民群众

陈正兴
2004.7

上海市政协原副主席　陈正兴

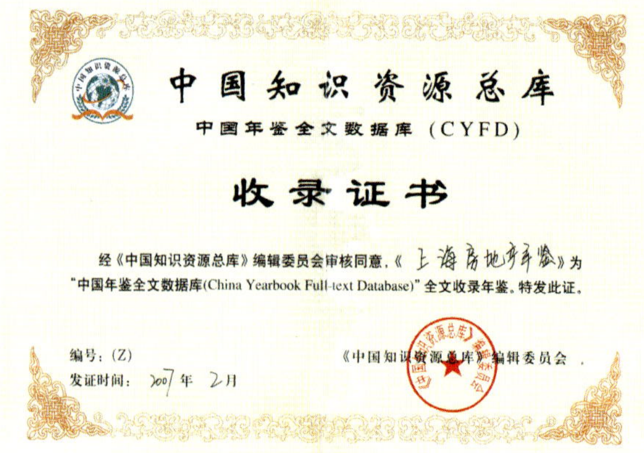
中国知识资源总库
中国年鉴全文数据库（CYFD）

收录证书

经《中国知识资源总库》编辑委员会审核同意，《上海房地产年鉴》为"中国年鉴全文数据库(China Yearbook Full-text Database)"全文收录年鉴，特发此证。

编号：(Z)
发证时间：2007年2月

《中国知识资源总库》编辑委员会

《上海房地产年鉴》被收录进“中国知识资源总库”

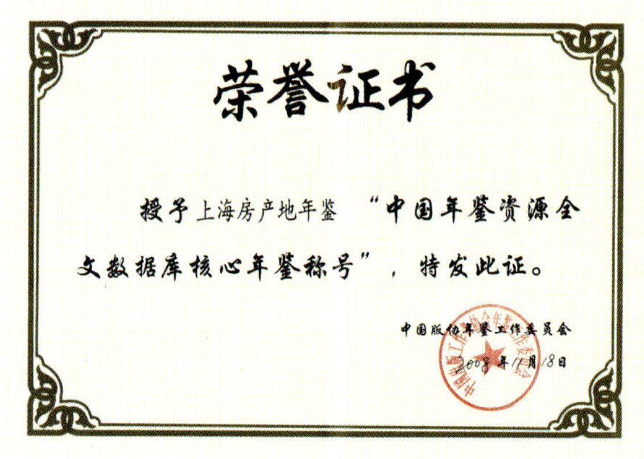
荣誉证书

授予上海房产地年鉴 “中国年鉴资源全文数据库核心年鉴称号”，特发此证。

中国版协年鉴工作委员会
2008年11月18日

《上海房地产年鉴》被中国版协年鉴工作委员会
授予“中国年鉴资源全文数据库核心年鉴称号”

1 2020年2月，市住建委主任黄永平带队调研住宅小区物业服务企业、租赁住房运营机构等疫情防控工作情况。

2 2020年12月，市房管局副局长张立新一行赴松江推进大居建设工作。

1 10月26日，虹口区最大旧改体量项目——东余杭路（一期）旧区改造项目举行房屋征收签约比例达标生效揭牌仪式。

2 2020年10月，全国第一个工人新村——曹杨一村首批成套改造项目正式开工。

3 2020年12月，扩建后的上海犹太难民纪念馆以全新面貌亮相。

1 2020年5月，市房管局召开党组（扩大）会议暨“四史”学习教育动员部署会。

2 2020年9月，市房管局、市信访办处室党支部联组开展“四史”学习教育主题党日活动。

1 2020年9月，吴淞创新城先行启动区控详规划正式批复。

2 黄浦江东岸滨江公共空间“贯通”多彩生活。

3 金山“上海湾区”将这样打造城市海岸线。

高新科教环境❀书香文韵之脉

位于上海市闵行区东南部的紫竹国家高新技术产业开发区，由大学校区、研发基地和紫竹配套区三部分组成。从2002年奠基至今，已成功发展为集教育、科研、人才、资本、产业等优势于一体的新型高科技产业园区，为世界500强等高精尖企业提供全方位优质服务。

实景图

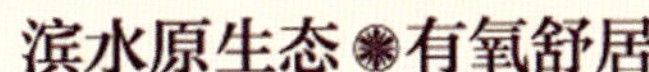

滨水原生态❀有氧舒居

紫竹半岛位于高新区东南角，总规划面积约324万方。社区外270° 黄浦江湾绵延近7公里原生态滨江绿地；社区景观以约40万方竹湖（规划中，暂定名）为核心，盈盈水间，让紫竹半岛的业主愉悦领略四季美景，创造健康有氧润泽的舒居生活。

实景图

优教氛围❀梦想起飞

紫江集团携手闵行教育局及华东师范大学，共建包含幼儿园、小学、中学在内的紫竹基础教育园区，毗邻百年名校交大和华师大，文脉书香，伴您成长。与国内外知名高校签约合作共建紫竹国际教育园区，着重在文化创意管理、影视创作、工商管理、生态与科技等学科领域积极引进学位教育项目， 打造多领域、多层次、多学制的中外合作办学项目。

示意图 示意图 示意图

精彩纷呈❀时尚生活配套

规划打造集休闲购物、生活便利、运动健身为一体的休闲商业街，目前H3健身会所、上岛咖啡、象王洗衣以及罗森便利店等商家已经入驻，为紫竹居民提供五彩斑斓的生活选择。

实景图 示意图 示意图

多维交通❀便捷归家之路

毗邻轨交5号线、15号线（在建）、23号线（规划中），紧靠S4沪金高速、虹梅南路隧道和高架快速干道，连通中环、内环，快速抵达上海主要区域。

上海市卢湾公房资产经营管理有限公司

LU WAN GONG FANG ZI CHAN JING YING

公房公司是上海永业企业（集团）有限公司的全资子公司，注册资本5000万元，公司及所属公司员工近500人，部分员工拥有中高级专业技术职称，承担了原卢湾区域近240万平方米直管公房、售后公房、代管产等产业的物业管理任务。

公房公司在落实政府每年10万平方米政府实事项目的基础上，建立了房屋专业查抢险队伍，每年对区域内8000余幢房屋安全普查二次，对旧里房屋及区房管局委托的805幢私房安全检查，确保公房和受委托私房不发生责任性坍塌事故。通过完善物业社区共建机

制，全面推进“卢湾公房物业”微信管理平台建设，逐步形成集投诉处理、违章查询、查抢险、保安保洁保绿保修“四保”巡视、公房租金收缴等公房信息一体化管理平台，不断提升公房信息化管理水平。

改造前

改造后

公房公司始终以解决直管公房居民最关心、最直接、最现实的问题，以不断满足居民日益增长的美好生活需要为出发点，开展创建“美丽家园”工作，让老旧小区居民有了更多的获得感。多年来，先后获得市、区重大工程、市住宅建设实事立功竞赛先进集体，黄浦区文明单位、上海市和谐劳动关系达标企业等荣誉称号。

2018年，公房管辖内的金谷村小区、振华里小区作为全市直管公房唯有的老旧住宅项目，获评“上海市物业管理优秀示范项目”，打造了全市直管公房精细化管理新标杆。

改造前

改造后

改造前

改造后

中骏
35载60+城
骏领未来
中骏集团创立于1987年，总部位于上海，35年精耕细作，战略布局全国60余座城市。2015-2020中骏集团连续五年荣获中国房地产开发企业50强，2017-2020荣获中国房地产上市公司综合实力40强，2016-2019《财富》中国500强，致力于成为受人尊敬的百年企业，成为卓越的美好生活引领者。
中骏集团东南区域隶属于中国地产TOP50中骏集团，其业务涵盖购物中心、长租公寓、品质住宅等板块，形成了1个平台、5大城市公司战略布局，包含上海、杭州、南京、合肥、苏州、无锡、徐州、南通、湖州、泰州等15座城市40+个项目，将为更多城市注入中骏式感动。

上海民盈城投物业管理有限公司

上海民盈城投物业管理有限公司前身为上海城投物业管理有限公司，成立于1998年初，由上海城投总公司及上海城投置业公司投资组建。2002年公司根据市建委批复成功改制。2015年公司变更为自然人独资，注册资金5000万。总部位于“申达大楼”，该大楼为上海市第四批优秀历史建筑。

公司物业管理面积从1998年的5万平方米发展到2020年近120万平方米。公司已跻身于上海大中型物业公司之列，成为物业行业的生力军。2017年公司排名上海物业企业第83位。

管理理念

不言最好 才有更好

服务别无选择 服务永无止境

苦中有乐 苦得其所

肯吃苦 能吃苦

服务宗旨

心系物业，

提供人性化服务是唯一也是一切

怀牵业主，

满足个性化要求是出发也是终结

资质证书

上海众众房地产开发有限公司
上海众众房地产开发有限公司于1998年联合行
同仁共同组建，注册资金2000万元，房地产开发二级
质，是上海众众实业发展有限公司在房地产领域子公司。
公司成立以来，先后开发“众众家园”一期、二期、三期，建造小
层达6.8万平方米，获上海市最佳优秀房型奖、工程质量优质奖，并获
设系统“闵行杯”奖杯；开发“众众德尚世嘉”住宅小区，建筑面积达16多万
方米，总投资约10亿人民币，获上海“四高小区”等称号；开发“众昌金城”酒店公寓约3.6万
方米，上海市莘庄工业区“众众工业园”。2014年完成 “众众德尚世嘉”小区东区都市府邸的
目；奉贤区南桥镇光明工业区10万平方米项目，首期已完成2万平方米工业标准厂房的建设。
经过十多年的发展，公司不断发展，总资产达3亿元。现有员工29人，大专及以上学历占80%
其中中高级人才占53%。公司荣获上海市工商局2002-2012年首批认定的企业合同信用等级A
单位；2003年被推荐为上海市房地产行业协会理事单位；2004年获国家工商行政管理总局、商
局批准公司司标和开发、资本投资二个商标注册证，并获批续展至2024年；2005年成为中国工
业联合会会员单位，2005年被行业确认为上海市首批诚信守诺120家企业之一；2009年中国房
产诚信品牌企业；2010年“百强”地产杰出贡献企业；2011年11月-2015年12月诚信创建 ”
星”级企业，2015年上海市房地产开发企业诚信承诺先进单位。
都市府邸

上海宏阳物业有限公司

宏阳物业

公司是一家由上海虹房（集团）有限公司国有资本注入参股的混合型综合企业，成立于1995年，注册资金600万元，建设部核批的原一级物业资质企业。不仅是虹房集团内第一家引入质量、环境、职业健康等三管理体系的物业企业，也是建设部核批的原一级物业资质企业。2006年起已成为中国物业管上海物业管理行业协会常务理事单位、上海市物业管理行业诚信承诺AAA级企业、上海市物业服务企业综合能力四星级企业、上海市百强物业企业之一，2019年4月荣获上海市文明单位。

在宏阳物业公司发展过程中始终围绕“创新管理、降本增效、稳固发展”的总体要求，以民生发展需求和治理问题为导向，近年来不断夯实基础服务，聚焦“红色物业”，围绕疫情防控、垃圾分类、虹口“创文”、“美丽家园”建设等重点保障工作，从“管理型”到“服务型”转型，物业范围从当初单一的住宅物业扩展至如今拥有住宅、别墅、学校、商业商办综合楼、工业厂房等物业项目，管理面积达222.49万平方米。

公司秉承“执着、追求、诚信、责任”的企业精神在现代化管理进程中不断追求完美，完善品牌，力求管理一流，服务一流，员工素质一流，社会效益一流。

公司荣誉

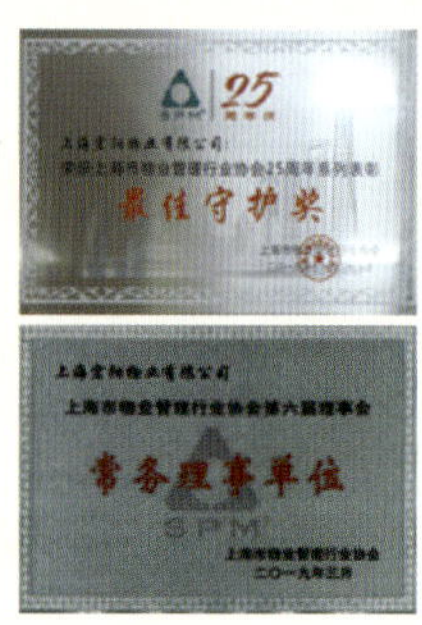

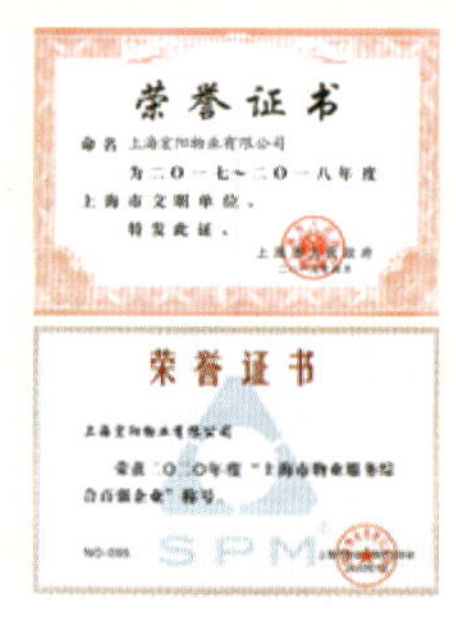

品　牌： 宏阳物业，满意的服务。

理　念： 精诚致远，绳子理论，弹性理论，时间观，人才观，市场观。

精　神： 合力奋进，勇于超越。

目　标： 为客户提供物有所值/物超其值的物业管理服务，创造客户满意的品牌物业。

上海中建申拓投资发展有限公司企业简介

CSCEC SHENTUO INVESTMENT DEVELOPMENT CO.,LTD Introduction

上海中建申拓投资发展有限公司成立于2011年6月，是世界500强企业中国建筑股份有限公司（601668）下属中国建筑第八工程局旗下鼎力的房地产开发企业，总部位于上海浦东，企业注册资本金16亿元，拥有房地产开发壹级资质，是中国房地产协会企业信用评价AAA级信用企业。

公司以“拓展幸福空间”为使命，以保障房、商品房、城市综合体及城市更新为发展方向，重点布局以上海为中心的长三角和以广州为中心的大湾区，累计开发面积超1200万㎡，投资额超800亿元，惠及人口30余万人。在民生建设领域，先后开发了上海浦东惠南民乐大居、曹路、航头保障房、合肥磨店家园等保障房民生工程，参与了上海浦东张江、康桥、崇明城桥“城中村”改造等城市更新项目；在商品房开发领域，投资开发了中建朗阅府、中建壹府澜庭、中建御湖澜庭、中建海樾府、杭州锦绣学成府、广州御溪世家等品质楼盘，在城市综合体领域，投资建设了临港临港新片区金融湾商业综合体、中建科创总部基地，张江广兰路地体上盖商办综合体等项目。

累计荣获全国五一劳动奖状、全国用户满意企业、全国保障性安居工程建设劳动竞赛先进单位、全国青年文明号、上海市文明单位、上海市重大工程事实立功竞赛“金杯公司”、上海市青年突击队、广厦奖、詹天佑奖、白玉兰奖等80余项全国及省市级荣誉；2020年，公司以住宅开发总量排名第六的成绩跻身上海市房地产企业开发总量10强。

上海公惠置业有限公司

公司成立于2007年12月26日，位于虹口区中山北二路1800号，是上海市总工会海鸥控股（集团）有限公司所属的全资子公司，承担上海市总工会委托的相关资产经营、机关大楼和商业管理的物业管理工作。公司管辖上海市总工会机关大楼、上海工会管理职业学院干部培训中心、劳动报社、上海市工人疗养院、海鸥商务大厦、银发大厦等楼宇物业项目，管理总面积近10万平方米。

2013年5月，公司成为上海市物业管理行业协会会员。

2014年8月，公司获得《上海市物业管理企业三级资质证书》。

2015年6月，公司所管辖的海鸥商务大厦被上海市物业管理行业协会选定为上海市65家“优秀大厦物业管理示范交流点”之一。

2016年10月，经上海市物业管理行业协会专家考评组复审通过，公司所管辖的海鸥商务大厦再次保持“上海市物业管理优秀大厦”荣誉称号。

2017年2月，公司成为上海市物业管理行业协会理事单位。

2018年8月，海鸥商务大厦荣获2018年度“上海市物业管理优秀示范项目”称号。

2018年8月，公司获得“上海市治安安全合格单位”荣誉称号。

公司通过多年物业管理工作的实践与历练，培养了一个具备“专业、高效、规范”的物业和资产经营团队，成了机关单位、商业客户心目中的优秀大管家。

公司将进一步聚焦做强做大物业板块的战略思路，秉承 “同舟共济、心系客户、保值增值、打造品牌”的企业文化，秉承绿色、环保、高效的工作理念，推进现代企业制度改革，提高管理效率和服务质量，为广大客户提供优质的服务。

上海延吉物业管理有限公司

上海延吉物业管理有限公司是中国物业管理协会理事单位（原建设部一级资质物业管理企业）、上海市物业管理协会副会长单位。公司成立于1993年，2004 年转制为混合制民营企业，目前公司管理面积643万平方米，员工2653人；经过27年全体员工的共同努力奋斗，延吉物业呈现出多元化、集团化发展趋势。

公司多次荣登中国物业管理行业综合实力百强企业；2020年荣获全国住房和城乡建设系统抗击新冠肺炎疫情先进集体，2017年荣获“全国文明单位”称号，连续10届荣获“上海市文明单位”称号；蝉联上海市和谐劳动关系达标企业；上海市平安示范单位、上海市守合同重信用企业、上海市房屋管理实事立功竞赛优秀公司、上海市志愿服务先进集体、上海市物业管理行业职业技能竞赛优秀组织奖、上海市物业服务综合能力“五星级”企业，上海市和谐劳动关系达标企业；上海市质量管理奖获得者；上海市物业管理行业诚信承诺“AAA”级企业、上海市“五星级诚信创建单位”、“杨浦区高技能人才培养基地”。

公司党支部连续多年荣获市物业行业“先进基层党组织”，2020年被评为“上海市物业行业首批党建品牌”，2019 年被评为上海市建交系统“建设先锋” 党组织示范点荣誉称号。党支部充分发挥劳模联盟的示范作用，组成以上海市劳模、市十佳技术能手、市建交工匠、行业最美物业人（标兵）、优秀共产党员等先进典型为主体的创建中坚力量，充分展现延吉物业人“敢于创新、甘于奉献”的“精、气、神”。通过内外宣传，加大党建品牌的辐射深度和广度，赋予企业使命、愿景、价值观新的内涵，践行关爱和服务业主的理念；树立劳模创新工作室等先进集体。

延吉物业致力于将互联网、云计算、大数据、人工智能技术自觉运用于物业管理，涵盖售后房、商品房、公租房、保障房、商务办公、政府办公、园区、文化场馆、科研楼、院校、养老院、高速公路等服务类型。打造智慧生活新模式，为业主提供智能化的物业服务，建设“绿色环保”新家园，拥抱“智慧物业”新时代。尤其在今年疫情下，坚持以数字化、绿色化、智能化引领企业创新驱动、转型发展，努力提高远程服务、精准管理的水平，推动物业管理智能化升级，助力城市更新，助推绿色运营，为实现跨越式发展夯实基础。

上海新松江置业公司

上海新松江置业（集团）有限公司为区管重点国有企业，公司于1997年3月成立，是原松江县房管局与原松江县土地局合并后，将上述两局中的企业及未合并单位整合而成。根据区委区政府有关指示精神，2006年11月上海新松江置业（集团）有限公司迎来了第一次重组与和上海城凯置业有限公司合并（合署办公）归属于建交委。

2008年12月上海新松江置业（集团）有限公司第二次重组，将上海城凯置业有限公司、上海广源房地产开发有限公司、上海松江茸城动拆迁有限公司划归集团。

2014年经区国资委批准为经营性公司。

2016年12月，上海松江公共租赁住房投资运营有限公司股权划入集团，2017年3月集团重组并经区国资委批准为功能性公司，并迎来第三次重组。

目前集团公司下属共有3家二级公司，上海松江公共租赁住房投资运营有限公司、上海市松江第一房屋征收服务事务所有限公司（上海松江茸城动拆迁有限公司），上海广源房地产开发有限公司，其中集团总部具有房地产开发二级资质。

上海公司成立于1995年，是招商局物业管理有限公司旗下重要的大型全资子公司，国家物业管理一级资质，在行业内率先通过了ISO9001、ISO14001、OHSAS18001国际质量标准认证，是上海市物业管理协会常任理事单位。在管项目40余个，管理面积超650万平方米，服务范围辐射上海、苏州、杭州、宁波、太仓、桐乡、南通等长三角经济发达区域。

招商局上海中心

上海公司拥有专业的服务团队及丰富的人才储备，服务覆盖“智能化楼宇”“产业、工业、物流园区”“中高档住宅”“豪华别墅群”“城市综合体”等多个产品线；业务涉及FMC设施设备管理、安全服务、环境服务、会务服务及房产经纪等。历经二十余年的发展，上海公司集优秀的经营管理与实践经验，获得了各方肯定，先后荣获上海名牌、上海市巾帼文明岗、上海市标准化示范单位、虹口区区长质量奖等30余项省市级荣誉。其中在管的“招商局大厦”和“招商局广场”先后被评为“全国物业示范大厦项目”。

物业管理中心

“百年诚信成就金花绽放，至尊服务赢得市场先机”。上海公司在招商物业总部的带领下，持续践行“人本文明”“绿色文明”的双文明特色基础服务，打造“标准化”“招商通”双工具，立志成为房地产价值链全程综合服务商。

招商局轮船总局

仪仗队

上海招商局物业管理有限公司

匠心铸造海派建筑 非凡开启水岸生活

上海建工海玥瑄邸绽放申城

作为上海建工房产“海玥”品牌在上海的开篇之作，上海建工房产周康航区域公司队始终秉承上海建工的工匠精神，以最人性化的设计理念、最先进的施工技术献礼海瑄邸，展现出一份难得的社会责任，更是不负城市建造者的一份匠心。

海玥瑄邸项目位于浦东新区宣桥镇，东至宣乐路，西至南六公路，北至项文路，总筑面积为31.4万平方米，包含16栋高层、9栋多层、31栋别墅以及1栋综合楼等57栋单。其中，4号楼为钢结构形式住宅单体，这是上海建工集团投资、开发、设计、建造的一栋装配式钢结构住宅，地上14层，高43.6米。

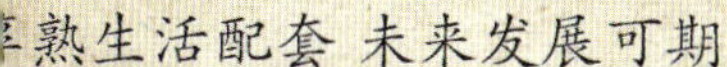

熟生活配套 未来发展可期

海玥瑄邸紧邻5A景区——上海野生动物，野生动物园不仅为区域丰富了自然生态资，其大量的绿化更有净化周边空气，提升空质量，过滤尘埃的作用，营造了从呼吸上就感受到区别的清新居住体验。另一方面，通野生动物园与迪士尼国际旅游度假区、海昌洋动物园、上海天文馆、冰雪之星等稀缺大旅游资源的强化组团式发展，该区域形成了洲最大的旅游目的地集群，未来发展可期，力无限。

同时，该项目坐落于传统别墅区内，距离交16号线上海野生动物园站仅约1.5公里；2里内有欧尚超市、禹洲商业广场、茂德广场商业配套，可满足基本生活所需；三灶实验学、三灶实验中学、南汇大学城、三灶学校优质教育资源环绕；医疗方面，也有上海浦医院、上海市浦东新区光明中医医院、上海浦东新区南华医院等医疗机构入驻，板块生配套成熟，生活所需皆近在咫尺。

此外，项目所处的宣桥板块受迪士尼旅游假区、浦东大飞机制造基地和张江高科等产辐射，在这三大产业的带动下，伴随着大量口的外溢，对支撑宣桥板块的发展和推动楼盘价值有着重要的意义。除了现有的三大产业的助力，上海东站的规划和重磅级自贸区临港新片区的规划让宣桥未来发展更有巨大的空间。

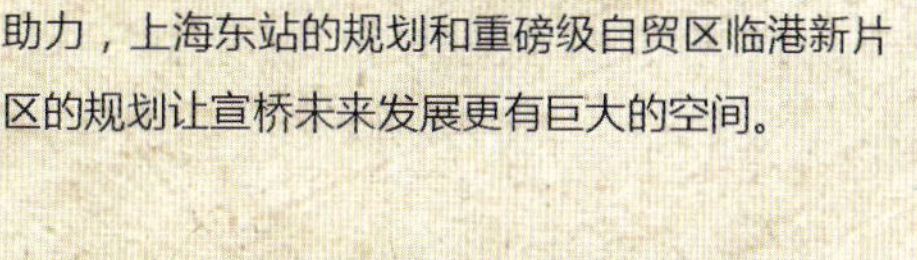

融入自主创新 技术优势明显

精装修住宅是未来发展的趋势，质量控制就显得尤为重要。项目团队发扬上海建工工匠精神，采用了多项由上海建工集团自主研发的创新建筑施工体系，力求打造出更为卓越的品质。

国内首创PCTF装配式体系。该项目采用预制叠合保温外挂墙板技术，实现夹心无机保温与结构同寿命，彻底解决传统外墙保温易脱易燃弊病。采用门窗工厂预埋技术，预制板连接处施加三道防水，杜绝住宅外墙渗漏的通病。

国内首创高层建筑无外脚手施工技术。该项目实现了无外模板、无外粉刷施工，让室外总体可与主体结构同步施工，打造了真正意义上的花园式工地。

国内首创预制剪力墙螺栓连接技术。该技术安全可靠、安装快捷、易于检测，并获得国家发明专利。

此外，上海建工缔造的“海玥”品牌蕴含海纳百川、兼容并蓄的大家风范，整体建筑立面采用石材、仿砖涂料、真石漆，经久耐用。

原创海派风格 尊享理想人居

上海建工房产秉承先锋创新精神，将旧上海的复古摩登与新上海的魔幻迷离相结合，构建原创海派建筑风格，以极具辨识度的原创作品，翻开属于上海新时代的海派建筑的崭新篇章，彰显海派传承，描绘“海玥”蓝图。

同时，作为在上海为数不多的滨河生态社区，该项目利用景观河道这一天然优势，着重进行了水系景观的规划设计，通过亲水平台、游园小品、绿化组团的形成，让居住于此的业主更多地亲近大自然，提供社区邻里交流的良好平台，同时充分利用中心绿化景观，辅以组团绿化，形成自由形态的绿化空间，让建筑与绿化相得益彰。在集中绿地进行细部设计，使得建筑的美感在人造环境中得以延伸，充满情趣，整体呈现出以滨河为主题景观的海派生活社区。

海玥瑄邸规划涵盖高层、花园洋房、叠加、联排四大类产品。其户型设计均从居者视角出发，真正做到以人为本，优越布局让每一平方米空间承载起多重功能定位，科学合理的收纳系统预留位置，全面释放居住空间，让生活井井有条；动静分离，客、餐、厨一体化设计，南北通透，一年四季洒满阳光；并有卧室飘窗，观景阳台等高附加值产品细节打造；臻选国际大牌，汇聚高仪、柏丽、科勒、西门子、斯米克、新晃、新多、莱茵阳光等国际一线品牌阵容，轻奢全装交付，礼赞美好生活。

居住改变生活。海玥瑄邸由获得詹天佑大奖的上海建工房产周康航区域公司团队精心打造，依托上海建工全产业链优势，采用上海建工自主研发的长效节能装配式建筑体系，融入卓越工艺，造就极具辨识度的崭新产品，将多元的文化及更多创新工艺细节融入作品，独特的原创“新海派风格建筑”让业主在体验上海风情的同时尊享理想人居。

营销中心联系电话：021-61657588。地址：浦东新区项文路339号。

上海北外滩物业管理有限公司

SHANGHAI BEI WAITAN
WUYE GUANLI YOUXIAN GONGSI

公司成立于1995年11月，是房管转制物业管理企业，上海市物业管理协会会员单位、国家二级资质物业管理企业。ISO9001质量管理体系、ISO14001环境管理体系、OHSAS18001职业健康安全管理体系认证企业。

北外滩，约3.66平方公里，是上海也是中国最早向世界开放的地区之一，海派文化的重要发源地，北外滩丰厚的历史文化底蕴，深深地影响和激励着北外滩物业人。北外滩物业共管理过各类物业总面积1307803.35平方米，其中多层住宅898934.28平方米，高层住宅229264.05平方米，办公楼、工业厂房及其他物业179605.02平方米。目前现有员工135人，拥有一批经验丰富的物业管理人员及专业技术娴熟的维修人员，提供24小时专业、快捷的服务。作为地区性的物业管理公司，虽然多年来接受上级委托管理着七十多万平方的公房，但为适应北外滩开发的需求，领先一步，从九十年代末起就开始商品房的管理服务，二十多年来承接了荣胜公寓、宏惠花苑、紫虹嘉苑、东方都市景苑、鸿旭豪苑、名江七星城、浏河锦绣天城、南通晏园南岸等项目，商品房管理面积曾经达到330716.84平方米，多次被评为虹口区文明单位。

不断前进中的北外滩物业，在董事长朱长斌同志的带领下从未因曾经取得的荣誉而停滞，“抓住机遇，迎接挑战，勇于改革，敢为人先”永远是北外滩人的风格和气度！

创全工作清清除乱停车

冒雨现场居民接待工作

风貌保护街坊改造项目

直管公房面积测量

目 录

第一篇 专论

第二篇 环境

第三篇 行业

第四篇 类型

第五篇 区域

第六篇 附录

第一篇　专论

第一章　综述

第一节　房地产业发展必须服务于中华民族伟大复兴这个大局

近几年来，尤其是新冠病毒疫情爆发以来，上海房地产形势和全国一样，走势和从前一直势如破竹就已经完全不同。一是房地产开放量明显下降，土地成交量也显然大幅萎缩。二是商品房，无论是新房还是二手房成交量都显然减少，过去一直有的“金九银十”再不出现。三是无论是新房还是二手房成交价格不仅不再上涨，甚至开始下跌。应当说上海情况总体来说还是比较稳定，没有出现有的地方那样大幅度下跌。四是人们的预期已经改变，对房地产会继续上涨的观念已经消失，认为房地产价格以后要开始下跌。房地产作为家庭财产保值增值的手段的时代已经过去。购房人观望情绪严重，一些持有多套房的投资者开始抛售。

为什么会出现这些情况？一是国内外形势决定的。新冠病毒疫情爆发以来，国内外经济形势都比较严峻。从国外说，无论西方发达国家还是发展中国家疫情都十分严重。美国等西方国家固然无法控制疫情蔓延，发展中国家更加无力控制疫情蔓延。经济当然好不了。从国内来说，党和政府为了严格控制疫情蔓延，采取一系列严格控制疫情蔓延的政策措施，这无疑就会影响经济正常运行和发展。此外，党中央早就提倡“住房是用来住的，不是用来炒的”，并且采取了一系列调控政策，这使投资和投机需求基本消失了。而且现在党中央又提倡共同富裕，减少贫富差距，又使人们联想到会不会开征房产税，这不仅不会使投资和投机需求进一步消失，还可能使有多套房的人开始抛售。所有这些都会影响房地产预期和运行。

当然，房地产市场出现这些情况对我国经济运行有利有弊。从利来说，由于前几年房价涨得过高，影响了一些需要住房的人尤其是年轻人的购房需求，不利于人才引进和经济发展尤其是创新，不利于经济高质量发展。从弊来说，房地产业这些情况肯定会影响经济增长，影响就业。但是总体而言，从长期看是利大于弊。世界上事情不可能十全十美，总会有得有失。

这还是从全国而言的。从上海来说，由于经济地位决定，房地产总体还是比较稳定的，波动不是太多，但是，从总的趋势看，会和全国差不多。

以后的形势会怎样？恐怕很难准确估计。但是有几点，特别是上海似乎可以肯定。一是开发量和买卖量肯定不会再像过去那样热火朝天，房价也是涨难跌易，但是会有所分化。二是以后租售并举特别是公租房会比过去更加流行。三是旧区改造会得到更加重视。四是国家会更加重视房地产市场的长效机制的建立。总的说来，房地产有以后发展一定会经济和民生兼顾以民生第一，短期和长期相结合以长期为主。一句话就是房地产业发展必须服从和服务于中华民族伟大复兴这个大局。（作者：尹伯成）

第二节　2020年上海房地产市场回顾

2020年，上海市认真贯彻落实习近平总书记考察上海系列重要讲话精神，按照市委市政府决策部署，自觉践行“人民城市人民建，人民城市为人民”重要理念，扎实做好“六稳”工作、全面落实“六保”任务，统筹推进疫情防控、经济发展和服务民生工作，完成了全面建成小康社会总目标下的房屋管理各项工作任务。坚持落实中央“房住不炒，因城施策”的要求，一方面应对新冠疫情，积极推进房地产领域复工复产复市；另一方面加强房地产市场精准调控，引导市场预期，促进房地产市场平稳健康运行。

一、房地产开发投资状况分析

2020年，上海市房地产开发投资稳步增长，完成投资4 698.75亿元，比上年增长11.0%（见表1—1）。从全年走势看，房地产开发投资呈现短暂下降后回升的态势。一季度，受疫情影响投资增速同比下降8.2%，为全年最低点。此后随着全市复工复产全面推进和开工建设持续加快，房地产开发投资增速回升（见图1—1）。从房屋类型看，全市住宅投资2 418.79亿元，比上年增长4.3%；办公楼投资833.08亿元，增长20.8%；商业用房投资559.85亿元，增长22.4%。从投资结构看，土地购置费仍是支撑房地产开发投资增长的主要因素。2020年，上海房地产开发投资中的土地购置费2 325.53亿元，比上年增长18.4%，增速同比上升3.6个百分点。土地购置费占全部房地产开发投资的49.5%，占比提高3.1个百分点；建安工程投资2 053.41亿元，增长1.6%，占43.7%。

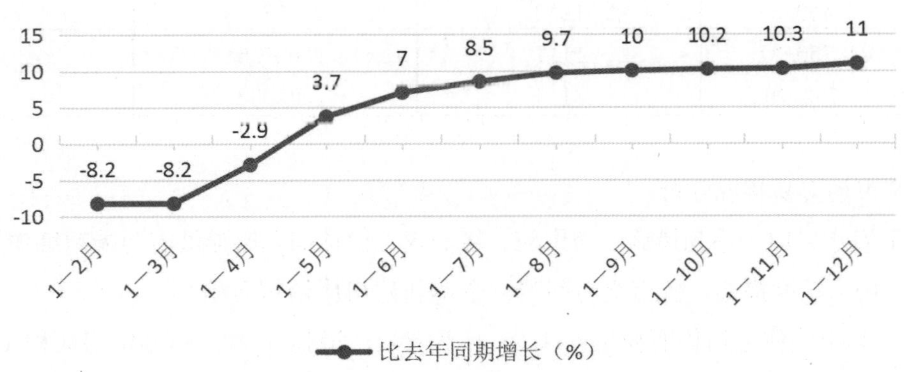

图1-1　2020年上海市房地产开发投资增速

二、房地产建设状况分析

2020年，随着促开工、稳增长力度持续加大，上海市新开工项目数量增加、开工面积快速回升，带动全部房屋在建设规模有所扩大。全部房屋施工面积15 740.34万平方米，比上年增长6.3%，其中住宅施工面积为7 712.25万平方米，增长3.6%。

从房屋类型看，房屋新开工面积 3 440.62 万平方米，增长 12.3%。住宅新开工面积 1 756.37 万平方米，增长 11.7%，增速比上年提高 4.9 个百分点；商办新开工面积 752.79 万平方米，增长 11.4%。

表 1-1　上海房地产开发投资情况　　　　单位：亿元、万平方米

年份	房地产开发投资		住宅开发投资		商品房新开工面积		住宅新开工面积	
	数值	同比（%）	数值	同比（%）	数值	同比（%）	数值	同比（%）
2020	4 699	11.0	2 419	4.3	3 440	12.3	1 757	11.7
2019	4 231	4.9	2 318	4.1	3 063	14.0	1 573	6.8
2018	4 033	4.6	2 226	3.4	2 687	2.6	1 473	5.0
2017	3 857	4.0	2 152	9.5	2 618	-7.8	1 403	-2.3
2016	3 709	6.9	1 965	8.4	2 841	9.1	1 436	-8.0

注：2018 年以来，国家统计局规定各省市固定资产投资统计对外只发布增速数据，本篇章涉及固定资产投资的指标均为增速（%）数据。

2020 年房屋竣工面积经历了连续两年下降后止跌回升。全市房屋竣工面积 2 877.78 万平方米，比上年增长 7.8%。其中，住宅竣工面积 1 627.61 万平方米，增长 12.0%；商办竣工面积 545.52 万平方米，下降 6.6%（见表 1-2）。

表 1-2　2020 年上海市房屋新开工及竣工情况

指 标	新开工面积		竣工面积	
	（万平方米）	增速（%）	（万平方米）	增速（%）
全部房屋	3 440.62	12.3	2 877.78	7.8
#住宅	1 756.37	11.7	1 627.61	12.0
商办用房	752.79	11.4	545.52	-6.6

三、房地产市场交易状况分析

2020 年，上海市采取一系列措施，增供应、稳需求、稳预期，加强供需两端精细调控。随着需求的持续释放，市场活跃度提高，楼市交易回暖。全市新建房屋销售面积 1 789.16 万平方米，比上年增长 5.5%。其中，住宅销售面积 1 434.07 万平方米，增长 5.9%；商办销售面积 185.42 万平方米，下降 2.1%。虽然市场化住宅销售量增加，但由于保障性住宅和商办销售规模下降，因此全部房屋销售面积小幅增长。

2020 年，上海市二手房市场活跃度提高，成交量同比增加。据上海市房地产交易中心统计，全市存量房网签面积 2 495.43 万平方米，比上年增长 19.9%。其中，存量住宅网签面积 2 246.23 万平方米，增长 24.4%。疫情后，积压的购房需求释放，存量住宅交易量上升，为近四年最高（见图 1-2）。

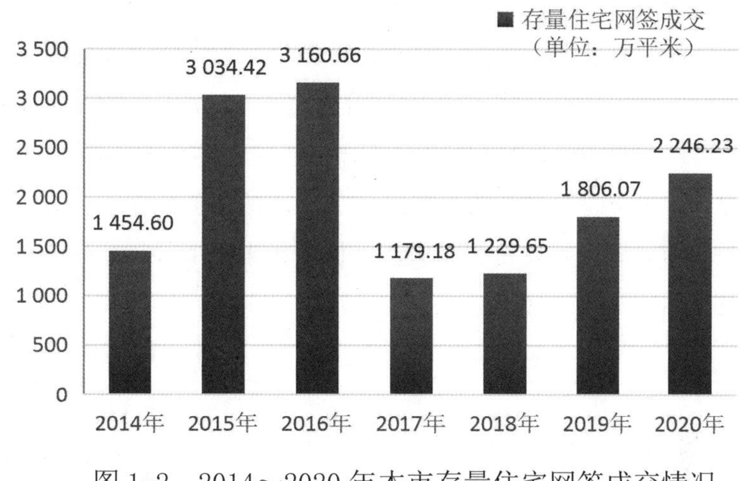

图 1-2　2014～2020 年本市存量住宅网签成交情况

四、商品住宅价格分析

2020 年，上海市新建住宅销售均价 36 741 元/平方米。从区域均价看：内环线以内 118 510 元/平方米，内外环线之间 53 718 元/平方米，外环线以外 26 737 元/平方米。

剔除征收安置住房和共有产权保障住房等保障性住房后的市场化新建住宅的区域均价分别为：内环线以内 118 510 元/平方米，内外环线之间 83 023 元/平方米，外环线以外 40 184 元/平方米。

五、房地产资金到位情况分析

2020 年，全市中资商业银行自营性人民币房地产贷款余额 23 759.4 亿元，同比增长 7.2%，增幅同比回落 1.8 个百分点。其中个人住房贷款余额 15 160.73 亿元，同比增长 7.4%；人民币房地产开发贷款余额 6 551.74 亿元,增长 7%。房地产开发项目到位资金 5 516.14 亿元，比上年增长 1.3%。

表 1-3　2020 年上海市房地产开发项目本年到位资金情况

指　标	资金（亿元）	比上年增长（%）	比重（%）
本年到位资金	5 516.14	1.3	100
#国内贷款	1 345.92	-2.9	24.4
#利用外资	5.76	-9.3	0.1
自筹资金	1 975.50	10.5	35.8
其他资金	2 188.97	-3.4	39.7

截至 2020 年底，上海市本到位资金 5 516.14 亿元，比上年增长 1.3%。其中，国内贷款 1 345.92 亿元，下降 2.9%；自筹资金 1 975.5 亿元，增长 10.5%；其他资金 2 188.97 亿元，下降 3.4%；全年利用外资 5.76 亿元，下降 9.3%（见上表 1-3）。

六、土地供应与成交分析

受疫情影响，2020 年上海市土拍政策放松。从总体数据来看，全年成交涉宅用地（仅住宅、商住，不含租赁住房、安置房、保障房用地）共 77 宗，成交建面 598.83 万平方米，平均成交楼面价 25 433 元/平方米。其中涉及从城中村项目（也就是定向挂牌出让的土地有 15 宗），实际拿到市场上出让的成交建面 488.6 万平方米。成交建面最多的为嘉定、奉贤、宝山分别为 94.53、76.5、75.9 万平方米，占比 41.23%。自 6 月份以来，因自持比例要求减少，楼面价上浮明显，且剔除该因素考虑楼面价相对还是上涨。各个区域成交面积及数据如下（见图 1-3）：

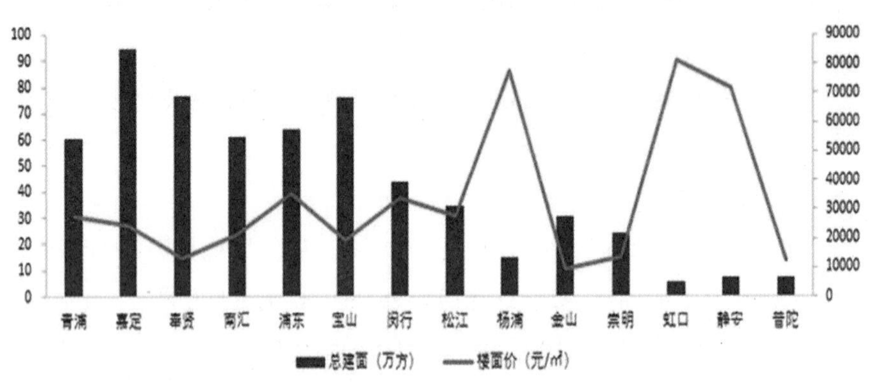

图 1-3　2020 年上海各区成交面积及成交楼板价

松江：共出让 4 宗纯住宅用地，无自持比例，成交时间在 2020 年 5 月 20 日之后，溢价率普遍较高 8.55%～15.04%，最高获取楼面价为 12 月 18 日金地竞得地块，楼面价 2.9 万元/平方米。成交楼面价 2.4～2.9 万元/平方米之间。

闵行：共出让 5 宗纯住宅用地，靠近内环的最高成交楼面价为旭辉+融信获取七宝镇地块，为 54 814 元/平方米。浦江镇 2 宗地成交（建发、新城获取地块），楼面价在 1.7 万元/平方米左右。

青浦：共出让 11 宗纯住宅，其中近一半共 5 宗为城中村改造地块（瑞安项目、俊发项目）。成交主要集中虹桥板块徐泾镇，除城中村项目楼面面价相对较低外，继 6 月之后远洋获取项目楼面价冲到 3.84 万元/平方米，溢价率 34.54%、金地 3.6 万元/平方米，溢价率 22%。剔除自持比例、区位因素，较 2,4 月份联美、招商获取地块楼面价还是有所上扬。青浦城区楼面价 2.6 万元/平方米,淀山湖板块大名城获取楼面价在 1.86 万元/平方米。

浦东：成交 8 宗涉宅用地，也是一半的土地为城中村改造地块。除此外，仅 4 宗市场为正常拍卖的土地，综合考虑华侨城曹路板块获取地价较高，楼面价 4.4 万元/平方米，还有 15%的自持要求。浦东市场需求较大，反而供应面积并不是很多，未来供求还是会继续吃紧。

南汇：成交 9 宗地，有 2 宗涉及城中村改造地块。出让地块主要也集中在临港新区（5 宗）除商住用地外，无自持要求，楼面价在 1.2～1.8 万元/平方米。 最高成交楼面价为周康板块，仁恒+华发获取的地块，楼面价 4.9 万元/平方米，溢价率 32.71%，此外同润集团获取的新场板块宅地，溢价率继续攀升 61%，市场热度继续走高。

嘉定：成交 11 宗地，最高为融信获取的南翔板块宅地，楼面价 3.87 万元/平方米，仅 5 个月的时间，较祥源获取的地块高出 1.1 万元/平方米。嘉定主城区板块楼面价在 2～2.3 万元/平方米。距离主城区越近，楼面价越高，南山获取江桥板块商住地 3.26 万元/平方米，较 2 月保利获取地块高 4 000 元/平方米。

奉贤：也是供应大区，总共 10 宗地，亩单价 1 000～3 000 万元。最高为保利、上海建都获取的城区纯宅地，没有自持要求，分别为 2，2.26 万元/平方米的楼面价。

宝山：总共成交 8 宗，3 宗涉及城中村项目，仅 11 月金融街成交地块无自持要求，就成交楼面价 2.56 万元/平方米，亩单价 3420 万元。

崇明：成交 3 宗，分别位于陈家镇、城桥镇、长兴岛，楼面价 1.2、1、1.67 万元/平方米。

金山区成交 3 宗，亩单价 700～1 600 万元，杨浦区 3 宗，纯住宅没有自持要求，亩单价 1.18～1.35 亿元，虹口 1 宗、静安区 1 宗、普陀区 1 宗。

第二章　2020 年上海市国民经济和社会发展统计公报

2020 年，面对突如其来的新冠肺炎疫情严重冲击和前所未有的严峻复杂形势，全市在以习近平同志为核心的党中央坚强领导下，以习近平新时代中国特色社会主义思想为指导，全面贯彻落实党的十九大和十九届二中、三中、四中、五中全会精神，深入学习贯彻习近平总书记考察上海重要讲话和在浦东开发开放 30 周年庆祝大会上的重要讲话精神，坚决贯彻落实党中央、国务院和中共上海市委、市政府的决策部署，自觉践行“人民城市人民建，人民城市为人民”重要理念，统筹推进疫情防控和经济社会发展工作，全市经济运行在抗疫情中体现韧性，社会民生在补短板中持续改善，奋力夺取了疫情防控和经济社会发展双胜利。

一、综 合

初步核算，全年实现上海市生产总值(GDP)38 700.58 亿元，比上年增长 1.7%(见图 2-1)。其中，第一产业增加值 103.57 亿元，下降 8.2%；第二产业增加值 10 289.47 亿元，增长 1.3%；第三产业增加值 28 307.54 亿元，增长 1.8%。第三产业增加值占上海市生产总值的比重为 73.1%，比上年提高 0.2 个百分点。

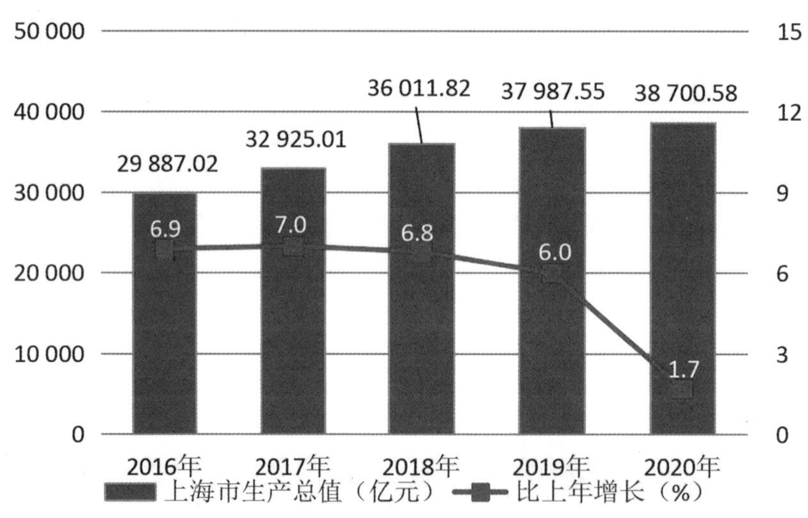

图 2-1　2016～2020 年上海市生产总值及其增长速度

在上海市生产总值中，公有制经济增加值 17 481.57 亿元，比上年增长 1.3%；非公有制经济增加值 21 219.01 亿元，增长 2.0%。非公有制经济增加值占上海市生产总值的比重为 54.8%。

全年战略性新兴产业增加值 7 327.58 亿元，比上年增长 9.2%。其中，工业增加值 2 959.79 亿元，增长 9.6%；服务业增加值 4 367.79 亿元，增长 8.9%(见表 2-1)。

表 2-1　2020 年战略性新兴产业增加值及其增长速度

指 标	绝对值（亿元）	比上年增长（%）
战略性新兴产业增加值	**7 327.58**	**9.2**
工　业	2 959.79	9.6
服务业	4 367.79	8.9

全年新设市场主体 47.73 万户，比上年增长 10.6%，新设市场主体注册资本(金)　27 681.18 亿元，增长 33.9%。其中，新设企业 41.79 万户，增长 13.7%，注册资本 27 630.08 亿元，增长 34.0%；新设个体工商户 5.91 万户，减少 7.0%，个体工商户资金数额 45.67 亿元，减少 1.6%；新设农民专业合作社 310 户，减少 11.2%，农民专业合作社出资总额 5.4 亿元，减少 25.0%。至年末，上海市共有各类市场主体 292.90 万户，比上年末增长 8.3%，注册资本(金)28.59 万亿元，增长 10.3%。其中，企业 241.91 万户，增长 9.6%，注册资本 28.54 万亿元，增长 10.3%；个体工商户 49.93 万户，增长 2.8%，资金总额 219.18 亿元，增长 9.5%；农民专业合作社 1.06 万户，减少 0.9%，出资总额 265.63 亿元，减少 15.9%。

全年地方一般公共预算收入 7 046.30 亿元，比上年下降 1.7%；非税收入占全市地方一般公共预算收入比重为 17.1%。地方一般公共预算支出 8 102.11 亿元，下降 0.9%(见表 2-2)。全年税务部门组织的税收收入完成 13 052.72 亿元(不含关税及海关代征税)，下降 4.7%。

表 2-2　2020 年地方一般公共预算收支及其增长速度

指 标	绝对值（亿元）	比上年增长（%）
地方一般公共预算收入	**7 046.30**	**-1.7**
#增值税	2 285.70	-17.4
个人所得税	670.37	11.0
企业所得税	1 394.30	-4.0
契　税	380.10	20.6
地方一般公共预算支出	**8 102.11**	**-0.9**
#一般公共服务支出	371.01	1.6
公共安全支出	440.82	6.6
教育支出	1 000.59	0.5
科学技术	406.20	4.3
社会保障和就业支出	981.12	-1.9
卫生与健康支出	544.50	10.3
节能环保支出	181.82	-1.2
城乡社区支出	1 419.49	-13.2

全年全社会固定资产投资总额比上年增长 10.3%。其中，第二产业投资增长 16.5%；非国有经济投资增长 13.1%(见表 2-3)。

表 2-3　2020 年全社会固定资产投资及其增长速度

指标	比上年增长（%）
全社会固定资产投资总额	**10.3**
按经济类型分	
国有经济	3.7
非国有经济	13.1
#私营经济	2.3
股份制经济	17.3
外商及港澳台经济	11.5
按产业分	
第一产业	109.8
第二产业	16.5
第三产业	9.0
按行业分	
#工　业	15.9
交通运输、仓储和邮政业	-27.4
信息传输、软件和信息技术服务业	-2.0
金融业	-29.9
教育	1.8
卫生和社会工作	31.3
文化、体育和娱乐业	28.9

以上年价格为 100，全年居民消费价格指数为 101.7。其中，食品烟酒类价格指数为 105.3，居住类价格指数为 100.8，医疗保健类价格指数为 101.2(见表 2-4)；工业生产者出厂价格指数为 98.3，工业生产者购进价格指数为 96.9。

以上年 12 月价格为 100，新建商品住宅销售价格指数为 104.2，二手住宅销售价格指数为 106.3；以上年价格为 100，全年新建商品住宅销售价格指数为 103.6，二手住宅销售价格指数为 103.5。

表 2-4　2020 年居民消费价格指数

指标	指数（以上年价格为 100）
居民消费价格指数	**101.7**
食品烟酒	105.3

衣　着	100.9
居　住	100.8
生活用品及服务	99.8
交通和通信	96.6
教育文化和娱乐	101.1
医疗保健	101.2
其他用品和服务	102.9

二、农　业

全年全市实现农业总产值272.01亿元，比上年下降7.1%。其中，种植业134.93亿元，下降4.6%；林业14.60亿元，下降5.6%；牧业54.27亿元，下降9.6%；渔业50.39亿元，下降8.4%；农林牧渔专业及辅助性活动17.82亿元，增长7.3%。

全年全市农作物播种面积25.78万公顷，比上年减少2.5%。其中，粮食播种面积11.43万公顷，减少2.6%；蔬菜播种面积8.42万公顷，减少3.0%。全年全市粮食产量91.44万吨，比上年下降4.6%；蔬菜产量244.33万吨，下降5.7%；生猪出栏97.74万头，下降17.0%；生牛奶产量29.09万吨，下降2.2%；水产品产量24.74万吨，下降11.8%(见表2-5)。

至年末，全市有效期内绿色食品企业数共875家，产品1 573个，全年获证产量125.58万吨；地产农产品绿色食品认证率达24%；农产品地理标志15个。

至年末，全市累计建成高标准农田面积11.41万公顷；全市累计创建市级蔬菜标准园223家；纳入统计范围的农民专业合作社2 506家，其中市级农民合作社示范社240家，国家级农民合作社示范社97家；各类农业产业化重点龙头企业365家，其中市级以上龙头企业88家，国家级龙头企业24家；经农业农村部门认定的家庭农场3 965家，其中市级示范家庭农场76家。

表2-5　2020年主要农副产品产量

产品名称	单　位	全市	比上年
		产量	增长（%）
粮　食	万吨	91.44	-4.6
蔬　菜	万吨	244.33	-5.7
生猪出栏	万头	97.74	-17.0
生牛奶	万吨	29.09	-2.2
家禽出栏	万只	788.21	-6.7
水产品	万吨	24.74	-11.8

三、工业和建筑业

全年实现工业增加值9 656.51亿元，比上年增长1.4%。全年完成工业总产值37 052.59亿元，增长 1.6%。其中，规模以上工业总产值 34 830.97 亿元，增长 1.9%。在规模以上工业总产值中，国有控股企业总产值 12 904.24 亿元，下降 1.3%。

全年新能源、高端装备、生物、新一代信息技术、新材料、新能源汽车、节能环保、数字创意等工业战略性新兴产业完成工业总产值 13 930.66 亿元，比上年增长 8.9%，占全市规模以上工业总产值比重达到 40.0%。

全年六个重点工业行业完成工业总产值 23 784.22 亿元，比上年增长 4.1%，占全市规模以上工业总产值的比重为 68.3%(见表 2-6)。

表 2-6　2020 年六个重点行业工业总产值及其增长速度

指 标	绝对值（亿元）	比上年增长（%）
六个重点行业工业总产值	**23 784.22**	**4.1**
电子信息产品制造业	6 466.23	5.3
汽车制造业	6 735.07	9.3
石油化工及精细化工制造业	3 488.97	0.5
精品钢材制造业	1 120.10	-4.2
成套设备制造业	4 556.95	0.6
生物医药制造业	1 416.61	2.9

全年规模以上工业产品销售率为 99.4%。全年新能源汽车产量 23.86 万辆，增长 1.9 倍；3D 打印设备产量 961 台，增长 23.2%；集成电路产量 288.67 亿块，增长 21.7%(见表 2-7)。

表 2-7　2020 年主要工业产品产量及其增长速度

产品名称	单 位	产 量	比上年增长（%）
钢　材	万吨	1 879.61	-1.1
工业机器人	万台	5.34	9.6
汽　车	万辆	264.68	-3.7
#新能源汽车	万辆	23.86	1.9 倍
多功能乘用车（MPV）	万辆	13.61	17.5
运动型多用途乘用车(SUV)	万辆	96.87	2.5
3D 打印设备	台	961.00	23.2
集成电路	亿块	288.67	21.7
笔记本计算机	万台	1 437.17	76.1
智能手机	万台	3 686.58	-7.3
服务器	万台	25.48	25.4
智能电视	万台	153.31	14.3

全年规模以上工业企业实现利润总额 2 831.81 亿元，比上年下降 2.3%；实现税金总额 1 754.00 亿元，下降 0.6%。规模以上工业企业亏损面为 21.6%。

全年实现建筑业总产值 8 277.04 亿元，比上年增长 5.9%；房屋建筑施工面积 53 798.60 万平方米，增长 5.7%；竣工面积 8 150.76 万平方米，下降 11.7%。

四、批发和零售业

全年实现批发和零售业增加值 4 869.89 亿元，比上年下降 3.3%。

全年实现商品销售总额 13.98 万亿元，比上年下降 2.6%。其中，批发销售额 12.51 万亿元，下降 3.1%。

全年实现社会消费品零售总额 15 932.50 亿元，比上年增长 0.5%(见表 2-8)。其中，无店铺零售额 3 041.75 亿元，增长 4.5%。网上商店零售额 2 606.39 亿元，增长 10.2%，占社会消费品零售总额的比重为 16.4%。

表 2-8　2020 年社会消费品零售总额及其增长速度

指 标	绝对值（亿元）	比上年增长（%）
社会消费品零售总额	**15 932.50**	**0.5**
#批发零售贸易业	14 754.23	2.6
住宿餐饮业	1 178.28	-19.6
#国 有	61.50	-6.9
私 营	3 328.52	-6.4
股份有限公司	445.31	-11.2
港澳台商投资	3 750.48	15.9
外商投资	3 861.56	3.6
#无店铺零售额	3 041.75	4.5
#网上商店零售额	2 606.39	10.2

全年完成电子商务交易额 29 417.4 亿元，比上年下降 11.4%。其中，B2B 交易额 17 697.3 亿元，下降 11.5%，占电子商务交易额的比重为 60.2%；网络购物交易额(含商品类、服务类交易)11 720.1 亿元，下降 11.1%，占电子商务交易额的比重为 39.8%。

五、交通、邮电和旅游

全年实现交通运输、仓储和邮政业增加值 1 474.82 亿元，比上年下降 8.4%。

全年各种运输方式完成货物运输量 139 226.01 万吨，比上年下降 7.2%。旅客发送量 11 973.18 万人次，下降 46.2%(见表 2-9)。

表 2-9　2020 年货物运输量与旅客发送量及其增长速度

指 标	单 位	绝对值	比上年增长（%）
货物运输量	**万吨**	**139 226.01**	**-7.2**
铁　路	万吨	478.19	1.4
水　运	万吨	92 294.30	-6.4
公　路	万吨	46 051	-9.1
机　场	万吨	402.52	-0.8
旅客发送量	**万人次**	**11 973.18**	**-46.2**
铁　路	万人次	7 604.63	-40.7
水　运	万人次	15.36	-86.6
公　路	万人次	1 332.28	-57.9
机　场	万人次	3 020.91	-50.6

全年完成港口货物吞吐量 71 669.95 万吨，比上年下降 0.5%；集装箱吞吐量 4 350.34 万国际标准箱，增长 0.5%。集装箱水水中转比例达 51.6%，国际中转比例 12.3%，分别比上年提高 3.3 和 1.5 个百分点。上海浦东、虹桥两大国际机场全年共起降航班 54.51 万架次，下降 30.5%；实现进出港旅客 6 164.21 万人次，下降 49.4%。其中，国内航线进出港旅客 5 644.24 万人次，下降 29.3%；国际及地区航线进出港旅客 519.97 万人次，下降 87.6%。

建成龙耀路越江隧道、沪苏通铁路一期，轨道交通 10 号线二期、18 号线一期(御桥路至航头路)建成投入试运行。至年末，全市轨道交通运营线路 18 条，长度达到 729.2 公里，运营车站 430 个。至年末，地面公交运营车辆达 1.77 万辆。其中，国Ⅴ及以上和零排放公交车 15 720 辆，占全部公交运营车辆的 89.0%。公交运营线路达 1 585 条，线网长度 9 116 公里；运营出租车 3.7 万辆，客运量 3.67 亿人次。全年公共交通客运总量 42.35 亿人次，日均 1 157.1 万人次，比上年下降 29.6%。其中，轨道交通客运量 28.32 亿人次，下降 27.1%；公共汽电车客运量 13.65 亿人次，下降 34.5%。

至年末，全市拥有各类民用汽车 470.43 万辆，比上年末增长 6.5%。其中，私人汽车 365.56 万辆，增长 7.5%。

全年完成邮政业务总量 848.14 亿元，比上年增长 10.4%；电信业务总量 2 822.91 亿元，增长 25.8%。邮政业全年完成邮政函件业务 3.14 亿件、包裹业务 204.90 万件、快递业务 33.63 亿件；快递业务收入 1 428.19 亿元。

全年实现旅游产业增加值 1 314.11 亿元，比上年下降 42.0%。年内评定推出首批 4 家市级旅游度假区和 16 家市级全域旅游特色示范区域，100 家旅游咨询社区服务点实现挂牌服务。

至年末，全市已有星级宾馆 193 家，旅行社 1 790 家，A 级旅游景区(点)130 个，红色旅游基地 34 个(见表 2-10)。

表 2-10　2020 年旅游设施情况

指 标	单位	绝对值
星级宾馆	**家**	**193**
#五星级	家	71
四星级	家	60
旅行社	**家**	**1 790**
#经营出境旅游业务的旅行社	家	298
A 级旅游景区（点）	**个**	**130**
#5A 级景区（点）	个	3
4A 级景区（点）	个	68
红色旅游基地	**个**	**34**
#全国红色旅游基地	个	12
旅游咨询服务中心	**个**	**63**

全年接待国际旅游入境者 128.62 万人次，比上年减少 85.7%（见图 2-2）。其中，入境外国人 83.01 万人次，减少 88.0%；港、澳、台同胞 45.61 万人次，减少 77.8%。在国际旅游入境者中，过夜旅游者 104.18 万人次，减少 85.8%。全年接待国内旅游者 23 605.71 万人次，减少 34.7%，其中外省市来沪旅游者 11 834.57 万人次，减少 31.1%。全年入境旅游外汇收入 37.74 亿美元，减少 55.0%；国内旅游收入 2 809.50 亿元，减少 41.3%。

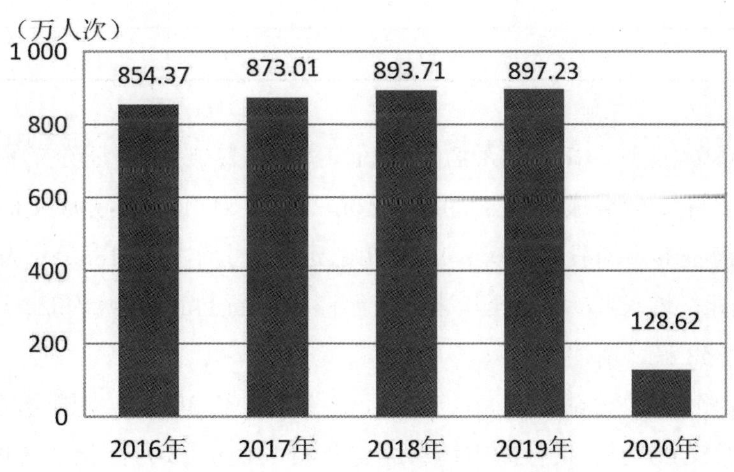

图 2-2　2016～2020 年国际旅游入境人数

六、金融业

全年实现金融业增加值 7 166.26 亿元，比上年增长 8.4%。

金融改革创新深入推进，国家金融管理部门和市政府联合发布‘金融 30 条’。金融业对外开放‘首家’‘首批’示范效应明显，一批知名外资金融机构在沪设立独资或合资机构。LPR 利率期权、低硫燃料油期货、国际铜期货等重要金融产品和业务推出，证券市场筹资额、现货黄金交易量、原油期货市场规模等均位居世界前三。金融发展环境不断优化，第十二届陆家嘴论坛成功举办，全球金融中心指数(GFCI)排名升至世界第三。

至年末，全市中外资金融机构本外币各项存款余额155 865.06亿元，比年初增加23 018.75亿元；贷款余额84 643.04亿元，比年初增加6 741.57亿元(见表2-11)。

表2-11　2020年中外资金融机构本外币存贷款情况

指 标	绝对值（亿元）	比年初增减额（亿元）
各项存款余额	**155 865.06**	**23 018.75**
#住户存款	38 302.45	4 979.96
非金融企业存款	63 425.46	7 437.41
财政性存款	3 934.59	1 160.22
机关团体存款	14 601.54	295.85
非银行业金融机构存款	27 781.02	7 930.88
各项贷款余额	**84 643.04**	**6 741.57**
#住户贷款	25 599.02	2 239.77
企（事业）单位贷款	54 302.80	4 289.98
非银行业金融机构贷款	404.11	- 23.07
#人民币个人消费贷款	22 146.92	1 347.41
#住房贷款	15 377.03	1 025.31
汽车消费贷款	3 075.67	307.39

全年金融市场交易总额达到2 274.83万亿元,比上年增长17.6%。上海证券交易所总成交额366.70万亿元，增长29.4%。其中，股票成交额83.99万亿元，增长54.4%；债券成交额11.45万亿元，增长78.7%。全年通过上海证券市场股票筹资9 151.73亿元，比上年增长18.9%；发行公司债和资产支持证券共48 224.56亿元，增长37.8%。至年末，上海证券市场上市证券22 922只，比上年末增加5 299只。其中，股票1 843只，增加228只。

全年上海期货交易所总成交金额152.80万亿元，比上年增长35.8%。中国金融期货交易所总成交金额115.44万亿元，增长65.8%。银行间市场总成交金额1 618.23万亿元，增长11.2%。上海黄金交易所总成交金额21.66万亿元，增长50.7%。

全年保险公司原保险保费收入1 864.99亿元，比上年增长8.4%。其中，财产险公司原保险保费收入594.35亿元，下降7.6%；人身险公司原保险保费收入1 270.64亿元，增长18.0%。全年原保险赔付支出630.70亿元，下降3.7%。其中，财产险业务原保险赔款支出278.46亿元，下降9.0%；寿险业务原保险给付223.75亿元，下降0.6%；健康险业务原保险赔款给付108.28亿元，增长7.5%；意外险业务原保险赔款支出20.2亿元，下降11.7%。

七、对外经济

全年上海口岸货物进出口总额87 463.10亿元，比上年增长3.8%，继续保持世界城市首位。其中，进口37 648.80亿元，增长6.2%；出口49 814.30亿元，增长2.1%。全年上海关区货物进出口总额64 604.64亿元，比上年增长1.8%。其中，进口27 024.82亿元，增长3.1%；出口37 579.82亿元，增长0.9%。

全年上海市货物进出口总额34 828.47亿元，比上年增长2.3%。其中，进口21 103.11亿元，增长3.8%；出口13 725.36亿元，与上年持平(见图2-3、表2-12)。高新技术产品出口占全市比重为42.1%。按市场分，对欧盟进口4 898.39亿元，增长7.8%；出口 2 081.71亿元，增长2.3%；对美国进口1 836.99亿元，增长5.8%；出口2 980.31亿元，增长6.6%；对东盟进口3 150.37亿元，增长8.9%；出口1 690.70亿元，下降6.5%；对日本进口2 555.60亿元，增长8.7%；出口1 256.44亿元，下降7.5%(见表2-13)。与“一带一路”沿线国家和重要节点 城市货物贸易额占全市比重达到22.5%。

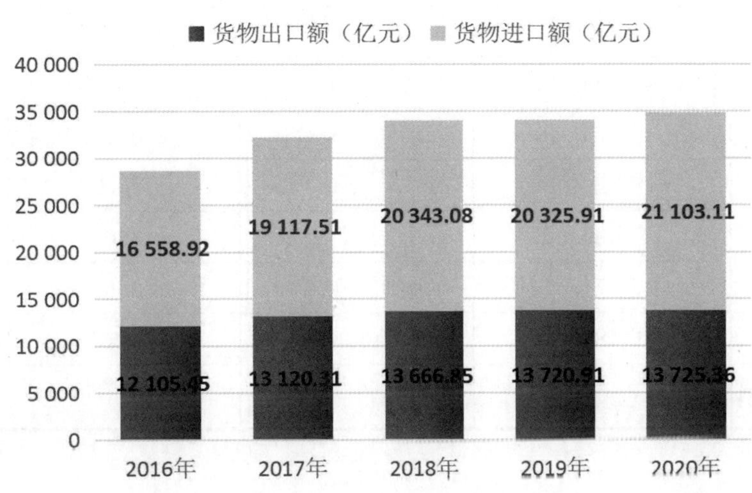

图2—3 2016～2020年上海市货物进出口总额

表2-12 2020年上海市货物进出口总额及其增长速度

指 标	绝对值（亿元）	比上年增长（%）
上海市货物进出口总额	**34 828.47**	**2.3**
上海市货物进口总额	**21 103.11**	**3.8**
#国有企业	2 334.38	-21.7
外商投资企业	14 227.06	6.9
私营企业	4 482.42	16.1
#一般贸易	12 304.56	7.2
加工贸易	2 336.19	4.2

#机电产品	10 457.05	7.7
#高新技术产品	6 936.15	9.8
上海市货物出口总额	**13 725.36**	**0**
#国有企业	1 631.14	4.2
外商投资企业	8 255.06	-3.2
私营企业	3 699.54	6.6
#一般贸易	6 394.41	0
加工贸易	4 695.21	-2.1
#机电产品	9 477.61	0.1
#高新技术产品	5 782.06	2.4

表 2-13　2020 年上海对主要国家和地区货物进、出口总额及其增长速度

国家和地区	出口额（亿元）	比上年增长（%）	进口额（亿元）	比上年增长（%）
美　国	2 980.31	6.6	1 836.99	5.8
欧　盟	2 081.71	2.3	4 898.39	7.8
东　盟	1 690.70	-6.5	3 150.37	8.9
日　本	1 256.44	-7.5	2 555.60	8.7
中国香港	1 392.44	-1.4	40.99	-61.8
韩　国	496.30	2.2	1 310.17	5.9
中国台湾	771.47	10.1	1 666.18	16.1
俄罗斯	181.37	-3.3	254.64	59.9
“一带一路”沿线国家	3 179.20	-4.7	4 647.60	7.7

全年新设外商投资企业 5 751 家，比上年下降 15.4%；合同金额 516.54 亿美元，增长 2.8%；全年外商直接投资实际到位金额 202.33 亿美元，增长 6.2%。全年制造业外商直接投资实际到位金额 10.94 亿美元，下降 36.1%，占全市实际利用外资比重为 5.4%；第三产业外商直接投资实际到位金额 191.12 亿美元，增长 10.6%，占比为 94.5%。“一带一路”沿线国家在沪投资实到金额占全市比重为 11.1%。至年末，在上海投资的国家和地区达 189 个，上海市累计认定跨国公司地区总部 771 家(亚太区总部 137 家)，外资研发中心 481 家。年内新增跨国公司地区总部 51 家。其中，亚太区总部 21 家；外资研发中心 20 家。

全年备案对外直接投资项目 814 个，比上年下降 3.7%；对外直接投资中方投资额 151.16 亿美元，增长 8.0%。新签对外承包工程合同金额 93.13 亿美元，下降 25.8%；完成营业额 96.71 亿美元，增长 2.9%；累计派出各类劳务人员 24 629 人次，下降 15.3%。

全年全市共举办各类展会及活动 550 个，总面积 1 107.8 万平方米，比上年下降 43%。其中，举办国际展 181 个，展览面积 873.7 万平方米，下降 41.9%；举办国内展 258 个，展览面积 166.8 万平

方米，下降 38.9%；举办活动 111 个，活动面积 67.3 万平方米，下降 59.5%。

成功举办第三届中国国际进口博览会。来自 124 个国家(地区)的企业踊跃参展，二十国集团、金砖国家、上合组织全部成员国均有企业参展，数十家龙头企业连续签约未来三届。按一年计，累计意向成交 726.2 亿美元，比上届进博会增长 2.1%。

八、中国(上海)自由贸易试验区建设

2020 年，中国(上海)自由贸易试验区建设七年来，围绕党中央的重大战略部署先后推进实施了 1.0 版、2.0 版、3.0 版等三个总体方案，进入新发展阶段、贯彻新发展理念、服务构建新发展格局，进一步深化自贸区试验区制度创新、改革集成，不断增创国际开放合作和竞争新优势，为上海加快打造国内大循环中心节点和国内国际双循环战略链接发挥更大作用。

投资环境进一步优化。代理记账许可审批改革取得明显成效。率先建立健全《浦东新区代理记账行业综合监管办法》及配套制度，依托代理记账行业综合监管平台，实现可视化、智能化、协同化、精准化的全过程闭环监管，改革后由原来 3 个工作日压缩至 0.5 个工作日，部分变更和备案事项实现即到即办，审批效率全市领先。海关优化服务推动首票中欧班列运输整车入区，优化通关流程，充分发挥“汽车保税仓储+集中汇总征税”组合政策优势和“大车拉小车”模式，完成 4 台意大利法拉利整车运输。

金融市场进一步开放。自由贸易账户功能持续发挥，首批保险机构接入自贸区试验区分账核算单位，自此实现银行、证券、保险三类金融机构全覆盖。截止 2020 年底，累计开立 FT 账户 13.2 万个，全年跨境人民币结算总额 54 311.8 亿元，比上年增长 4.3%，占全市比重为 41.4%；跨境人民币境外借款总额 6.7 亿元，比上年下降 84.2%。上海首单自贸区人民币债券获批发行。

贸易服务体系不断完善。2020 年 8 月 30 日，国务院正式批复同意上海外高桥保税物流园区转型为上海外高桥港综合保税区。自贸文投平台作用显现，先后推出艺术品进出口批文申办 5 个工作日完成、艺术品进境免除 CCC 证明、艺术品进出境备案免除文广局批文等贸易便利化创新措施，进出境文化艺术品量从上年的 61 件增加至 2020 年的 2 234 件，占全国总量 90%，保税区文化艺术品累计进出境货值逾 480 亿元。

重点产业蓬勃发展。2020 年，自贸试验区高技术产业产值达 2 905.78 亿元，比上年增长 6.7%，其中汽车制造、电子信息、生物医药等行业分别增长 37.6%、9.5%、2.1%。

表 2-14　2020 年中国(上海)自由贸易试验区主要经济指标及其增长速度

指 标	单位	绝对值	比上年增长 (%)
一般公共预算收入	亿元	608.25	-1.8
外商直接投资实际到位金额	亿美元	84.38	10.5
全社会固定资产投资总额	亿元	1 524.88	44.8
规模以上工业总产值	亿元	5 446.56	13.9
社会消费品零售额	亿元	2 094.17	1.5

商品销售总额	亿元	45 810.17	-3.3
服务业营业收入	亿元	5 033.18	-0.4
外贸进出口总额	亿元	997	2.8
#出口额	亿元	608.25	-1.8
期末监管类金融机构数	个	84.38	10.5

九、城市基础设施和房地产

全年城市基础设施建设投资比上年下降 3.6%。其中，电力建设投资下降 0.4%；交通运输投资下降 27.0%；公用事业投资下降 8.6%；邮电通信投资下降 12.7%；市政建设投资增长 33.9%(见表 2-15)。

表 2-15　2020 年城市基础设施投资增长速度

指标	比上年增长（%）
城市基础设施投资	**-3.6**
电力建设	-0.4
交通运输	-27.0
邮电通信	-12.7
公用事业	-8.6
市政建设	33.9

至年末，全市公交专用道路长度 471 公里(不含有轨电车长度)。苏州河中心城区 42 公里岸线公共空间基本贯通开放。完成 124 公里架空线入地及合杆整治。完成 103.3 公里燃气隐患管网改造及 11.3 万户立管改造。

全市自来水供水能力为 1 221 万立方米/日，与上年下降 2.4%。全年供水总量为 28.86 亿立方米，比上年下降 3.1%；售水总量为 23.59 亿立方米，下降 1.7%。其中，工业用水量、生活用水量分别为 3.89 亿立方米、18.32 亿立方米，分别下降 3.8%和 1.6%。全年全市用电量 1 575.96 亿千瓦时，增长 0.5%(见表 2-16)。至年末，全市家庭液化气用户 222 万户，增长 3.3%；家庭天然气用户 753 万户，增长 2.7%。

表 2-16　2019 年公用事业主要指标及其增长速度

指　标	单　位	绝对值	比上年增长(%)
自来水日供水能力	万立方米	1 221	-2.4
自来水供水总量	亿立方米	28.86	-3.1
自来水售水总量	亿立方米	23.59	-1.7
#工业用水	亿立方米	3.89	-3.8
用电量	亿千瓦时	1 575.96	0.5

#城乡居民生活用电	亿千瓦时	257.14	4.9
液化气销售总量	万 吨	27.2	-17.6
天然气销售总量	亿立方米	86.7	-7.8

全年完成房地产开发投资额比上年增长11.0%。其中，住宅投资增长4.3%；办公楼投资增长20.8%；商业营业用房投资增长22.4%。商品房施工面积15 740.34万平方米，增长6.3%；竣工面积2 877.78万平方米，增长7.8%。商品房销售面积1 789.16万平方米，增长5.5%。其中，住宅销售面积1 434.07万平方米，增长5.9%。全年商品房销售额6 046.97亿元，增长16.2%。其中，住宅销售额5 268.85亿元，增长18.2%。全年二手存量房买卖登记面积2 546.17万平方米，增长21.3%。

大力推进旧区改造，完成中心城区成片二级旧里以下房屋改造75.3万平方米、受益居民3.6万户；完成709万平方米三类旧住房综合改造，受益居民约13万户；修缮保护各类里弄房屋55.8万平方米；完成751幢既有多层住宅加装电梯计划立项，完工运行294台。新建和转化租赁房源10万套，新增代理经租房源9.9万套。全年新增供应各类保障房6.1万套。

十、城市信息化

全年实现信息产业增加值4 524.85亿元，比上年增长10.5%。其中，信息服务业增加值3 250.74亿元，增长13.5%。

至年末，千兆接入能力已实现全市覆盖。光纤到户能力覆盖家庭数达960万户，比上年末增加1万户。家庭宽带用户平均接入带宽达209.9Mbps，比上年末增加28.4Mbps。4G用户数达3 246.2万户，比上年末减少353.4万户；5G用户数达612.7万户，比上年末增加591.2万户。互联网省际出口带宽28 863GB，比上年末增加7 003GB，互联网国际出口带宽6 941.9GB，比上年末增加1 865.5GB。IPTV用户数达564.8万户，比上年末增加7.9万户。年内完成建设15 837个5G基站(累计建成32 038个5G基站)， 37 648个5G室内小站(累计建成51 560个5G室内小站)，实现5G网络中心城区和郊区重点区域连续覆盖。以行业示范应用带动5G产业链、业务链、创新链融合发展，在智能制造、健康医疗、智慧教育等十大领域累计推进400余项5G应用项目。2020年，上海市智慧城市发展水平指数为109.77，较去年提高3.91，连续7年持续增长。

政务服务“一网通办”实现行政审批事项全覆盖，至年末，“一网通办”总门户已接入3 071项服务事项，其中83%的事项可实现全程网办。日均办事17.3万件，实际网办率达58.0%，实际全程网办率达51.9%，分别比上年提升30个和41个百分点；321个事项可“一件事一次办”。“一网通办”个人实名用户数达4 415.9万，同比增长3.3倍；法人用户超214万。总客服解决率和满意率分别达到98.8%和85.8%。推出“随申码”支持疫情防控，用码人数超4 409万人，累计使用超20.8亿次。推进长三角三省一市21类电子证照共享互认，实现83项服务事项跨省通办。拓展长三角“一网通办”线下专窗，开通550个线下专窗办理点，全程网办办件460万余件。

十一、教育和科学技术

至 2020 学年末，全市共有普通高等学校 63 所，普通中等学校 929 所，普通小学 684 所，特殊教育学校 31 所。普通高等学校和中等职业学校在校生数及毕业生数有所增加(见 2-表 17)。全市共有 49 家机构培养研究生，全年招收全日制研究生 6.33 万人，在校全日制研究生 17.81 万人，毕业全日制研究生 4.58 万人。

至 2020 学年末，全市共有民办普通高校 19 所，在校学生 12.59 万人；民办普通中学 131 所，在校学生 8.87 万人；民办小学 78 所，在校学生 10.56 万人。全市共有成人中高等学历教育学校 24 所，成人职业技术培训机构 807 所，老年教育机构 286 所。

表 2-17　2020 学年各级各类学校学生情况及其增长速度

类 别	在校学生数（万人）	比上学年增长（%）	毕业学生数（万人）	比上学年增长（%）
普通高等学校	54.07	2.7	13.56	3.0
普通中等学校	72.44	3.9	17.60	5.6
普通中学	63.45	3.9	14.83	7.3
高　中	16.64	4.4	5.23	1.4
初　中	46.81	3.8	9.60	10.9
中等专业学校	6.03	5.8	1.87	-4.1
职业学校	2.01	2.0	0.66	3.1
技工学校	0.95	-4.0	0.24	-7.7
普通小学	86.10	4.2	14.23	-2.1
特殊教育学校	0.50	4.2	0.07	-0.6

全年研究与试验发展(R&D)经费支出约 1 600 亿元，相当于上海市生产总值的比例为 4.1%左右(见图 2-4)。

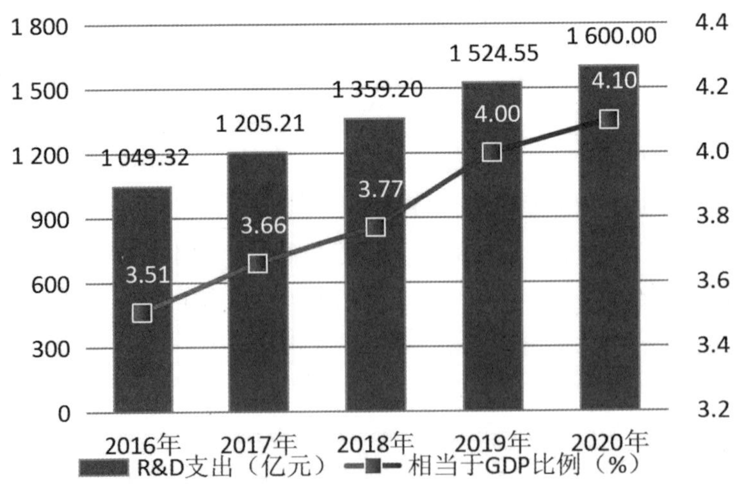

图 2-4　2016～2020 年 R&D 经费支出相当于上海市生产总值的比例

全市新增科技小巨人企业和小巨人培育企业 190 家，累计超 2 300 家；新认定技术先进型服务企业 19 家，累计认定 235 家。年内新认定高新技术企业 7 396 家，有效期内高新技术企业数达 17 012 家，每万户企业法人中高新技术企业达 380 家。全年共落实高新技术企业减免所得税额 166.23 亿元，享受企业数 2 918 家，落实技术先进型企业减免所得税额 6.85 亿元，享受企业数 131 家。全年共认定高新技术成果转化项目 845 项，比上年增长 2.8%。其中，电子信息、生物医药、新材料、先进制造与自动化等重点领域项目占 83.6%。至年末，共认定高新技术成果转化项目 13 785 项。建成软 X 射线、超强超短激光等一批国家重大科技基础设施和 15 个研发与转化功能型平台。

全年专利申请量 21.46 万件，比上年增长 23.6%。其中，发明专利 8.28 万件，增长 16.0%；实用新型专利 10.70 万件，增长 32.8%；外观设计专利 2.47 万件，增长 14.6%。全年专利授权量为 13.98 万件，比上年增长 39.0%。其中，发明专利 2.42 万件，增长 6.5%；实用新型专利 9.22 万件，增长 49.7%；外观设计专利 2.33 万件，增长 43.9%。全年 PCT 国际专利申请量为 3 558 件，比上年增长 29.9%。至年末，全市有效专利达 54.25 万件，比上年增长 22.3%。其中，发明专利 14.56 万件，增长 12.2%；实用新型专利 32.03 万件，增长 26.9%；外观设计专利 7.67 万件，增长 24.8%。每万人口发明专利拥有量达 60.2 件，增长 12.5%。

全年商标申请量为 50.53 万件，比上年增长 15.1%；商标注册量为 30.74 万件，下降 14.9%，均位于全国第七。至 2020 年末，商标有效注册量达 173.74 万件，比上年末增长 18.0%，位列全国第五；商标活跃度(每新增 1 户市场主体同时新增注册商标)达到 0.64 件，下降 23.8%，平均每新增 1.55 个市场主体就新增 1 件注册商标；商标集聚度(每万户市场主体的平均有效注册商标拥有量)为 5 931 件，增长 8.8%，平均每 1.69 个市场主体就拥有 1 件注册商标。全年经认定登记的各类技术交易合同 26 811 件，比上年减少 26.2%；合同金额 1 815.27 亿元，增长 19.3%。

深入推进科创板注册制试点，至年末累计上市企业 215 家，共募集资金 3 061.62 亿元。科创板上海上市企业 37 家，居全国第二位；融资额 1 099.66 亿元、总市值 8 756.94 亿元，均居全国首位。

十二、文化、卫生和体育

年内成功举办第二十三届上海国际电影节、第二十六届上海电视节、上海市民文化节等重大文化活动。上海电视节首次推出全线上的国际影视云市场，海外参展商占比首次突破 50%。年内成立“演艺大世界在线演艺联盟”，全市演艺新空间增至 66 家，“演艺大世界”申报国内演出 1.3 万余场。

文物保护利用改革和非遗保护传承获得新突破。在第二届上海国际艺术品交易月中，审批文物拍卖会 556 场，成交额突破 32 亿元，同比增长 23.0%。深入推进“建筑可阅读”工作，实现开放历史建筑 1 039 处，完成二维码设置 2 458 处。评选“非遗在社区”示范项目 19 个、示范点 14 个。

文化旅游数字化转型迈出新步伐，年内共组织“云展览”“云演出”“云游园”“云过节”“云直播”等 3 万余场在线公共文化活动，吸引超过 2 亿人次参与。重大文旅节展赛会探索新模式，英雄联盟 S10 总决赛吸引 2 亿人次在线观看，5 000 场线下活动吸引 300 余万人次参与。

至年末，全市共有公共图书馆 23 个，总流通人次 668.3 万人次；备案博物馆 149 个，接待观众总量 982 万人次。全年共出版报纸 6.94 亿份、各类期刊 0.62 亿册、图书 4.95 亿册；摄制完成 80 部影片。

至年末，全市共有医疗卫生机构 5 905 所，卫生技术人员 22.64 万人(见表 2-18)。全年全市医疗机构共完成诊疗人次 2.41 亿人次；上海地区婴儿死亡率 2.66‰；上海地区孕产妇死亡率 3.66/10 万，其中户籍人口孕产妇死亡率 5.62/10 万。

表 2-18 2020 年卫生机构基本情况

指 标	单 位	绝对值
卫生机构数	**所**	**5 905**
#医院	所	405
门诊部	所	1 233
社区卫生服务中心	所	331
疾病预防控制中心	所	19
卫生监督所	所	17
卫生技术人员数	**万人**	22.64
#执业（助理）医生	万人	8.23
#医院执业（助理）医生	万人	5.10
注册护士	万人	10.31

注：卫生机构数中含部队医院、医疗卫生机构的分支机构。

坚持发热门诊“监测哨”作用，对 122 家发热门诊开展标准化建设，率先建成 224 个社区发热哨点。至年末，全市发热哨点共有留观床位 1 100 张，负压救护车 108 辆，累计接诊发热病人 111.6 万人次。提升检测能力，至年末，全市核酸检测机构增至 134 家。年内，全市医疗系统先后派出九批 1 649 名医护人员援鄂，累计救治 2 549 名确诊病例。

“量质并举”推进家庭医生签约服务，全市家庭医生“1+1+1”签约超 800 万人，常住居民签约率超过 30%，签约居民年内门诊就诊 72%在签约医疗机构组合内，57%在社区卫生服务中心内。

儿科医疗服务能力进一步增强，全市提供儿科诊疗服务的医疗机构增加到 308 家，其中社区卫生服务中心 157 家。至年末，儿科医联体签约医疗机构 325 家，签约率 99.4%。基本完成 26 辆新生儿救护专用车辆配置项目。全市危重孕产妇、危重新生儿抢救成功率分别达 98.3%和 91.4%。

年内建成 11 个医疗急救分站，全市医疗急救分站增至 187 个，急救分站平均覆盖半径从 2015 年的 4 公里缩短为 3.5 公里；救护车辆达到每 3 万人一辆救护车，全年急救平均反应时间缩短至 12 分钟。年内提前超额新建 134 家智慧健康驿站，累计达 219 家驿站。年内批准 50 家医院开设互联网医院，在线提供部分常见病、慢性病复诊服务，有效降低疫情交叉感染风险，累计诊疗服务 12.23 万人次，开具处方 7.05 万张。

年内共举办 40 项国际国内重大赛事。成功举办 2020 上海马拉松、MAGIC3 上海市第二届青少年三对三超级篮球赛等品牌赛事。创新举办第三届市民运动会，共举办线下赛事近 6 300 场，线上赛事近

800 场，参与市民 1 093 万人次。年内上海运动员在全国最高级比赛中共获得 24 枚金牌、19 枚银牌、30 枚铜牌。上海女子冰球队取得全国女子冰球锦标赛冠军；上海男排实现联赛六连冠；上海女排获得联赛亚军；上海农商银行女足获联赛季军。重大体育设施项目顺利推进，市民体育公园一期正式对外开放，2021 年赛艇世锦赛修缮工程完工。新建改建 112 条市民健身步道、585 个市民益智健身苑点、96 片市民多功能运动场。至年末，累计建成 364 片社会足球场。2020 年度全市体育场地面积 5 850. 51 万平方米，人均面积 2. 409 平方米。

十三、就业

全年新增就业岗位 57. 04 万个(见图 2-5)，就业困难人员实现就业 6. 33 万人，新消除零就业家庭 180 户。全年帮扶引领成功创业 12 546 人，其中，青年大学生 9 414 人；帮助 9 956 名长期失业青年实现就业创业。全年共完成补贴性职业培训 176. 25 万人。其中，农民工补贴性职业培训 95. 7 万人。高技能人才占技能劳动者比例达到 35. 03%。

至年末，累计核发外国人工作许可证 26 万余份，其中外国高端人才(A 类)近 5 万份，约占 18%。累计办理外国高端人才确认函近 800 张。

至年末，全市城镇登记失业人员 13. 54 万人，城镇登记失业率为 3. 67%，城镇调查失业率稳定在 4. 3%以内。

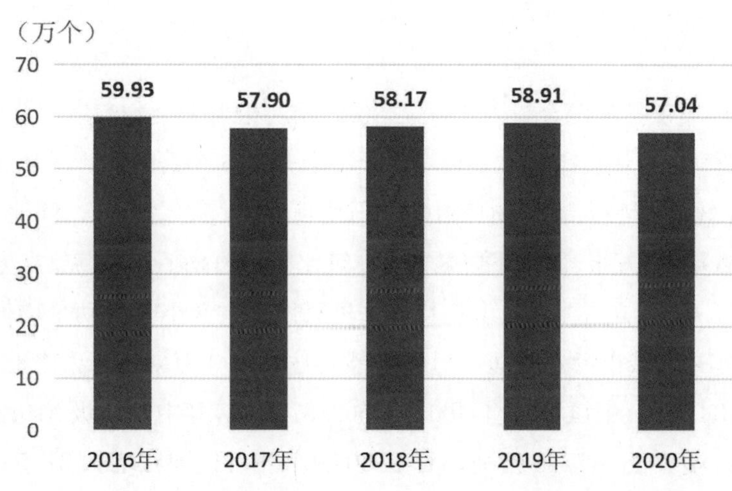

图 2-5　2016～2020 年新增就业岗位情况

十四、人民生活和社会保障

据抽样调查，全年全市居民人均可支配收入 72 232 元，比上年增长 4. 0%。其中，城镇常住居民人均可支配收入 76 437 元，增长 3. 8%；农村常住居民人均可支配收入 34 911 元，增长 5. 2%。全市居民人均消费支出 42 536 元，比上年下降 6. 7%。其中，城镇常住居民人均消费支出 44 839 元，下降 7. 1%；农村常住居民人均消费支出 22 095 元，下降 1. 6%。

至年末，全市共有 1 616. 67 万人(包括离退休人员)参加城镇职工基本养老保险，有 76. 19 万人参加城乡居民基本养老保险。月最低工资标准为 2 480 元，小时最低工资标准为 22 元。

至年末，全市共有 1 588.41 万人(包括离退休人员)参加职工基本医疗保险，有 355.99 万人参加城乡居民基本医疗保险。

深化完善社区嵌入式养老。年内新增社区综合为老服务中心 52 家、社区老年助餐服务场所 212 个、养老床位 7 646 张，改造老年认知障碍照护床位 2 320 张，实施老年认知障碍友好社区建设试点 50 家。深化长期护理保险制度试点，至年末，享受服务老人达 41.7 万人。至年末，全市建有社区综合为老服务中心 320 家，社区老年助餐服务场所 1 232 个。全市共有养老机构 729 家，床位 16.12 万张。其中，由社会投资开办的 356 家，床位 6.67 万张。

最低生活保障标准从每人每月 1 160 元调整为每人每月 1 240 元，同步调整特困人员供养标准等社会救助标准。全年各级政府支出最低生活保障资金 23.17 亿元、特困人员救助供养资金 0.92 亿元、支出型贫困生活救助资金 0.08 亿元、临时救助资金 0.19 亿元、粮油帮困资金 0.80 亿元。

全年全市共发放残疾人两项补贴约 8.21 亿元。其中，困难残疾人生活补贴 2.95 亿元，累计惠及近 9.02 万残疾人；重度残疾人护理补贴约 5.26 亿元，累计惠及近 22.11 万残疾人。落实残疾人集中就业企业社会保险费补贴政策，对申请年度社保补贴的 620 家企业经市、区两级审核后发放 1.05 亿元社保补贴，惠及残疾职工 1.6 万人。

至年末，全市共有 97 名社会散居孤儿、1 206 名困境儿童享受基本生活保障，360 人次孤儿和 1 913 人次困境儿童享受了阶段价格临时补贴，69 名在学在读孤儿享受“孤儿助学”补助资金。

十五、环境保护

全年全社会用于环境保护的资金投入 1 087.86 亿元，相当于上海市生产总值的比例为 2.8%。

全年环境空气质量(AQI)优良率为 87.2%，比上年上升 2.5 个百分点；二氧化硫年日均值 6 微克/立方米，同比下降 14.3%；可吸入颗粒物(PM10)年日均值 41 微克/立方米，同比下降 8.9%；细颗粒物(PM2.5)年日均值 32 微克/立方米，同比下降 8.6%；二氧化氮年日均值 37 微克/立方米，同比下降 11.9%；一氧化碳年日均值 0.7 毫克/立方米，与上年持平；臭氧日最大 8 小时滑动平均值达标率 92.6%，同比下降 0.3 个百分点。年末，城市污水处理厂日处理能力达 840.3 万立方米，比上年末提高 0.7%。全市清运生活垃圾约 867.34 万吨(干垃圾+湿垃圾)，日均 2.37 万吨，其中干垃圾 519.49 万吨，合 14 193.82 吨/日，同比减少 20%；湿垃圾 347.85 万吨，合 9 504.01 吨/日，同比增长 27.5%。生活垃圾焚烧处置量 18 337 吨/日，湿垃圾生化处置量 3 463 吨/日，填埋 1 810 吨/日。生活垃圾焚烧和湿垃圾资源化能力 28 095 吨/日，另有应急填埋能力 5 000 吨/日。已建成焚烧厂 12 座，焚烧能力 21 300 吨/日；湿垃圾处理能力共计 6 795 吨/日，湿垃圾集中处理设施 10 座，处理能力 5 530 吨/日，另有分散处理能力 1 265 吨/日。可回收物收运量 233.34 万吨，合 6 375.42 吨/日，同比增长 57.5%；有害垃圾处理量 940.62 吨，合 2.57 吨/日，同比增加 328.5%。

全年完成新建绿地 1 202 公顷，其中公园绿地 655 公顷；完成造林 9 万亩；新建绿道 212 公里；新建立体绿化 43.1 万平方米。全面推进 17 条(片)市级重点生态廊道建设，沪芦高速、沈海高速、金山化工区、老港固废基地周边等 10 条(片)基本建成，重点生态廊道面积达到 10.3 万亩。至年末，全市森林面积达 175.8 万亩，森林覆盖率达 18.5%，人均公园绿地面积 8.6 平方米，城市公园数达 406

座，湿地保有量46.55万公顷，保护率达到50.4%。

十六、生产安全和食品药品安全

全年共发生生产安全死亡事故457起、死亡501人，比上年分别下降10.7%、6.7%。其中，工矿商贸死亡事故212起、死亡217人；生产经营性道路交通事故226起、死亡233人；水上交通生产安全死亡事故9起、死亡(含失踪)37人；生产经营性火灾死亡事故6起、死亡10人；航空运输死亡事故2起、死亡2人；铁路运输死亡事故1起、死亡1人；农业机械死亡事故1起，死亡1人。全年亿元生产总值生产安全事故死亡人数为0.013人，工矿商贸企业从业人员10万人死亡率为1.625/10万。

全市食品安全总体监测合格率为99.4%，同比提高1.3个百分点。市民食品安全基本知识知晓度评分为85.4分；市民食品安全状况总体满意度评分为86.5分。全年共报告发生集体性食物中毒3起，中毒人数62人(无死亡病例)，食物中毒发生率为0.26例/10万人口，未发生重大食品安全事故。

上海市统计局
国家统计局上海调查总队
2021年3月19日

说明：

1.本公报数据为初步统计数。

2.上海市生产总值、各产业增加值和总产值绝对数按当年价格计算，增长速度按可比价格计算。2020年上海市生产总值数据执行国家统计局2012年制定的《三次产业划分规定》。

3. 所有制经济增加值按控股法核算，其中公有制经济包括国有经济和集体经济；非公有制经济包括私人经济和外资经济。2020年所有制经济核算口径根据国家统计局相关统计监测方案有所调整。

4.战略性新兴产业包含工业战略性新兴产业和服务业战略性新兴产业两个部分，是本市根据国家制定的战略性新兴产品目录进行的行业划分。其中，工业战略性新兴产业增加值和总产值均为规模以上口径。

5.自2019年起，上海证券交易所单列的股票、债券成交金额仅指现货，不再包含回购；公司债发行金额包含资产支持证券。

6.电信业务总量按2015年不变价格计算。

7.旅游产业和信息产业的增加值是依据若干行业的有关资料进行跨行业核算的，不能将其与上海市生产总值中其他行业的增加值进行简单加总，否则会造成重复计算。

8.银行间市场成交额包括银行间本币市场和外汇市场成交额。自2017年起，各市场成交额按单边计算。

9.中国(上海)自由贸易试验区数据按注册地口径统计，统计范围包括保税片区、陆家嘴片区、世博片区、张江片区、金桥片区(120.72平方公里)和临港新片区产城融合区(386区域)浦东部分(341平方公里)。

10.学年是指教育年度，即从一年的9月1日(学年初)至第二年的8月31日(学年末)。

11. 2020年开展第七次全国人口普查，相关数据将于2021年4月份后统一发布，本公报中不再单独发布人口相关数据。公报中涉及的人均指标根据人口预计数计算得到。

12.2012年四季度，国家统计局实施了城乡一体化住户调查改革，统一了城乡居民收入名称、分类和统计标准，在上海选取6 000宅(户)城乡居民家庭，直接开展调查。2015年起，发布城乡可比的新口径全市居民人均可支配收入以及城乡常住居民人均可支配收入。

13.环境空气质量(AQI)优良率是国家发布的环境空气质量评价标准。AQI监测体系包括二氧化硫、二氧化氮、可吸入颗粒物(PM10)、细颗粒物(PM2.5)、一氧化碳和臭氧六项污染物指标。2019年起，环境空气质量监测状态执行《环境空气质量标准》(GB3095-2012)修改单，监测数据与历年已发布数据不具有可比性。

14.商标申请量、注册量指2019年12月16日至2020年12月15日的商标统计情况，有效注册量截至2020年12月15日。

15.因统计口径变化，市公安局将本市2019年生产经营性道路交通事故数据修正为：全年共发生生产经营性道路交通死亡事故313起，死亡319人。修正后，2019年本市生产安全死亡事故和死亡人数调整为：全年共发生生产安全死亡事故512起，死亡537人。

数据来源：

本公报中新设企业数据、专利和商标数据、食品安全数据来自上海市市场监督管理局；财政数据来自上海市财政局；农业企业和农产品认证、设施粮田、市级蔬菜标准园、龙头企业、农民专业合作社和家庭农场数据来自上海市农业农村委员会；邮政数据来自上海市邮政公司和上海市邮政管理局；星级宾馆、旅行社、A级旅游景点、红色旅游基地、接待国内外游客和旅游收入、文化活动数据来自上海市文化和旅游局(上海市广播电视局、上海市文物局)；电影数据来自上海市电影局；存贷款数据来自中国人民银行上海总部；证券数据来自上海证券交易所；期货数据来自上海期货交易所；金融期货数据来自上海金融期货交易所；银行间市场数据来自中国外汇交易中心暨全国银行间同业拆借市场；黄金数据来自上海黄金交易所；保险数据来自中国银行保险监督管理委员会上海监管局；货物进出口数据来自上海海关；电子商务、城市商业综合体、外商直接投资、跨国公司、对外直接投资、国际经济合作、对外承包工程、派遣劳务和展览会数据来自上海市商务委员会；中国(上海)自由贸易区数据来自浦东新区统计局；航运、轨道交通、民用汽车数据来自上海市交通委员会；黄浦江两岸岸线、商品房开发、销售、存量房交易、规范房地产市场、居民居住、旧区改造、燃气数据来自市住房和城乡建设管理委员会；自来水数据来自上海市水务局；城市信息化数据来自上海市经济和信息化委员会和上海市人民政府办公厅；教育数据来自上海市教育委员会；科技数据来自上海市科学技术委员会；专利和商标数据来自上海市知识产权局；出版数据来自上海市新闻出版局；医疗卫生数据来自上海市卫生和健康委员会；体育数据来自上海市体育局；就业、养老保险、最低工资数据来自上海市人力资源和社会保障局；医疗保险数据来自上海市医疗保障局；收养性社会服务机构、养老机构、低保数据来自上海市民政局；环保投入、空气质量数据来自上海市生态环境局；城市污水处理数据来自上海市水务局；城市绿化建设、市容管理、生活垃圾处理数据来自上海市绿化和市容管理局；生产安全数据来自上海市应急管理局；其他数据来自上海市统计局、国家统计局上海调查总队。

第二篇　环境

第一章　政策制度环境

第一节　房地产市场政策制度环境

2020 年，中央政策层面仍然延续了“房住不炒，因城施策”的主基调，落实城市主体责任，落实稳地价、稳房价、稳预期的长期目标，政策层面呈现出前松后紧的特点。上半年，为应对新冠疫情的冲击，中央和地方政府合力纾困，政策面边际宽松，缓解企业和市场的压力。央行三次降准释放流动性，并两度下调 LPR 利率中枢，缓解企业的资金压力。各地政府在供给端和需求端出台诸多政策稳定市场运行，减轻企业负担。在土地交易环节采取了取消限制性规定、增加优质土地供应、延期或分期缴纳土地款和延长竣工期限等措施为市场减压；在房地产交易环节采取了放宽预售标准、放松限价、购房及契税补贴、公积金政策调整等措施助力市场复苏。下半年，疫后热点城市房地产市场持续回暖，部分城市出现了“过热”现象，对此中央和地方收紧了调控政策。住建部两次召开座谈会，直指部分城市市场过热问题；央行先后设置“三道红线”分档设定房企有息负债的增速阈值，“五档上限”限制银行开发贷和房贷额度管理，并压降融资类信托规模，倒逼房企去杠杆、降负债。热点城市也纷纷升级调控政策，深圳、杭州、西安、宁波等 19 个城市先后加码了调控政策，主要涉及升级限贷、升级限价、升级限售以及增加房地产交易税费等内容。

上海维持原有的调控措施不放松，继续严格执行各项调控政策。上半年为应对新冠疫情，出台政策缓解房企压力，稳定市场走向。2 月，出台《关于全力应对疫情支持服务企业发展的若干土地利用政策》。4 月，印发《上海市扩大有效投资稳定经济发展的若干政策措施》的通知，从供需两端助力楼市复苏。下半年，全国部分城市房地产市场过热，房地产调控政策有所转向。上海则在人才政策方面有所微调，9 月出台人才落户新政，降低落户门槛。

一、土地政策制度

土地政策制度一般是指：中央或地方政府、行政机构，为调整土地关系（包括人地关系与人与人之间的利益关系），实现土地的合理利用及其所代表的社会阶级集团的经济利益而制定的行为准则。

2020 年 3 月 12 日，国务院印发《关于授权和委托用地审批权的决定》（国发〔2020〕4 号），将国务院可以授权的永久基本农田以外的农用地转为建设用地审批事项授权各省、自治区、直辖市人民政府批准；首批在北京、天津、上海、江苏、浙江、安徽、广东、重庆试点将永久基本农田转为建设用地和国务院批准土地征收审批事项委托部分省、自治区、直辖市人民政府批准，试点期限 1 年。3 月 30 日，《中共中央 国务院关于构建更加完善的要素市场化配置体制机制的意见》颁发，提出超大城市调整完善积分落户政策，建立城乡统一的建设用地市场等。6 月 1 日，自然资源部发布《关于 2020 年土地利用计划管理的通知》，对完成 2019 年批而未供和闲置土地处置任务的省份，在核算计划基础上再奖励 10%；对任一项任务为完成的核减 20%；2020 年共奖励 1.7 万亩计划指标，共 10 省市获得表扬。10 月 20 日，自然资源部明确农村的宅基地使用权可以依法由城镇户籍的子女继承并办理不动产登记。11 月 2 日，中共中央总书、国家主席、中央军委主席习近平对新时代推进农村土地制度改革、做好农村承包地管理工作做出重要指示，强调新时代推进农村土地改革，要坚持把依法维护农民权益作为出发点和落脚点，坚持农村土地农民集体所有制不动摇，坚持家庭承包经营基础性地位不动摇。（见表 3-1）。

表 3-1　2020 年国家土地方面的主要政策制度

土地政策制度	颁布日期	颁布机构
关于明确国有农用地出租等增值税政策的公告	2020～01～20	财政部、税务总局
关于授权和委托用地审批权的决定	2020～03～12	国务院
关于构建更加完善的要素市场化配置体制机制的意见	2020～03～30	中共中央、国务院
关于 2020 年土地利用计划管理的通知	2020～06～01	自然资源部
关于支持民营企业加快改革发展与转型升级的实施意见	2020～10～23	国家发展和改革委、科技部、工业和信息化部、财政部、人力资源社会保障部、人民银行
土地征收“成片开发”标准（试行）	2020～11～10	自然资源部

2020 年 2 月 13 日，上海市规划和自然资源局印发《关于全力应对疫情支持服务企业发展的若干土地利用政策》（沪规划资源用〔2020〕42 号）。《政策》共三条：一、保持土地市场交易平稳有序。二、消除疫情对合同履约的影响。1. 调整土地价款缴付方式和期限。受疫情影响，未能按土地出让合同约定缴付土地价款和交付土地的，不作为违约行为，不计滞纳金和违约金，受让人可以向出让人申请延期缴付或分期缴付，疫情解除后签订补充出让合同调整土地价款缴付方式和期限，交地时间相应顺延。2. 顺延开竣工和投达产履约时间。土地出让合同关于开竣工、投达产的履约时间要求根据疫情自动顺延，可在疫情解除后通过签订补充出让合同调整履约时间，也可以在竣工验收时直接按顺延后的履约时间予以核验。3. 履约监管时充分考虑疫情影响。在全生命周期履约监管时，对因疫情影响造成产业绩效等指标不达标的情形，应予充分考虑，免除相应违约责任。疫情期间暂不开展实地履约巡查。三、支持企业恢复生产和发展产业。1. 免除疫情期间的用地费用。企业以租赁方式（含先租后让）从政府或国有企业取得的产业用地，免除疫情期间的土地租赁费用，各区可以根据疫情具体确定免租期。2. 降低产业用地成本。产业用地地价实行底线管理原则，工业用地出让起始价不低于全国工业用地出让最低价，研发用地出让起始价不低于本市研发用地基准地价。3. 鼓励企业盘活存量资源投资兴业。存量工业用地经批准提高容积率和增加地下空间的，不再增收土地价款。支持利用划拨土地上的存量房产发展各类线上运营的新业态新模式，土地用途和权利人、权利类型暂不变更。4. 加强服务推进政策落地。其他政策参见上海市最近两年来相关的土地政策制度表(见表 3-2)。

表 3-2　上海市现行的主要土地政策制度

土地政策制度	颁布日期	颁布机构
上海市工程建设项目规划资源审批制度改革工作方案	2020～01～17	上海市规划和自然资源局
关于全力应对疫情支持服务企业发展的若干土地利用政策	2020～02～13	上海市规划和自然资源局
关于印发本市征地（房屋）补偿相关格式样本的通知	2020～03～13	上海市规划和自然资源局
国有建设用地使用权招标拍卖挂牌出让投标竞买外汇保证金账户管理制度	2020～04～07	上海市规划和自然资源局
关于国有建设用地使用权招标拍卖挂牌出让投标竞买保证金专户管理有关问题的通知	2020～04～07	上海市规划和自然资源局
上海市乡村建设项目规划资源审批制度改革实施细则（试行）	2020～05～09	上海市规划和自然资源局
关于商业办公项目清理整顿检查验收阶段规划土地管理相关工作意见的通知	2020～06～22	上海市规划和自然资源局
上海市土地管理行政处罚裁量基准实施办法	2020～07～10	上海市规划和自然资源局
关于完善设施农业用地管理 促进设施农业健康发展的通知	2020～12～30	上海市规划和自然资源局、上海市农业农村委、上海市市绿化市容局

二、房地产税费政策

房地产税费政策是调节房地产各经济利益主体经济利益的主要手段，主要包括房地产各阶段需要发生的各种税收及费用。

2020 年 1 月 22 日，国家税务总局明确国有农用地出租等增值税政策，纳税人将国有农用地出租给农业生产者用于农业生产，免征增值税。房地产开发企业中的一般纳锐人购入未完工的房地产老项目继续开发后，以自己名义立项销售的不动产，属于房地产老项目，可以选择适用简易计税方法按照5%的征收率计算缴纳增值税。3 月 25 日，财政部、税务总局发布关于继续实施物流企业大宗商品仓储设施用地城镇土地使用税优惠政策的公告。公告指出，自 2020 年 1 月 1 日起至 2022 年 12 月 31 日止，对物流企业自有（包括自用和出租）或承租的大宗商品仓储设施用地，减按所属土地等级适用税额标准的 50%计征城镇土地使用税。8 月 11 日，第十三届全国人民代表大会常务委员会第二十一次会议通过《中华人民共和国契税法》，该法将于 2021 年 9 月 1 日起实施，其中《中华人民共和国契税法》第三条规定：契税税率为百分之三至百分之五，省、自治区、直辖市可以依照前款规定的程序对不同主体、不同地区、不同类型的住房的权属转移确定差别税率。详建下表（见表 3-3）。

表 3-3　国家房地产税费方面的主要政策制度

房地产税费政策制度	颁布日期	颁布机构
关于明确国有农用地出租等增值税政策的公告	2020～01～22	财政部 税务总局

关于继续实施物流企业大宗商品仓储设施用地城镇土地使用税优惠政策的公告	2020～03～25	财政部 税务总局
中华人民共和国契税法	2020～08～11	国家税务总局

2020 年，上海市继续进一步完善房产税制度，落实国家税费政策，合理调节居民收入分配，正确引导住房消费，有效配置房地产资源，推进税费改革。12 月 31 日，上海市财政局、国家税务总局上海市税务局、上海市房屋管理局联合发布《关于本市开展对部分个人住房征收房产税试点若干问题的通知》，相关政策继续延续《上海市开展对部分个人住房征收房产税试点的暂行办法》的通知（沪府发[2011]3 号）的试点政策。上海市最近五年来相关的房地产税费政策制度根据时间顺序可归纳为（见表 3-4）。

表 3-4　上海市现行的有关房地产税费政策方面的相关政策制度

房地产税费政策制度	颁布日期	颁布机构
关于本市开展对部分个人住房征收房产税试点若干问题的通知	2020～12～31	上海市财政局、国家税务总局上海市税务局、上海市房屋管理局
关于本市耕地占用税有关适用税额标准的通知	2019～08～13	上海市财政局 国家税务总局上海市税务局
关于调整本市房产税房产原值减除比例的通知	2019～01～19	上海市人民政府
关于转发《财政部 税务总局关于去产能和调结构房产税城镇土地使用税政策的通知》的通知	2018～12～11	上海市财政局 国家税务总局上海市税务局
关于《上海市人民政府关于印发<上海市开展对部分个人住房征收房产税试点的暂行办法>的通知》继续有效的通知	2018～11～28	上海市人民政府
关于转发《财政部 国家税务总局关于大型客机和大型客机发动机整机设计制造企业房产税城镇土地使用税政策的通知》的通知	2017～03～15	上海市财政局、上海市地方税务局
关于印发《上海市开展对部分个人住房征收房产税试点的暂行办法》的通知	2017～01～03	上海市人民政府
关于转发《财政部 国家税务总局和住房城乡建设部关于调整房地产交易环节契税 营业税优惠政策的通知》的通知	2016～03～17	上海市财政局 上海市地方税务局 上海市住房和城乡建设管理委员会

三、开发政策制度

房地产开发是相当复杂的管理过程，涉及规划、计划、建筑等方面的各种管理政策制度。

2020 年，中央继续坚持“房住不炒、因城施策”的政策主基调，强化落实城市主体责任，实现稳地价、稳房价、稳预期的长期调控目标，促进房地产市场平稳健康发展。继续加大城市困难群众住房保障工作，加强城市更新和存量住房改造提升，做好城镇老旧小区改造，大力发展租赁住房，推动城市可持续发展，以新型城镇化促进农业农村现代化。上半年，为应对新冠疫情的冲击，中央和地方政府合力纾困，政策面边际宽松，缓解企业和市场的压力。各地政府在供给端和需求端出台诸多政策稳定市场运行，减轻企业负担在房地产交易环节采取了放宽预售标准、放松限价、购房及契税补贴、公积金政策调整等措施助力市场复苏。下半年，疫后热点城市房地产市场持续回暖，部分城市出现了“过热”现象，对此中央和地方收紧了调控政策。住建部两次召开座谈会，直指部分城市市场过热问题；央行先后设置“三道红线”分档设定房企有息负债的增速阈值，“五档上限”限制银行开发贷和房贷额度管理，并压降融资类信托规模，倒逼房企去杠杆、降负债（见表 3-5）。

表 3-5 近五年国家房地产开发方面的主要政策制度

房地产开发政策制度	颁布日期	颁布机构
关于加强新冠肺炎疫情防控有序推动企业开复工工作	2020～02～26	住房城乡建设部
关于构建更加完善的要素市场化配置体制机制的意见	2020～04～09	中共中央、国务院
关于全面推进城镇老旧小区改造工作的指导意见	2020～07～22	国务院办公厅
住建部《住宅项目规范（征求意见稿）》	2019～02～23	住房城乡建设部
2019 年新型城镇化建设重点任务	2019～04～08	国家发展改革委
国务院办公厅转发住房城乡建设部关于完善质量保障体系提升建筑工程品质指导意见的通知	2019～09～15	国务院办公厅、住房城乡建设部
住房城乡建设部关于进一步做好房地产市场调控工作有关问题的通知	2018～05～19	住房城乡建设部
关于进一步引导和规范境外投资方向的指导意见	2017～08～18	国家发展改革委、商务部、人民银行、外交部
利用集体建设用地建设租赁住房试点方案	2017～08～28	国土资源部、住房城乡建设部
关于规范推进特色小镇和特色小城镇建设的若干意见	2017～12～04	国家发展改革委、国土资源部、环境保护部、住房城乡建设部
国务院关于深入推进新型城镇化建设的若干意见	2016～02～06	国务院
国务院办公厅关于加快培育和发展住房租赁市场的若干意见	2016～06～03	国务院办公厅

2020 年，上海维持原有的调控措施不放松，继续严格执行各项调控政策。为应对新冠疫情的冲击，上海合力纾困，政策面边际宽松，缓解企业和市场的压力。4 月份，印发《上海市扩大有效投资稳定经济发展的若干政策措施》的通知，从供需两端助力楼市复苏；下半年则在人才政策方面有所微调。9 月起陆续出台人才落户新政，降低落户门槛。全年政策以微调为主，稳定市场走向（见表 3-6）。

表 3-6 上海市现行的有关房地产开发方面的相关政策制度

房地产开发政策制度	颁布时间	颁布机构
上海市扩大有效投资稳定经济发展的若干政策措施	2020～04～22	上海市人民政府办公厅
2020 年非上海生源应届普通高校毕业生进沪就业申请本市户籍评分办法	2020～09～22	上海市高校招生和就业工作联席会议办公室
关于印发《上海市新建住宅市政（公建）配套工程 咨询评估管理办法》的通知	2019～12～18	上海市房屋管理局
关于延长《关于印发（上海市政府投资房屋建筑、市政基础设施和公路工程建设项目检测收费管理规定）的通知》	2018～03～05	上海市住房和城乡建设管委员会
关于印发《上海市普通地下室使用备案 管理实施细则》的通知	2018～06～27	上海市住房和城乡建设管委员会
关于印发《上海市住宅工程质量分户验收管理办法》的通知	2018～07～04	上海市住房和城乡建设管委员会
关于印发修订后的《上海市新建住宅交付使用许可规定实施细则》的通知	2018～07～11	上海市房屋管理局
关于开展商业办公项目清理整顿工作的意见	2017～05～17	上海市住房和城乡建设管委员会
坚决稳妥推进商业办公项目清理整顿工作，依法督促开发商整改，切实维护购房人权益	2017～06～12	上海市住房和城乡建设管委员会
上海市住房发展“十三五”规划	2017～07～06	上海市人民政府
关于加强商品住宅及其附属地下车库(位)等设施销售监管的通知》	2017～07～21	上海市住房和城乡建设管委员会、上海市物价局
上海市共有产权保障住房管理办法	2016～03～16	上海市人民政府
市住房城乡建设管理委、市规划国土资源局关于进一步加强本市房地产市场监管促进房地产市场平稳健康发展的意见	2016～10～08	上海市住房和城乡建设管委员会、上海市规划和国土资源管理局
市物价局等关于开展上海市商品房销售明码标价专项检查的通知	2016～11～14	上海市物价局、上海市住房和城乡建设管理委员会
上海市人民政府关于印发《上海市城乡建设和管理“十三五”规划》的通知	2016～10～17	上海市人民政府

四、拆迁与租赁政策制度

拆迁与租赁政策制度主要涉及房屋拆迁的管理、租赁管理、廉租房相关政策。

2020 年，为了提高住房租赁立法质量，住房和城乡建设部发布《住房租赁条例（征求意见稿）》，向社会公开征求意见。（见表 3-7）。

表 3-7　近三年国家有关房屋拆迁与租赁方面的主要政策制度

拆迁与租赁政策制度	颁布时间	颁布机构
关于《住房租赁条例（征求意见稿）》公开征求意见的通知	2020～09～07	住房和城乡建设部
关于进一步规范发展公租房的意见	2019～05～17	住房和城乡建设部、国家发展改革委、财政部、自然资源部
关于公共租赁住房税收优惠政策的公告	2019～04～15	财政部、税务总局
2019 年新型城镇化建设重点任务	2019～04～08	国家发展改革委
关于推进住房租赁资产证券化相关工作的通知	2018～04～24	中国证券监督管理委员会、住房和城乡建设部

2020 年，上海市继续推进租购并举的住房制度。9 月 25 日，上海市房屋管理局、上海市民政局联合发布《关于推进实施廉租房申请“一件事”改革工作的通知》。本市廉租房申请“一件事”改革已经全面启动，廉租房申请从“繁”到“简”：常规性申请材料缩减 75%以上，办理环节优化简化近 60%、推出线上申请全流程“零跑动”办理（见表 3-8）。

表 3-8　上海市现行的有关房屋拆迁与租赁的相关政策制度

拆迁与租赁政策制度	颁布时间	颁布机构
关于推进实施廉租房申请“一件事”改革工作的通知	2020～09～25	上海市房屋管理局、上海市民政局
关于印发《关于加快培育和发展本市住房租赁市场的规划土地管理细则》的通知	2019～10～31	上海市规划和自然资源局
关于进一步规范本市代理经租企业及个人“租金贷”相关业务的通知	2018～09～29	上海市住房城乡建设管理委、市房屋管理局、市金融办、人民银行上海分行、上海银监局
关于公共租赁住房租赁总年限期满退出相关政策口径的通知	2018～03～16	上海市房屋管理局
关于印发《上海市旧住房拆除重建项目实施管理办法》的通知	2018～01～10	上海市房屋管理局
关于调整本市廉租住房部分政策标准的通知	2017～12～20	上海市人民政府
关于坚持留改拆并举深化城市有机更新进一步改善市民群众居住条件的若干意见	2017～11～28	上海市人民政府
关于明确本市自持租赁住房建设规范和相关管理要求的通知	2017～11～01	市住房城乡建设管理委、市规划国土资源局、市房屋管理局
关于加快培育和发展本市住房租赁市场的实施意见	2017～09～15	上海市人民政府办公厅

上海市廉租住房申请审核实施细则	2016～12～16	上海市住房保障和房屋管理局、上海市民政局
上海市廉租住房保障家庭复核管理试行办法	2016～12～16	上海市住房保障和房屋管理局

五、交易政策制度

房地产交易政策制度主要以下两个部分：房地产登记制度与政策及房地产销售管理政策制度。

为深化“放管服”改革，全面贯彻《优化营商环境条例》，落实经国务院同意印发的《住房城乡建设部关于进一步规范和加强房屋网签备案工作的指导意见》（建房〔2018〕128 号）要求，进一步加强房屋网签备案信息共享，提升公共服务水平，促进房地产市场平稳健康发展，住房和城乡建设部发布《住房和城乡建设部关于提升房屋网签备案服务效能的意见》（见表 3-9）。

表 3-9　最近五年国家房地产交易方面的主要政策制度

房地产交易政策制度	颁布日期	颁布机构
住房和城乡建设部关于提升房屋网签备案服务效能的意见	2020～03～26	住房和城乡建设部
《住宅项目规范（征求意见稿）》	2019～02～15	住房和城乡建设部
关于在部分城市先行开展打击侵害群众利益违法违规行为治理房地产市场乱象专项行动的通知	2018～06～25	中华人民共和国住房和城乡建设部、中国共产党中央委员会宣传部、中华人民共和国公安部、中华人民共和国司法部、国家税务总局、国家市场监督管理总局、中国银行保险监督管理委员会
关于对房地产领域相关失信责任主体实施联合惩戒的合作备忘录	2017～06～23	国家发展改革委、人民银行、住房城乡建设部、中央组织部、中央宣传部、国土资源部等 31 部
关于房屋交易与不动产登记衔接有关问题的通知	2017～09～11	国土资源部、住房城乡建设部
关于开展商品房销售价格行为联合检查的通知	2017～10～25	国家发展改革委、住房城乡建设部
关于加强房地产中介管理促进行业健康发展的意见	2016～08～16	住房城乡建设部、国家发改委、工业和信息化部、人民银行、税务总局、工商总局、银监会
建立和实施不动产统一登记制度专项督查方案	2016～06～14	国土资源部
不动产登记暂行条例实施细则	2016～01～20	国土资源部

2020 年 4 月，为应对疫情，上海市人民政府办公厅印发《上海市扩大有效投资稳定经济发展的若干政策措施》的通知（沪府办规〔2020〕3 号），其中，为扩大有效投资稳定经济发展，减轻房企入市成本压力，规定 2020 年开工建设的住宅项目应缴纳的城市基础设施配套费，可在首次取得建筑工

程施工许可证后三个月内缴纳，允许符合条件的房地产开发企业延期申报、缴纳土地增值税。优化经营性用地土地出让价款缴付时间和方式要求。（见表 3-10）。

表 3-10　上海市最近五年颁布的有关房地产交易的相关政策制度

房地产交易政策制度	颁布时间	颁布者
上海市扩大有效投资稳定经济发展的若干政策措施	2020～04～15	上海市人民政府办公厅
上海市公有住房差价交换办法	2019～10～08	上海市人民政府
关于贯彻《住房城乡建设部关于进一步规范房地产估价机构管理工作的通知》的实施意见	2018～12～29	上海市房屋管理局
关于印发《上海市国有土地上房屋征收评估报告鉴定若干规定》的通知	2018～12～29	上海市房屋管理局
关于印发修订后的《<上海市新建住宅交付使用许可规定>实施细则》的通知	2018～07～11	上海市房屋管理局
关于印发《上海市国有土地上房屋征收评估技术规范》的通知	2018～07～04	上海市房屋管理局
关于印发《上海市住宅工程质量分户验收管理办法》的通知	2018～07～04	上海市住房和城乡建设管理委员会
关于印发《关于规范企业购买商品住房的暂行规定》的通知	2018～07～02	上海市住房和城乡建设管理委员会、上海市房屋管理局
关于开展 2018 年房地产市场秩序专项整治的通知	2018～09～10	上海市住房城乡建设管理委、市房屋管理局、市委宣传部、市公安局、市司法局、市税务局、市工商局、市物价局、银监局
关于进一步加强本市房地产市场监管规范商品住房预销售行为的通知	2017～05～04	上海市住房和城乡建设管委员会
关于贯彻商品住房项目销售采取公证摇号排序有关问题的实施意见	2017～06～29	上海市住房和城乡建设管委员会
关于加强商品住宅及其附属地下车库(位)等设施销售监管的通知	2017～07～21	上海市住房和城乡建设管委员会
关于建立上海市促进房地产市场健康发展联席会议制度的通知	2017～09～20	上海市人民政府办公厅
上海市人民政府办公厅转发市住房城乡建设管理委等四部门关于进一步完善本市住房市场体系和保障体系促进房地产市场平稳健康发展若干意见的通知	2016～03～24	上海市人民政府办公厅

六、物业管理政策制度

物业管理政策制度是指为规范物业管理活动，维护业主和物业服务企业的合法权益，改善人民群众的生活和工作环境而制定的相关政策制度。

上海市最近五年来相关的物业管理政策制度根据时间顺序可归纳为(见表 3-11)。

表 3-11　上海市近五年颁布的有关物业管理的相关政策制度

物业管理政策制度	颁布日期	颁布机构
住宅物业管理服务规范	2020～03～05	上海市市场监督管理局
非居住物业管理服务规范	2020～03～05	上海市市场监督管理局
关于开展住宅物业服务价格评估工作的通知	2019～03～08	上海市房屋管理局
关于印发《上海市物业服务企业和项目经理失信行为记分规则》的通知	2018～09～18	上海市房屋管理局
关于印发《上海市住宅物业服务规范》的通知	2018～03～30	上海市房屋管理局
关于加强本市住宅物业管理监督检查工作的通知	2018～03～09	上海市房屋管理局
上海市住宅物业消防安全管理办法	2017～07～18	上海市人民政府
关于加强商品住宅及其附属地下车库(位)等设施销售监管的通知	2017～07～21	上海市住建委、上海市物价局
关于延长《上海市住宅物业保修金管理暂行办法》有效期的通知	2017～12～30	上海市人民政府办公厅
市政府批转市住房城乡建设管理委关于进一步贯彻实施《上海市住宅物业管理规定》若干意见的通知	2016～11～24	上海市发展和改革委员会

七、住房保障政策制度

住房保障政策，是指有关社会保障性质的住房相关政策制度，保障性住房主要包括两限商品住房、经济适用住房、政策性租赁住房以及廉租房等方面。

2020 年 7 月 22 日，国务院办公厅印发《关于全面推进城镇老旧小区改造工作的指导意见》（国办发〔2020〕23 号）。2020 年全国新开工改造城镇老旧小区 3.9 万个，涉及居民近 700 万户；到 2022 年，基本形成城镇老旧小区改造制度框架、政策体系和工作机制；到“十四五”期末，结合各地实际，力争基本完成 2000 年底前建成的需改造城镇老旧小区改造任务。新形势下，国家将明确改造任务，建立健全组织实施机制，建立改造资金政府与居民、社会力量合理共担机制，加大政府支持力度，支持各地通过发行地方政府专项债券筹措改造资金。持续提升金融服务力度和质效。支持城镇老旧小区改造规模化实施运营主体采取市场化方式，运用公司信用类债券、项目收益票据等进行债券融资，但不得承担政府融资职能，杜绝新增地方政府隐性债务（见表 3-12）。

表 3-12 近五年国家住房保障方面的主要政策制度

住房保障政策制度	颁布日期	颁布机构
关于全面推进城镇老旧小区改造工作的指导意见	2020～07～10	国务院办公厅
2019 年中央财政支持住房租赁市场发展试点入围城市名单公示	2019～07～18	财政部、住房城乡建设部
关于进一步规范发展公租房的意见	2019～05～07	住房城乡建设部、发改委、财政部、自然资源部
进一步优化供给推动消费平稳增长促进形成强大国内市场的实施方案（2019 年）	2019～01～28	国家发展改革委、住房城乡建设部等
关于印发推行政府购买公租房运营管理服务试点方案的通知	2018～09～14	住房和城乡建设部、财政部
关于提前下达 2018 年中央财政农村危房改造补助预算指标的通知	2017～12～09	财政部
关于支持北京市、上海市开展共有产权住房试点的意见	2017～09～14	住房和城乡建设部
住房城乡建设部 财政部关于做好城镇住房保障家庭租赁补贴工作的指导意见	2016～12～08	住房和城乡建设部、财政部
住房城乡建设部办公厅 国家发展改革委办公厅 财政部办公厅关于印发《棚户区改造工作激励措施实施办法（试行）》的通知	2016～12～19	住房和城乡建设部办公厅、发展和改革委员会办公厅、财政部办公厅
国务院关于进一步做好城镇棚户区和城乡危房改造及配套基础设施建设有关工作的意见	2015～06～25	国务院
关于运用政府和社会资本合作模式推进公共租赁住房投资建设和运营管理的通知	2015～04～21	财政部、国土资源部、住房和城乡建设部中国人民银行、国家税务总局、中国银行业监督管理委员会

2020 年 1 月 10 日，上海市人民政府发布关于修改《上海市共有产权保障住房管理办法》的决定（沪府令 26 号）。《办法》规定，非本市户籍家庭同时符合居住证持证和积分、住房、婚姻、缴纳社会保险、缴纳个人所得税、收入和财产等条件的，可以申请购买共有产权保障住房。 同时，新修订的办法规定，取得不动产权证未满 5 年，有下列情形之一的，应当腾退共有产权保障住房：购房人或者同住人购买商品住房，不再符合住房困难条件的；购房人和同住人的户口全部迁离本市或者全部出国定居的；非本市户籍购房人和同住人的居住证全部被注销，但因户口迁入本市导致的除外；购房人和同住人均死亡的以及市人民政府规定的其他情形。根据办法，非本市户籍家庭需要同时符合下列条件的才可申请本市共有产权保障住房，包括持有《上海市居住证》且积分达到标准分值（120 分）；在本市无住房，且在提出申请前五年内在本市无住房出售或赠与行为；已婚；现工作单位应当在提出申请所在地注册连续满一年，且在实际缴纳社会保险或个人所得税的单位连续工作满一年。但在同一

个区内两个及以上实际缴纳社会保险或个人所得税的单位工作，且累计工作满一年的，可以提出申请；在本市连续缴纳社会保险或者个人所得税满 5 年；3 人及以上家庭人均年可支配收入低于 7.2 万元（含 7.2 万元）、人均财产低于 18 万元（含 18 万元）；2 人家庭人均年可支配收入和人均财产标准按前述标准上浮 20%，即人均年可支配收入低于 8.64 万元（含 8.64 万元）、人均财产低于 21.6 万元（含 21.6 万元）。相关的住房保障政策制度根据时间顺序可归纳为（见表 3-13）。

表 3-13　上海市近五年颁布的有关住房保障的相关政策制度

住房保障政策制度	颁布时间	颁布者
关于印发《上海市共有产权保障住房准入标准和供应标准》的通知	2020～04～17	市房屋管理局、市住房城乡建设管理委、市发展改革委、市民政局
中国（上海）自由贸易试验区临港新片区支持人才发展若干措施	2019～01～20	上海市临港新片区管委会
转发市住房城乡建设管理委等九部门《关于进一步完善本市共有产权保障住房工作的实施意见》的通知	2018～09～26	上海市人民政府办公厅
关于延长《关于公有居住房屋承租人户口迁离本市或死亡的确定房屋征收补偿协议签订主体的通知》有效期的通知	2018～06～29	上海市房屋管理局
关于印发《上海市住房租赁合同网签备案试行办法》的通知	2018～03～30	上海市住房城乡建设管理委、市房屋管理局
关于印发《上海市共有产权保障住房申请户选房工作规则》的通知	2018～01～18	上海市房屋管理局
关于延长《上海市共有产权保障住房（经济适用住房）和廉租住房申请家庭经济状况核对实施细则》有效期的通知	2017～12～26	上海市民政局、上海市住房保障和房屋管理局
上海市共有产权保障住房管理办法	2016～04～11	上海市人民政府
关于调整本市住房公积金个人贷款政策的通知	2016～11～28	上海市住房公积金管理委员会

八、　金融政策制度

房地产金融政策制度是指为调节房地产市场健康发展，降低金融风险，中央或地方政府所采取的包括银行信贷、信托、证券、债券、保险等政策制度。

2020 年，为支持实体经济发展，降低社会融资实际成本，促进加大对中小微企业的支持力度，中国人民银行先后三次降准。1 月份，下调金融机构存款准备金率 0.5 个百分点。3 月份，实施普惠金融定向降准，对达到考核标准的银行定向降准 0.5 至 1 个百分点。在此之外，对符合条件的股份制商业银行再额外定向降准 1 个百分点，支持发放普惠金融领域贷款。4 月份，对农村信用社、农村商业银行、农村合作银行、村镇银行和仅在省级行政区域内经营的城市商业银行定向下调存款准备金率 1

个百分点。

LPR 利率两度下降，全国房贷利率同比下降。2 月份，一年期 LPR 环比下降 10 个基点至 4.05%，五年期以上 LPR 环比下降 5 个基点至 4.75%。4 月份，一年期 LPR 再降 20 个基点至 3.85%，五年期以上 LPR 再降 10 个基点至 4.65%，创 LPR 改革以来最大降幅。受惠于信贷资金整体充裕，叠加 LPR 利率下调，2020 年全国房贷利率同比下降。截止 12 月底，2020 年 12 月，全国首套房贷款平均利率为 5.23%，二套房贷款平均利率为 5.54%。与 2019 年相比，2020 年全国首、二套房的贷款利率均同比下降了 31 基点，降幅为 5 年期 LPR 降幅（15 基点）的两倍有余。

央行先后出台房企“三道红线”融资管控和房贷“五档上限”额度管控。8 月 20 日，住建部、人民银行联合召开房地产企业座谈会，制定了重点房地产企业资金监测和融资管理规则，也就是“三道红线”：一是房企剔除预收款后的资产负债率不得大于 70%；二是房企的净负债率不得大于 100%；三是房企的“现金短债比”小于 1。通过这“三道红线”，房企将被划分为四个档次，分别是红-橙-黄-绿。红色档，“三线”均超出阈值，有息负债规模以 2019 年 6 月底为上限，有息负债规模不得增加；橙色档：“二线”均超出阈值，有息负债规模年增速不得超过 5%；黄色档：“一线”超出阈值，有息负债规模年增速不得超过 10%；绿色档：“三线”均未超出阈值，有息负债规模年增速不得超过 15%。12 月 31 日，中国人民银行、中国银行保险监督管理委员会发布《关于建立银行业金融机构房地产贷款集中度管理制度的通知》（银发〔2020〕322 号）。建立银行业金融机构房地产贷款集中度管理制度，分五档设定房地产贷款以及个人住房贷款占比上限。房地产贷款集中度管理制度是指，在我国境内设立的中资法人银行业金融机构，其房地产贷款余额占比及个人住房贷款余额占比应满足人民银行、银保监会确定的管理要求，即不得高于人民银行、银保监会确定的相应上限。具体来看，银行业机构分为中资大型银行、中资中型银行、中资小型银行和非县域农合机构、县域农合机构、村镇银行五档，房地产贷款占比上限分别为 40%、27.5%、22.5%、17.5%和 12.5%，个人住房贷款占比上限则分别为 32.5%、20%、17.5%、12.5%和 7.5%（见表 3-14）。

表 3-14 近五年国家房地产金融方面的主要政策制度

房地产金融政策制度	颁布日期	颁布机构
关于建立银行业金融机构房地产贷款集中度管理制度的通知	2020～12～31	中国人民银行、中国银行保险监督管理委员会
存量浮动利率贷款的定价基准转换为 LPR	2019～12～10	中国人民银行
关于对部分地方中小银行机构现场检查情况的通报	2019～08～30	中国银保监会
关于对房地产企业发行外债申请备案登记有关要求的通知	2019～07～09	国家发展改革委办公厅
加强房地产信托领域风险防控	2019～07～06	中国银保监会
关于开展“巩固治乱象成果 促进合规建设”工作的通知	2019～05～17	中国银保监会
关于完善市场约束机制严格防范外债风险和地方债务风险的通知	2018～05～11	国家发展改革委、财政部
关于支持优质企业直接融资进一步增强企业债券服务实体经	2018～12～05	国家发展改革委

济能力的通知		
关于维护住房公积金缴存职工购房贷款权益的通知	2017～12～26	住房和城乡建设部、财政部、中国人民银行、国土资源部
国务院关于印发降低实体经济企业成本工作方案的通知	2016～08～22	国务院
关于调整个人住房贷款政策有关问题的通知	2016～02～01	中国人民银行、中国银行业监督管理委员

2020年，上海坚决落实中央调控政策，坚持“房子是用来住的、不是用来炒的”的总要求，紧紧围绕稳地价、稳房价、稳预期的目标，完善长效管理调控机制，统筹做好房地产金融调控，严格执行授信集中度等监管规则，严防信贷资金违规流入房地产市场，持续遏制房地产金融化泡沫化，促进房地产市场平稳健康发展。具体政策见表3-15。

表3-15　上海市近年颁布的有关房地产金融的政策制度

房地产金融政策制度	颁布日期	颁布机构
关于落实“放管服” 优化营商环境，进一步提升住房公积金业务办理便利度的通知	2020～12～31	上海市住房公积金管理委员会
关于印发《上海市住房公积金个人购买征收安置住房贷款管理试行办法》的通知	2020～12～25	上海市住房公积金管理委员会
于在沪工作的外籍人员、获得境外永久（长期）居留权人员住房公积金个人住房贷款若干问题的通知	2020～11～12	上海市住房公积金管理委员会
关于印发《上海市住房公积金异地个人住房贷款管理办法》的通知	2020～08～25	上海市住房公积金管理委员会
关于在沪工作的外籍人员、获得境外永久（长期）居留权人员和台湾香港澳门居民参加住房公积金制度若干问题的通知	2020～08～25	上海市住房公积金管理委员会
关于2019年度上海市调整住房公积金缴存基数、比例以及月缴存额上下限的通知	2019～01～30	上海市住房公积金管理委员会
上海市住房公积金异地个人住房贷款管理暂行办法	2018～09～01	上海市公积金管理中心
关于印发《上海市降低住房公积金缴存比例或缓缴住房公积金管理办法》的通知	2018～06～26	上海市公积金管理中心
关于调整2018年度上海市住房公积金缴存比例的补充通知	2018～06～20	上海市公积金管理中心
关于2018年度上海市调整住房公积金缴存基数、比例以及月缴存额上下限的通知	2018～04～13	上海市公积金管理中心
关于本市提取住房公积金支付房租通过住房租赁公共服务平台核验租赁信息的通知	2018～04～01	上海市公积金管理中心
关于进一步加强住房公积金提取审核工作的通知	2017～02～09	上海市公积金管理中心

上海市城镇个体工商户及其雇用人员、自由职业者缴存、提取和使用住房公积金实施办法	2016～09～21	上海市公积金管理中心
关于 2016 年度上海市调整住房公积金缴存基数、比例以及月缴存额上下限的通知	2016～06～24	上海市公积金管理中心
关于印发《上海市降低住房公积金缴存比例或缓缴住房公积金操作细则》的通知	2016～07～15	上海市公积金管理中心

第二节　上海房地产市场法律环境构成

根据宪法规定，省、自治区、直辖市的人民代表大会及其常务委员会，在不同宪法、法律、行政法规相抵触的前提下，可以制定地方性法规，报全国人民代表大会常务委员会和国务院备案。地方性法规是地方人民代表大会及其常务委员会制定和发布的规范性文件。地方性法规只能在本地方范围内有效，其法律效力低于宪法、法律和行政法规。

行政法规是指最高国家行政机关国务院根据宪法和法律制定的有关行政管理活动的规范性文件。国务院所属的各部委在各部门权限内，发布具有规范性的规章，指示和命令等，属于广义的行政管理法规，其地位低于国务院的行政法规和其他规范性文件，但高于地方性法规。

对与房地产有关的法律和行政法规的归纳如下。

一、国家法规

房地产相关的国家法规按时间顺序可归纳为（见表 3-16）。

表 3-16　近些年来有关房地产市场的国家法规

时间	名称
2020～03～12	国务院发布《关于授权和委托用地审批权的决定》
2020～03～30	中共中央、国务院发布《关于构建更加完善的要素市场化配置体制机制的意见》
2020～04～09	中共中央、国务院发布《关于构建更加完善的要素市场化配置体制机制的意见》
2020～07～22	国务院办公厅《关于全面推进城镇老旧小区改造工作的指导意见》
2018～12～22	国务院发布《个人所得税专项附加扣除暂行办法》
2017～02～04	国务院印发《全国国土规划纲要（2016-2030 年）》
2016～04～12	国务院办公厅关于印发互联网金融风险专项整治工作实施方案的通知
2015～08～19	关于调整房地产市场外资准入和管理有关政策的通知
2014～11～24	不动产登记暂行条例

二、部门法规及其他相关法规

（一）住房和城乡建设部

根据第十一届全国人民代表大会第一次会议批准的国务院机构改革方案和《国务院关于机构设置的通知》（国发[2008]11 号），设立住房和城乡建设部，为国务院组成部门。将原建设部的职责划入住房和城乡建设部。

1．住房和城乡建设部的主要职责

住房和城乡建设部的职责主要包括：

（1）承担保障城镇低收入家庭住房的责任。拟订住房保障相关政策并指导实施。拟订廉租住房规划及政策，会同有关部门做好中央有关廉租住房资金安排，监督地方组织实施。编制住房保障发展规划和年度计划并监督实施。

（2）承担推进住房制度改革的责任。拟订适合国情的住房政策，指导住房建设和住房制度改革，拟订全国住房建设规划并指导实施，研究提出住房和城乡建设重大问题的政策建议。

（3）承担规范住房和城乡建设管理秩序的责任。起草住房和城乡建设的法律法规草案，制定部门规章。依法组织编制和实施城乡规划，拟订城乡规划的政策和规章制度，会同有关部门组织编制全国城镇体系规划，负责国务院交办的城市总体规划、省域城镇体系规划的审查报批和监督实施，参与土地利用总体规划纲要的审查，拟订住房和城乡建设的科技发展规划和经济政策。

（4）承担建立科学规范的工程建设标准体系的责任。组织制定工程建设实施阶段的国家标准，制定和发布工程建设全国统一定额和行业标准，拟订建设项目可行性研究评价方法、经济参数、建设标准和工程造价的管理制度，拟订公共服务设施（不含通信设施）建设标准并监督执行，指导监督各类工程建设标准定额的实施和工程造价计价，组织发布工程造价信息。

（5）承担规范房地产市场秩序、监督管理房地产市场的责任。会同或配合有关部门组织拟订房地产市场监管政策并监督执行，指导城镇土地使用权有偿转让和开发利用工作，提出房地产业的行业发展规划和产业政策，制定房地产开发、房屋权属管理、房屋租赁、房屋面积管理、房地产估价与经纪管理、物业管理、房屋征收拆迁的规章制度并监督执行。

（6）监督管理建筑市场、规范市场各方主体行为。指导全国建筑活动，组织实施房屋和市政工程项目招投标活动的监督执法，拟订勘察设计、施工、建设监理的法规和规章并监督和指导实施，拟订工程建设、建筑业、勘察设计的行业发展战略、中长期规划、改革方案、产业政策、规章制度并监督执行，拟订规范建筑市场各方主体行为的规章制度并监督执行，组织协调建筑企业参与国际工程承包、建筑劳务合作。

（7）研究拟订城市建设的政策、规划并指导实施，指导城市市政公用设施建设、安全和应急管理，拟订全国风景名胜区的发展规划、政策并指导实施，负责国家级风景名胜区的审查报批和监督管理，组织审核世界自然遗产的申报，会同文物等有关主管部门审核世界自然与文化双重遗产的申报，会同文物主管部门负责历史文化名城（镇、村）的保护和监督管理工作。

（8）承担规范村镇建设、指导全国村镇建设的责任。拟订村庄和小城镇建设政策并指导实施，指导村镇规划编制、农村住房建设和安全及危房改造，指导小城镇和村庄人居生态环境的改善工作，指导全国重点镇的建设。

（9）承担建筑工程质量安全监管的责任。拟订建筑工程质量、建筑安全生产和竣工验收备案的政策、规章制度并监督执行，组织或参与工程重大质量、安全事故的调查处理，拟订建筑业、工程勘察设计咨询业的技术政策并指导实施。

（10）承担推进建筑节能、城镇减排的责任。会同有关部门拟订建筑节能的政策、规划并监督实施，组织实施重大建筑节能项目，推进城镇减排。

（11）负责住房公积金监督管理，确保公积金的有效使用和安全。会同有关部门拟订住房公积金政策、发展规划并组织实施，制定住房公积金缴存、使用、管理和监督制度，监督全国住房公积金和其他住房资金的管理、使用和安全，管理住房公积金信息系统。

（12）开展住房和城乡建设方面的国际交流与合作。

（13）承办国务院交办的其他事项。

2．住房和城乡建设部颁发的与房地产相关的法规（见表 3-17）。

表 3-17　住房和城乡建设部（包括原建设部）近年来颁发的与房地产相关的法规

时间	名称
2020～09～07	关于《住房租赁条例（征求意见稿）》公开征求意见的通知
2020～03～26	住房和城乡建设部关于提升房屋网签备案服务效能的意见
2020～02～26	关于加强新冠肺炎疫情防控有序推动企业开复工工作
2019～02～18	住宅项目规范（征求意见稿）
2018～06～25	关于在部分城市先行开展打击侵害群众利益违法违规行为治理房地产市场乱象专项行动的通知
2018～05～19	住房城乡建设部关于进一步做好房地产市场调控工作有关问题的通知
2017～05～19	住房租赁和销售管理条例（征求意见稿）
2017～05～17	关于开展商业办公项目清理整顿工作的意见
2016～12～19	关于印发《棚户区改造工作激励措施实施办法（试行）》的通知

（二）自然资源部

1．自然资源部的职责

根据党的十九届三中全会审议通过的《中共中央关于深化党和国家机构改革的决定》、《深化党和国家机构改革方案》和第十三届全国人民代表大会第一次会议批准的《国务院机构改革方案》，制定本规定。自然资源部是国务院组成部门，为正部级，对外保留国家海洋局牌子。自然资源部贯彻落实党中央关于自然资源工作的方针政策和决策部署，在履行职责过程中坚持和加强党对自然资源工作的集中统一领导。主要职责是：

（1）履行全民所有土地、矿产、森林、草原、湿地、水、海洋等自然资源资产所有者职责和所有国土空间用途管制职责。拟订自然资源和国土空间规划及测绘、极地、深海等法律法规草案，制定部门规章并监督检查执行情况。

（2）负责自然资源调查监测评价。制定自然资源调查监测评价的指标体系和统计标准，建立统一规范的自然资源调查监测评价制度。实施自然资源基础调查、专项调查和监测。负责自然资源调查监测评价成果的监督管理和信息发布。指导地方自然资源调查监测评价工作。

（3）负责自然资源统一确权登记工作。制定各类自然资源和不动产统一确权登记、权籍调查、不动产测绘、争议调处、成果应用的制度、标准、规范。建立健全全国自然资源和不动产登记信息管理基础平台。负责自然资源和不动产登记资料收集、整理、共享、汇交管理等。指导监督全国自然资源和不动产确权登记工作。

（4）负责自然资源资产有偿使用工作。建立全民所有自然资源资产统计制度，负责全民所有自然资源资产核算。编制全民所有自然资源资产负债表，拟订考核标准。制定全民所有自然资源资产划拨、出让、租赁、作价出资和土地储备政策，合理配置全民所有自然资源资产。负责自然资源资产价值评估管理，依法收缴相关资产收益。

（5）负责自然资源的合理开发利用。组织拟订自然资源发展规划和战略，制定自然资源开发利用标准并组织实施，建立政府公示自然资源价格体系，组织开展自然资源分等定级价格评估，开展自然资源利用评价考核，指导节约集约利用。负责自然资源市场监管。组织研究自然资源管理涉及宏观调控、区域协调和城乡统筹的政策措施。

（6）负责建立空间规划体系并监督实施。推进主体功能区战略和制度，组织编制并监督实施国土空间规划和相关专项规划。开展国土空间开发适宜性评价，建立国土空间规划实施监测、评估和预警体系。组织划定生态保护红线、永久基本农田、城镇开发边界等控制线，构建节约资源和保护环境的生产、生活、生态空间布局。建立健全国土空间用途管制制度，研究拟订城乡规划政策并监督实施。组织拟订并实施土地、海洋等自然资源年度利用计划。负责土地、海域、海岛等国土空间用途转用工作。负责土地征收征用管理。

（7）负责统筹国土空间生态修复。牵头组织编制国土空间生态修复规划并实施有关生态修复重大工程。负责国土空间综合整治、土地整理复垦、矿山地质环境恢复治理、海洋生态、海域海岸线和海岛修复等工作。牵头建立和实施生态保护补偿制度，制定合理利用社会资金进行生态修复的政策措施，提出重大备选项目。

（8）负责组织实施最严格的耕地保护制度。牵头拟订并实施耕地保护政策，负责耕地数量、质量、生态保护。组织实施耕地保护责任目标考核和永久基本农田特殊保护。完善耕地占补平衡制度，监督占用耕地补偿制度执行情况。

（9）负责管理地质勘查行业和全国地质工作。编制地质勘查规划并监督检查执行情况。管理中央级地质勘查项目。组织实施国家重大地质矿产勘查专项。负责地质灾害预防和治理，监督管理地下水过量开采及引发的地面沉降等地质问题。负责古生物化石的监督管理。

（10）负责落实综合防灾减灾规划相关要求，组织编制地质灾害防治规划和防护标准并指导实施。组织指导协调和监督地质灾害调查评价及隐患的普查、详查、排查。指导开展群测群防、专业监测和预报预警等工作，指导开展地质灾害工程治理工作。承担地质灾害应急救援的技术支撑工作。

（11）负责矿产资源管理工作。负责矿产资源储量管理及压覆矿产资源审批。负责矿业权管理。会同有关部门承担保护性开采的特定矿种、优势矿产的调控及相关管理工作。监督指导矿产资源合理利用和保护。

（12）负责监督实施海洋战略规划和发展海洋经济。研究提出海洋强国建设重大战略建议。组织制定海洋发展、深海、极地等战略并监督实施。会同有关部门拟订海洋经济发展、海岸带综合保护利用等规划和政策并监督实施。负责海洋经济运行监测评估工作。

（13）负责海洋开发利用和保护的监督管理工作。负责海域使用和海岛保护利用管理。制定海域海岛保护利用规划并监督实施。负责无居民海岛、海域、海底地形地名管理工作，制定领海基点等特殊用途海岛保护管理办法并监督实施。负责海洋观测预报、预警监测和减灾工作，参与重大海洋灾害应急处置。

（14）负责测绘地理信息管理工作。负责基础测绘和测绘行业管理。负责测绘资质资格与信用管理，监督管理国家地理信息安全和市场秩序。负责地理信息公共服务管理。负责测量标志保护。

（15）推动自然资源领域科技发展。制定并实施自然资源领域科技创新发展和人才培养战略、规划和计划。组织制定技术标准、规程规范并监督实施。组织实施重大科技工程及创新能力建设，推进自然资源信息化和信息资料的公共服务。

（16）开展自然资源国际合作。组织开展自然资源领域对外交流合作，组织履行有关国际公约、条约和协定。配合开展维护国家海洋权益工作，参与相关谈判与磋商。负责极地、公海和国际海底相关事务。

（17）根据中央授权，对地方政府落实党中央、国务院关于自然资源和国土空间规划的重大方针政策、决策部署及法律法规执行情况进行督察。查处自然资源开发利用和国土空间规划及测绘重大违法案件。指导地方有关行政执法工作。

（18）管理国家林业和草原局。

（19）管理中国地质调查局。

（20）完成党中央、国务院交办的其他任务。

（21）职能转变。自然资源部要落实中央关于统一行使全民所有自然资源资产所有者职责，统一行使所有国土空间用途管制和生态保护修复职责的要求，强化顶层设计，发挥国土空间规划的管控作用，为保护和合理开发利用自然资源提供科学指引。进一步加强自然资源的保护和合理开发利用，建立健全源头保护和全过程修复治理相结合的工作机制，实现整体保护、系统修复、综合治理。创新激励约束并举的制度措施，推进自然资源节约集约利用。进一步精简下放有关行政审批事项、强化监管力度，充分发挥市场对资源配置的决定性作用，更好发挥政府作用，强化自然资源管理规则、标准、制度的约束性作用，推进自然资源确权登记和评估的便民高效。

2. 自然资源部近年颁布的与房地产相关的法规（见表 3-18）。

表 3-18　自然资源部颁发的与房地产相关的法规

时间	名称
2020～11～10	土地征收“成片开发”标准（试行）
2019～04～17	2019 年住宅用地“五类”调控目标

2018～03～23	国土资源部关于全面实行永久基本农田特殊保护的通知
2018～03～09	国土资源部办公厅关于印发《国有建设用地使用权出让地价评估技术规范》的通知
2018～01～17	关于印发《土地储备资金财务管理办法》的通知
2017～05～08	土地利用总体规划管理办法
2017～02～28	关于修改《建设项目用地预审管理办法》的决定
2016～11～16	关于印发《国土资源部立案查处国土资源违法行为工作规范（试行）》的通知

（三）财政部

1．财政部的主要职责

财政部是中华人民共和国国务院的组成部门，是国家主管财政收支、财税政策、国有资本金基础工作的宏观调控部门.其在房地产方面的调控职责有：

(1) 拟订财税发展战略、规划、政策和改革方案并组织实施，分析预测宏观经济形势，参与制定各项宏观经济政策，提出运用财税政策实施宏观调控和综合平衡社会财力的建议，拟订中央与地方、国家与企业的分配政策，完善鼓励公益事业发展的财税政策。

(2) 起草财政、财务、会计管理的法律、行政法规草案，制定部门规章，组织涉外财政、债务等的国际谈判并草签有关协议、协定。

(3) 承担中央各项财政收支管理的责任。负责编制年度中央预决算草案并组织执行。受国务院委托，向全国人民代表大会报告中央、地方预算及其执行情况，向全国人大常委会报告决算。组织制订经费开支标准、定额，负责审核批复部门(单位)的年度预决算。完善转移支付制度。

(4) 负责政府非税收入管理，负责政府性基金管理，按规定管理行政事业性收费。管理财政票据。制定彩票管理政策和有关办法，管理彩票市场，按规定管理彩票资金。

(5) 组织制定国库管理制度、国库集中收付制度，指导和监督中央国库业务，按规定开展国库现金管理工作。负责制定政府采购制度并监督管理。

(6) 负责组织起草税收法律、行政法规草案及实施细则和税收政策调整方案，参加涉外税收谈判，签订涉外税收协议、协定草案，制定国际税收协议和协定范本，研究提出关税和进口税收政策，拟订关税谈判方案，参加有关关税谈判，研究提出征收特别关税的建议，承担国务院关税税则委员会的具体工作。

(7) 负责制定行政事业单位国有资产管理规章制度，按规定管理行政事业单位国有资产，制定需要全国统一规定的开支标准和支出政策，负责财政预算内行政机构、事业单位和社会团体的非贸易外汇和财政预算内的国际收支管理。

(8)负责审核和汇总编制全国国有资本经营预决算草案，制定国有资本经营预算的制度和办法，收取中央本级企业国有资本收益，制定并组织实施企业财务制度，按规定管理金融类企业国有资产，参与拟订企业国有资产管理相关制度，按规定管理资产评估工作。

(9) 负责办理和监督中央财政的经济发展支出、中央政府性投资项目的财政拨款，参与拟订中央建设投资的有关政策，制定基本建设财务制度，负责有关政策性补贴和专项储备资金财政管理工作。

负责农业综合开发管理工作。

（10）会同有关部门管理中央财政社会保障和就业及医疗卫生支出，会同有关部门拟订社会保障资金(基金)的财务管理制度，编制中央社会保障预决算草案。

（11）拟订和执行政府国内债务管理的制度和政策，编制国债余额限额计划，依法制定地方政府性债务管理制度和办法，防范财政风险。负责统一管理政府外债，制定基本管理制度。代表我国政府参加有关的国际财经组织，开展财税领域的国际交流与合作。

（12）负责管理全国的会计工作，监督和规范会计行为，制定并组织实施国家统一的会计制度，指导和监督注册会计师和会计师事务所的业务，指导和管理社会审计。

（13）监督检查财税法规、政策的执行情况，反映财政收支管理中的重大问题，负责管理财政监察专员办事处。

（14）承办国务院交办的其它事项。

2．财政部颁发的与房地产相关的法规（见表 3-19）。

表 3-19 财政部颁发的与房地产相关的法规

时间	名称
2020～03～25	关于继续实施物流企业大宗商品仓储设施用地城镇土地使用税优惠政策的公告
2020～01～22	关于明确国有农用地出租等增值税政策的公告
2019～06～13	关于个人取得有关收入适用个人所得税应税所得项目的公告》
2018～09～14	关于印发推行政府购买公租房运营管理服务试点方案的通知
2017～06～22	关于支持农村集体产权制度改革有关税收政策的通知
2016～06～18	关于进一步明确全面推开营改增试点有关再保险、不动产租赁和非学历教育等政策的通知

（四）国家税务总局

1．国家税务总局的职责

国家税务总局的主要职责主要包括：

（1）具体起草税收法律法规草案及实施细则并提出税收政策建议，与财政部共同上报和下发，制订贯彻落实的措施。负责对税收法律法规执行过程中的征管和一般性税政问题进行解释，事后向财政部备案。

（2）承担组织实施中央税、共享税及法律法规规定的基金（费）的征收管理责任，力争税款应收尽收。

（3）参与研究宏观经济政策、中央与地方的税权划分并提出完善分税制的建议，研究税负总水平并提出运用税收手段进行宏观调控的建议。

（4）负责组织实施税收征收管理体制改革，起草税收征收管理法律法规草案并制定实施细则，制定和监督执行税收业务、征收管理的规章制度，监督检查税收法律法规、政策的贯彻执行，指导和监督地方税务工作。

（5）负责规划和组织实施纳税服务体系建设，制定纳税服务管理制度，规范纳税服务行为，制定和监督执行纳税人权益保障制度，保护纳税人合法权益，履行提供便捷、优质、高效纳税服务的义务，组织实施税收宣传，拟订注册税务师管理政策并监督实施。

（6）组织实施对纳税人进行分类管理和专业化服务，组织实施对大型企业的纳税服务和税源管理。

（7）负责编报税收收入中长期规划和年度计划，开展税源调查，加强税收收入的分析预测，组织办理税收减免等具体事项。

（8）负责制定税收管理信息化制度，拟订税收管理信息化建设中长期规划，组织实施金税工程建设。

（9）开展税收领域的国际交流与合作，参加国家（地区）间税收关系谈判，草签和执行有关的协议、协定。

（10）办理进出口商品的税收及出口退税业务。

（11）对全国国税系统实行垂直管理，协同省级人民政府对省级地方税务局实行双重领导，对省级地方税务局局长任免提出意见。

（12）承办国务院交办的其他事项。

2．国家税务总局颁发的与房地产相关的法规（见表 3-20）。

表 3-20　国家税务总局颁发的与房地产相关的法规

时间	名称
2020～08～11	中华人民共和国契税法
2019～06～13	关于个人取得有关收入适用个人所得税应税所得项目的公告
2018～11～29	关于易地扶贫搬迁税收优惠政策的通知
2018～09～30	关于去产能和调结构房产税 城镇土地使用税政策的通知
2017～11～26	关于简化建筑服务增值税简易计税方法备案事项的公告
2017～07～11	关于建筑服务等营改增试点政策的通知
2016～11～24	关于纳税人转让不动产缴纳增值税差额扣除有关问题的公告

（五）中国人民银行

1．中国人民银行的职责

（1）拟订金融业改革和发展战略规划，承担综合研究并协调解决金融运行中的重大问题、促进金融业协调健康发展的责任，参与评估重大金融并购活动对国家金融安全的影响并提出政策建议，促进金融业有序开放。

（2）起草有关法律和行政法规草案，完善有关金融机构运行规则，发布与履行职责有关的命令和规章。

（3）依法制定和执行货币政策；制定和实施宏观信贷指导政策。

（4）完善金融宏观调控体系，负责防范、化解系统性金融风险，维护国家金融稳定与安全。

（5）负责制定和实施人民币汇率政策，不断完善汇率形成机制，维护国际收支平衡，实施外汇管理，负责对国际金融市场的跟踪监测和风险预警，监测和管理跨境资本流动，持有、管理和经营国家外汇储备和黄金储备。

（6）监督管理银行间同业拆借市场、银行间债券市场、银行间票据市场、银行间外汇市场和黄金市场及上述市场的有关衍生产品交易。

（7）负责会同金融监管部门制定金融控股公司的监管规则和交叉性金融业务的标准、规范，负责金融控股公司和交叉性金融工具的监测。

（8）承担最后贷款人的责任，负责对因化解金融风险而使用中央银行资金机构的行为进行检查监督。

（9）制定和组织实施金融业综合统计制度，负责数据汇总和宏观经济分析与预测，统一编制全国金融统计数据、报表，并按国家有关规定予以公布。

（10）组织制定金融业信息化发展规划，负责金融标准化的组织管理协调工作，指导金融业信息安全工作。

（11）发行人民币，管理人民币流通。

（12）制定全国支付体系发展规划，统筹协调全国支付体系建设，会同有关部门制定支付结算规则，负责全国支付、清算系统的正常运行。

（13）经理国库。

（14）承担全国反洗钱工作的组织协调和监督管理的责任，负责涉嫌洗钱及恐怖活动的资金监测。

（15）管理征信业，推动建立社会信用体系。

（16）从事与中国人民银行业务有关的国际金融活动。

（17）按照有关规定从事金融业务活动。

（18）承办国务院交办的其他事项。

2．中国人民银行颁发的与房地产相关的法规（见表 3-21）。

表 3-21　中国人民银行颁发的与房地产相关的法规

时间	名称
2020～12～31	关于建立银行业金融机构房地产贷款集中度管理制度的通知
2019～12～28	中国人民银行公告〔2019〕第 30 号
2017～12～26	关于维护住房公积金缴存职工购房贷款权益的通知
2016～02～02	关于调整个人住房贷款政策有关问题的通知

第二章　经济社会环境[1]

第一节　经济运行情况

一、总体经济状况

2020 年，上海市全年实现生产总值(GDP)38 700.58 亿元，比上年增长 1.7%。其中，第一产业增加值 103.88 亿元，较上年下降 5.0%；第二产业增加值 10 289.47 亿元，较上年增长 1.3%；第三产业增加值 28 307.54 亿元，较上年增长 1.8%。第三产业增加值占上海市生产总值的比重为 73.1%，比上年提高 0.2 个百分点。按常住人口计算的上海市人均生产总值为 15.58 万元（见表 4-1）。

表 4-1　2020 年上海市经济状况表

指　　标	2019 年	2020 年	2020 年比 2019 年增长（%）
上海市生产总值(亿元)	37 987.55	38 700.58	1.7
第一产业增加值	103.88	103.57	-8.2
第二产业增加值	10 299.16	10 289.47	1.3
第三产业增加值	27 752.28	28 307.54	1.8
新增固定资产（亿元）	3 834.26	3 427.43	-10.6
地方财政收入(亿元)	7 165.10	7 046.30	-1.7
工业总产值(亿元)	8 434.10	9 656.51	1.4
外贸进出口总额（亿美元）	4 938.03	5 031.89	1.9
社会消费品零售总额(亿元)	15 847.55	15 932.50	0.5

二、上海社会经济主要指标占全国比重

表 4-2　2020 年上海社会经济主要指标占全国比重

指　　标	全　国	上　海	上海占全国比重(%)
生产总值（亿元）	1 015 986	38 700.58	3.8
第一产业增加值	77 754	103.57	0.1
第二产业增加值	384 255	10 289.47	2.7
第三产业增加值	553 977	28 307.54	5.1

1本章所有数据均来自：2021 年《上海统计年鉴》，2021 年《上海统计公报》，2021 年《国家统计公报》。

港口货物吞吐量（亿吨）	145	7.17	4.9
全社会固定资产投资总额（亿元）	527 270	581 578.81	1.7
社会消费品零售总额（亿元）	391 981	15 932.50	4.1
外商直接投资实际到位金额（亿美元）	1 444	202.33	14.0

三、上海市生产总值增长情况

表 4-3 主要年份上海市生产总值比上年增长（按三次产业分）

指　标	2019 年	2020 年	2020 年比 2019 年增长（%）
上海市生产总值（亿元）	**37 987.55**	**38 700.58**	**1.7**
第一产业	103.88	103.57	-8.2
第二产业	10 299.16	10 289.47	1.3
工　业	9 670.68	9 656.51	1.4
建筑业	716.16	719.64	0.7
第三产业	27 752.28	28 307.54	1.8
交通运输、仓储和邮政业	1 650.44	1 474.82	-8.4
信息传输、计算机服务和软件业	2 405.12	2 760.60	15.2
批发和零售业	5 023.23	4 869.89	-3.3
住宿和餐饮业	458.86	369.14	-17.8
金融业	6 600.60	7 166.26	8.4
房地产业	3 300.72	3 393.40	1.7
租赁和商务服务业	2 898.56	2 537.76	-12.4

注：按照我国地区生产总值统一核算和数据发布制度规定，地区生产总值核算包括初步核算和最终核实两个步骤。经最终核实，2019 年，上海地区生产总值现价总量为 37 987.55 亿元，按不变价格计算，比上年增长 6.0%。

四、吸收外资

2020 年，全年新设外商投资企业 5 751 家，比上年下降 15.4%；合同金额 516.54 亿美元，增长 2.8%；全年外商直接投资实际到位金额 202.33 亿美元，增长 6.2%。全年制造业外商直接投资实际到位金额 10.94 亿美元，下降 36.1%，占全市实际利用外资比重为 5.4%；第三产业外商直接投资实际到位金额 191.12 亿美元，增长 10.6%，占比为 94.5%。“一带一路”沿线国家在沪投资实到金额占全市比重为 11.1%。至年末，在上海投资的国家和地区达 189 个，上海市累计认定跨国公司地区总部 771 家(亚太区总部 137 家)，外资研发中心 481 家。年内新增跨国公司地区总部 51 家。其中，亚太区总部 21 家；外资研发中心 20 家。

第二节 居民收入与消费水平结构

2020 年，据抽样调查，全市居民人均可支配收入 72 232 元，比上年增长 4.0%。其中，城镇常住居民人均可支配收入 76 437 元，增长 3.8%；农村常住居民人均可支配收入 34 911 元，增长 5.2%。全市居民人均消费支出 42 536 元，比上年下降 6.7%。其中，城镇常住居民人均消费支出 44 839 元，下降 7.1%；农村常住居民人均消费支出 22 095 元，下降 1.6%。

一、从业人员收入

表 4-4 2020 年上海市城镇单位就业人员平均工资 单位：元

指 标	2019 年	2020 年
城镇非私营单位就业人员平均工资	149 377	171 884
城镇私营单位就业人员平均工资	64 226	80 134

注：从 2020 起，抽样调查单位的样本由国家统计局统一抽取，样本中不含村居委会以及从业人员规模在 5 人及以下的单位。从业人员和工资数据由国家统计局反馈。

二、城市居民家庭活基本情况

表 4-5 2020 年上海城市居民家庭生活基本情况表

项 目	年 份	
	2019 年	2020 年
调查户数(户)	1 000	1 000
平均每户家庭人口(人)	2.55	2.54
平均每一就业者负担人数 （人）	2.15	2.24
平均每人可支配收入(元)	69 442	72 232
平均每人消费支出(元)	45 605	42 536
可支配收入比上年增长（%）（按当年价格）	5.2	-6.7

三、城市居民家庭消费支出及其构成

表 4-6 2019～2020 年上海城市居民家庭消费支出及其构成 单位：元

指 标	2019 年	百分比（%）	2020 年	百分比（%）

消费支出	45 605	100	42 536	100
食品烟酒	10 952	24.0	11 225	26.4
衣着	2 072	4.5	1 694	4.0
生活用品及服务	2 123	4.7	2 091	4.9
医疗保健	3 205	7.0	3 033	7.1
交通和通信	5 356	11.7	4 558	10.7
教育文化娱乐服务	5 495	12.1	3 663	8.6
居住	15 046	33.0	15 247	35.8
其他商品和服务	1 356	3.0	1 025	2.5

四、农村居民家庭生活基本情况

表 4-7　2020 年上海农村居民家庭生活基本情况

项　目	2019 年	2020 年
平均每人可支配收入(元)	33 195	34 911
平均每人生活消费总支出(元)	22 449	22 095

五、居民消费水平

表 4-8　2020 年上海城乡居民人均消费支出

居民消费支出（元/人）	2019 年	2020 年
农村居民	22 449	22 095
城镇居民	48 272	44 839

第三节　固定资产投资

一、固定资产投资概况

2020 年，全年全社会固定资产投资总额比上年增长 10.3%。其中，第二产业投资增长 16.5%；非国有经济投资增长 13.1%。

表 4-9　2019～2020 年上海市固定资产投资比上年增长概况

指　标	2019 年（%）	2020 年（%）
从产业投向看		
第一产业	90.4	109.8
第二产业	11.6	16.5
第三产业	3.8	9.0
#房地产业（亿元）	4 231.38	4 698.75
从投资主体看		
国有经济	7.9	3.7
非国有经济	3.9	13.1
集体经济	-27.6	56.5
私营经济	-17.3	2.3
联营经济	-91.4	-
股份制经济	9.2	17.3
港澳台经济	7.5	-11.9
外商经济	40.7	38.2
其他经济	4.5	53.4

二、固定资产投资构成

2020 年上海市固定资产投资结构发生略有变化，全社会固定资产投资总额比上年增长 10.3%。一、二、三产业投资继续保持增长势头，第一产业投资较 2019 年相比增长幅度较大，增长 109.8 个百分点。新增固定资产投资 3 427.43 亿元，较上年下降 10.6%； 房地产方面，商品房施工、竣工面积均呈上升势头，分别上涨 6.3%和 7.8%，其中，住宅施工面积上涨 3.6%，住宅竣工面积上涨 12.0%。

表 4-10　2019～2020 年上海市固定资产投资主要指标比上年增长

指　标	2019 年（%）	2020 年（%）
投资总额	**5.1**	**10.3**
按隶属关系分		
中央项目	-12.7	-20.2
地方项目	7.7	14.0
按构成分		
建筑安装工程	6.2	5.1
设备、工具、器具购置	-1.1	2.3

其他费用	6.3	21.6
按建设性质分		
# 新 建	10.8	14.5
扩 建	-1.6	-15.8
改建和技术改造	1.1	20.9
单纯购置	-4.9	-3.2
按产业分		
第一产业	90.4	109.8
第二产业	11.6	16.5
第三产业	3.8	9.0
按经济类型分		
国有经济	7.9	3.7
非国有经济	3.9	13.1
集体经济	-27.6	56.5
私营经济	-17.3	2.3
联营经济	-91.4	-
股份制经济	9.2	17.3
港澳台经济	7.5	-11.9
外商经济	40.7	38.2
其他经济	4.5	53.4
新增固定资产（亿元）	**3 834.26**	**3 427.43**
固定资产交付使用率	47.9	-
房屋建筑面积 （万平方米）		
施工面积	18 032.16	-
# 住 宅	7 513.16	-
竣工面积	2 934.85	-
# 住 宅	1 489.73	-

注：①按建设性质分中不包括房地产开发投资和农户投资。2018 年以来，国家统计局规定各省市固定资产投资统计对外只发布增速数据，本篇章涉及固定资产投资的指标均为增速（%）数据。

②自 2020 年起，取消施工面积和竣工面积及其中项指标。

第四节　人口总量与结构

至2020年末，全市常住人口总数为2 488.36万人。其中，户籍常住人口1440.94万人,外来常住人口1 047.42万人。全年户籍常住人口出生7.88万人，出生率为5.35‰；死亡13.06万人，死亡率为8.87‰；户籍常住人口自然增长率为-3.52‰。

一、人口主要构成情况

表4-11　2020年上海市户籍人口主要构成情况

指　标	年末数（万人）	比重（%）
全市总人口	1 475.63	100
其中：男性	729.04	49.4
女性	746.60	50.6
其中：0-17岁	182.68	12.3
18-34岁	231.06	15.7
35-59岁	529.49	35.9
60岁及以上	532.41	36.1

二、家庭户规模及户籍人口期望寿命

2020年，全市共有家庭户 560.96万户，呈持续增长趋势。平均每个家庭的人口为2.63人，户籍人口期望寿命83.67岁，男性为81.24岁，女性为86.20岁，略有提升。

三、在校学生数

表4-12　2020年上海市在校学生数　单位：万人

指　标	2019年	2020年	2020年比2019年增加（%）
普通高等学校	52.63	54.07	2.7
普通中等学校	69.7	72.44	3.9
其中：中等专业学校	5.7	6.03	5.8
普通中学	61.04	63.45	3.9
职业学校	1.97	2.01	2.0
技工学校	0.99	0.95	-4.0

普通小学	82.63	86.10	4.2
特殊教育学校	0.48	0.50	4.2

四、人口迁移

表 4-13　2020 年上海市户籍人口迁移情况

年　份	迁　入		迁　出		机械增长	
	人口（万人）	迁入率（‰）	人口（万人）	迁出率（‰）	人口（万人）	增长率（‰）
2019年	13.69	9.34	3.41	2.33	10.28	7.01
2020年	14.90	10.12	3.41	2.32	11.49	7.80

五、各区县人口数和人口密度

表 4-14　2020 年上海各区县人口数和人口密度

地　区	土地面积（平方公里）	年末常住人口（万人）	其　中 外来人口	人口密度（人/平方公里）
全　市	**6 340.50**	**2 488.36**	**1 047.42**	**3 925**
浦东新区	1 210.41	568.6	241.88	4 698
黄浦区	20.46	65.85	28.22	32 185
徐汇区	54.76	111.47	34.39	20 356
长宁区	38.3	69.38	22.08	18 115
静安区	36.88	97.79	25.71	26 516
普陀区	54.83	124.3	36.73	22 670
虹口区	23.48	75.88	20.52	32 317
杨浦区	60.73	124.5	31.15	20 501
闵行区	370.75	265.71	124.58	7 167
宝山区	270.99	223.53	90.56	8 249
嘉定区	464.2	183.1	103.49	3 944
金山区	586.05	82.06	30.61	1 400
松江区	605.64	190.82	111.42	3 151
青浦区	670.14	127.13	72.37	1 897
奉贤区	687.39	114.3	59	1 663
崇明区	1 185.49	63.94	14.69	539

局规划和 84 个涉农乡镇郊野单元（村庄）规划实现全覆盖，镇总体规划、中心城单元规划和专项规划等各类各层次规划编制稳步推进。

（二）耕地和永久基本农田得到有效保护

编制《上海市耕地和永久基本农田划定成果报告》，完成农业“三区”划定工作。严格落实耕地和永久基本农田保护责任，强化永久基本农田利用变化情况监测监管。开展耕地质量等别年度更新评价，促进耕地质量提升。进一步规范耕地开垦费征收和使用管理。持续推进土地整治，增加补充耕地面积。到 2020 年 5 月，全市各类土地整治共计补充耕地 14 万亩。基于第二次全国土地调查连续变更数据，耕地保有量和永久基本农田保护任务完成规划目标。

（三）生态空间建设取得明显成效

生态环境建设和保护协同推进，坚持水绿联动，以水为脉、以绿为体，加强骨干生态廊道建设，“环、楔、廊、园、林”的生态格局基本形成。自然资源部与市政府签订《共同推进自然资源领域重大改革事项战略合作协议书》，在确保耕地保有量和永久基本农田布局基本稳定前提下，实施生态建设。聚焦市级重点生态廊道，推进造林建设，全市森林覆盖率达到 18.5%，人均公园绿地面积达到 8.5 平方米。持续开展河湖水系综合治理和中小河道综合整治，2020 年，全市河湖水面率提升至 10.11%。

（四）土地节约集约利用水平进一步提高

建设用地管理坚持守住底线、保障发展，深化土地利用调控，优化用地结构，构建功能完善、配置合理的土地空间利用格局。“十三五”期间，年度建设用地净增规模由 15 平方公里左右降低至年均 7 平方公里，全市累计完成低效建设用地减量 66.8 平方公里，实现了新增建设用地与低效建设用地减量的全面挂钩。到 2019 年，全市单位 GDP 建设用地使用面积比“十二五”期末下降了 23.38%，提前完成预期目标。

（五）地面沉降防治工作稳步推进

完善地面沉降管理措施，加大政策执行力度。制定《上海市地面沉降控制区划定方案》，强化地面沉降分区管控。健全地面沉降监测网络，优化地面沉降监测体系。全市平均地面沉降速率持续控制在 6 毫米/年以下，保持稳中有降的态势。

（六）自然资源调查登记工作不断提升

制定《上海市自然资源统一确权登记总体工作方案》，明确自然资源统一确权登记工作目标、自然资源类型、名单和主要任务。配合自然资源部完成长江干流（上海段）的资料数据收集和矢量数据坐标转换、登记通告发布和数据核查等工作。按照国家部署，开展第三次全国国土调查，高质量通过核查。

二、发展形势和面临挑战

（一）发展形势

一是落实国家战略，提升城市国际竞争力。坚持生态优先、绿色发展，统筹自然资源利用和保护，实施乡村振兴战略，不断提高城市发展的抗风险能力和可持续能力。二是顺应时代和人民要求，塑造高品质国土空间。统筹规划、建设、管理环节和生产、生活、生态空间，以高品质国土空间规划，探索上海特色的自然资源管理之路。三是全面深化改革，提高发展质量和效能。以高质量发展为引领，以土地利用方式转变和存量资源提质增效为支撑，为深化要素市场化改革，促进要素自主有序流动，提高要素配置效率，推动经济发展质量变革、效率变革、动力变革，做好土地要素保障。四是遵循管理改革新要求，推动国土空间高水平治理。全面履行自然资源管理“两统一”职责，形成以国土空间规划为基础，以统一用途管制为手段的国土空间开发保护制度。统筹推进自然资源领域改革，不断提高国土空间治理水平。五是聚焦优化营商环境新趋势，促进政府职能高效率运行。聚焦重点领域、关键环节，探索建立底线约束、过程可控、全程监管、效能提高的审批办理和监测监管新模式。

（二）面临挑战

一是用地结构调整和空间布局优化仍面临较大压力。城市开发边界外现状低效建设用地规模仍然较大，用地结构和布局需继续调整和优化。低效建设用地减量化面临潜力空间收紧、资金成本提高、基层实施难度加大等情况。二是土地利用绩效与土地资源高质量利用要求仍有差距。土地供需矛盾依然突出，土地利用质量有待提高，空间利用强度和品质不协调、土地配置效率和用地绩效不均衡等问题，制约了城市空间能级和土地承载力的提升。低效产业用地产业绩效管控和土地退出机制尚在起步阶段，土地要素资源的合理流动还有待进一步推进。三是生态空间规模和品质有待进一步提升。有限的生态建设空间与快速增长的生态需求之间矛盾较大，生态空间有限、地区不平衡的矛盾日益凸显，系统性、层级性的体系尚未全面构建。城市安全综合保障能力有待强化，不均匀地面沉降仍然存在。四是规划资源政策机制亟需创新突破。深化自然资源“两统一”改革要求，亟需在技术标准、政策法规等方面进行探索创新。城乡差距依然明显，还需进一步深化乡村振兴支持政策。

三、指导思想、基本原则和主要目标

（一）指导思想

以习近平新时代中国特色社会主义思想为指导，深入贯彻党的十九大和十九届二中、三中、四中、五中全会精神，坚持新发展理念，落实新发展要求，深入践行“人民城市人民建，人民城市为人民”重要理念，着力通过自然资源管理方式转变，为推动高质量发展、创造高品质生活，加快推进“五个中心”和具有世界影响力的社会主义现代化国际大都市建设发挥保障和支撑作用。

（二）基本原则

——坚持底线思维，促进绿色发展。严格落实生态保护红线、永久基本农田、城市开发边界和文化保护控制线“四条控制线”，牢牢守住人口、土地、资源、环境底线，切实保障资源可持续利用、城市可持续发展。

——突出整体保护，加强统筹协调。坚持山水林田湖草是一个生命共同体，系统推进自然资源综合管理制度改革，创新多方参与、协同治理的工作机制，构建自然资源全域、全要素管理新格局。

——加强政策创新，推进高质量利用。强化国土资源利用计划联动管理，坚持以盘活存量、提升质量为主，加强空间布局引导和用地结构优化，推动国土空间利用模式转型，提高经济密度和土地利用绩效水平。

——优化营商环境，提升行政效能。完善统一的国土空间基础信息平台，加快推进“一网通办”“一网统管”。以“多规合一”为基础，深化行政审批制度改革，推动“放管服”深入落实。

（三）主要目标

围绕实施《上海市城市总体规划（2017-2035 年）》，深化自然资源领域制度改革，探索建立全域、全要素、全过程的国土空间用途管制制度，统筹自然资源利用和保护工作，塑造城市高品质空间，促进自然资源高质量利用，加速行政职能高效率运行，推动国土空间高水平治理。

——自然资源统筹保护不断加强。严格执行耕地保护政策，结合现状耕地和生态建设需求，有序实施耕地退出。“十四五”期末，耕地保有量不少于 202 万亩，永久基本农田保护任务不少于 150 万亩，森林覆盖率达到 19.5%，人均公园绿地面积达到 9.5 平方米，河湖水面率不低于 10.1%，大陆自然岸线保有率不低于 12%，湿地保护率达 50%以上，自然资源整体保护不断加强。

——国土生态安全底线不断夯实。严格保护 2526 平方公里生态保护红线和 1148 平方公里自然保护地（部分位于长江口和东海海域），确保生态功能不降低、面积不减少、性质不改变。全市平均地面沉降速率持续控制在 6 毫米/年以下，强化地面沉降防控对城市运行安全的保障能力。

——土地高质量利用水平持续提升。“十四五”期末，建设用地总规模不突破 3185 平方公里，产业基地内用于先进制造业发展的工业用地面积不低于 150 平方公里。“十四五”期间，继续推进低效建设用地减量化，年均减量 12 至 15 平方公里，单位 GDP 建设用地使用面积比“十三五”期末下降 15—20%，万元 GDP 用水量较“十三五”期末下降 15%以上。

四、主要任务

（一）推进国土空间规划编制与实施，加强自然资源统筹管控

全面推进各级国土空间规划编制与已批规划实施，强化重点地区规划引领。建立国土空间规划分阶段实施机制，做实自然资源保护利用年度实施计划。

1. 建立国土空间规划实施维护机制

（1）推进各级国土空间规划编制与实施

实现各级国土空间规划全覆盖。全面推进主城片区单元规划和新城单元规划编制，加强城市开发边界内和城市开发边界外的其他建设用地区内控制性详细规划引导；按需推进城市开发边界外的乡村地区郊野单元村庄规划编制；分类推进专项规划编制，保障重点任务和重大工程实施。在各级各类国土空间规划中，落实海洋生态空间、海洋开发利用空间，海洋生态空间内划定海洋生态保护红线。

构建规划实施、监测、评估、维护机制。严格实施已批准的国土空间规划，强化年度监测，深化重点专项评估，优化动态维护机制，实现全过程管理。在浦东新区探索建立按照规划期实施的总量管控模式，支持浦东新区按需优化规划布局，灵活制定实施计划，统筹用地规模和指标。全面优化详细规划管理流程，开展审批效能提升管理制度改革，在保留法定环节的基础上，以“能减则减，能并则并”为原则，精简审批流程、压缩审批时限；加强规划弹性适应，扩大无需规划调整的适用范围，切实提升审批效能。

（2）逐级落实“四条控制线”管控要求

严守生态保护红线，维护提升生态功能。推进全市自然保护地体系建设，衔接自然保护地整合优化和勘界定标，完成全市生态保护红线评估调整和勘界定标。生态保护红线内，自然保护地核心保护区原则上禁止人为活动；其他区域严格禁止开发性、生产性建设活动，除国家重大战略项目外，仅允许对生态功能不造成破坏的有限人为活动。对生态保护红线内现状不符合生态主导功能的用地方式和

人类活动，逐步实施清退，并开展生态建设和修复。

实施永久基本农田特殊保护，保障现代农业发展空间。推进耕地和永久基本农田保护空间全面锁定和落地化分类保护，建立永久基本农田—部管储备地块—市管储备地块—土地整备引导区保护体系，对划定的耕地保护空间，实行差别化分区准入，严格限定允许占用类型，确保全市永久基本农田和耕地保护底线不突破。

聚焦城市开发边界，促进城镇紧凑集约发展。促进城市开发边界内建设用地结构优化和功能提升，推进城市开发边界外低效建设用地减量和布局优化。加强战略预留区规划引导，优化战略预留区启动使用管理机制，加强过渡期规划和土地管理。加快研究部分战略预留区功能定位和规划安排，成熟一块、使用一块。

强化文化保护控制线，提升城市文化品质。核心保护范围内不得擅自进行新建、扩建活动。确需建造基础设施、公共服务设施、建筑附属设施或者进行历史风貌区保护规划确定的其他建设活动的，应当经专家委员会专家论证。建设控制地带内新建、改建、扩建建筑时，应当在高度、体量、色彩等方面与历史文化风貌相协调。

（3）加强重点地区国土空间规划支撑和保障

加快推进长三角生态绿色一体化发展示范区和临港新片区内单元规划和详细规划编制，注重空间响应。创新长三角生态绿色一体化发展示范区规划土地一体化政策机制，强化用地保障。加大临港新片区规划土地政策支持力度，探索建立更具弹性的土地用途管制方式，探索实行混合用地、创新型产业用地等政策。加大虹桥国际开放枢纽、张江科学城等其他重点地区的国土空间规划支撑。

2.建立分阶段实施行动规划机制

（1）做实自然资源保护利用年度实施计划

强化计划管理，编制自然资源保护利用年度实施计划，统筹安排国土资源利用计划、生态建设计划、地面沉降年度防治计划。建立年度实施计划的通报、评估、调整机制，强化项目库管理。

（2）加强国土资源利用计划联动管理

加强土地准备计划、土地供应计划、城市更新计划、低效建设用地减量化计划、净增空间指标计划以及批而未供土地指标平移计划的联动管理，建立近期规划实施—国土资源利用计划—近期项目实施库的管理模式。聚焦规划实施，链接“空间和项目”，明确五年内各项计划在重点区域的空间引导。根据各区规划落实的近期发展重心、重点区域和重大项目，滚动编制三年计划。制定年度重点建设项目落实清单，并建立年度计划调整机制，引导重大项目落地，实现重点区域功能。

（3）有序实施生态建设规划计划管控

控制造林、中小河道整治等生态建设行为占用耕地规模、布局和节奏，实现耕地、林地、水域、湿地等重要自然资源空间调优与动态平衡，在规划、计划、项目等层面，建立联动管理模式。以5年为周期，编制造林、中小河道建设专项规划，明确建设空间，落实到地块；以3年为周期，编制造林、中小河道建设行动计划，分解年度任务，明确近期实施地块，匹配资金方案；按照年度遴选立项实施项目，制定造林、中小河道建设年度计划，确定项目地块范围。

（二）统筹生态资源保护与利用，促进生态空间提质增效

坚持生态优先、绿色发展，积极践行“绿水青山就是金山银山”理念，严格保护林、水、湿、滩

等国土生态空间，统筹推进生态资源一体化保护修复，持续推进崇明世界级生态岛建设，树立全市“生态优先、绿色发展”排头兵和长江经济带“共抓大保护、不搞大开发”典范。

1. 公园绿地建设

持续完善城乡公园绿地布局。中心城推进公园绿地500米服务半径盲区范围内的社区公园建设，基本实现中心城服务半径扫盲。加快推进新城绿地建设，以“一城一园”着力提升新城环境品质，结合绿道和林地建设，形成环新城生态廊道雏形。结合乡村振兴，重点推进合庆、庄行、漕泾、老港等郊野公园建设。加强“一江一河”地区公园绿地建设，重点推进三林楔形绿地、浦东滨江外环绿地和三岔港绿地建设。结合临港新片区、长三角生态绿色一体化发展示范区、虹桥国际开放枢纽等重点发展地区以及南大、吴淞等转型区域，建设城市公园。

以“环城生态公园带”提升主城片区整体生态环境品质。将外环绿带和近郊绿环及其两侧生态间隔带、楔形绿地组成环城生态公园带，以绿道建设贯通公园带，在主要节点处建设一批大型郊野公园（区域公园），形成“全线连通、长藤结瓜”的生态格局。

2. 林地建设

（1）优化林地空间布局

以近郊绿环、市域生态走廊和生态间隔带为市域生态骨架，聚焦重点结构性生态空间实施造林。持续拓展造林空间，以近郊绿环为纽带，联通市、区两级生态走廊。着力实施黄浦江—大治河生态走廊建设，加强中心城周边及新城周边等区域生态空间建设，继续推动滨水沿路生态廊道建设。营造城区森林群落，提升城区森林覆盖率，增强市民生态空间体验感，因地制宜新增和改造城区绿地。加大工业园区内规划绿地及周边防护林带实施力度。全面提升林地服务水平，加快林地建设。

（2）建立增存并举的造林机制

优先促进现有林地提质增效，通过增加林木密度、优化林相结构等方式，提高现有林地的森林覆盖率。大力增加公园绿地和道路红线内的森林覆盖面积，进一步挖掘公园绿地、道路绿化、居住区绿化、产业园区林地等非耕地区域造林潜力，重点聚焦环城生态公园带、五大新城环城森林等重点区域，在保障永久基本农田和耕地保有量目标实现的基础上，有序实施生态建设。推进生态廊道内低效建设用地减量化，减量化后的地块宜农则农、宜林则林。

3. 河湖水系建设

加强河湖蓝线规划控制与管理，严格限制工程建设占用水域的整治填埋，提高水生态安全保障能力。以淀山湖、元荡、北横河等骨干河湖水系建设为重点，推动河湖水系建设取得新突破，实施约300公里骨干河湖综合整治工程，兼顾改善相邻片区水体水质。以街镇为单元，集中连片开展河道水系生态治理，林水复合、蓝绿交融，重点推进“河湖畅通、生态健康、清洁美丽、人水和谐”的42个左右生态清洁小流域建设，加强河湖生态修复，形成市域蓝色网络框架。加强“一江一河”上游地区与太湖流域水环境协同治理，推进沿线上游支流生态体系建设。

4. 滩涂与岸线资源保护

（1）保护和合理利用滩涂资源

加强滩涂资源的整体规划和功能引导。优化完善湿地生态空间布局和保护管理体系，探索建立湿地生态保护补偿制度。科学保护和合理利用崇明北沿、横沙东滩等地区滩涂资源，已明确规划用途的区域，按照规划用途推进实施，横沙东滩已圈围成陆地区兼顾湿地保护和土地开发利用需求，在战略启动的窗口期先行用于生态农业。崇明北沿、横沙东滩等区域预计补充耕地约 5.4 万亩。加强滩涂湿地环境综合治理，积极实施陆海统筹发展战略，完善长江口、杭州湾北岸海陆一体环境综合监测网络，恢复滩涂湿地的自然生态功能。积极推进长江口疏浚土利用和河口生态塑造工作，先行启动横沙大道外延等相关工程立项，为尽快恢复疏浚土资源利用创造条件。

（2）优化配置岸线资源

加强滨江沿海岸线保护。实施海岸线分类保护制度，禁止损害生态功能的开发建设活动占用自然岸线。严格控制生产岸线规模，推进人工岸段的生态修复，提升生活生态岸线比重，构建连续的生态岸线，打造滨江沿海美丽海湾。加强岸线海塘维护，合理规划沿海防护林种植。结合区域产业转型和战略预留区综合环境整治，优化黄浦江上下游区段沿江岸线码头资源，加快实现生产型岸线向生活型岸线转变。

统筹岸线保护与滨江沿海地区产业转型发展。打造宝山国际邮轮码头、金山滨海地区等绿色活力生活岸段。保护崇明岛、浦东南部等重点生态岸段的资源环境与自然岸线，适度发展农渔业和休闲旅游产业。积极推进长江口和杭州湾地区产业转型升级和绿色发展。提升岸线防护工程能级，提高机场、港口等城市重大基础设施岸段的稳定性。

5. 国土空间生态修复

以差异化策略推动各类国土空间生态修复。坚持节约优先、保护优先、自然恢复为主，在重点生态区域，实施以自然生态环境保护修复提升、水土环境协同治理、生物多样性保育等为核心的生态修复工程，强化林水复合利用，守好生态底线。在城市化地区和农村地区，统筹开展人居环境综合整治和绿道绿网建设，联接城乡绿色空间。在河湖海岸线，实施水源保护、蓝色岸线及湿地保护修复工程，维护和提升生态系统功能。编制完成国土空间生态修复规划。

探索设立国土空间生态修复重大专项。聚焦崇明世界级生态岛、环淀山湖水乡古镇生态区、长江口及东海海域湿地区、杭州湾北岸生态湾区，谋划重大生态修复工程，探索建立生态修复项目库。研究崇明东滩、西沙等近海湿地及各类生物栖息地保护修复前期方案，锚固生态基底，保护重要生物栖息地，打造生态文明示范区。实施环淀山湖区域水源地保护和水环境综合治理工程，保护饮用水水源以及农业灌溉等用水安全，恢复江南水乡风貌。在长江口及东海近海海域，抓好生态保护红线和自然保护地等区域的生态保护修复，研究推进佘山岛领海基点等保护修复重点项目。研究开展杭州湾北岸岸线和边滩湿地保护修复工程，严格控制沿岸大型产业区对城镇和岸线生态环境的影响，改善近岸海洋环境质量，提升沿线城镇生态环境品质和休闲服务功能，打造世界级湾区。探索建立国土生态修复资金保障机制，优化完善生态保护补偿机制。

（三）守牢耕地和永久基本农田底线，促进农业空间绿色长效

落实最严格的耕地保护制度，守牢耕地数量红线和质量底线。推进全域土地综合整治，深化农村土地制度改革，构建绿色长效的农业空间，助推乡村振兴发展。

1. 严格耕地和永久基本农田保护

严格落实 202 万亩耕地保护空间。将 150 万亩永久基本农田和 3 万亩自然资源部管理储备地块作为长期稳定优质耕地，实施长效特殊保护，严格控制非农建设和生态建设占用，严禁非耕化利用活动。

规范49万亩市管储备地块的保护和管理，坚持动态平衡、布局优化，符合规划和用途管制要求的建设项目、生态项目和农业项目允许占用，并优先在整备引导区内新增耕地上即时补划。对202万亩耕地保护空间以外的其他耕地，有序实施城乡建设和生态建设。聚焦优质连片现状耕地和补充耕地潜力空间，划定土地整备引导区，通过土地综合整治，逐步优化耕地布局。对农村村民住宅建设占用耕地的，由各区政府通过多种途径，统一落实占补平衡，并不得收取耕地开垦费。加强耕地质量建设，探索建立耕地休耕补偿制度，实施绿色生产技术，减少农业面源污染。强化耕地保护责任落实与责任目标考核，压实各级政府耕地和永久基本农田保护责任。

2. 加强农业“三区”质量建设

根据粮食、蔬菜、特色农产品生产要求，实施差异化建设，加大规模化经营力度和农业装备能力建设，推动农业“三区”（即蔬菜生产保护区、粮食生产功能区和特色农产品优势区）向规模化、专业化、机械化、智能化、品牌化方向发展，“三区”内优先投入涉农资金，优先安排涉农项目，优先保障支持政策。建立健全农业“三区”管理制度，将农业“三区”成果纳入市城市空间基础信息平台，建立动态更新机制，将管护责任逐级落实到区、镇、村。

3. 大力推进全域土地综合整治

坚持全域规划、整体设计、综合整治、系统提升，积极开展泖港镇、廊下镇等全域土地综合整治试点建设。推进多功能农用地整治，加大农田基础设施建设，提升耕地质量。在不减少林地面积和不破坏生态环境的前提下，实现零散耕地、园地、林地和其他农用地之间的空间置换和布局优化。对建设占用耕地区域，探索开展耕作层土壤剥离再利用。适度建设休闲游憩设施，充分发挥农地的生态、景观、文化等多元复合功能。探索实施乡村一二三产融合用地保障、设施农业用地管理等支持政策，制定全域土地综合整治试点实施管理办法等。

4. 稳妥推进农村土地制度改革

稳妥推进集体经营性建设用地入市，研究制定指导性文件，建立公平合理的增值收益分配机制，全面完成集体建设用地、农用地基准地价制订工作。完善土地征收程序，通过信息化建设，规范征地房屋补偿管理，提高房屋征收签约环节透明化、规范化、信息化水平。深化宅基地制度改革，合理优化村庄空间布局，盘活利用闲置宅基地，有序推动农民相对集中居住，探索农民“户有所居”的多种实现形式，促进农村耕地保护、用地集约、配套完善、风貌和谐。有序推进自然资源确权登记和农村宅基地及宅基地上的房屋确权登记工作，探索农村土地承包经营权登记颁证工作，逐步做到登记全覆盖。按照有关规定，支持有条件的区、镇深入推进国有农用地产权和有偿使用制度改革。

5. 加大乡村振兴发展用地支持力度

在制定土地利用年度计划中，新增建设用地计划中用于重点产业等乡村振兴类项目的比例不低于5%。严格落实耕地保护和生态保护制度，明确乡村地区各类国土空间开发建设的准入条件、准入要求和管控原则。在符合国土空间用途管制规则的前提下，对占地不超过100平方米且不占用永久基本农田的村庄标识建（构）筑物（牌坊、示意牌等）、零星小微公共服务设施（厕所、污水处理、垃圾储运、供电、通讯等）、直接服务农业的小型灌溉泵站（不超过40平方米）和排涝泵站（不超过60平方米），以及为观景提供便利的非永久性附属设施，可以按照原地类管理。完善盘活农村存量建设用地政策，实行负面清单管理，优先保障乡村产业发展、乡村建设用地。探索建立农村存量建设用地村村挂钩机制。优化完善乡村建设项目审批程序，细化集体建设用地使用流程，强化乡村国土空间综合设计，科学指导优质产业项目、农民相对集中居住、农村公共服务设施等乡村振兴项目落地。

（四）推进建设用地高质量利用，促进城镇空间集约高效

坚持土地资源高质量利用，高效配置城乡土地资源，全面提升土地综合承载容量和经济产出。“十四五”期间，年均供地约 40 平方公里，重点保障交通、绿化和公共服务等设施建设。

1. 低效建设用地减量化

严控建设用地总量，坚持以用定减、以减定增，优先考虑永久基本农田集中区域、水源保护区、生态廊道规划区域、土地整备引导区和高速公路、高速铁路、高压走廊沿线区域，以及环境综合整治区域的低效建设用地减量，加快推进生态廊道内低效建设用地腾退。强化减量化后地块的安全利用，开展土壤污染检测等工作。除国家和本市重大战略性项目等以外，其他各类建设项目用地均需使用减量化腾挪指标，并优先保障基础设施、公益民生等市重大工程和市级重点产业项目，兼顾区级基础设施、公益民生、产业发展、乡村振兴等领域项目。

2. 城市有机更新

（1）实施路径

坚持规划引领、分类引导，积极探索渐进式、可持续的城市有机更新有效模式和实施路径，优先保护保留历史建筑，将历史风貌保护与城市功能完善和空间环境品质提升有机结合，促进城市历史文脉传承，逐步改善居民生活环境。继续推进存量工业用地改造升级，促进空间利用向集约紧凑、功能复合、低碳高效转变。全面提升“一江一河”公共空间品质，促进形成世界级滨水区基本格局。优化城市更新项目审批流程，探索建立规划、文保、建设、消防、绿化等联审机制。在黄浦外滩和新天地、静安张园、长宁老虹桥、普陀曹杨等地区开展城市更新改造示范区试点。

（2）实施机制

坚持多方参与、共建共享，搭建实施平台，创新规划土地政策，建立科学有序的城市有机更新实施机制。以更大力度推进城市有机更新，吸引市场主体参与，探索政府—市场—市民—社团的四方协同工作机制，搭建社会多方沟通协调平台，实施更大范围更广领域的空间资源统筹和公共利益平衡，有效保障更新项目顺利开展，促进城市共享发展。允许按照规划适当调整用地性质、建筑容量、建筑高度，采取存量补地价的方式，完善用地手续，调动更新主体积极性。允许新产业新业态利用存量用地，探索土地收储利益共享机制。

（3）旧区和城中村改造

落实历史风貌保护要求，坚持“留、改、拆”并举，推进中心城区旧区改造，加快完成中心城区二级旧里改造工作。以旧区改造风貌保护更新方式实施风貌保护的项目，可采取保留建筑物带方案公开招拍挂、定向挂牌、组合出让等差别化土地供应方式。创新旧区改造工作政策机制，在黄浦区、虹口区、杨浦区等旧区改造重点区域，多渠道、多途径、多方式地改善市民群众居住条件。发挥土地资源效能，综合运用资金支持、注入优质平衡资源、地块组合、规划优化、容积率转移等方式，完善推进机制。加强旧区改造土地收储和开发建设联动，引导规划提前介入，形成滚动开发建设机制。完善财税、直管公房残值补偿减免、房屋征收补偿、资金房源保障等配套支持政策。进一步强化区域功能，完善基础设施和公共服务配套，通过土地储备、与农村集体经济组织合作改造、公益性项目建设等方

式，开展城中村改造。

3. 产业用地高质量利用

（1）优化产业用地空间布局

按照产业基地—产业社区—零星工业地块的三级体系，优化产业用地空间布局，区分不同类型的产业空间，突出功能定位和用地结构引导。划定工业用地控制线，保障产业基地内用于先进制造业发展的工业用地面积不少于 150 平方公里。产业社区强调功能复合，可新增研发用地用于设计研发、企业总部等。

（2）存量产业用地盘活

鼓励产业用地实施“零增地”改扩建，实施正面清单引导，持续推动桃浦、南大、吴淞、高桥、吴泾、金山滨海等重点旧工业区域转型发展。存量工业仓储用地经批准提高容积率和增加地下空间的，不再增收土地价款。利用划拨土地上的存量房产发展各类新产业、新业态、新模式，土地用途和权利人、权利类型在 5 年过渡期内可暂不变更。优化存量产业用地转型机制，集中成片的存量工业用地区域倡导整体转型，整体转型允许园区平台等专业企业参与。鼓励街镇与园区平台合作，整合土地资源，归集开发权益，统一推进零星转型、高效开发。加大产业用地收储力度，建立收储利益平衡机制。

（3）低效产业用地处置

明确低效产业用地标准，常态化开展资源利用效率评价工作，开展低效用地认定。建立低效用地盘活倒逼和利益引导机制，实施差别化资源配置政策，提高低效用地持有成本，引导低效企业退出土地。积极探索市场化退出路径，试点优质物业换低效用地等市场化回购和退出方式。引导企业通过节余土地转让、节余房屋转租等市场化方式，自主退出低效用地。

（4）产业用地混合利用

鼓励工业、仓储、研发、办公、商业等用地混合布置、空间设施共享，强化公共服务设施和市政基础设施的功能混合，探索二三产混合用地，通过混合节地，优化供应结构。适当提高产业用地混合比例，探索多用途产业用地混合方式，试行用途企业自主调节。通过土地混合利用、建筑复合使用，深化弹性空间设计，进一步提高土地集约利用水平和空间利用效率，打造土地集约、资源共享、功能复合、服务便捷的空间利用新模式。

（5）闲置土地处置

完善闲置土地预防和处置的长效机制，在闲置土地总量保持低位的同时，把划拨土地、历史毛地出让地块等纳入处置范围，从严掌握闲置土地处置完成标准，坚持闲置土地情况季度通报。编制批而未供土地处置计划，加快土地供应或批文撤销指标平移等，形成土地有效供给。

4. 开发强度调控

（1）梯度管控

构建开发强度管控体系，通过总体规划—单元规划—详细规划空间规划体系，逐层落实主城区、新城、新市镇开发强度管理要求。强化分区分类引导，形成主城区、新城、新市镇开发强度梯度递减的空间格局，围绕城市中心、副中心，实现集聚发展。主城区作为全球城市核心功能的主要承载区，坚持“双增双减”和总量控制，着力提升城市能级和品质，增加公共空间和公共绿地。新城体现综合性节点城市功能，优化开发强度、提升经济密度，实施容积率差别化管理。提高公共活动中心和交通枢纽、轨道交通站点周边的开发强度、空间绩效，对新城其他区域，可结合开发重点项目，适当提高开发强度等级。新市镇突出统筹镇区、集镇和周边乡村的作用，总体以中、低开发强度为主，注重塑造空间形态特色，打造宜居环境。

（2）地块容积率差别化管控

按照“密路网、小街坊”的开放街区理念，在不突破单元规划确定的街坊开发容量基础上，合理确定地块容积率。对重点地区核心地块，经特别论证，未出让地块之间可进行开发规模平衡转移；强化地上地下空间的一体化利用，提升集聚水平。轨道交通站点600米范围内适用“特定强度区”政策。风貌旧区改造地块在满足风貌保护的前提下，经城市设计研究，允许规划开发规模进行转移，优先转移至轨道交通站点600米范围内及公共服务设施配套完善的区域。涉及风貌旧区改造的住宅在严格落实相关保护要求的前提下，容积率可适当提高。提高产业用地利用效率，按照产业功能和企业需求，核定开发强度，产业用地容积率实行下限管控。

5.土地市场建设

（1）构建城乡统一建设用地市场

发挥市场在资源配置中的决定性作用，以同地、同权、同价、同责为导向，落实集体经营性建设用地权能，建立城乡统一的建设用地市场，健全流转顺畅、收益共享、监管有力的集体经营性建设用地入市配套制度。扩大国有土地有偿使用范围，进一步完善土地要素价格体系。按照城市更新转型要求，继续探索产业用地实施先租后让、弹性年期等土地配置方式，推进综合用途、复合利用等使用方式创新，提升土地要素的配置效率。

（2）优化土地供应结构

保障实体经济发展，工业用地供应稳中有升。合理确定商办用地供应规模，实施商办用地差别化供应，提高商办用地供应的有效性与精准性。加大公共服务设施和公共空间土地供应力度，构建多元融合的15分钟社区生活圈。优化住房用地供应结构。

商品住房用地供应。在确保土地市场稳定的前提下，稳妥推进住房用地供应，有序增加商品住房用地供应。继续采取商品住房用地招标挂牌复合式出让，加强商品住房交易资金来源监管，通过自有资金专户监管制度等，促进土地市场平稳健康发展。

租赁住房用地供应。构建“租购并举”住房体系，鼓励开发企业持有一定比例商品住房用于社会租赁，促进社会租赁住房市场发展。在就业集聚、交通便利区域，加大租赁住房用地供应力度。探索将部分商业办公用地调整为租赁住房用地。探索利用集体建设用地和企事业单位自有闲置土地建设租赁住房，支持将非住宅房屋改建为保障性租赁住房。

（3）优化产业用地供应方式

探索产业用地标准化出让。落实地块产业导向及亩均税收、亩均产值、单位产值能耗、单位主要污染物税收等准入标准，开发标准化储备产业用地，实行按照标准出让、审批和监管。持续供应产业“标准地”，提前推进空间规划、用地指标、征地储备、产业准入等工作，并主动快捷供应。

探索多元化供地方式。针对不同类型产业用地和不同产业发展主体，实施差别化的供应方式。对重大投资项目、战略性项目和市级以上研发中心，可按照50年年期出让。出让给园区平台和领军企业的标准厂房类工业用地、通用类研发用地，可采用“带产业项目”挂牌方式供应。鼓励先租后让、长期租赁、弹性年期使用产业用地，完善产业用地使用方式。弹性年期出让项目到期后，可按照原合同约定价格，以协议方式自动续期。

6. 地下空间资源利用

（1）分层开发利用

按照“统筹规划、综合利用、安全环保、公益优先、地下与地上相协调”的原则，分层开发利用地下空间。挖掘近地（浅、中层）地下空间资源价值，重点关注城市更新地区地下空间开发利用以及存量空间利用，整体规划新城地下空间，以公共用地下部空间逐步串连各类单体地下空间。逐步开发利用大深度地下空间，优先安排市政、应急防灾等公共基础设施。

（2）完善使用制度

健全地下建设用地使用权出让制度，优化办理程序，分层利用、区分用途、鼓励开发，降低地下空间使用成本。加强地下空间产权保护，实现立体空间统一登记，设置地下工程安全保护区间，建立地下空间保护机制。

7. 土地全生命周期管理

完善土地全生命周期管理要素，合理细化产业用地投达产和绩效要求，全面落实经营性用地的规划要求。夯实全周期管理协同机制，落实多部门土地供应后的监管责任，加速项目投资到位和落地投产。综合运用合同履约方式和行政管理手段，实施履约监管和土地退出。加强违约涉地股权转让管理，建立多部门联动监管机制，遏制产业用地通过股权变更实施违约转让，确保产业用地服务产业发展。建设“智慧产业空间”等场景应用，汇集规划、土地和产业、投资、税收、环境等土地资源利用绩效数据，形成国土空间全要素全生命周期数据链，为实施差别化土地利用政策提供支撑。

（五）完善国土空间用途管制体系，强化自然资源全生命周期管理

严格保护和管理耕地，聚焦国土空间用途管制规则、行政审批制度改革和自然资源执法监督，构建国土空间用途管制制度体系、运行体系和监督体系，实现全域全要素全过程用途管制。

1. 制度体系

（1）制定空间分区准入管制规则

强化农业空间管控，制定永久基本农田、部管储备地块、市管储备地块、土地整备引导区的差异化管控规则，科学合理利用耕地资源，防止耕地非农化。严守生态空间，生态保护红线内，按照禁止建设区管理，严格控制一切与生态保护以及修复无关的活动。生态保护红线外，按照限制建设区管理，禁止对主导生态功能产生影响的开发建设活动，控制线性工程、市政和水利基础设施以及独立型特殊建设项目用地。优化城镇空间，引导城市开发边界内紧凑集约式发展，加强战略预留区和产业用地空间布局规划引导，促进城市开发边界内用地布局优化和节约利用。

（2）健全地类管控机制

加强许可管制和监测监管。严格管控城乡建设和生态建设项目占用耕地和永久基本农田，通过审批、备案、核准等形式，对地类转换进行管制。涉及建设项目、临时用地、造林、中小河道建设、农村道路、设施农业项目等，应当落实“先补后占”；涉及农田建设类项目和全域土地综合整治项目，允许在项目范围区内，调整优化耕地保护空间布局。

加强报备监测发现和甄别处置。规范永久基本农田上农业生产经营活动，禁止占用永久基本农田

从事林果业和挖塘养鱼，严格控制耕地转为园地等其他类型农用地以及挖塘养鱼、种植草地草坪等破坏耕作层的行为。加大对乡村振兴建设原地类管理小微项目的规划引导和用途管制，通过全天候监测发现地类变化，结合实地巡查甄别，完成地类变更。探索按照规划实施全地类管理。

（3）探索生态建设用地土地征收机制

优化生态空间格局，引导城市绿地、河道等生态用地建设，合理控制新增生态建设用地规模，探索只征不转等实施路径，重点促进城镇空间生态品质提升。

2.运行体系

（1）“多规合一”，统筹项目实施

将规划、土地、地质矿产、项目等各项数据纳入“一张蓝图”空间数据库，构建“多规合一”业务协同平台，对接“一网通办”平台，实现信息共享、便捷高效、协同推进。对接项目储备库，建立全市统一的项目实施库，强化建设项目前期研究，提前核对规划条件、汇集设计要求、深化方案研究、落实土地供应等，促进方案成熟稳定，提升项目生成的质量和效率。全面推进工程建设项目空间准入条件征询和设计方案意见征询，“一口受理、一文审批”，加强业务协同。

（2）“多审合一、多证合一”，再造审批流程

合并规划选址和用地预审，合并建设用地规划许可和用地批准，合并建设用地规划许可和建设工程规划许可，合并竣工规划核实、土地核验和档案验收。精减审批条件，一张表单、一套材料，各审批阶段实行一表申请，制定统一的办事指南和申报表格。调整审批时序，对完成土地储备并采用划拨方式供地的公共服务项目、有特殊工期要求的科创中心建设、社会民生、生态文明建设和城市基础设施项目，以及采用划拨供地方式、需要通过审核设计方案确定用地范围的项目，进一步缩减审批层级。

（3）“多测合一、多验合一”，实施“验登联动”

统一测绘数据标准。规范技术规程和成果标准，在工程建设项目行政审批测绘服务领域，全面推行“多测合一”，实现一次委托、统一测绘、成果共享。

简化开工放样复验。产业基地、产业社区内的产业类项目，以及按照规定可以免予设计方案公示的项目（依法不予公开的除外），开工放样复验采用备案制。

整合规划资源验收。建设单位在申报开工复验、竣工规划资源验收时，实现已录入数据库的测绘成果检测数据与规划许可数据的系统比对。逐步实现工程规划许可附图、竣工图、竣工测绘报告图形数据比对。在批准文件中，对规划验收、土地核验、档案验收事项审核结果和地名查验、地质资料核查事项检查情况进行说明。

加强档案归集。将竣工验收阶段一次性提交城建档案资料、档案验收的方式，调整为项目建设过程中审批档案、一键归档，验收阶段限时承诺、容缺受理，验收结束后按期移交的管理方式。

实施“验登合一”。建设单位凭竣工规划资源验收合格文件和“多测合一”成果，按照程序申请办理不动产登记。对于自持社会投资类产业项目，可用建设单位承诺书代替竣工验收备案证明作为收件资料，同步核发竣工规划资源验收合格文件和不动产权证书，实现竣工规划资源验收和不动产登记合一。

3.监督体系

（1）深化规划资源综合行政执法体制机制改革

健全市、区两级规划土地执法队伍分级执法、属地化管理模式。提升基层执法能力，构建规划资源综合执法模式，全面开展规划、土地、地质矿产资源、测绘地理信息、地名、城建档案等领域行政执法工作，推进具体违法行为事前事中事后的全链条执法。

（2）严格查处违法用地

加强非农建设违法用地执法，突出问题导向，保持新增违法用地执法高压态势。开展非耕利用耕地保护执法，建立早发现、早制止、早处置的动态监测预警机制，为实施本市国土空间用途管制落实执法保障。

（3）加强信息化动态监督监管

创新监督理念和手段，推动智慧执法，构建自然资源保护利用“互联网+监督监管”体系，大力推进非现场执法，加强智能监控和大数据监控，及时发现处置国土空间资源过度开发、资源粗放利用和突破规划控制要求等行为，全面开展规划资源执法信息化建设。

（六）提升地质环境安全和地面沉降防控能力，保障城市安全运行

加快构建科学高效的地质安全保障体系，有效减轻地质灾害风险，保障人民生命财产安全。

1. 监测预警体系

研究地质环境监测智能分析评估及安全预警评价关键技术，提升城市防灾减灾和地质环境保护能力。完善地面沉降、地下水、土壤质量、地下空间、浅层地热能等多要素融合的地质环境一体化监测网络。实施基于感知技术的多要素、多指标、多目标地质环境一体化调查监测。健全地质环境基础数据库，建设数据汇集、智能分析、预测预警、智慧决策、应用服务为一体的地质环境监测预警信息平台。

2. 地质灾害综合风险普查

开展以地面沉降、山体崩塌为主要灾种的第一次地质灾害综合风险普查，按照“全面普查、透彻摸底、深入分析、综合评价”的原则，调查分析全市和各区地质灾害致灾因素、发育特征、重点隐患、灾害历史、行业减灾资源（能力）等，评估地质灾害综合风险。摸清地质灾害风险隐患底数和防灾减灾救灾能力现状，客观认识地质灾害风险水平，提升全社会抵御地质灾害的综合防范能力。

3. 地面沉降综合协调管控

结合地面沉降“三区一带”管控要求，研究分区分层分带地面沉降管控技术与预测预警。实施地下水开采与回灌动态调节管理，完善浅层地下水管理机制。持续强化工程性地面沉降防治，加强基坑减压降水地面沉降控制措施，实现建设工程降水活动全过程监管和信息共享。强化地面不均匀沉降防控，深化重大基础设施沿线地面沉降智能分析与安全预警。深入推进地面沉降联防联控，健全地面沉降协调管控体系及运行机制。深入开展长三角地区地面沉降一体化防控，建设长三角区域地面沉降骨干监测网。

4. 地下空间利用的地质环境安全

健全地下空间开发利用地质安全保障机制，保障轨道交通、重要隧道和地下通道等重大基础设施规划、建设、运营全过程的地质安全。工程立项、设计阶段，开展地质安全风险评估，识别潜在地质风险并制定应对措施。工程施工建设阶段，开展跟踪监测和地质灾害风险研判，落实地质灾害防治措施，减少或避免工程性地质灾害的影响。工程运营阶段，开展沿线地质环境动态监测和地质风险综合

预警，做好地质灾害防范和应急工作。

（七）强化自然资源基础支撑，保障规划有序实施

履行自然资源“两统一”职责，构建自然资源调查监测体系，统一自然资源分类标准，建立自然资源统一调查、监测、评价制度，健全自然资源监管体制。完善自然资源法规政策体系，强化自然资源技术保障。推进自然资源治理体系和治理能力现代化，加快自然资源信息化体系建设，为自然资源保护与利用提供坚实的基础支撑。

1. 自然资源调查监测体系

（1）自然资源综合性调查评价

查清各类自然资源在国土空间上的立体分布、质量状况和生态状况，构建“统一组织开展、统一法规依据、统一调查体系、统一分类标准、统一技术规范、统一数据平台”的自然资源调查体系，开展地上地下统筹、海陆统筹、城乡统筹的自然资源综合调查，实施地表基质层、地下资源（包含矿产资源和地下空间资源）、耕地资源、湿地资源、林地资源、水资源、海洋资源等专项调查。全面准确掌握自然资源数量、质量、生态、空间、权属和利用状况，形成自然资源“一张图”。

（2）自然资源调查数据动态更新机制

建立一个基础、业务同步、遥感监测的数据更新机制，实现全覆盖、全地类、全要素的国土调查数据更新。充分运用遥感、大数据、人工智能、移动互联网等技术，构建智慧化监测技术体系，提高识别自然资源利用变化信息的精准度。

（3）全域全要素自然资源监测评价

建设地下资源、耕地、林地、湿地、海域、海岛等国土空间用途的监测监管体系。整合运用遥感数据、基础地理信息数据、规划资源管理数据，及时监测各类自然资源变化情况，对重点地区和重点项目实现全过程全生命周期监管。依据国土空间监测指标体系，对不符合规划和国土空间用途管制的各种违法违建行为及时预警。以第三次全国国土调查数据为基础，构建科学合理的自然资源利用评价指标体系。

2. 自然资源法规政策和技术保障体系

（1）自然资源政策体系

强化自然资源利用和保护的规划引领。发挥国土空间规划对自然资源利用和保护的战略引领作用，从规划实施监测、评估和维护工作机制等方面，完善国土空间规划编制及管理政策，确保按照空间规划“一张蓝图”的整体目标实施。同时，推进落实部市合作协议中的自然资源领域政策改革创新。

创新自然资源利用和保护行动机制。在自然资源保护利用计划管理、国土资源利用计划联动管理、城市有机更新的资源利用机制、全域土地整治的行动机制等方面，创新自然资源利用和保护分阶段实施的行动机制。

加强国土空间用途管制和自然资源全生命周期管理。探索全域、全要素、全过程国土空间用途管制、生态保护红线管控、建设项目行政审批制度改革、各类用地全生命周期管理等政策，加强自然资源利用和保护的实施管控。

完善自然资源利用的监管和考核机制。在违法用地执法管理、强化规划资源部门年度考核等方面，完善权责清晰的国土空间规划监督考核体系，健全合理有效的绩效综合考评机制，全面监督规划资源

系统的行政效能。

（2）自然资源法规体系

加强规划管理法规体系建设，形成国土空间规划为基础，统一用途管制为手段的国土空间开发保护制度。适时推动修订《上海市城乡规划条例》，推动制定城市更新、保留历史建筑管理等地方性法规。

加强土地管理法规体系建设，推动修订《上海市实施〈中华人民共和国土地管理法〉办法》《上海市基本农田保护若干规定》《上海市土地使用权出让办法》《上海市国有土地租赁暂行办法》《上海市土地储备办法》。有序推进自然资源确权登记体系建设和不动产登记立法工作。

加强测绘管理和城建档案管理法规体系建设，推动修订《上海市测绘管理条例》。进一步理顺城建档案管理的体制机制，修订相关管理办法。

（3）自然资源技术保障体系

以全域国土空间与全要素自然资源为对象，探索建立面向自然资源统一管理的规划土地分类标准，完善调查监测评价标准，明确各层级规划技术准则及成果规范。制定优秀历史建筑分类技术指引、优秀历史建筑及文物保护单位保护技术规定。构建具有超大城市特色的智能化全息测绘技术体系，建设覆盖全域、全息、多维、高频的地理信息资源体系，健全地理国情常态化监测体系、地理信息公共服务体系、应急测绘服务保障体系，深化科技创新体系，规范测绘行业管理。

3. 自然资源信息化体系

（1）“一厅八室”体系建设

信息资源整合重构，实现信息生态和业务生态的融合。打造一个统一服务入口和八个“有机统一”的模块，形成“大门户”和“大规划”“大土地”“大项目”“大登记”“大测调”“大地质”“大事务”“大监督”的“一厅八室”信息体系。

（2）数据治理

明确全口径数据治理的时间和任务，统筹数据规则与业务规则，加强数据共享，推动跨部门数据规则统一、数据资源整合，建立数据治理长效机制。

（3）智慧化应用场景建设

加快探索以数字化方式呈现城市全景，开展“神经元”感知系统建设。探索具体应用场景建设，加快研究跨部门数据共享和联勤联动，依靠技术手段优化营商环境。

4. 规划实施保障

（1）加强组织领导

各区、各部门加强组织领导，细化落实规划任务。规划资源、绿化市容、生态环境、农业农村、水务（海洋）、住房城乡建设管理等部门加强沟通协调，抓好规划落实，确保规划明确的目标任务顺利实施。

（2）强化科技支撑

深化自然资源科技体制改革，加强重点领域的科技攻关。搭建科技创新成果交流平台，定期举办世界城市日上海论坛、空间与未来国际研讨会、国际城市地质学术研讨会等。

（3）强化人才队伍建设

坚持人才优先、服务发展，统筹推进各类人才队伍建设。加强干部教育培训和交流，优化干部专业结构和年龄结构。加快培养高水平、专业化、复合型自然资源管理人才。

（4）提高公众参与度

充分利用新媒体等平台，开展形式多样的宣传活动，引导公众自觉保护和合理利用自然资源。构建规划编制、管理、实施、监督的全过程公众参与机制，引导公众共同推动规划实施、维护规划实施成果。

第三节　土地交易

2020 年，上海土地市场热度上升，呈现出“量价齐升”的态势。自 2017 年土地市场采取“招挂复合”的出让方式后，上海市土地市场成交地块一直保持着低溢价状态，特别是住宅用地，基本都以零溢价成交。2020 年多幅优质地块的推出和土拍规则适应性调整点燃了市场，溢价率从 4 月起持续走高，到 9 月平均溢价率达到了 27.3%的高点。三季度后，随着“三道红线”政策的出台，房企融资渠道明显收紧，同时，政府调整了供地结构和起拍价，溢价率走低。据统计，2020 年上海总计出让 92 幅含宅用地，溢价率超过 10%的为 39 幅，溢价率超过 30%的为 16 幅，最高溢价率为 60.8%。

分析 2020 年上海土地市场成交“量价齐升”的原因：一是为缓解疫情对经济发展的负面影响，上海加大了供地力度，特别是优质宅地供应数量明显增加，如在杨浦、虹口、静安等内环内区域供应了多宗稀缺地块，高价地成交比例上升推升了土地价格上升。二是土拍规则有所调整，准入门槛降低，大部分涉宅用地取消了 15%的自持要求，放宽了竞拍人数，缩短企业资金冻结周期，这吸引了更多企业参与拿地，市场热度明显提升。三是上半年融资环境较为宽松，企业拿地积极性明显提升，下半年房地产市场销售火热促使企业加大补货力度，同时三四线城市的疲软也让企业拿地更聚焦一二线城市，不少房企不计成本要进入上海市场，这让市场的竞争更加激烈。

根据上海统计局数据，上海市 2020 年全年土地使用权出让地块共为 522 幅，同比增长 44.2%；2020 年上海市土地出让面积为 2 283.39 万平方米，同比上升 44.9%；住宅用地（包括租赁用地）出让 219 幅，出让面积 1 004.14 万平方米（见表 5-1）。

表 5-1　土地使用权出让情况（2020）

指　标	出让地块（幅）	出让面积（万平方米）
总　　计	**522**	**2 283.39**
商业服务	93	231.02
住　　宅	219	1 004.14
工业仓储	199	1 024.97

公共建筑	11	23.26

一、土地供应情况

2020 年，上海全市共出让国有建设用地使用权 1 752.3 公顷，比上年增长 28.5%。其中，居住用地 653.3 公顷，下降 10.4%；商服用地 283.6 公顷，增长 133.2%；工业用地 815.4 公顷，增长 59.2%。其中，三类用地 474.9 公顷（经济适用房 17.9 公顷、动迁安置房 222.9 公顷、中小套型商品房 234.1 公顷），占全市住房用地供应 72.7%，除中小套型以外的商品住房用地供应 178.4 公顷。

2020 年商品住宅平均成交楼面地价 21 645 元/平方米，比上年上涨 14.2%；商服平均成交楼面地价 15 695 元/平方米，比上年上涨 15.2%；工业平均成交楼面地价 1 991 元/平方米，比上年下跌 23.6%（见表 5-2）。

表 5-2 上海招拍挂土地出让成交面积和成交楼板地价比较

年份	土地出让成交（公顷）				土地出让成交楼板地价（元/平米）			
	2017 年	2018 年	2019 年	2020 年	2017 年	2018 年	2019 年	2020 年
商品住宅	130	159	315	329	18 272	22 747	18 953	21 645
商服	121	172	122	284	15 721	14 783	13 629	15 695
工业	263	488	512	815	1 280	1 523	2 605	1 991

二、经营性用地

2020 年，经营性用地量价回升，整体市场逆势回暖。得益于政府及时有效的疫情应对措施，上海经营性用地市场受到的影响微乎其微，相反在推地节奏加速的带动下，土地交易市场快速升温，交投体量均达到新高度，2020 年上海经营性用地供应体量在 1 051.5 公顷，同比涨幅为 22.5%；成交量同样超过 1 000 公顷，达到 1 020.2 公顷，同比上涨 20.2%。本轮助推经营性用地市场供求反弹的主力来自商办用地和含住宅的混合用地的回暖（见图 5-1）。

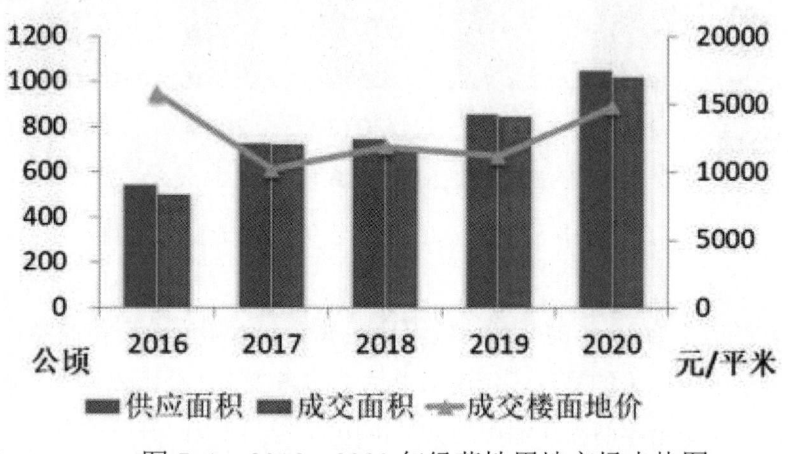

图 5-1 2016～2020 年经营性用地市场走势图

2020 年经营性用地除了供应数量的回升，供应质量也得到有效提升，外环内入市地块数量显著增多，其中还包括稀缺的内环内商品住宅用地，而在土地出让条件相对宽松、房企资金较为充足的情况下，年度交易市场保持高活跃度，促使整体经营性用地成交楼面地价水平攀升至 14 806 元/平方米，同比上涨 32.5%，年度土地出让金也刷新历史新高，达到 2 791 亿元（见图 5-2）。

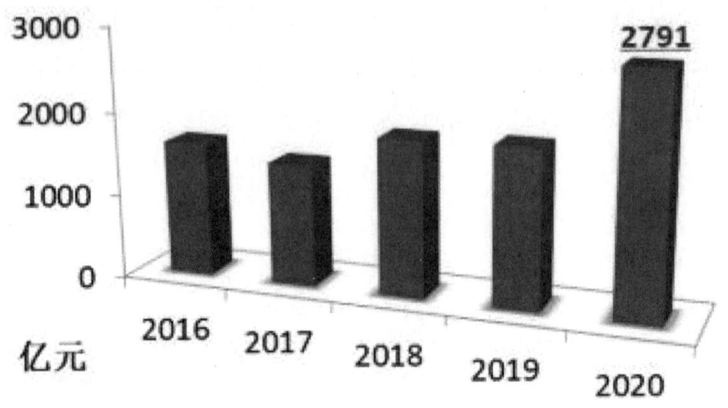

图 5-2 2016～2020 年经营性用地市场走势图

三、住宅用地

2020 年，住宅用地交投缩水，商品住宅用地热度高。由于 2020 年经营性用地的供应主体围绕于商办用地和含住宅的混合用地，商品住宅用地、保障性用地和租赁住房用地三者的供求体量与去年相比均有回落，导致全市住宅用地供求同比缩水近 20%，供应、成交面积均为 568.9 公顷（见图 5-3）。

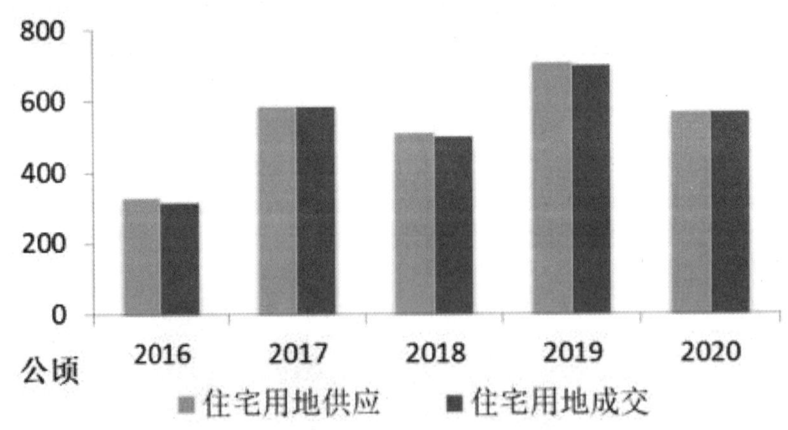

图 5-3 2016～2020 年住宅用地成交走势图

商品住宅用地，经历了 2019 年的商品住宅用地的放量，本年度政府在商品住宅用地供应上有所降速，但体量仍然处于近五年来的高位，年度供求总量均为 269.4 公顷，同比跌幅在 10%左右。虽然交投体量上有所下滑，但是全年商品住宅用地交易市场的热度出现回升。一方面，商品住宅用地中多数地块取消了自持 15%住宅作为租赁住房的要求，由于部分行政区提前完成了租赁住房的转换目标，也有部分区域将自持租赁住房指标调整到了特定地块，年内六成以上的地块取消了自持要求，这一调整大幅缩减了开发企业的拿地成本，房企拿地积极性显著提升；另外一点，4 月开始商品住宅用地的出让门槛进行了宽松调整，进一步增加了交易市场竞争的激烈程度。从年度成交楼面地价水平和溢价率就可初见端倪，在成交溢价率上，2017 年开始商品住宅用地逐步铺开使用招挂复合出让方式后，溢价率快速回落，2018、2019 两年随着出让门槛的收紧，年度溢价率几乎为零，今年随着以上宽松措施的实施，市场拿地热情走高，整体溢价率上升至 22%，同样溢价率也带动了地价水平的走高，2020 年商品住宅用地成交楼面地价反弹至 27 654 元/平方米，同比上涨 41.5%（见图 5-4）。

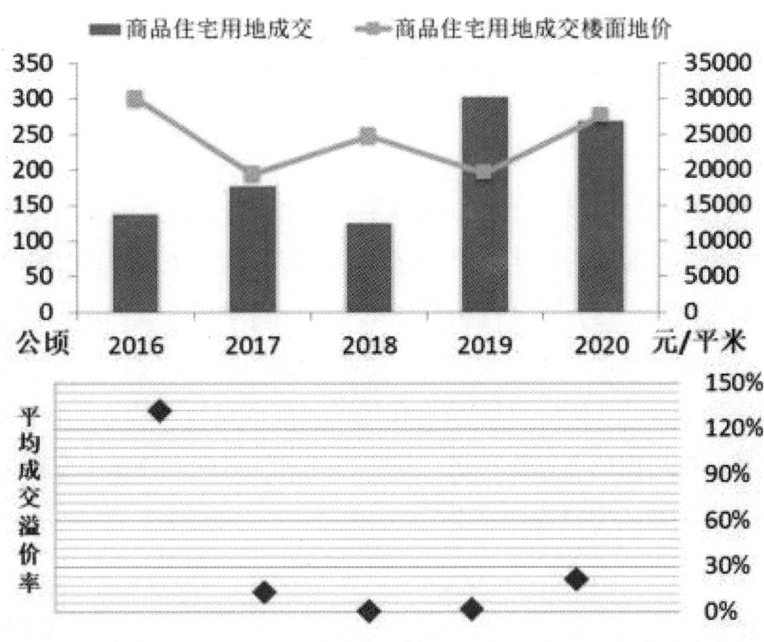

图 5-4　2016～2020 年商品住宅用地成交走势图

租赁住房用地，2020 年全市租赁住房用地出让出现回调，与去年同期相比交易地块数量减少 12 幅，仅有 17 幅租赁住房用地成交，土地总面积为 76.6 公顷，同比减少近十个百分点，目前“国家队”仍是拿地主力，定向出让也是租赁住房用地交易的主基调，故年内地块均以底价交易，全年成交楼面地价为 8 784 元/平方米，同比上涨 41.6%，租赁住房用地的价格水平有较为显著的提升。

从区域分布来看，与 2019 年相比，2020 年有租赁住房用地出让交易的行政区再少一个，仅 10 个。本年度内青浦区租赁住宅用地交易呈现“一区独大”局面，区域成交总量达到 41.4 公顷，占到全市总量的五成以上，不过青浦区此次仅成交三幅租赁住宅用地，但每幅地块体量超过 10 公顷，均由华为技术有限公司摘得，从区位上看以上地块正好位于已经开工的华为青浦研发中心项目周边，不难想象这三幅租赁住房用地大概率是为基地的配套设施，青浦区在租赁住房用地的供应上继续延续以产业配套为导向的主思路。另外在地价水平方面，虹口区蝉联年度租赁住房用地地价最高区域，成交楼面地价均价突破万元，在 12 680 元/平方米；除了虹口，全市中还有黄浦区租赁住房用地每平方米的楼面价同样突破万元，达 10 956 元/平方米（见图 5-5）。

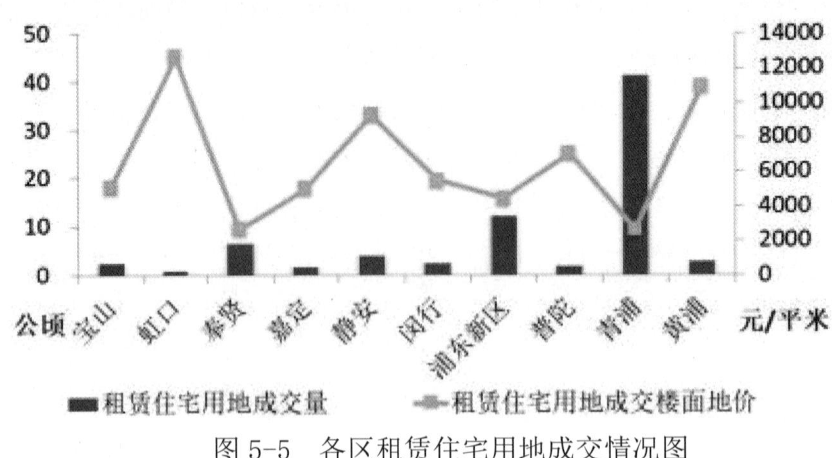

图 5-5　各区租赁住宅用地成交情况图

四、商办用地

2020 年商办用地成交大涨，浦东、青浦为市场主力。浦东新区随着自由贸易试验区临港新片区的设立，产业项目和人才的不断导入，催生出大量区域配套设施的需求，继而加速了该地区商办用地的推出及交易；另一重点区域青浦区，今年区内徐泾镇、盈浦街道等区域加速了城市更新的进程，多幅经过“城中村”改造后的商办用地入市交易。在上述两行政区的合力支撑下，全市商办用地成交总量达到 183.3 公顷，同比涨幅高达 115%。不过商办用地的年度成交楼面地价小幅回调 3%，在 12172 元/平方米，因为远郊区域商办用地成交比重的进一步扩大，同时缺少大体量中心城区高价地块交易的提振，地价水平的下滑也在预料之中（见图 5-6）。

图 5-6　2016～2020 年商办用地成交走势图

含住宅的混合用地市场反弹，徐汇滨江高总价地块抢眼。含住宅的混合用地入市交易地块数量倍增，从 2019 年 8 幅地块成交一跃至 2020 年的 27 幅，总体成交面积已达 268 公顷，同比去年有高达 330%的涨幅，除去年初热门用地徐汇区大型综合地块黄浦江南延伸段 WS3 单元 xh130C、xh130D、xh130E、xh130F、xh130G 街坊内 xh130C-02 等 28 个地块入市成交外；本轮全市含住宅的混合用地成交的大涨主因还源于临港地区地块交易的反弹，在 6 月临港地区成交两幅体量均近 50 公顷的“巨无霸”地块和一幅超 20 公顷的大型地块，快速拉升全市成交总量，而年内临港地区共成交含住宅的混合用地达 156.4 公顷，已占全市总量的近六成。另外本年内也不乏静安、虹口、普陀等优质中心城区地块入市引起市场较高关注，不过整体市场交易主体依旧分布在外围区域，因此全年含住宅的混合用地成交楼面地价并未随交易量大幅提升，价格水平相对平稳，同比小幅上扬 9%，在 16 989 元/平方米（见图 5-7）。

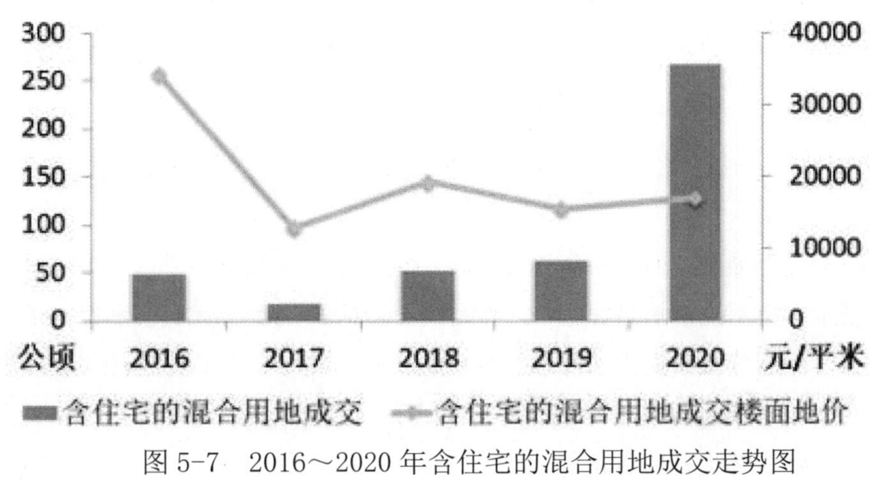

图 5-7 2016～2020 年含住宅的混合用地成交走势图

五、工业用地

工业用地供求攀升，两大产业区片表现活跃。上海工业用地市场在两大重点产业发展区域的驱动下，2020 年供求总量创下年度 新高。长三角 G60 科创走廊的持续推动，加速了松江区优质产业项目的导入，诸如腾讯长三角 AI 超算中心及人工智能产业园项目、上海卡萨帝智能制造中心项目纷纷落地松江；另一方面，临港新片区得益于自由贸易试验区概念和大批产业政策的带动，吸引人工智能、集成电路 、大飞机等大批重点产业的核心企业入驻。松江、临港新片区大体量地块的交易助推全市年度工业用地成交升至 802.9 公顷，同比上涨 56.8%，达到 2016 年以来的最高点，不过远郊工业地块交易占比扩大，市中心成交地块减少，也使整体工业用地地价水平同比下滑 44.8%，至 96 万元/亩。其中高质量标准化产业用地的出让也在 2020 年中平稳推进，全年交易数据明显优于 2019 年，其中多幅地块争夺激烈，最终通过竞指标值溢价成交，可见市场的接受度在持续提高（见图 5-8）。

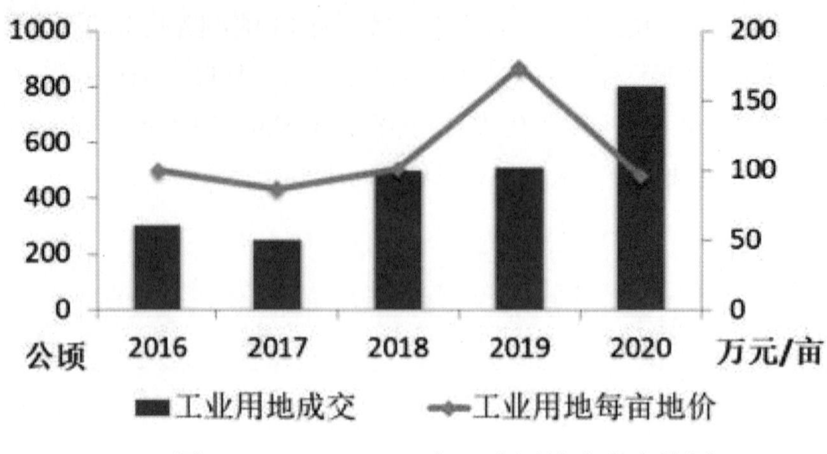

图 5-8　2016～2020 年工业用地成交走势图

疫情期间多行业受到波及，但上海土地交易市场仅在年初延迟部分地块交易，其后便顺利开展土地招拍挂活动，基本未受到疫情的负面影响，这得益于政府前期电子化交易和批准后现场交易双管齐下的防疫政策实施，而随着政府提出加快经营性用地出让节奏，适度宽松宅地出让条件等利好措施开展，进一步助推整体地市热度攀升，促成 2020 年上海土地市场供求体量、土地出让金均达到近几年的新高度，呈现出一波逆势上扬的行情。

纵观 2020 年土地市场交易结构，与往期不同是此次商办用地、含住宅的混合用地以及工业用地成为了带动本轮地市回暖主力，而贯穿其中的则是临港，在以上三类土地类型中，不论从土地成交数量还是规模上，都能看到临港的身影。自临港新片区规划公布后，临港就步入了快速发展的通道，以大量产业项目导入为开端 ，商住办一体化的配套规划也在年内铺开，继而相对应的大规模土地入市交易，使临港在本年度土地市场上“一枝独秀”。另外上海土地市场常年关注的焦点商品住宅用地，虽然此次出现交投的回落，但是热度不降反升，政府多项利好政策下，开发商拿地积极性走高，尤其是一些中心地区、优质发展区的地块争夺激烈，告别前两年纯宅地底价成交的主基调，2020 年商品住宅用地半数以上溢价成交，平均溢价率超过 20%。

本年度内保障属性的地块供求有所缩水，而根据此前发布的《中共中央关于制定国民经济和社会发展第十四个五年规划和二〇三五年远景目标的建议》，文中提出“有效增加保障性住房供给”，预计后期保障性用地和租赁住房用地的供应将适度放量；另外 2020 年表现出色的临港新片区仍存土地释放潜力，下一年大概率仍能提供大体量的土地入市交易；而随着越来越多房企参与到城市更新、旧改、城中村改造的项目中，也为房企开拓了更多的拿地模式。综合来看，下一年度的上海土地市场预计保持平稳上行的走势。

第四章　房地产金融

第一节　房地产金融概述

一、房地产开发投资

2020 年，上海贯彻落实中央“房住不炒，因城施策”的要求，一方面应对新冠疫情，积极推进房地产领域复工复产复市；另一方面加强房地产市场精准调控，引导市场预期，促进房地产市场平稳健康运行。2020 年，上海全市房地产开发投资稳步增长，完成投资 4 698.75 亿元，比上年增长 11.0%，增速比上年上升 6.1 个百分点。从全年走势看，房地产开发投资呈现短暂下降后回升的态势。一季度，受疫情影响投资增速同比下降 8.2%，为全年最低点。此后随着全市复工复产全面推进和开工建设持续加快，房地产开发投资增速回升。从房屋类型看，全市住宅投资 2 418.79 亿元，比上年增长 4.3%，占全部房地产开发投资的 51.48%，比重回落 3.3 个百分点；办公楼投资 833.08 亿元，增长 20.8%，占 17.73%；商业用房投资 559.85 亿元，增长 22.4%，占 11.91%。从投资结构看，土地购置费仍是支撑房地产开发投资增长的主要因素。2020 年，上海房地产开发投资中的土地购置费 2 325.53 亿元，比上年增长 18.4%，增速同比上升 3.6 个百分点。土地购置费占全部房地产开发投资的 49.5%，占比提高 3.1 个百分点；建安工程投资 2 053.41 亿元，增长 1.6%，占 43.7%。

二、房地产信贷利率

2020 年，央行先后出台房企“三道红线”融资管控和房贷“五档上限”额度管控。8 月 20 日，住建部、人民银行联合制定了重点房地产企业资金监测和融资管理规则，也就是“三道红线”：一是房企剔除预收款后的资产负债率不得大于 70%；二是房企的净负债率不得大于 100%；三是房企的“现金短债比”小于 1 。通过这“三道红线”，房企将被划分为四个档次，分别是红-橙-黄-绿。红色档，“三线”均超出阈值，有息负债规模以 2019 年 6 月底为上限，有息负债规模不得增加；橙色档：“二线”均超出阈值，有息负债规模年增速不得超过 5%；黄色档：“一线”超出阈值，有息负债规模年增速不得超过 10%；绿色档：“三线”均未超出阈值，有息负债规模年增速不得超过 15%。

12 月 31 日，中国人民银行、中国银行保险监督管理委员会发布《关于建立银行业金融机构房地产贷款集中度管理制度的通知》（银发〔2020〕322 号）。建立银行业金融机构房地产贷款集中度管理制度，分五档设定房地产贷款以及个人住房贷款占比上限。房地产贷款集中度管理制度是指，在我国境内设立的中资法人银行业金融机构，其房地产贷款余额占比及个人住房贷款余额占比应满足人民银行、银保监会确定的管理要求，即不得高于人民银行、银保监会确定的相应上限。具体来看，银行业机构分为中资大型银行、中资中型银行、中资小型银行和非县域农合机构、县域农合机构、村镇银行五档，房地产贷款占比上限分别为 40%、27.5%、22.5%、17.5%和 12.5%，个人住房贷款占比上限则分别为 32.5%、20%、17.5%、12.5%和 7.5%。

LPR 利率两度下降，全国房贷利率同比下降。2 月 20 日，一年期 LPR 环比下降 10 个基点至 4.05%，五年期以上 LPR 环比下降 5 个基点至 4.75%。4 月 20 日，一年期 LPR 再降 20 个基点至 3.85%，五年期以上 LPR 再降 10 个基点至 4.65%，创 LPR 改革以来最大降幅。受惠于信贷资金整体充裕，叠加 LPR 利率下调，2020 年全国房贷利率同比下降。截止 12 月底，2020 年 12 月，全国首套房贷款平均利率为 5.23%，二套房贷款平均利率为 5.54%。与 2019 年相比，2020 年全国首、二套房的贷款利率均同比下降了 31 基点，降幅为 5 年期 LPR 降幅（15 基点）的两倍有余。

上海维持原有的调控措施不放松，继续严格执行各项调控政策。上半年出台政策缓解房企压力，稳定市场走向。2 月，出台《关于全力应对疫情支持服务企业发展的若干土地利用政策》，4 月，印发《上海市扩大有效投资稳定经济发展的若干政策措施》的通知，从供需两端助力楼市复苏；下半年则在人才政策方面有所微调。9 月起陆续出台人才落户新政，降低落户门槛。

近年，随着住房公积金的提取使用范围的不断拓展，提取金额不断上升。2020 年上海市住房公积金提取金额为 1 046.75 亿元，同比增长 15.40%。

表 6-1　金融机构人民币存款基准利率调整情况表（2010～2020）　单位：年利率%

调整时间	活期存款	定期存款					
		三个月	半年	一年	二年	三年	五年
2010.10.20	0.36	1.91	2.20	2.50	3.25	3.85	4.20
2010.12.26	0.36	2.25	2.50	2.75	3.55	4.15	4.55
2011.02.09	0.40	2.60	2.80	3.00	3.90	4.50	5.00
2011.04.06	0.50	2.85	3.05	3.25	4.15	4.75	5.25
2011.07.07	0.50	3.10	3.30	3.50	4.40	5.00	5.50
2012.06.08	0.40	2.85	3.05	3.25	4.10	4.65	5.10
2012.07.06	0.35	2.60	2.80	3.00	3.75	4.25	4.75
2014.11.22	0.35	2.35	2.55	2.75	3.35	4.00	——
2015.03.01	0.35	2.10	2.30	2.50	3.10	3.75	——
2015.05.11	0.35	1.85	2.05	2.25	2.85	3.50	——
2015.06.28	0.35	1.60	1.80	2.00	2.60	3.25	——
2015.08.26	0.35	1.35	1.55	1.75	2.35	3.00	——
2015.10.24	0.35	1.10	1.30	1.50	2.10	2.75	——

注：资料来源于中国人民银行网。

表 6-2　金融机构人民币贷款基准利率的历年调整情况表（2010～2020）　单位：年利率%

调整时间	六个月以内（含六个月）	六个月至一年（含一年）	一至三年（含三年）	三至五年（含五年）	五年以上
2010.10.20	5.10	5.56	5.60	5.96	6.14

2010.12.26	5.35	5.81	5.85	6.22	6.40
2011.02.09	5.60	6.06	6.10	6.45	6.60
2011.04.06	5.85	6.31	6.40	6.65	6.80
2011.07.07	6.10	6.56	6.65	6.90	7.05
2012.06.08	5.85	6.31	6.40	6.65	6.80
2012.07.06	5.60	6.00	6.15	6.40	6.55
2014.11.22	5.60		5.60		6.15
2015.03.01	5.35		5.75		5.90
2015.05.11	5.10		5.50		5.65
2015.06.28	4.85		5.25		5.40
2015.08.26	4.60		5.00		5.15
2015.10.24	4.35		4.75		4.90

注：资料来源于中国人民银行网。

三、房地产信贷情况

2020年，全市中资商业银行自营性人民币房地产贷款余额23 759.4亿元，同比增长7.2%，增幅同比回落1.8个百分点。其中个人住房贷款余额15 160.73亿元，同比增长7.4%；人民币房地产开发贷款余额6551.74亿元，增长7%。住房公积金提取金额为1 046.75亿元，同比增长15.40%。

发放个人住房贷款15.08万笔1 029.18亿元（含贴息贷款置换0.01万笔0.58亿元），同比分别增长7.10%、9.58%；回收个人住房贷款500.48亿元。截至2020年底，累计发放个人住房贷款283.32万笔，金额9 757.14亿元，贷款余额4 978.75亿元，分别比上年增长5.62%、11.79%、11.88%。个人住房贷款余额占缴存余额的92.86%，比上年末减少1.40个百分点。

四、房地产金融运行特点

2020年国家及地方密集出台政策强调“房子是用来住的，不是用来炒的”的定位。2021年房地产市场大概率将延续“房住不炒”的定位，而且房地产调控的“稳地价、稳房价、稳预期”的主要目标没有出现大的变动，此外在这种大趋势下，短期内限购、限贷、限售等调控政策也很难出现明显放松。

（一）总体情况：到位资金增速逐月上升，按揭贷款及自筹资金占比提升。1～11月，房地产开发企业到位资金171 099亿元，同比增长6.6%，增速比1～10月提高1.1个百分点，自2月起房地产开发到位资金同比增速稳步提升。单月来看，受上半年流动性充裕等因素影响，6月房地产开发企业到位资金超两万亿元，达20 691亿元，同比增长13.2%。个人按揭贷款及自筹资金占比同比提升，定金及预收款、国内贷款占比同比下降。1～11月，受全国商品房销售额稳步增长影响，个人按揭贷款占比达15.8%，同比增长0.6个百分点，同时，房企积极通过自筹解决资金问题，自筹资金占比33.1%，同比增长0.4个百分点。相应地，定金及预收款、国内贷款占比小幅下降，两者占比分别为33.5%、14.2%，同比分别下降0.4、0.2个百分点。

（二）融资规模：信用债发行规模超六千亿，海外债规模明显下降。上半年，受疫情因素影响，中央综合运用多种货币政策工具保持流动性合理充裕，房企融资出现“小阳春”，如 1 月海外债融资规模超 1200 亿元，3 月信用债发行规模超千亿元，均为全年最高值。下半年，房地产金融监管不断强化，三道红线监管新规流出，行业资金呈现出紧平衡状态，9 月及 10 月房企信用债、海外债融资规模明显下降。房地产行业信用债发行规模超六千亿，海外债规模同比明显下降，信托融资规模同比小幅下降。2020 年，房地产行业信用债发行规模达 6 064.4 亿元，同比增长 16.6%，其中，公司债发行规模 2 781.2 亿元，同比下降 2.4%，短期融资券发行规模为 1 301.6 亿元，同比增长 40.7%，中期票据发行规模为 1 391.9 亿元，同比增长 97.2%；海外债券发行规模为 4 507.1 亿元，同比下降 21.4%。据用益信托网统计，2020 年，投向房地产领域的信托金额总规模为 8 995.9 亿元，同比下降 10.9%。

（三）融资成本：融资成本小幅下降，龙头房企融资优势明显。债券总体融资成本小幅下降。2020 年，房地产行业信用债融资成本为 4.51%，同比下降 0.83 个百分点，海外债融资成本为 8.32%，同比下降 0.52 个百分点。在金融严监管的背景下，财务稳健的龙头房企与国企融资规模和成本优势明显。千亿以上企业债券发行规模占比较高，其发行的信用债、海外债分别占百亿企业信用债、海外债发行总额的 62.7%、64.1%，在融资成本方面，千亿以上企业海外债券融资成本均值在 8%以下，而同期的 300～500 亿、100～300 亿企业海外债融资成本均在 10%以上。2020 年，龙头房企成功发行多笔低成本债券，如万科、保利、中海等企业多笔公司债券票面利率在 3.6%以下，龙湖、绿城等企业部分海外债券票面利率在 4.0%以下，企业融资优势明显。

（四）融资创新：房地产 ABS 发行规模小幅增长，供应链 ABS 成为主流。2020 年，房地产 ABS 产品总发行规模 3122.4 亿元，同比增长 8.4%。其中，供应链 ABS 发行规模共计 1 846.7 亿元，同比增长 18.0%，在房地产 ABS 发行总规模中占比 59.1%，较 2019 年提升 4.8 个百分点。由于房地产供应链 ABS 对企业主体信用要求较高，因此目前主要为具有一定规模优势且信用评级较高的房企参与其中。ABS 能够盘活房企存量资产，增强自身的借款能力、降低融资成本、提高资本运作效率，三道红线后，ABS 在房企融资中的重要性将更加凸显。

（五）资金风险：偿债高峰已至，房企应量入为出防范资金风险。2021～2023 年，房地产行业债券需偿还规模保持高位，房企面临一定的现金流考验。2016 年国内融资环境宽松，房企通过发行公司债等手段进行扩张；2017 年，随着国内融资渠道的收紧，房企纷纷发行海外债券进行融资；目前，大部分债券逐步进入还款期。2021 年，包括海外债券在内的债券偿还总规模将达 10 909 亿元，其中，海外债券偿还规模为 4 083 亿元，公司债券需偿还规模为 3 744 亿元。

第二节　房地产融资渠道

一、房地产融资渠道概述

房地产企业融资渠道主要有两种：一是内部融资渠道。内部融资主要包括自有资金、预收的购房定金或购房款、企业职工内部集资等。二是外部融资渠道。外部融资又可分为债务性融资和权益性融资。其中债务性融资的渠道有：银行贷款、发行企业债券、融资租赁、债务性信托和资产证券化；权益性融资渠道有：合作开发、权益性信托、房地产产业投资基金、房地产企业上市、股权投资等。

当前上海房地产主要的融资渠道主要还是自有资金，商业银行贷款进一步压缩，信托、专业的房地产信托基金（REITS），以及境外的投资银行、基金、境外地产基金、境外直接投资机构等进入中国的房地产领域，房地产企业的融资渠道日渐拓宽，融资渠道也在慢慢实现多元化。多种融资渠道逐步打开，呈现多样化的趋势，这对未来中国房地产企业具有深远的影响。

表 6-3　2017～2020 年上海市房地产资金来源情况表　　单位：亿元

指 标	2017 年	2018 年	2019 年	2020 年
资金来源合计	8 099.77	8 127.16	8 259.02	9 027.52
上年末结余资金	2 715.11	2 796.70	2 814.33	3 511.38
本年资金来源小计	5 384.65	5 330.46	5 444.69	5 516.14
国内贷款	1 393.78	1 326.02	1 386.19	1 345.92
利用外资	5.22	0.11	6.35	5.76
自筹资金	1 549.20	1 896.42	1 787.10	1 975.50
其他资金	2 436.45	2 107.91	2 265.05	2 188.97

表 6-4　2020 年上海市房地产企业本到位资金情况

指 标	2019 年资金（亿元）	2020 年资金（亿元）	增长（%）	比重（%）
本年到位资金合计	5 444.69	5 516.14	1.31	100
国内贷款	1 386.19	1 345.92	2.90	24.4
利用外资	6.35	5.76	9.29	0.10
自筹投资	1 787.10	1 975.50	10.54	35.81
其他资金	2 265.05	2 188.97	-3.36	39.69

数据来源：上海市统计局。

二、主要房地产融资渠道

（一）内部融资

上海房地产开发商内部融资中，自有资金、预收的购房定金是其资金的一个重要来源，而其中又以预售款最受重视，因为预售款的财务成本很低而监控条件极松。据统计，2020 年，上海房地产投资资金来源合计 5 516.14 亿元，比 2019 年增长 1.31%；上年末结余资金 3 511.38 亿元；自筹资金 1 975.50 亿元，较上年增长 10.54%，占本年到位资金比重 35.81%；其他资金 2 188.97 亿元。

（二）外部融资

1．国内银行贷款　除了自筹资金和预售款外，银行贷款是仍是房地产融资的另一个重要渠道。不过近年来，受国家宏观调控，2020 年上海房地产开发资金来源中，国内银行贷款为 1 345.92 亿元，较上年增长 2.90%，在本年到位资资金中占比 24.4%，较上一年略有下降。

2.利用外资　房地产企业利用外资 2020 年略有下降，全年利用外资 5.76 亿元，较上年下降 9.29%，在本年到位资资金中占比 0.1%。

3．其他融资　信托、股票、债权等融资方式成为房地产融资的重要方式。2020 年上海银行其他类融资呈下降趋势，为 2 188.97 亿元，较上年下降 3.36%，但在所有融资方式中仍占有最高比重达 39.69%。

第三节　住房公积金

一、住房公积金管理机构

上海市住房公积金管理委员会（以下简称“公积金管委会”）为市政府领导下的住房公积金管理的决策机构。主要职责为依据有关法律、法规和政策，制定和调整住房公积金的具体管理措施，并监督实施；拟订住房公积金的具体缴存比例；确定住房公积金的最高贷款额度；审批住房公积金归集、使用计划；审议住房公积金增值收益分配方案；审批住房公积金归集、使用计划执行情况的报告等。

上海市公积金管理中心（以下简称“中心”）为直属上海市政府不以营利为目的的独立的事业单位，设 13 个处室，16 个管理部。2020 年末，从业人员 309 人，其中，在编 229 人，非在编 80 人。

二、业务运行情况

（一）缴存：2020 年，新开户单位 5.18 万家，净增单位 2.48 万家；新开户职工 68.50 万人，净增职工 1.55 万人；实缴单位 45.15 万家，实缴职工 884.33 万人，缴存额 1 687.39 亿元，同比分别增长 5.81%、0.18%和 10.03%。2020 年末，缴存总额 12 774.99 亿元，比上年增长 15.22%；缴存余额 5 361.77 亿元，同比增长 13.57%（见图 6-1）。

受委托办理住房公积金缴存业务的银行 1 家。

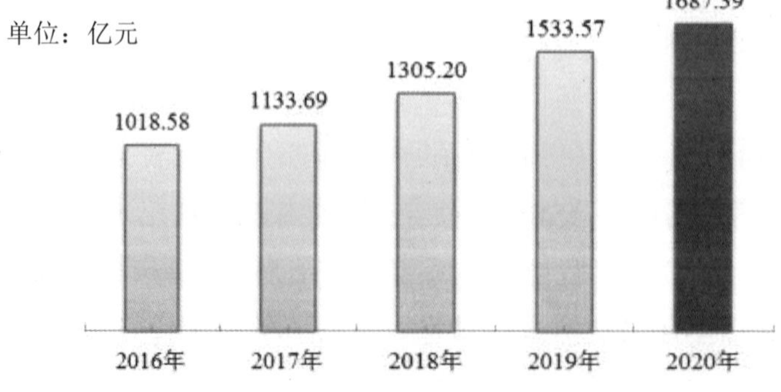

图 6-1　2016～2020 年缴存额情况

提取：2020 年，339. 16 万名缴存职工提取住房公积金；提取额 1 046. 75 亿元，同比增长 15. 40%；提取额占当年缴存额的 62. 03%，比上年增加 2. 88 个百分点。2020 年末，提取总额 7 413. 22 亿元，比上年增长 16. 44%（见图 6-2）。

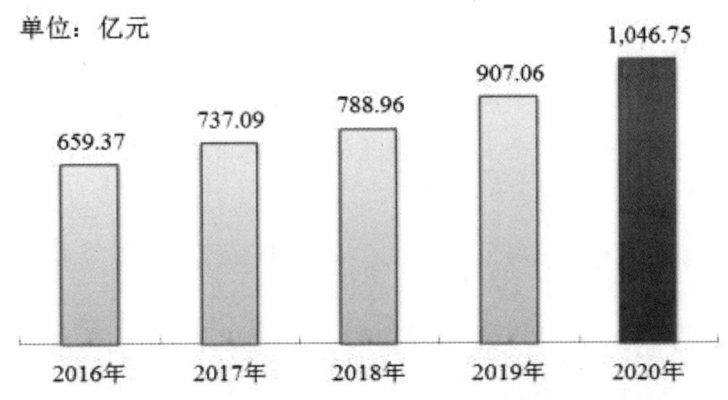

图 6-2　2016～2020 年提取额情况

（三）贷款。

1. 个人住房贷款：本市购买首套住房家庭最高贷款额度为 100 万元（个人为 50 万元），缴交补充公积金的最高贷款额度为 120 万元（个人为 60 万元）；本市购买第二套改善型住房家庭最高贷款额度为 80 万元（个人为 40 万元），缴交补充公积金的最高贷款额度为 100 万元（个人为 50 万元）。

2020 年，发放个人住房贷款 15. 08 万笔 1 029. 18 亿元（含贴息贷款置换 0. 01 万笔 0. 58 亿元），同比分别增长 7. 10%、9. 58%；回收个人住房贷款 500. 48 亿元。

2020 年末，累计发放个人住房贷款 283. 32 万笔 9 757. 14 亿元，贷款余额 4 978. 75 亿元，分别比上年增长 5. 62%、11. 79%、11. 88%。个人住房贷款余额占缴存余额的 92. 86%，比上年末减少 1. 40 个百分点（见图 6-3）。

受委托办理住房公积金个人住房贷款业务的银行 19 家。

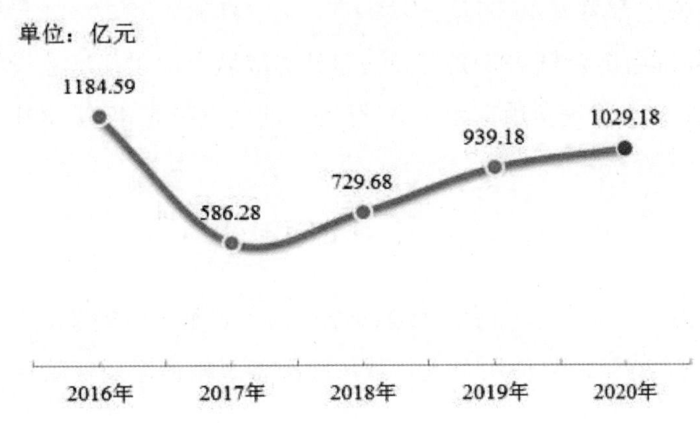

图 6-3　2016～2020 年住房公积金个人住房贷款发放额情况

2. 异地贷款：2020 年，发放异地贷款 204 笔 1.71 亿元。2020 年末，发放异地贷款总额 2.50 亿元，异地贷款余额 2.41 亿元。

3. 住房公积金贴息贷款：2020 年，未发放住房公积金贴息贷款，当年贴息额 20.05 万元。2020 年末，累计发放住房公积金贴息贷款 5.21 万笔 353.76 亿元，累计贴息 6.77 亿元，贴息贷款余额为零。

（四）购买国债：2020 年末购买国债，至年末国债余额为零。

（五）资产证券化：2020 年末，个人住房贷款资产支持证券的未偿付贷款笔数为 7.75 万笔，本金余额为 141.20 亿元。

（六）资金存储：2020 年末，住房公积金存款 423.00 亿元，存款类型为其他（协定、通知、智能存款等）。

（七）资金运用率：2020 年末，住房公积金个人住房贷款余额和项目贷款余额的总和占缴存余额的 92.86%，比上年末减少 1.40 个百分点。

三、主要财务数据

（一）业务收入：2020 年，业务收入 182.74 亿元，同比增长 14.22%。其中，存款利息 28.53 亿元，委托贷款利息 152.32 亿元，其他 1.89 亿元。

（二）业务支出：2020 年，业务支出 84.40 亿元，同比增长 12.82%。其中，支付职工住房公积金利息 76.82 亿元，归集手续费 2.87 亿元，委托贷款手续费 3.88 亿元，其他 0.83 亿元。

（三）增值收益：2020 年，增值收益 98.34 亿元。其中：

住房公积金增值收益 96.88 亿元，同比增长 15.36%。当年增值收益率 1.92%，比上年增加 0.02 个百分点。

城市廉租住房建设补充资金增值收益 1.46 亿元。

（四）增值收益分配：2020 年，提取贷款风险准备金 95.48 亿元，提取管理费用 1.40 亿元，提取城市廉租住房建设补充资金 1.46 亿元。

2020 年，上交财政管理费用 1.40 亿元。

2020 年末，贷款风险准备金余额 485.27 亿元。累计提取城市廉租住房建设补充资金 246.93 亿元。

管理费用支出：2020 年，管理费用支出 1.39 亿元，同比下降 3.47%。其中，人员经费 0.71 亿元，公用经费 0.25 亿元，专项经费 0.43 亿元。

四、资产风险状况

个人住房贷款：2020 年末，个人住房贷款逾期额 1.72 亿元，逾期率 0.345‰。个人贷款风险准备金余额 485.27 亿元。2020 年，未使用个人贷款风险准备金核销逾期贷款。

五、社会经济效益

（一）缴存业务。

缴存职工中，国家机关和事业单位占 8.47%，国有企业占 11.77%，城镇集体企业占 1.72%，外商投资企业占 16.63%，城镇私营企业及其他城镇企业占 58.06%，民办非企业单位和社会团体占 1.15%，灵活就业人员占 0.05%，其他占 2.15%；中、低收入占 89.19%，高收入占 10.81%（见图 6-4）。

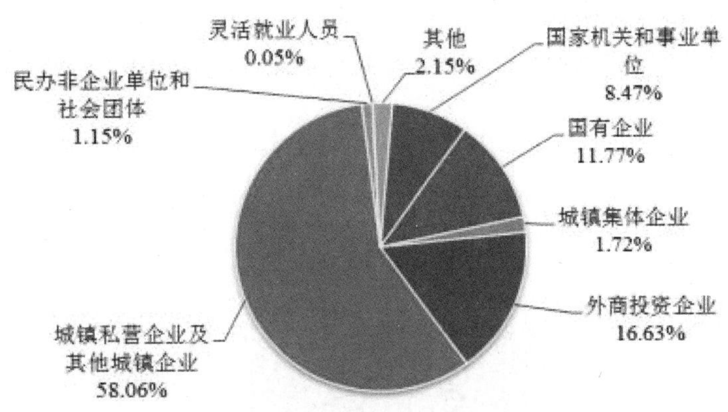

图 6-4　2020 年实缴职工按所在单位性质分类

新开户职工中，国家机关和事业单位占 3.52%，国有企业占 7.64%，城镇集体企业占 1.22%，外商投资企业占 14.75%，城镇私营企业及其他城镇企业占 70.50%，民办非企业单位和社会团体占 0.83%，灵活就业人员占 0.01%，其他占 1.53%；中、低收入占 97.04%，高收入占 2.96%。

（二）提取业务。

提取金额中，偿还购房贷款本息占 66.01%，租赁住房占 11.35%，购买、建造、翻建、大修自住住房占 5.63%，支持老旧小区改造占 0.01%，离休和退休提取占 14.40%，完全丧失劳动能力并与单位终止劳动关系提取占 0.02%，出境定居占 0.03%，其他占 2.55%（见图 6-5）。

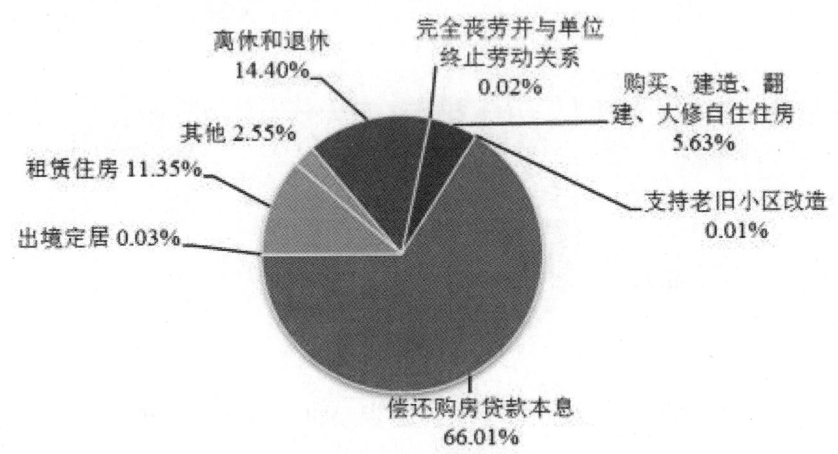

图 6-5　2020 年住房公积金提取额按提取原因分类

提取职工中，中、低收入占 83.26%，高收入占 16.74%。

（三）贷款业务。

个人住房贷款：2020 年，支持职工购建房 1 298.34 万平方米，年末个人住房贷款市场占有率为 24.72%，比上年末增加 0.75 个百分点。通过申请住房公积金个人住房贷款，在贷款合同约定的存续期内可节约职工购房利息支出 192.18 亿元。

职工贷款笔数中，购房建筑面积 90（含）平方米以下占 62.56%，90-144（含）平方米占 33.00%，144 平方米以上占 4.44%。购买新房占 29.01%（其中购买保障性住房占 7.26%），购买二手房占 70.99%（见图 6-6）。

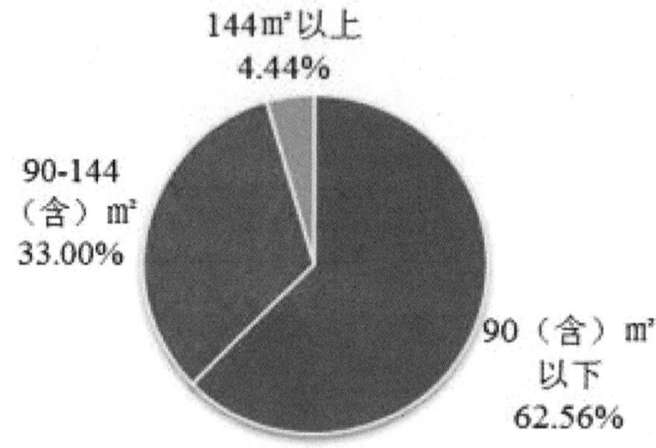

图 6-6　2020 年个人住房贷款职工贷款笔数按面积分类

职工贷款笔数中，单缴存职工申请贷款占 51.96%，双缴存职工申请贷款占 47.81%，三人及以上缴存职工共同申请贷款占 0.23%。

贷款职工中，30 岁（含）以下占 26.19%，30 岁-40 岁（含）占 55.35%，40 岁-50 岁（含）占 15.50%，50 岁以上占 2.96%；首次申请贷款占 85.91%，二次及以上申请贷款占 14.09%；中、低收入占 87.91%，高收入占 12.09%（见图 6-7）。

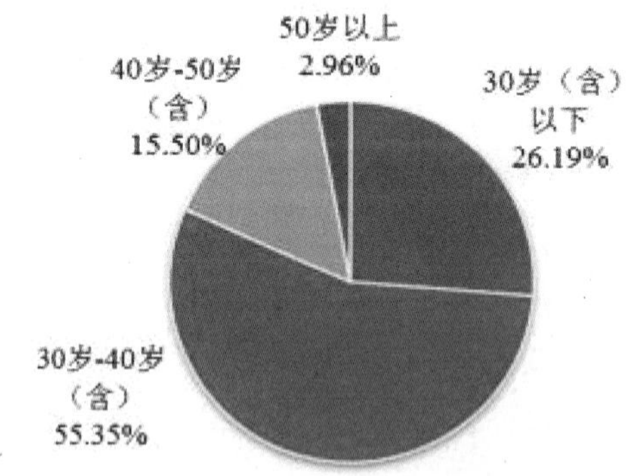

图 6-7　2020 年个人住房贷款职工按年龄分类

（四）住房贡献率。

2020 年，个人住房贷款发放额、住房消费提取额的总和与当年缴存额的比率为 112.48%，比上年增加 1.67 个百分点。

第三篇　行业

第一章　房地产开发

第一节　房地产开发概述

2020 年，上海市贯彻落实中央“房住不炒，因城施策”的要求，一方面应对新冠疫情，积极推进房地产领域复工复产复市；另一方面加强房地产市场精准调控，引导市场预期，促进房地产市场平稳健康运行。

2020 年，全市房地产开发投资稳步增长，全年完成房地产开发投资 4 698.75 亿元，比上年增长 11.0%，增速比 2019 年上升 6.1 个百分点；房地产开发投资占全社会固定资产投资比重为 53.2%，占比增长 0.4 个百分点。从全年走势看，房地产开发投资呈现短暂下降后回升的态势。一季度，受疫情影响投资增速同比下降 8.2%，为全年最低点。此后随着全市复工复产全面推进和开工建设持续加快，房地产开发投资增速回升。从房屋类型看，全市住宅投资 2 418.79 亿元，比上年增长 4.3%，占全部房地产开发投资的 51.48%；办公楼投资 833.08 亿元，增长 20.8%，占 17.73%；商业用房投资 559.85 亿元，增长 22.4%，占 11.91%。从投资结构看，土地购置费 2 325.53 亿元，增长 18.4%，增速同比上升 3.6 个百分点；建安工程投资 2 053.41 亿元，增长 1.6%。

一、开发投资

（一）固定资产投资

固定资产投资是国民经济再生产活动的一个重要部分。固定资产投资额是以货币形式表现的在一定时期内建造和购置固定资产的工作量以及与此有关的费用总称。它是反映固定资产投资规模、结构和发展速度的综合性指标。按照现行国家统计制度，全社会固定资产投资包括建设改造、房地产开发、城乡集体经济单位、城乡私人建房和其他经济单位投资。

上海市 2020 年全年完成全社会固定资产投资总额 8 832.24 亿元，比上年增长 10.3%，是自 2008 年金融危机以来首次达到两位数增长。其中，第一产业投资增长 109.8%；第二产业投资增长 16.5%；第三产业投资 9.0%。全年完成房地产开发投资 4 698.75 亿元，比上年增长 11.0%。其中，住宅投资 2 418.79 亿元，增长 4.3%（见图 7-1）。

■固定资产投资总额

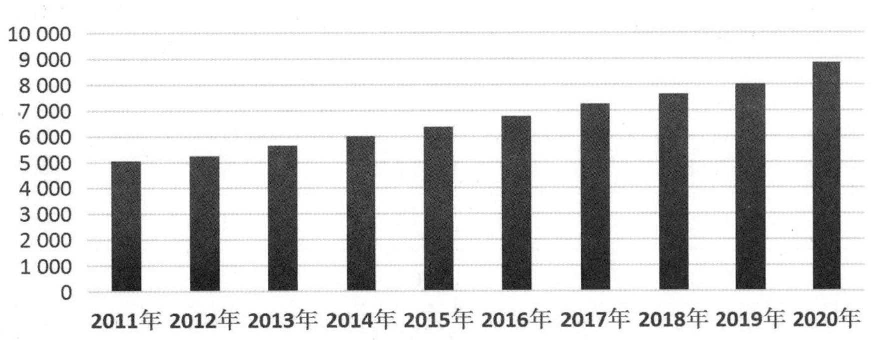

图 7-1　2011～2020 年上海市固定资产投资总额走势图（单位：亿元）

房地产开发投资是指各种登记注册类型的房地产开发公司、商品房建设公司及其他房地产开发法人单位和附属于其他法人单位实际从事房地产开发或经营活动的单位统一开发的包括统代建、拆迁还建的住宅、厂房、仓库、饭店、宾馆、度假村、写字楼、办公楼等房屋建筑物和配套的服务设施，土地开发工程（如道路、给水、排水、供电、供热、通讯、平整场地等基础设施工程）的投资；不包括单纯的土地交易活动。

1. 房地产开发投资总额

2011 至 2020 年，上海市房地产开发总额基本呈逐年上升趋势，2013 年、2014 年均保持两位数的增长速度，分别是 13.7%和 18.4%，2015 年增速有所放缓，但仍增长 8.1%，2020 年虽受疫情影响但又回到两位数的增速，增长 11.0%。

从固定资产总额和房地产开发总额曲线对比来看，从 2010 年起，房地产开发总额占固定资产总额的比重变大，2013 年首次占比超过半数，达到 50.2%，2014 年继续上升，达 53.3%。这种发展值得忧虑，2016 年继续扩大到 55.1%，达十年来最高。2020 年在 2019 年 52.8%基础上又上升 0.4 个分百点，达到 53.2%(见图 7-2，表 7-1)。

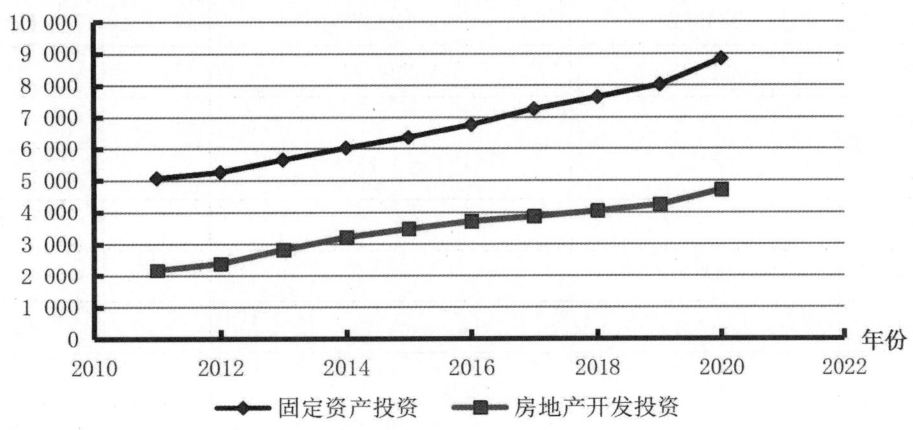

图 7-2　2011～2020 年上海市房地产开发投资总额趋势图（单位：亿元）

表 7-1　2011～2020 年房地产开发总额占全社会固定资产投资总额比率　单位:亿元

年份	固定资产投资总额	房地产开发总额	房地产开发总额占固定资产投资总额比率（%）
2011	5 067.09	2 170.31	42.8
2012	5 254.38	2 381.36	45.3
2013	5 647.79	2 835.09	50.2
2014	6 016.43	3 206.48	53.3
2015	6 352.70	3 468.94	54.6
2016	6 755.88	3 720.67	55.1
2017	7 246.60	3 856.53	53.2
2018	7 623.42	4 033.18	52.9
2019	8 013.97	4 231.38	52.8
2020	8 832.24	4 698.75	53.2

2.房地产开发投资各月情况

2020 年，上海房地产开发投资较上年增幅上升到两位数，全年投资 4 698.75 亿元，从占全社会固定资产投资比重来看，继续上扬，增长 53.2%，比上年增长 0.4 个百分点（见表 7-2、图 7-3）。

表 7-2　上海市 2020 年 1～12 月房地产开发投资额　单位:亿元

月份	本月	本月累计	比去年同期增长（%）
2020～01	1 月份免报		
2020～02	214.41	575.37	-8.2
2020～03	284.59	859.97	-8.2
2020～04	334.82	1 194.78	-2.9
2020～05	399.33	1 594.11	3.7
2020～06			7.0
2020～07			8.5
2020～08			9.7
2020～09			10.0
2020～10			10.2
2020～11			10.3
2020～12		4 698.75	11.0

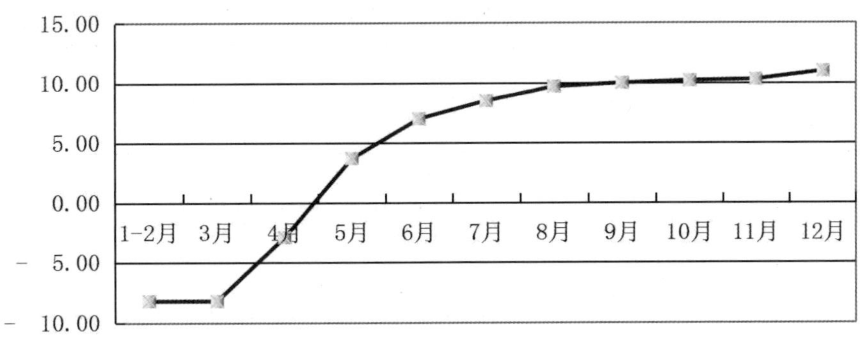

图 7-3　2020 年上海市房地产开发投资月度累计与上年同期相比

其中，1～12 月上海市住宅投资额月度情况如表 7-3 所示。

表 7-3　2020 年 1～12 月上海市住宅投资额　　　　　单位：亿元

月份	本月投资额	本月累计	比去年同期增长（%）
2020～01	1 月份免报，因此无 2 月当月数		
2020～02	109.81	292.76	-12.3
2020～03	138.26	431.02	-14.2
2020～04	167.55	598.57	-11.5
2020～05	217.76	816.33	-4.5
2020～06			-0.1
2020～07			-1.1
2020～08			2.2
2020～09			0.1
2020～10			2.2
2020～11			2.9
2020～12			4.3

二、开发规模

（一）土地开发规模

2020 年全年，上海市出让土地共 522 幅，较上年增长 160 块块；出让面积为 2 283.39 万平方米，较上年增加 707.69 万平方米（见表 7-4）。

表 7-4 2020 年上海市土地出让权使用情况

指 标	出让地块（幅）	出让面积（万平方米）
总 计	**522**	**2 283.39**
商业服务	93	231.02
住 宅	219	1 004.14
工业仓储	199	1 024.97
公共建筑	11	23.26

（二）房地产开发规模

2020 年全年，上海市房地产开发施工面积为 15 740.34 万平方米，比去年同期增长 6.3%；竣工 2 877.78 万平方米，增长 7.8%，建筑面积竣工率为 18.3%（表 7-5）。

表 7-5 2011～2020 年上海市房地产施工面积与竣工面积

年 份	施工面积（万平方米）	其 中	竣工面积（万平方米）	其 中	建筑面积竣工率 （%）	其 中
		# 住 宅		# 住 宅		# 住 宅
2011	16 553.86	8 423.11	2 913.78	1 568.83	17.6	18.6
2012	16 874.72	8 350.83	2 838.97	1 626.73	16.8	19.5
2013	17 180.27	8 188.56	2 698.35	1 439.20	15.7	17.6
2014	18 010.06	8 573.04	2 682.42	1 549.64	14.9	18.1
2015	17 885.94	8 443.82	2 923.42	1 617.86	16.3	19.2
2016	15 111.24	8073.94	2550.64	1532.88	16.9	19.0
2017	15 362.25	8 013.80	3 387.56	1 862.74	22.1	23.2
2018	14 672.37	7 520.39	3 115.76	1 730.27	21.2	23.0
2019	14 802.97	7 446.43	2 669.67	1 453.28	18.0	19.5
2020	15 740.34	7 712.25	2 877.78	1 627.61	18.3	21.1

1．商品房新开工面积

2020 年上海商品房新开工面积全年累计增长 12.3 个百分点。月度具体情况如表 7-6 所示。

表 7-6 2020 年各月上海市商品房新开工面积　　　　单位：万平方米

月 份	本月累计	比去年同期增长（%）
2020～01～02	84.15	-48.4
2020～03	231.28	-44.3
2020～04	582.83	-18.2

2020～05	1 210.61	12.4
2020～06	1 707.54	27.5
2020～07	1 980.50	20.5
2020～08	2 260.64	18.7
2020～09	2 479.59	15.2
2020～10	2 839.58	14.7
2020～11	3 060.50	7.6
2020～12	3 440.62	12.3

2．商品房施工面积

施工面积是指报告期内施工的全部房屋建筑面积。包括本期新开工的面积和上期开工跨入本期继续施工的房屋面积，以及上期已停建在本期恢复施工的房屋面积。本期竣工和本期施工后又停缓建的房屋，其建筑面积仍计入本期房屋施工面积中。

2020 年商品房全年累计施工面积较上年全线增长，全年所有月份施工面积与 2019 年相比都呈增长态势（见表 7-7、表 7-8）。

表 7-7　2013～2020 年上海市商品房施工面积情况表　　单位：万平方米

指　　标	2013 年	2014 年	2015 年	2016 年	2017 年	2018 年	2019 年	2020 年
施工面积	13 516.58	14 690.18	15 095.33	15111.24	15 362.25	14 672.37	14 802.97	15 740.34
住　　宅	8 125.74	8 525.85	8 372.12	8073.94	8 013.80	7 520.39	7 446.43	7 712.25
# 别墅、高档公寓	1 448.75	1 575.97	1 647.69	1 632.93	1 748.88	1 575.03	1 383.32	-
办公楼	1 431.73	1 779.04	1 978.49	2 180.50	2 282.08	2 139.02	2 130.54	2 282.65
商业营业用房	1 500.72	1 751.99	1 944.02	1 990.81	2 016.16	1 876.24	1 775.50	1 820.52
其　　他	2 458.39	2 633.30	2 800.70	2 865.99	3 050.22	3 136.72	3 450.50	3 924.91

表 7-8　2020 年上海市各月累计商品房施工面积　　单位：万平方米

月　　份	本月累计	比去年同期增长（%）
2020～01～02	11 812.01	2.8
2020～03	12 085.79	2.7
2020～04	12 489.79	2.9
2020～05	13 165.29	5.0
2020～06	13 693.21	6.9
2020～07	13 979.68	6.0

2020～08	14 441.80	7.6
2020～09	14 627.21	7.2
2020～10	15 110.71	7.7
2020～11	15 308.78	5.4
2020～12	15 740.34	6.3

3. 商品房竣工面积

竣工面积是指在报告期内房屋建筑按照设计要求已经全部完工，达到住人和使用条件，经验收鉴定合格（或达到竣工验收标准），正式移交使用单位的各栋房屋建筑面积的总和。

2020 年，上海市商品房竣工面积经历了连续两年的下降后止跌回升。由于受疫情影响，1～4 个月份竣工仍呈下降趋势，与 2019 年相比近五成未能竣工，5 月份之后竣工速度加速（见表 7-9、表 7-10）。

表 7-9 2012～2020 年上海市商品房竣工面积情况表

指 标	2013 年	2014 年	2015 年	2016 年	2017 年	2018 年	2019 年	2020 年
房屋竣工面积（万平方米）	**2 254.44**	**2 313.29**	**2 647.18**	**2550.64**	**3 387.56**	**3 115.76**	**2 669.67**	**2 877.78**
住宅	1 417.41	1 535.55	1 588.95	1532.88	1 862.74	1 730.27	1 453.28	1 627.61
# 别墅、高档公寓	236.40	180.10	340.65	195.82	348.14	392.25	319.84	-
办公楼	176.01	165.03	219.23	279.31	444.83	413.46	259.36	259.14
商业营业用房	253.45	208.36	306.45	266.06	387.73	341.05	324.55	286.38
其他	407.57	404.35	532.55	472.39	692.27	630.98	632.48	704.64
房屋竣工价值（亿元）	**1 052.76**	**1 058.42**	**1 488.32**	**1 472.33**	**2 054.31**	**1 941.04**	**1 833.65**	**1 875.14**
住宅	610.71	644.47	881.17	839.28	1 020.42	1 019.36	965.31	1 089.20
# 别墅、高档公寓	125.54	106.73	285.39	176.05	251.84	278.7	265.81	-
办公楼	127.12	133.96	174.90	231.21	336.02	307.62	252.64	206.65
商业营业用房	155.00	123.62	176.58	180.78	321.96	291.16	252.76	211.94
其他	159.93	156.37	255.67	221.06	375.90	322.89	362.94	367.35

表 7-10 2020 年各月上海市商品房竣工面积 单位：万平方米

月 份	本月累计	比去年同期增长（%）
2020～01～02	293.16	-51.6
2020～03	427.48	-41.8
2020～04	484.34	-44.7
2020～05	1 071.92	9.2

2020～06	1 187.52	4.2
2020～07	1 452.01	13.8
2020～08	1 521.77	9.2
2020～09	1 611.02	9.5
2020～10	1 976.47	10.1
2020～11	2 191.18	3.2
2020～12	2 877.78	7.8

第二节　房地产开发主体

2020 年，上海房地产销售业绩前 30 企业合计销售 4 184.2 亿元，销售面积前 30 企业合计销售 830.6 万平方米。销售额突破百亿房企达到 15 家，突破两百亿的有 7 家。其中，绿地控股以 355.2 亿元、54.1 万方荣获 1-12 月上海销售金额榜冠军和销售面积榜殿军；万科以 312.8 亿元、70.3 万方荣获销售面积榜冠军和销售金额榜亚军。销售金额方面，万科、融创中国、中海地产分别以 312.8 亿元、284.1 亿元、279.1 亿元获得销售金额榜第二、第三、第四；销售面积榜方面，融创中国、金地集团、绿地控股分别以 60.0 万平方米、54.9 万平方米、54.1 万平方米获得销售面积第二、第三、第四。

2020 年，上海商品住宅销售金额前 30 项目合计销售 1564.7 亿元，同比上升 16.7%。本次前 30 门槛值为 33.6 亿元。排行榜前 15 位的项目销售金额均超 50 亿元，前 4 名均超 60 亿。其中第一名瑞虹新城天悦郡庭 105.7 亿元、第二名中海臻如府 104.9 亿元、第三名凯利海华府 87.8 亿元。

2020 年，上海商品住宅销售面积前 30 项目合计销售面积为 242.5 万平方米，同比上升 14.9%。其中，静安府以 12.5 万平方米占据项目销售面积榜单的第一名，凯利海华府、中海臻如府以 12.2 万平方米、11.1 万平方米紧随其后，分列二、三名。

2020 年，上海商品住宅销售套数前 30 项目合计销售 25 643 套，同比上升 27.1%。其中，静安府以 2101 套占据项目销售套数榜单的第一名，招商主城、UNICITY 万科天空之城分别以 1701 套、1258 套分列项目销售套数榜单的第二、第三名。

一、房地产开发企业的资质

上海市房屋管理局资料显示，截止 2020 年 12 月 31 日上海共有 5 424 家房地产开发企业。其中，一级资质企业 26 家，与上一年持平；二级资质企业 354 家；三级资质企业 474 家；暂定等级企业 4 570 家（见表 7-11）。

表 7-11　2020 年上海最新一级资质房地产开发企业名单

上海铁路房地产开发经营有限公司	上海中星（集团）有限公司
保利置业集团有限公司	上海城开（集团）有限公司
经纬置地有限公司	上海中房置业股份有限公司
上海嘉宝实业（集团）股份有限公司	上海中虹（集团）有限公司
大华（集团）有限公司	绿地控股集团有限公司
天地源股份有限公司	农工商房地产(集团)股份有限公司
上海城建置业发展有限公司	上海房地产经营（集团）有限公司
上海景瑞地产（集团）股份有限公司	中华企业股份有限公司
上海万科企业有限公司	上海西部企业（集团）有限公司
旭辉集团股份有限公司	上海市漕河泾新兴技术开发区发展总公司
上海绿洲投资控股集团有限公司	上海中环投资开发（集团）有限公司
上海城投置地（集团）有限公司	上海静安地产（集团）有限公司
上海永业企业（集团）有限公司	上海实业发展股份有限公司

二、上海房地产开发企业 30 强

2020 年，根据发布数据，绿地控股居于上海市房地产销售企业业绩前 30 名第一位，其他企业销售情况详见下表（见表 7-14）。

表 7-12　2020 年上海市房地产企业销售业绩前 30 名

排名	企业名称	销售额（亿元）	排名	企业名称	销售面积（万平方米）
1	绿地控股	355.2	1	万科	70.3
2	万科	312.8	2	融创中国	60.0
3	融创中国	284.1	3	金地集团	54.9
4	中海地产	279.1	4	绿地控股	54.1
5	保利地产	246.4	5	招商蛇口	53.6
6	大华集团	231.2	6	保利地产	50.4
7	金地集团	209.5	7	大华集团	39.3
8	瑞安房地产	193.1	8	碧桂园	38.9
9	招商蛇口	186.1	9	中海地产	31.3
10	大悦城	156.8	10	华发股份	30.5
11	华润置地	153.9	11	华润置地	30.1

12	中国金茂	138.8	12	中国金茂	29.5
13	华发股份	130.8	13	新城发展控股	24.1
14	碧桂园	120.6	14	大悦城	23.2
15	上海中环集团	113.9	15	建发房产	20.9
16	首创置业	94.3	16	首创置业	19.1
17	建发房产	90.3	17	瑞安房地产	18.2
18	中能集团	87.8	18	陆家嘴	17.6
19	新城控股	86.6	19	旭辉集团	17.4
20	华侨城	86.2	20	龙湖集团	15.5
21	陆家嘴	77.8	21	宝龙地产	15.0
22	中华企业	73.6	22	上海中环集团	14.3
23	上海地产（集团）	71.6	23	中华集团	14.3
24	长实集团	69.8	24	长实集团	13.8
25	上实城开	59.8	25	上海建工房产	13.8
26	浦东金桥	56.4	26	世茂集团	13.0
27	复地集团	56.3	27	路劲基建	12.2
28	恒盛地产	55.9	28	仁恒置地	12.2
29	仁恒置地	54.0	29	申能集团	12.2
30	城控控股	51.5	30	复地集团	10.9

第二章 房地产租售

第一节 房地产销售概述

2020 年，上海贯彻落实中央“房住不炒，因城施策”、“一城一策”常态长效管理机制，严格执行房地产市场调控的各项政策措施，加强精细管理、精准调控，稳定新建商品住房供应，加强存量住房交易监测监管。新建市场化商品住房供需基本平衡，存量住房成交面积增加，价格指数总体稳定，持续加强房地产市场监测监管，整顿规范市场秩序。新建和转化租赁房源 10 万套，新增代理经租房源 9.9 万套。出台《租赁住房规划建设导则》。加强住房租赁监管，实现住房租赁合同网签备案“不见面办理”，全市首创“多人在线、协同办理”模式；稳妥推进中央财政支持住房租赁市场发展试点工作。制定“试点实施方案”、“试点资金使用管理办法” ，启动资金使用工作。

全年新建商品房销售面积 1 789.16 万平方米，比上年同期增长 5.5%。其中，住宅销售面积 1 434.07 万平方米，增长 5.9%；商办销售面积 185.42 万平方米，下降 2.1%。虽然市场化住宅销售量增加，但由于保障性住宅和商办销售规模下降，因此全部房屋销售面积小幅增长。

一、商品房销售额

2020 年，上海市商品房销售额为 6 046.97 亿元，比较 2019 年增长 16.2%。其中，住宅销售额 5 268.85 亿元，办公楼销售额为 469.57 亿元，商业营业用房销售额为 198.57 亿元。在“房住不炒，因城施策”的政策调控及疫情影响下，除商业营业用房销售下降外，其他均呈增长态势，其中住宅增长 18.2%，办公楼增长 22.9%，商业营业用房下降 22.6%（见表 8-1）。

表 8-1 上海市 2015～2020 年商品房销售额

指标	2015 年	2016 年	2017 年	2018 年	2019 年	2020 年
商品房销售额(亿元)	**5 093.55**	**6 695.85**	**4 026.67**	**4 751.5**	**5 203.82**	**6 046.97**
住宅	4 319.93	5 233.29	3 336.09	3 864.03	4 457.16	5 268.85
#别墅、高档公寓	1 462.81	1 903.48	1 153.49	1 176.74	1 501.66	-
办公楼	488.68	903.17	394.07	484.83	382.06	469.57
商业营业用房	227.89	470.49	208.23	269.37	256.64	198.57
其他	57.05	88.90	88.28	133.27	107.96	109.97

纵观商品房这些年来销售额的变化，2015、2016 年受周围省市的影响，上海房地产销售有较大增长。2017 年，受“因城施策”的政策调控，房地产市场交易冷清，销售增幅急剧下降，2018 年，略有回升，2019 年，在“三稳”政策的调控下，增长稳定，2020 年，虽受疫情影响但仍坚挺，继续保

持增长态势（见图 8-1）。

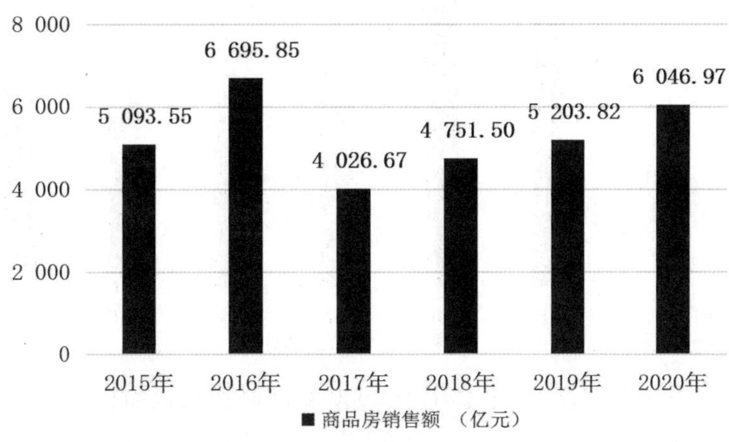

图 8-1　2015～2020 年商品房销售额

二、商品房销售面积

2020 年上海市商品房实际销售面积共有 1 789.16 万平方米，较 2019 年增长 5.5%。其中住宅销售面积 1 434.07 万平方米，办公楼销售面积 101.68 万平方米，商业营业用房 83.74 万平方米（见表 8-2）。

表 8-2　上海市 2015～2020 年商品房销售面积　　单位：万平方米

指标	2015 年	2016 年	2017 年	2018 年	2019 年	2020 年
商品房销售面积	**2 431.36**	**2 705.69**	**1 691.60**	**1 767.01**	**1 696.34**	**1 789.16**
住　宅	2 009.17	2 019.80	1 341.62	1 333.29	1 353.70	1 434.07
#别墅、高档公寓	390.97	445.42	212.04	179.77	234.62	-
办公楼	197.41	306.40	124.10	147.08	100.83	101.68
商业营业用房	113.70	205.87	79.33	101.75	88.4	83.74
其　他	111.08	173.62	146.55	184.89	153.33	169.68

从销售面积总体走势来看，2015 年高位运行，2016 年继续拉升，2017 年，受政策影响明显，商品房销售面积大幅下降，出现了近五年来最低销售水平。2018 年，略有回升，2019 年受政策收紧影响继续下行，2020 年虽受疫情影响但仍小幅增长。从分类市场来看，主要销售面积的发生均在住宅市场，但由于保障性住宅和商办销售规模下降，因此全部房屋销售面积小幅增长（见图 8-2）。

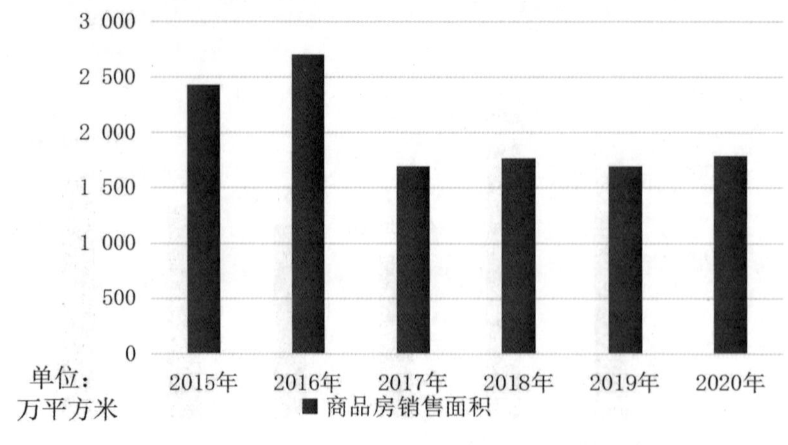

图 8-2　2015～2020 年商品房销售面积

从全年度来看，2020 年全年销售整体弱势上涨，受疫情影响上半年销售进度放缓，1～4 月份降幅均在 20 个百分点以上；之后受货币宽松政策和改善性需求等影响，全年出现小幅上升，全年累计销售面积相比上年增长 5.5%（见表 8-3）。

表 8-3　1～12 月商品房累积销售面积　　单位：万平方米

月　份	本月累计	比去年同期增长（%）
2020～01～02	120.47	-29.7
2020～03	230.38	-27.4
2020～04	346.92	-21.0
2020～05	434.80	-16.2
2020～06	644.43	-12.6
2020～07	800.13	-15.2
2020～08	935.64	-10.1
2020～09	1 131.80	-8.8
2020～10	1 374.08	-2.3
2020～11	1 515.41	1.0
2020～12	1 789.16	5.5

2020 年，受疫情影响，上半年商品住房供应量略有减少，二季度开始随着市场需求的集中释放造成了市场出现阶段性的供不应求现象，库存量下降，12 月份比去年同期累计增长 5.9%（见表 8-4）。

表 8-4　1～12 月商品住宅销售面积　　单位：万平方米

月　份	本月累计	比去年同期增长（%）
2020～01～02	101.02	-26.2

2020～03	192.87	-28.3
2020～04	291.38	-18.5
2020～05	366.61	-10.6
2020～06	543.19	-7.7
2020～07	675.48	-10.3
2020～08	781.16	-7.2
2020～09	915.29	-7.2
2020～10	1 134.15	0.6
2020～11	1 255.39	4.0
2020～12	1 434.07	5.9

三、商品房销售价格

2020 年，上海市商品住房平均销售价格（含销售型保障房）33 798 元/平方米，比上年上涨 10.2%。其中，住宅的平均售价为 36 741 元/平方米，比上年上升 11.59%；办公楼为 46 181 元/平方米，商业营业用房为 23 713 元/平方米，住宅及办公楼价格仍然上升，商业营业用房其他用房销售价格均出现下降（见表 8-5）。

表 8-5　上海市 2015～2020 年商品房平均销售价格　　元/平方米

指　标	2015 年	2016 年	2017 年	2018 年	2019 年	2020 年
商品房销售价格	20 949	24 747	23 804	26 890	30 677	33 798
住　宅	21 501	25 910	24 866	28 981	32 926	36 741
#别墅、高档公寓	37 415	42 735	54 400	65 458	64 004	-
办公楼	24 755	29 477	31 754	32 964	37 892	46 181
商业营业用房	20 043	22 854	26 249	26 474	29 005	23 713
其　他	5 136	5 120	6 024	7 208	7 041	6 481

2020 年，上海市新建住宅销售均价 36 741 元/平方米。从区域均价看：内环线以内 11 8510 元/平方米，内外环线之间 53 718 元/平方米，外环线以外 26 737 元/平方米。

四、存量房交易

2020 年，上海市二手房市场活跃度提高，成交量同比增加。据市房地产交易中心统计，全市存量房网签面积 2 495.43 万平方米，比上年增长 19.9%。其中，存量住宅网签面积 2 246.23 万平方米，增长 24.4%。疫情后，积压的购房需求释放，存量住宅交易量上升，为近四年最高。

二手住房市场成交量大幅上升，价格指数同比上升。2020 年，全市存量房（二手房）成交登记面积为 2 495.44 万平方米，同比上年增长 18.9%，增幅回落 8.6 个百分点，其中存量住宅（二手住房）

成交登记 2 246.23 万平方米，增长 26.9%，增幅回落 9 个百分点。二手住房平均成交价格 40 267 元/平方米，比上年上涨 5.4%。

总体上看，据房地产交易中心网上数据，2020 年二手住房市场走势基本与新房市场相似，呈现出“量升价稳”的趋势。一季度受到疫情影响，二手房成交跌至冰点，2 月份仅成交 4 053 套，创下近年来新低。二季度，随着疫情得到控制，市场快速升温，成交量逐月提升，4、5、6 三个月分别成交 23 858 套、25 115 套、28 137 套。三季度，随着“学区房”的热销以及旧改需求的集中释放，二手房市场热度持续上升，9 月成交达到全年最高点，分别成交 29 108 套、28 801 套、30 153 套。随着二、三季度市场的持续热销，四季度市场二手房挂牌量急剧减少，市场供应趋紧，因此四季度成交量略有下滑，但市场热度不减，分别成交 26 079 套、23 830 套、24 343 套。

2020 年上海二手房市场“量升价稳”的主要原因：一是随着新房市场复苏，新房与二手房市场产生联动效应，改善型需求“卖旧买新”，二手房挂牌量充足，为市场交易奠定了基础。二是旧改户数超 3 万户，而且货币化安置比例高，这些家庭大部分都会买周边区域的中小户型的二手房，这为市场增加了很多需求。三是学区房的热销加剧市场热度，2020 年公民同招的政策变化引发了学区房快速上涨。新建公办一贯制学校对口的小区房价涨幅明显，最高超过 56%。比如张江板块的小区，房价全年的平均涨幅接近 60%（表 8-6）。

表 8-6　2011～2020 年存量房交易情况

年　份	成交套数（套）	成交面积（万平方米）	其　中		
			#住　宅	办公楼	商业营业用房
2011	146 151	1 398.67	1 058.71	62.87	51.21
2012	157 585	1 446.77	1 136.17	57.34	46.71
2013	291 176	2 575.70	2 228.02	65.59	47.18
2014	177 083	1 586.14	1 324.18	52.61	40.90
2015	303 414	2 647.83	2 351.30	52.27	41.62
2016	347 667	3 219.80	2 225.42	450.89	261.04
2017	179 385	1 563.53	1 264.13	80.75	60.26
2018	175 061	1 549.12	1 229.01	77.45	58.47
2019	242 254	2 028.93	1 733.15	69.65	54.19
2020	303 244	2 495.43	2 246.23	69.40	48.83

第二节　租赁市场情况

自 2016 年以来，从中央到地方出台了一系列推动租赁住房市场建设的配套政策和文件。整体来看，当前建设市场化租赁住房已经作为房地产市场供给侧改革的重要举措。经过将近四年的酝酿和试点实施，当前租赁住房建设从中央到地方形成了较为完整的政策体系，包括融资、建设和管理几大方面。在租赁住房项目即将步入实施运营的阶段，未来项目的租金定价也需要参考社会租赁房源以及正常运营状态下长租公寓项目的租金定价。

2020 年全市租赁住房用地出让出现回调，与去年同期相比交易地块数量减少 12 幅，仅有 17 幅租赁住房用地成交，土地总面积为 76.6 公顷，同比减少近十个百分点，目前“国家队”仍是拿地主力，定向出让也是租赁住房用地交易的主基调，故年内地块均以底价交易，全年成交楼面地价为 8 784 元/平方米，同比上涨 41.6%，租赁住房用地的价格水平有较为显著的提升。

从区域分布来看，与 2019 年相比，2020 年有租赁住房用地出让交易的行政区再少一个，仅 10 个。本年度内青浦区租赁住宅用地交易呈现“一区独大”局面，区域成交总量达到 41.4 公顷，占到全市总量的五成以上，不过青浦区此次仅成交三幅租赁住宅用地，但每幅地块体量超过 10 公顷，均由华为技术有限公司摘得，从区位上看以上地块正好位于已经开工的华为青浦研发中心项目周边，不难想象这三幅租赁住房用地大概率是为基地的配套设施，青浦区在租赁住房用地的供应上继续延续以产业配套为导向的主思路。另外在地价水平方面，虹口区蝉联年度租赁住房用地地价最高区域，成交楼面地价均价突破万元，在 12 680 元/平方米；除了虹口，全市中还有黄浦区租赁住房用地每平方米的楼面价同样突破万元，达 10 956 元/平方米（见图 8-7）。

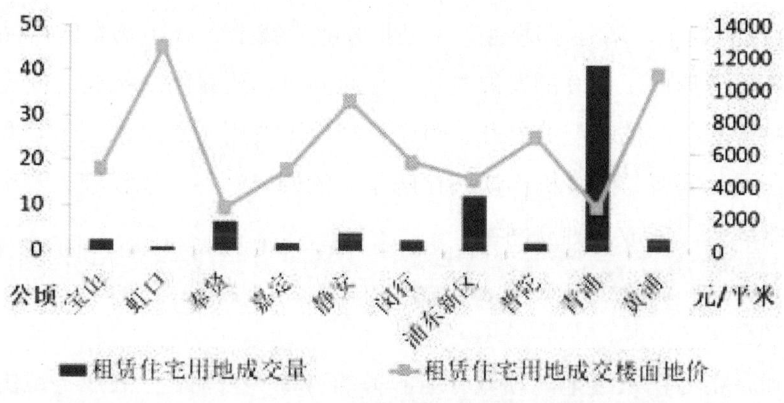

图 8-7　各区租赁住宅用地成交情况图

根据统计局数据，2020 年上海市商品房出租面积为 2 053.33 万平方米，较 2019 年增加 0.85%（见表 8-7）。

表 8-7　2015～2020 年商品房出租情况　　单位：万平方米

指标	2015 年	2016 年	2017 年	2018 年	2019 年	2020 年
商品房出租面积	1 202.42	1 322.51	1 646.30	1 868.11	2 035.94	2 053.33
住　宅	120.59	83.41	110.15	128.60	129.62	134.27
#别墅、高档公寓	66.26	62.08	55.43	54.91	54.75	-

办公楼	501.86	578.44	692.42	753.40	809.85	775.87
商业营业用房	367.02	415.25	542.09	630.83	707.89	751.08
其　他	212.95	245.41	301.63	355.28	388.57	392.10

第三节　房地产营销主体

上海房地产经纪行业从无到有，从小到大，从 1992 年首批 12 家房地产经纪机构获批成立以来，至今已有上万机构，近 10 万从业大军。20 余年来，上海房地产经纪行业已经成为房地产业的重要组成部分，在提高人们的居住水平和促进经济与社会发展等方面发挥了重要作用。近些年来，随着行业竞争越来越激烈，上海的房地产经纪行业正由传统服务业向现代服务业转变，网络和信息技术得道广泛应用。电商模式，也已在新房销售和楼盘代理中广泛运用。搜房、安居客、新浪、优房网等进入房地产经纪领域，同经纪机构合作，而经纪机构在这样的合作中，也尝到了便捷、高效的甜头。近年来，58 同城、房价网、Q 房网、房博士、057 找房、房多多、爱屋吉屋等网站又从全国各地、某一细分领域进入房地产经纪行业。

“互联网+”时代的到来，增强了房地产经纪业务适应线上、线下场景的产品和服务能力，目前我国房地产经纪业务已经形成了 O2O 的发展格局。与此同时，随着网络机构之间竞争的激烈和成本的提高，以及经纪机构对网络的依赖度的提升，网络平台使用费用不断上涨，于是经纪机构和网络平台的矛盾便激化了。在同业同盟与网络机构谈判化解矛盾的同时，一些规模较大、实力较强的经纪机构或入股网络结成战略联盟，或成立独立网站。

一、房地产代理公司

房地产代理公司是指专门从事地产领域专业服务的咨询类公司，主要业务范围包括商品房屋的估价、营销、策划、销售等。房地产代理行业出现于 20 世纪 90 年代，经历了形成、成长、稳定和整合期等不同阶段，随着我国房地产行业市场化的逐步发展，房地产价格的不断上涨，房地产代理行业也同房地产开发行业一同发展壮大。自 2014 年以来，“互联网+”的概念逐步向房地产行业渗透，对行业生态产生深远影响。而新房代理行业则在“互联网+”的影响下积极改进以案场为中心、以人力为驱动的粗放代理模式，转向以资源整合为中心、以技术为驱动的营销平台模式。在如移动互联、大数据、人工智能等相关技术的驱动下，新房代理企业逐步打造智慧案场，努力提升客户体验和服务质量及效率，并积极整合产业链条各参与者，逐步搭建营销总包平台。与此同时，新房代理头部企业正致力于探索行业线上线下联动的方法，逐步开拓出线上获客、线下成交的商业运营模式，拓宽服务的广度和深度，在与行业内外企业强强联合的过程中，实现多方的互利共赢。在互联网等新科技的推动下，行业整合逐渐加强，一些管理松散、市场适应能力弱的企业逐渐被淘汰。上海房地产代理行业从高峰期的 6 000 多家企业演变到几十家头部代理销售企业，再到近年少数几家的垄断局面。

二、房地产中介公司

房地产中介公司是主要从事是二手房交易。在过去数年中，我国的二手房存量市场保持着高速增长的态势，二手房交易量正逐渐超过新房，房地产市场正步入以二手房交易、租赁为主的存量市场时代，房地产中介公司在房地产市场中的作用更加显现。近年来，随着购房者的需求不断更迭，房地产市场的竞争愈演愈烈，开发商与中介公司开代理始探索房地产二级市场和三级市场之间的合作。“一二手联动”是指开发商企业与房地产中介达成战略合作协议，充分借用对方的渠道与资源，提高双方运作效率的双赢运作模式，是对整个行业资源的一种整合。在这种模式下，一方面开发商得以降低获客成本，并产生让利动机，另一方面，沉淀在经纪公司的客户能够有更多的渠道获得信息做出选择，在满足自身需求的同代理时为经纪公司带来收入。代理“一二手联动”的商业模式使得原本局限于二手房交易市场的经纪公司有机会涉足新房销代理售市场，在拓展自己业务的同时带来整个房地产产业链的整合，提高整个行业的运作效率。目代理前，国内房地产经纪头部企业如链家、我爱我家、房天下等，均涉足“一二手联动”的新房代代理销业务，充分利用自身经纪业务积攒下的流量优势获取收益。

三、房地产租赁公司

房屋租赁相比房产买卖具有更高的灵活性，当前中国的房屋租赁市场按业务种类可以分为商业房产租赁、商旅民宿短租以及可用于居住用房的长期租赁（以下简称“长租”）行业，其中长租行业是我国房屋租赁行业的主要内容。从发展历史上来讲，长租行业自1998年初步形成，至今有将近20年的历史，先后经历了初期、淘汰期、系统运营期、快速发展期、加速发展期等五个阶段，从链家、我爱我家等早期房地产经纪玩家入局，到国家出台政策扶持房屋租赁行业，大资本、大地产商纷纷涌入，行业品牌化格局初步形成，长租行业目前已经成长为我国房屋租赁行业的主体组成部分，成为我国房地产市场平稳健康发展长效机制中的重要一环。

目前，我国房屋租赁市场的规模尚存较大增长空间，主要由需求端拉动。一方面，随着我国城镇化率的不断提升，对住房的需求将不断提升，加之目前我国将近2.4亿的流动人口的住房需求，房屋租赁市场的规模与经纪业务的规模必将进一步扩大；另一方面，我国对房地产行业的调控近年来表现出收紧的趋势，各大主要城市均出台相关政策对房地产进行限购、限售，虽然2019年以来出现了政策放松的可能性，但是总体而言我国的房屋交易市场监管与限制仍是较多的，与此同时，一线城市极高的房价与接近1.5%。

从竞争格局的角度看，租赁行业的市场竞争较为激烈，虽然具有链家、我爱我家等头部企业引领行业，但是总体而言并未出现绝对的龙头企业，市场集中度较低，中小型机构多而分散。随着需求的不断增加以及行业的不断发展，行业的竞争格局逐渐明确，业务模式从目前的以撮合交易为主的信息平台导向，转向以服务质量竞争为主的用户服务导向。部分优秀房屋租赁企业详见表8-10。

由上海市房地产经纪行业协会主办的第十八届“金桥奖”有30家经纪企业被评定为获奖单位，具体名单见表8-8、表8-9、表8-10、表8-11。

表 8-8　优秀房地产营销代理公司

上海易局祥悦房屋销售有限公司	上海精稳房地产咨询有限公司
上海华燕房盟网联科技股份有限公司	上海赢佳房地产经纪有限公司
上海聚超房地产经纪有限公司	上海新长宁房地产销售有限公司
上海中原物业代理有限公司	上海德佑物业顾问有限公司
上海金丰易居房地产顾问有限公司	上海三湘房地产经纪有限公司
上海新联康投资顾问有限公司	上海中睿房地产经营有限公司

表 8-9　优秀房屋中介公司

德佑房地产经纪有限公司（链家）	上海太平洋房屋服务有限公司
上海中原物业顾问有限公司	上海住商房地产经纪有限公司
上海信义房屋中介咨询有限公司	上海云房数据服务有限公司（Q 房网）
上海菁英房地产经纪有限公司	上海亚业房地产经纪有限公司(21 世纪)
上海我爱我家房地产经纪有限公司	上海佳歆房地产投资顾问有限公司

表 8-10　上海市优秀房屋租赁公司

上海家营物业管理有限公司（相寓）	上海唐巢投资有限公司
上海锐诩企业管理有限公司（安歆公寓）	上海地产优家房屋租赁管理有限公司

表 8-11　综合服务企业

易居企业（中国）集体有限公司	上海易居房地产交易服务有限公司（房友）
上海原萃信息技术有限公司（几亩置业）	上海万间信息技术有限公司（巴勒兔）

第三章　物业管理

第一节　物业管理概述

一、上海物业管理市场情况

（一）物业管理概况

随着国家简政放权步伐不断加快，住房城乡建设部依法取消部分行政审批事项、职业资格事项，优化审批流程，在加强事中事后监管方面作出相关规定。在此背景下，物业管理行业的门槛正在逐步取消，走进了新时代。

2019 年，新修订的《上海市住宅物业管理规定》正式实施，明确了建立住宅小区综合管理体制，从法律层面支持了政府相关部门住宅小区综合管理的领导地位；明确了乡、镇人民政府、街道办事处对业主大会组建的工作职责，完善了业主委员会组建流程；明确了物业使用和维护要制度要求，建立了物业保修金制度和物业的紧急维修及强制维修制度，为解决因房屋质量保修责任落实问题引发纠纷和涉及公共利益、公共安全的维修事项提供了解决办法。上海市各区行政管理部门纷纷推出物业考核评价体系，强化住宅物业服务质量监管，聚焦居民群众投诉，扎实推进住宅小区综合治理工作。随着管理的加强和各级政府部门的推动，业主消费意识大大提升，上海市住宅物业管理市场化步伐进一步加快。物业管理企业正逐渐摆脱低端、低效的对外形象，行业的社会认可度不断提高，行业价值进一步体现。

2019 年，资本市场开始进一步关注物业管理行业，物业企业管理进一步提升，业务收入和收入结构进一步优化。全年物业服务企业主营业务收入保持平稳，非主营收入同比增长近 3 倍，占行业总收入的 36%。

（二）物业管理规模

2020 年，上海市物业管理总面积 11.55 亿平方米，覆盖全市房屋总面积 80.6%。管理总面积同比递增 2.52%，覆盖率保持逐年微幅增长趋势。住宅类 7.01 亿平方米，覆盖率 98.0%；非住宅类 4.54 亿平方米，覆盖率 63.2%（见图 9-1）。

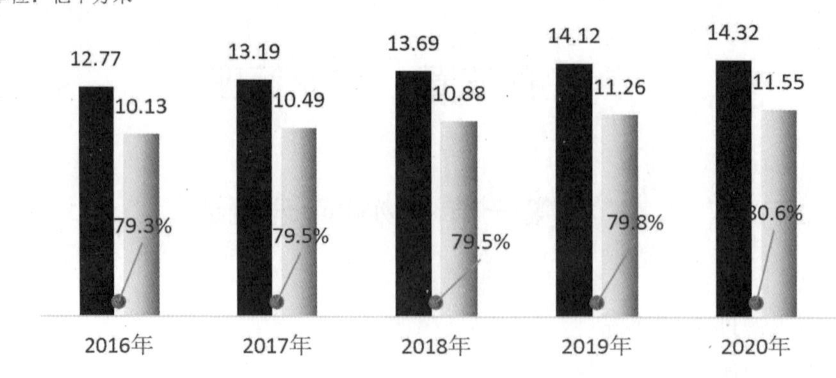

图 9-1　2016～2020 年以来上海市物业管理面积与房屋总面积对比图

（三）物业管理价格

2020 年，上海市住宅类物业服务价格基本保持微幅上涨趋势。具体内容以分报告的形式，发布“千居价格指数”，对本市的物业服务费变化情况做专项追踪分析（见图 9-2）。

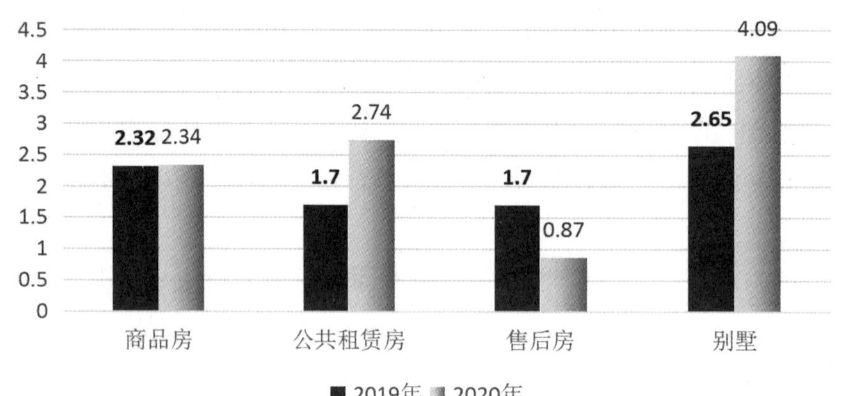

注：2019 年售后房类把公租房计算在内，现已剔除

图 9-2　2019～2020 年住宅物业管理费价格情况

上海住宅物业服务价格千居指数显示，2018-2020 年连续三个年度的千居项目样本的物业服务价格追踪，建立了上海住宅物业服务价格千居指数模型。

经测定，2020 年，上海住宅物业服务价格千居指数为 1 029.38（见图 9-3）。

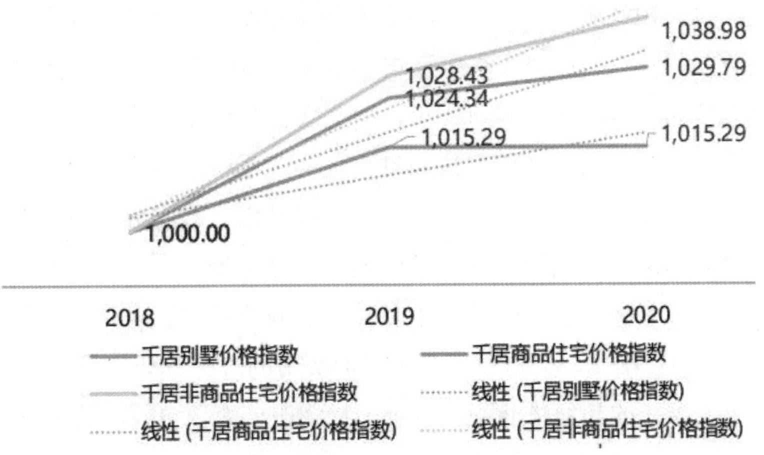

图 9-3　2018～2020 年上海住宅物业服务价格千居指数

2020 年，受疫情影响，办公楼物业、大型百货商场的物业服务费单价略有下降。办公物业单价为 16.02 元/平方米・月；商业物业中商场、百货和商业街单价分别为：31.04 元/平方米・月和 10.07 元/平方米・月；园区物业单价为 5.2 元/平方米・月；学校物业的物业服务费受财政支出影响，也呈现下降趋势，单价为 5.52 元/平方米・月；公众物业单价为 3.65 元/平方米・月；医院物业单价为 6.32 元/平方米・月；机关物业单价为 14.47 元/平方米・月。关财政预算紧缩也影响了该类型的物业管理费单价（见表 9-1）。

表 9-1　2018～2020 年上海市非住宅物业管理费价格变动幅度

物业类型	物业管理费单价（元/月 m2）		
	2018 年	2019 年	2020 年
办公物业	14.95	18.55	16.02
机关物业	18.27	13.97	14.47
商业物业（商场、百货）	9.87	35.31	31.04
商业物业（商业街）	-	4.84	10.07
学校物业	4.91	6.97	5.52
园区物业	2.74	5.01	5.2
公众物业	2.92	3.51	3.65
医院物业	5.91	6.05	6.32

二、物业管理内容

根据新修订的《上海市住宅物业管理规定》第三章，关于物业管理的规定，明确房屋行政管理部门应当依法对物业服务企业服务活动实施监督检查。物业服务项目经理承接物业管理区域数量和建筑面积的规范，由市房屋行政管理部门制定。市房屋行政管理部门应当根据物业服务合同履行、投诉处理和日常检查等情况，建立物业服务企业信用档案库和物业服务项目经理信用档案库。

选聘物业服务企业前，业主委员会应当拟订选聘方案。选聘方案应当包括拟选聘物业服务企业的信用状况、专业管理人员的配备、管理实绩要求、物业服务内容和收费标准、物业服务合同期限和选聘方式等内容。选聘方案经业主大会会议表决通过后，业主委员会应当在物业管理区域内公告。

明确物业服务企业应当按照物业服务合同的约定，提供相应的服务。物业服务合同可以约定下列服务事项：（一）物业共用部位、共用设施设备的使用管理和维护；（二）共有绿化的维护；（三）共有区域的保洁；（四）共有区域的秩序维护；（五）车辆的停放管理；（六）物业使用中对禁止性行为的管理措施；（七）物业维修、更新、改造和养护费用的账务管理；（八）物业档案资料的保管；（九）业主大会或者业主委托的其他物业服务事项。物业服务企业可以将物业服务合同中的专项服务事项委托给专业性服务企业，但不得将物业服务合同约定的全部事项一并委托给他人。物业服务企业应当在签订物业服务合同之日起三十日内，将物业服务合同报房管机构备案。

物业服务企业提供物业服务，应当遵守下列规定：（一）符合国家和本市规定的技术标准、规范；（二）及时向业主、使用人告知安全合理使用物业的注意事项；（三）定期听取业主的意见和建议，改进和完善服务；（四）配合居民委员会、村民委员会做好社区管理相关工作。物业服务企业应当协助做好物业管理区域内的安全防范工作。

物业服务合同期限届满的三个月前，业主委员会应当组织召开业主大会，作出续聘或者另聘物业服务企业的决定，并将决定书面告知物业服务企业。业主大会决定续聘且物业服务企业接受的，业主委员会与物业服务企业应当在物业服务合同届满前重新签订物业服务合同。物业服务企业决定物业服务合同期限届满后不再为该物业管理区域提供物业服务的，应当提前三个月书面告知业主委员会。物业服务合同期限届满后，业主大会没有作出续聘或者另聘物业服务企业决定，物业服务企业按照原合同继续提供服务的，原合同权利义务延续。在合同权利义务延续期间，任何一方提出终止合同的，应当提前三个月书面告知对方。

物业服务收费实行市场调节价，由业主和物业服务企业遵循合理、公开、质价相符的原则进行协商，并在物业服务合同中予以约定。同一物业管理区域内实施同一物业服务内容和标准的，物业服务收费执行同一价格标准。市房屋行政管理部门应当定期发布住宅小区物业服务标准。物业管理行业协会应当定期发布物业服务价格监测信息，供业主和物业服务企业在协商物业服务费用时参考。物业服务企业应当将服务事项、服务标准、收费项目、收费标准等有关情况在物业管理区域内公告。实行物业服务酬金制收费方式的，物业服务企业应当每年向业主委员会或者全体业主报告经审计的上一年度物业服务项目收支情况，提出本年度物业服务项目收支预算，并在物业管理区域内公告；实行物业服务包干制收费方式的，物业服务企业应当在调整物业服务收费标准前，将经审计的物业服务费用收支情况或者经第三方机构评估的收费标准向业主委员会或者全体业主报告，并在物业管理区域内公告。前款中的公告应当在物业管理区域内显著位置予以公示。

前期物业服务合同生效之日至出售房屋交付之日的当月发生的物业服务费用，由建设单位承担。出售房屋交付之日的次月至前期物业服务合同终止之日的当月发生的物业服务费用，由物业买受人按照房屋销售合同约定的前期物业服务收费标准承担；房屋销售合同未约定的，由建设单位承担。业主应当根据物业服务合同约定，按时交纳物业服务费；业主逾期不交纳物业服务费的，业主委员会应当督促其交纳；物业服务企业可以依法向人民法院起诉。业主转让物业时，应当与物业服务企业结清物业服务费；未结清的，买卖双方应当对物业服务费的结算作出约定，并告知物业服务企业。

物业服务企业应当自物业服务合同终止之日起十日内，向建设单位或者业主委员会移交下列资料和财物：（一）本规定第十一条第一款、第四十七条规定的资料；（二）物业服务期间形成的物业共用部分运行、维修、更新、改造和养护的有关资料；（三）公共收益的结余；（四）采用酬金制计费方式的，产生的物业服务资金结余以及用物业服务资金购置的财物；（五）物业管理用房；（六）应当移交的其他资料和财物。

利用物业共用部分从事广告、商业推广等活动的，应当经业主大会或者共同拥有该物业的业主同意，并在物业管理区域内公告。业主大会可以授权业主委员会同意利用全体业主共用部分从事相关活动。公共收益归全体业主或者共同拥有该物业的业主所有，并应当单独列账。公共收益应当主要用于补充专项维修资金，也可以按照业主大会的决定使用。公共收益主要用于补充专项维修资金的，应当按季度补充专项维修资金，补充比例应当高于百分之五十；剩余部分应当按照业主大会或者共同拥有该收益业主的决定，用于业主大会和业主委员会工作经费、物业管理活动的审计费用、拥有该收益业主的物业维护费用或者物业管理方面的其他需要。

区房屋行政管理部门应当建立临时物业服务企业预选库。物业服务企业退出且业主大会尚未选聘新物业服务企业的，由业主委员会报乡、镇人民政府或者街道办事处在预选库中选定物业服务企业提供临时服务。未成立业主委员会的，经百分之二十以上业主提请，由居民委员会或者村民委员会报乡、镇人民政府或者街道办事处在预选库中选定物业服务企业提供临时服务。临时物业服务期限不超过六个月，费用由全体业主承担。

经专有部分占建筑物总面积过半数的业主且占总人数过半数的业主同意，业主可以自行管理物业，并对下列事项作出决定：（一）自行管理的执行机构以及负责人；（二）自行管理的内容、标准、费用和期限；（三）聘请专业机构的方案；（四）其他有关自行管理的内容。电梯、消防、技防等涉及人身、财产安全以及其他有特定要求的设施设备管理，应当委托专业机构进行维修和养护。业主大会聘请单位或者自然人提供保洁、保安、绿化养护、设施设备保养等服务的，应当与其签订服务合同；聘请自然人的，被聘用人员可以根据约定自行购买意外伤害等保险，费用由业主大会承担。业主自行管理物业需要开具收费票据的，业主委员会可以持房管机构的证明材料，向物业所在地的税务部门申请领取。业主大会可以委托具有资质的中介机构对管理费用、专项维修资金、公共收益等进行财务管理，根据委托财务管理合同开通专项维修资金账户，并应当向业主每季度公布一次自行管理账目。

第二节 物业管理主体

一、物业管理企业发展

物业管理企业是指对建成投入使用的房屋及其附属设备设施、相关场地实施专业化管理，并为业主和使用人提供全方位、多层次的有偿服务及创造良好的生活和工作环境，具有独立法人资格的经济实体。

截止 2020 年底，在上海市工商注册物业服务企业 5 733 家，其中本市当地总部型企业 5 478 家，同比增加 5.3%。本年底物业企业数量继续承接上年度的增长态势，但增速明显放缓（见图 9-4）。

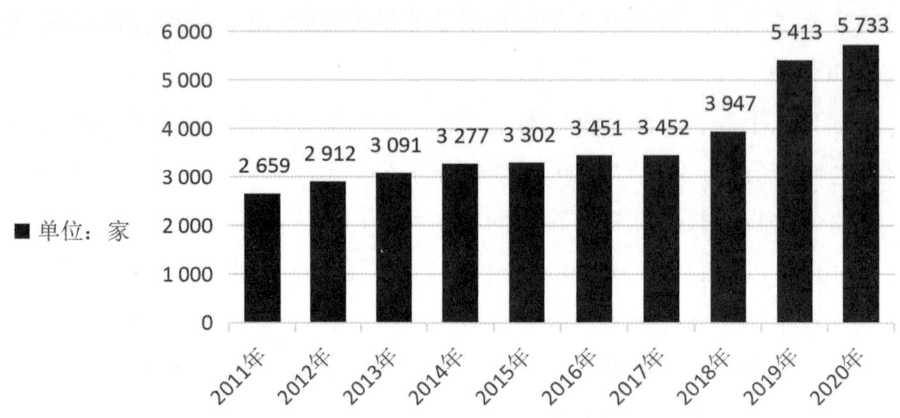

图 9-4　2011～2020 年上海市物业服务企业变化趋势图

物业服务企业按星级测评，分为规模企业、中等规模企业和小规模企业。星级测评四、五星级企业或管理面积超 500 万平米的企业为规模企业；星级测评三星级及以下企业或管理面积超 100 万平米的企业为中等规模企业；未获得星级企业或管理面积 100 万平米以下的企业为小规模企业。

2020 年规模企业 169 家，中等规模企业 867 家，小规模企业 4 442 家（见图 9-5）

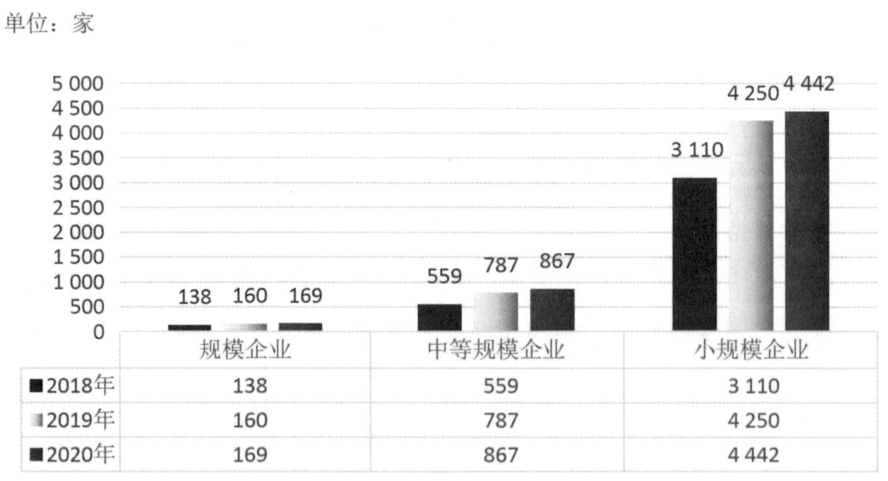

	规模企业	中等规模企业	小规模企业
2018年	138	559	3 110
2019年	160	787	4 250
2020年	169	867	4 442

图 9-5　2018～2020 年上海市物业服务企业规模统计图

从业人员队伍在行业整体人员增加的背景下，本年度外包人员总量增长。同时，随着物业服务企业转型升级的深入推进，在编人员减少。本年度物业从业人员共 90.41 万人，比上年增加 0.34%。其中物业企业在编人员 49.57 万人，比上年下降 6.88%；市场外包服务人员 40.84 万人，增长 10.77%。从业人员中约有 70.34 万人服务于上海市项目（见图 9-6）。

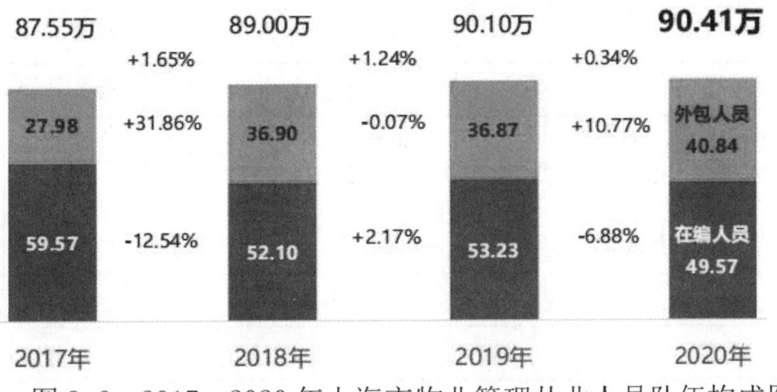

图 9-6　2017～2020 年上海市物业管理从业人员队伍构成图

2020 年，上海市物业管理行业营业总收入约为 1 273 亿元，同比微增 1.4%，占上海市 GDP 总量约 3.29%。其中主营业务收入 1 174.20 亿元，占总收入的 92.2%（见图 9-7）。

图 9-7　2017～2020 年物业管理行业营收、利润示意图

根据上海市物业管理行业数据，2020 年度上海市物业企业优秀企业各类排名如下表。

二、物业管理企业排名

表 9-2　2020 年上海市物业服务综合前 20 强物业企业

序号	企业名称	序号	企业名称
1	上海永升物业管理有限公司	11	上海复欣物业管理发展有限公司
2	上海东湖物业管理有限公司	12	上海万科物业服务有限公司
3	上海科瑞物业管理发展有限公司	13	上海浦江物业有限公司
4	上海上实物业管理有限公司	14	上海景瑞物业管理有限公司

5	上海陆家嘴物业管理有限公司	15	第一太平戴维斯物业顾问（上海）有限公司
6	上海明华物业管理有限公司	16	上海漕河泾开发区物业管理有限公司
7	上海高地物业管理有限公司	17	上海光明服务集团有限公司
8	上海古北物业管理有限公司	18	上海生乐物业管理有限公司
9	上海上房物业服务股份有限公司	19	上海申勤物业管理服务有限公司
10	上海德律风置业有限公司	20	上海锐翔上房物业管理有限公司

表 9-3　2020 年上海市营业收入前 10 强物业企业

序号	企业名称
1	上海永升物业管理有限公司
2	上海高地物业管理有限公司
3	上海文化银湾物业管理有限公司
4	上海陆家嘴物业管理有限公司
5	上海保利物业酒店管理集团有限公司
6	上海东湖物业管理有限公司
7	上海益中亘泰（集团）股份有限公司
8	上海万科物业服务有限公司
9	上海科瑞物业管理发展有限公司
10	上海浦江物业有限公司

表 9-4　2020 年上海市净利润前 10 强物业企业

序号	企业名称
1	上海永升物业管理有限公司
2	上海陆家嘴物业管理有限公司
3	上海高地物业管理有限公司
4	上海东湖物业管理有限公司
5	上海文化银湾物业管理有限公司
6	上海万科物业服务有限公司
7	上海科瑞物业管理发展有限公司
8	上海益中亘泰（集团）股份有限公司
9	上海保利物业酒店管理集团有限公司
10	上海绿地物业服务有限公司

表 9-5　2020 年上海市员工数量前 10 强物业企业

序号	企业名称
1	上海益中亘泰（集团）股份有限公司
2	上海永升物业管理有限公司
3	上海文化银湾物业管理有限公司
4	上海科瑞物业管理发展有限公司
5	上海上房物业服务股份有限公司
6	上海陆家嘴物业管理有限公司
7	上海保利物业酒店管理集团有限公司
8	上海高地物业管理有限公司
9	上海上实物业管理有限公司
10	上海复医天健医疗服务产业股份有限公司

表 9-6　2020 年上海市服务质量领先前 10 强物业企业

序号	企业名称
1	上海东湖物业管理有限公司
2	上海明华物业管理有限公司
3	上海古北物业管理有限公司
4	上海上实物业管理有限公司
5	上海新世纪房产服务有限公司
6	上海延吉物业管理有限公司
7	上海中企物业管理有限公司
8	上海东方大学城物业管理有限公司
9	上海申勤物业管理服务有限公司
10	上海生乐物业管理有限公司

表 9-7　2020 年上海市住宅类物业管理面积前 10 强物业企业

序号	企业名称
1	上海永升物业管理有限公司
2	上海文化银湾物业管理有限公司
3	上海万科物业服务有限公司
4	上海保利物业酒店管理集团有限公司
5	上海高地物业管理有限公司

6	上海锐翔上房物业管理有限公司
7	上海景瑞物业管理有限公司
8	上海科瑞物业管理发展有限公司
9	上海深长城物业管理有限公司
10	上海同进物业服务有限公司

表 9-8　2020 年上海市办公类物业管理面积前 10 强物业企业

序号	企业名称
1	第一太平戴维斯物业顾问（上海）有限公司
2	上海科瑞物业管理发展有限公司
3	上海浦江物业有限公司
4	上海东湖物业管理有限公司
5	上海上实物业管理有限公司
6	港联不动产服务（上海）有限公司
7	上海上房物业服务股份有限公司
8	上海陆家嘴物业管理有限公司
9	上海高地物业管理有限公司
10	上海漕河泾开发区物业管理有限公司

表 9-9　2020 年上海市园区类物业管理面积前 10 强物业企业

序号	企业名称
1	上海房德科创企业发展集团有限公司
2	上海永升物业管理有限公司
3	上海高地物业管理有限公司
4	上海鑫源物业经营管理有限公司
5	上海安锐盟企业服务有限公司
6	上海漕河泾开发区物业管理有限公司
7	上海东湖物业管理有限公司
8	上海车城物业管理有限公司
9	上海浦江物业有限公司
10	上海上房物业服务股份有限公司

表 9-10　2020 年上海市商业类物业管理面积前 10 强物业企业

序号	企业名称

1	上海永升物业管理有限公司
2	上海高地物业管理有限公司
3	第一太平戴维斯物业顾问（上海）有限公司
4	上海浦江物业有限公司
5	上海百联物业管理有限公司
6	上海绿地物业服务有限公司
7	上海复瑞物业管理有限公司
8	上海丰诚物业管理有限公司
9	上海永绿置业有限公司
10	上海上房物业服务股份有限公司

表 9-11　2020 年上海市医院类物业管理面积前 10 强物业企业

序号	企业名称
1	上海益中亘泰（集团）股份有限公司
2	上海吉晨卫生后期服务管理有限公司
3	上海复医天健医疗服务产业股份有限公司
4	上海上房物业服务股份有限公司
5	上海遥瞻物业管理有限公司
6	上海卫事康卫生管理服务有限公司
7	上海吉和物业管理服务有限公司
8	上海证大物业管理有限公司
9	上海文化银湾物业管理有限公司
10	上海西部物业有限公司

表 9-12　2020 年上海市机关类物业管理面积前 10 强物业企业

序号	企业名称
1	上海复欣物业管理发展有限公司
2	上海文化银湾物业管理有限公司
3	上海浦江物业有限公司
4	上海东湖物业管理有限公司
5	上海申勤物业管理服务有限公司
6	上海新世纪房产服务有限公司
7	上海上实物业管理有限公司
8	上海诚信中宁物业服务有限公司

9	上海上勤高级楼宇管理有限公司
10	上海陆家嘴物业管理有限公司

2020 年，上海市共有 664 家物业服务企业参与了 2021 年度综合能力星级测评活动。符合要求的 633 家企业测评结果公显示：五星级企业新增 1 家，复审 61 家，合计 62 家；四星级企业新增 8 家，复审 66 家，合计 74 家；三星级企业新增 22 家，复审 108 家，合计 130 家；二星级企业新增 50 家，复审 122 家，合计 172 家；一星级企业新增 109 家，复审 86 家，合计 195 家。

表 9-13　2020 年上海市综合能力五星级企业 62 家

序号	企业名称	序号	企业名称
1	上海中山物业有限公司	32	上海启胜物业管理服务有限公司
2	上海万科物业服务有限公司	33	上海陆家嘴物业管理有限公司
3	上海上安物业管理有限公司	34	上海孜诚置业有限公司
4	上海上实物业管理有限公司	35	上海明华物业管理有限公司
5	上海上房物业服务股份有限公司	36	上海金晨物业经营管理有限公司
6	上海丰诚物业管理有限公司	37	上海科瑞物业管理发展有限公司
7	上海车城物业管理有限公司	38	上海复医天健医疗服务产业股份有限公司
8	上海中企物业管理有限公司	39	上海复欣物业管理发展有限公司
9	上海中远物业管理发展有限公司	40	上海复瑞物业管理有限公司
10	上海中建东孚物业管理有限公司	41	上海保利物业酒店管理集团有限公司
11	上海中星集团申城物业有限公司	42	上海振新物业管理有限公司
12	上海仁恒物业管理有限公司	43	上海圆外物业集团有限公司
13	上海文化银湾物业管理有限公司	44	上海高地物业管理有限公司
14	上海古北物业管理有限公司	45	上海益中亘泰（集团）股份有限公司
15	上海东方大学城物业管理有限公司	46	上海浦江物业有限公司
16	**上海东方航空物业有限公司**	47	上海海鸿福船物业管理有限公司
17	上海东湖物业管理有限公司	48	上海联源物业发展有限公司
18	上海申大物业有限公司	49	上海紫泰物业管理有限公司
19	上海申能物业管理有限公司	50	上海景瑞物业管理有限公司
20	上海申勤物业管理服务有限公司	51	上海锐翔上房物业管理有限公司
21	上海生乐物业管理有限公司	52	上海新长宁集团仙霞物业有限公司
22	上海汇成物业有限公司	53	上海新世纪房产服务有限公司
23	上海永升物业管理有限公司	54	上海新市北企业管理服务有限公司

24	上海永绿置业有限公司	55	上海漕河泾开发区物业管理有限公司
25	上海吉晨卫生后勤服务管理有限公司	56	上海德律风置业有限公司
26	**上海百联物业管理有限公司**	57	中信泰富（上海）物业管理有限公司
27	上海光明生活服务集团有限公司	58	华润置地（上海）物业管理有限公司
28	上海同涞物业管理有限公司	59	保利物业服务股份有限公司上海分公司
29	**上海延吉物业管理有限公司**	60	狮城怡安（上海）物业管理股份有限公司
30	上海华鑫物业管理顾问有限公司	61	第一太平戴维斯物业顾问（上海）有限公司
31	上海安荣物业管理服务有限公司	62	港联不动产服务（上海）有限公司

表 9-14　2020 年上海市综合能力四星级企业 74 家

序号	企业名称	序号	企业名称
1	上海中梁物业发展有限公司	38	上海宝月物业管理有限责任公司
2	**上海申江怡德投资经营管理有限公司**	39	上海诚信中宁物业服务有限公司
3	上海申松物业管理有限公司	40	上海春川物业服务有限公司
4	上海金地物业服务有限公司	41	上海威斯特物业经营有限公司
5	上海房德科创企业发展集团有限公司	42	上海轻工物业管理有限公司
6	上海新金桥物业经营管理有限公司	43	上海星海时尚物业经营管理有限公司（纺织）
7	尚物博（上海）物业服务有限公司	44	上海虹达物业管理有限公司
8	融创物业服务集团有限公司上海分公司	45	上海虹桥经济技术开发区物业经营管理有限公司
9	大华集团上海物业管理有限公司	46	上海虹桥临空经济园区物业管理公司
10	上海二湘物业服务有限公司	47	上海恒联物业有限公司
11	上海上勤物业管理有限公司	48	上海晟新物业经营管理有限公司
12	上海上勤高级楼宇管理有限公司	49	上海钰鼎物业管理有限公司
13	上海中心大厦置业管理有限公司	50	上海徐房物业有限公司
14	上海中环陆家嘴物业管理有限公司	51	上海航天实业有限公司
15	上海中房物业管理有限公司	52	上海益镇物业管理有限公司
16	上海中海物业管理有限公司	53	上海浦东房地产集团物业管理有限公司
17	上海六角物业管理有限公司	54	上海海运物业管理有限公司
18	上海东渡物业管理有限责任公司	55	上海润美物业管理有限公司
19	上海禾泰物业管理有限公司	56	上海营巢物业管理有限公司
20	上海乐道物业管理有限公司	57	上海淮海商业集团置业发展有限公司
21	上海外高桥物业管理有限公司	58	上海深长城物业管理有限公司

22	上海地铁东方置业发展有限公司	59	上海惠乐物业有限公司
23	上海同进物业服务有限公司	60	上海强生物业有限公司
24	上海同济物业管理有限公司	61	上海瑞创物业管理有限公司
25	上海华闻物业管理有限公司	62	上海锦日物业管理有限公司
26	上海仰宏物业管理有限公司	63	上海锦龙物业管理有限公司
27	上海兴桥盛物业有限公司	64	上海锦江物业管理有限公司
28	上海安亦物业服务有限公司	65	上海锦润物业管理有限公司
29	上海安得物业管理有限公司	66	上海锦宾物业管理有限公司
30	上海沙田物业管理有限公司	67	上海新张江物业管理有限公司
31	**上海宏阳物业有限公司**	68	上海嘉城物业管理有限公司
32	上海良友物业管理有限公司	69	上海嘉隆物业管理有限公司
33	上海证大物业管理有限公司	70	上海德一置行物业管理有限公司
34	上海招商局物业管理有限公司	71	上海鑫源物业经营管理有限公司
35	上海松开物业管理有限公司	72	进华物业服务集团有限公司
36	上海明君物业管理有限公司	73	绿城物业服务集团有限公司上海分公司
37	上海金陵投资有限公司	74	嘉里建设管理（上海）有限公司

表 9-15　2020 年上海市综合能力三星级企业 130 家

序号	企业名称	序号	企业名称
1	**上海一百第一太平物业管理有限公司**	66	上海闵碧物业管理有限公司
2	上海上坤物业管理有限公司	67	上海良宇物业管理有限公司
3	上海天骄爱生活物业服务有限公司	68	上海青浦青房物业管理有限公司
4	上海中鑫物业管理有限公司	69	上海现代建筑设计集团物业管理有限公司
5	上海仁恒置地物业服务管理有限公司	70	上海国际贸易中心有限公司
6	上海龙湖物业服务有限公司	71	上海昌悦物业管理有限公司
7	上海外滩物业有限公司	72	上海明达物业服务有限公司
8	上海冬迩物业管理有限公司	73	上海欣周物业管理有限公司
9	上海乔爱物业管理有限公司	74	上海采林物业管理有限公司
10	上海闵勤物业管理有限公司	75	上海宝房（集团）大楼物业管理有限公司
11	上海沙林物业管理有限公司	76	上海城开商用物业发展有限公司
12	上海尚泽物业服务有限公司	77	上海城建物业管理有限公司
13	上海欣赛物业管理服务有限公司	78	上海临南物业经营管理有限公司

14	上海盛华物业管理服务有限公司	79	上海临港新城物业管理有限公司
15	上海盛高物业服务有限公司	80	上海虹叶物业管理有限公司
16	上海博嘉物业管理有限公司	81	上海复乐物业管理有限公司
17	上海路劲物业服务有限公司	82	上海保集物业管理有限公司
18	上海新东湖物业管理有限公司	83	上海脉动物业服务有限公司
19	上海新寓物业管理有限公司	84	上海真如物业有限公司
20	上海聚悦资产管理有限公司	85	上海殷行物业管理有限公司
21	交银企业管理服务（上海）有限公司	86	上海爱仁物业有限公司
22	浙江开元物业管理股份有限公司上海松江分公司	87	上海高建物业有限公司
23	上海一建投资发展有限公司	88	上海浦东华油实业有限责任公司
24	上海九海金狮物业管理有限公司	89	上海浦钦物业管理有限公司
25	上海大桥物业管理有限公司	90	上海海尚物业管理有限公司
26	上海万涓物业有限公司	91	上海海港新城物业服务有限公司
27	上海上工物业发展有限公司	92	上海悦佳物业管理有限公司
28	上海千亿物业有限公司	93	上海悦聘物业管理有限公司
29	上海川北物业有限公司	94	上海捷艾尔物业管理有限公司
30	上海卫事康卫生管理服务有限公司	95	上海曹杨物业有限公司
31	上海文广物业管理有限公司	96	上海盛宇物业经营服务有限公司
32	上海世博会有限公司	97	上海盛源物业有限公司
33	上海世德物业管理有限公司	98	上海崇明房屋物业服务有限公司
34	上海东方欣迪商务服务有限公司	99	上海铭弘物业管理有限公司
35	上海东慧庄原物业管理有限公司	100	上海深和平物业管理有限公司
36	上海申华物业有限公司	101	上海绿岛物业发展有限公司
37	上海用为物业管理有限公司	102	上海联讯物业管理有限公司
38	上海乐居物业管理有限公司	103	上海智仕物业管理有限公司
39	上海市工联物业公司	104	上海奥菲思房产经营管理有限公司
40	上海市北高新集团物业管理有限公司	105	上海鲁能物业服务有限公司
41	上海汇虹物业管理有限公司	106	上海尊德物业管理有限公司
42	上海汇绿绿地管理有限公司	107	上海富宁物业管理有限公司
43	上海汉仁置业集团有限公司	108	上海富都物业管理有限公司
44	上海永乐物业有限公司	109	上海锦能物业管理有限公司

45	上海永佳物业管理有限责任公司	110	上海新长宁集团大楼物业有限公司
46	上海民逸物业管理有限公司	111	上海新长宁集团华阳物业有限公司
47	上海圣维仕物业管理有限公司	112	上海新古北物业管理有限公司
48	上海地矿物业管理有限公司	113	上海新电佳能源综合服务有限公司
49	上海地铁物业管理有限公司	114	上海新青浦物业管理有限公司
50	上海朴越物业管理有限公司	115	上海新诚物业管理有限公司
51	上海西部物业有限公司	116	上海新黄浦资产管理有限公司
52	上海同科物业管理有限公司	117	上海新翠生物业管理有限公司
53	上海华仕物业管理有限公司	118	上海意晟物业管理有限公司
54	上海华寿物业管理有限公司	119	上海静安置业物业管理有限公司
55	上海华欣物业管理有限公司	120	上海慧一物业管理有限公司
56	上海华谊集团置业有限公司	121	上海磊成物业管理有限公司
57	上海企福物业管理有限公司	122	上海衡复物业有限公司
58	上海安必盛物业管理有限公司	123	上海鑫铭物业管理有限公司
59	上海安锐盟企业服务有限公司	124	申杰环境发展（上海）有限公司
60	上海孙林物业管理有限公司	125	仲量联行测量师事务所(上海)有限公司
61	上海阳光投资（集团）物业管理有限公司	126	华侨城物业（集团）有限公司上海分公司
62	上海阳厦物业管理有限公司	127	重庆新东原物业管理有限公司上海分公司
63	上海杨房物业管理有限公司	128	保利（上海）城市建设服务有限公司
64	上海辰展物业管理有限公司	129	家利物业管理（上海）有限公司
65	上海闵行后勤管理有限公司	130	福建世邦泰和物业管理有限公司上海分公司

表 9-16　2020 年上海市综合能力二星级企业 172 家

序号	企业名称	序号	企业名称
1	上海大飞物业管理有限公司	87	上海宏途物业服务有限公司
2	上海万业企业爱佳物业服务有限公司	88	上海纺原物业有限公司
3	上海久怡物业管理有限公司	89	上海奉浦物业管理有限公司
4	上海天颐物业管理有限公司	90	上海青浦第一物业管理有限公司
5	上海太实物业管理有限公司	91	上海松茂物业管理有限公司
6	上海中建物业管理有限公司	92	上海枫宇物业管理有限公司
7	上海长宜物业管理有限公司	93	上海国顺物业管理有限公司
8	上海东久磐易物业管理有限公司	94	上海明之物业管理有限公司

9	上海吉和物业管理服务有限公司	95	上海易达物业管理有限公司
10	上海华府天地物业管理有限公司	96	上海凯晨物业管理有限公司
11	上海合创嘉锦物业管理有限公司	97	上海凯德置地物业管理有限公司
12	上海创环物业管理有限公司	98	上海佳国物业管理有限公司
13	上海庆有余物业管理有限公司	99	上海佳信物业管理有限公司
14	上海宇东物业管理有限公司	100	上海欣茂物业管理有限公司
15	上海安禾好物业服务有限公司	101	上海金伟颐家物业管理有限公司
16	上海沪西物业有限公司	102	上海金维邦物业管理有限公司
17	上海陆家嘴贝思特物业管理有限公司	103	上海怡东物业管理有限公司
18	上海奉信物业管理有限公司	104	上海怡德明华物业管理有限公司
19	上海英家皇道物业管理服务有限公司	105	上海宝正物业管理有限公司
20	上海欣通物业管理有限公司	106	上海宝地仲量联行物业服务有限公司
21	上海金玉兰物业管理有限公司	107	上海宝房友宜物业管理有限公司
22	上海郝威物业管理有限公司	108	上海宝鼎物业管理有限公司
23	上海航效物业管理有限公司	109	上海房地集团物业服务有限公司
24	上海浦东新区高桥物业发展公司	110	上海春晖物业管理有限公司
25	上海海泰物业管理有限公司	111	上海荣域物业服务有限公司
26	上海银程物业管理有限公司	112	上海南翔物业有限公司
27	上海象屿物业管理有限公司	113	上海临源物业有限公司
28	上海康苑物业管理有限公司	114	上海重望物业管理服务有限公司
29	上海隆江物业管理有限公司	115	上海前卫投资管理有限公司
30	上海琴川物业管理有限公司	116	上海恒茂物业管理有限公司
31	上海博威物业管理有限公司	117	上海恒润物业管理有限公司
32	上海联洋物业服务有限公司	118	上海恒臻物业管理有限公司
33	上海翔龙物业管理有限公司	119	上海艳华物业管理有限公司
34	上海翔禧物业管理有限公司	120	上海泰灵物业管理有限公司
35	上海强丰环境集团有限公司	121	上海振乾伦物业管理有限公司
36	上海锦仕物业管理有限公司	122	上海莘闵物业发展有限公司
37	上海新凯物业管理公司	123	上海莘旺物业管理有限公司
38	上海新轻物业管理有限责任公司	124	上海索尼美实业发展有限公司
39	上海源华物业管理有限公司	125	上海原始物业管理有限公司
40	上海瑶瞻医院管理有限公司	126	上海航新物业管理有限公司

41	上海嘉宝物业服务有限公司	127	上海朕华物业管理有限公司
42	上海瀛海三幸物业管理有限公司	128	上海高博物业管理有限公司
43	中舰物业管理（上海）有限公司	129	上海浦原实业有限公司
44	长城物业集团股份有限公司上海分公司	130	上海海顿物业管理有限公司
45	北京仲量联行物业管理服务有限公司上海分公司	131	上海家佳物业有限公司
46	怡家园（厦门）物业管理有限公司上海分公司	132	上海诸翟物业管理有限公司
47	临客嘉物业管理（上海）有限公司	133	上海菁泓实业有限公司
48	深圳万物商企物业服务有限公司上海分公司	134	**上海菊苑物业管理有限公司**
49	隆鑫（上海）物业服务有限公司	135	上海铭杰物业管理有限公司
50	融信世欧物业服务集团有限公司上海分公司	136	上海逸思曼企业管理服务有限公司
51	上海大至物业管理有限公司	137	上海鸿兆物业管理有限公司
52	上海万欢物业服务有限公司	138	上海绿宇物业管理有限公司
53	上海万润物业管理有限公司	139	上海琮元物业管理有限公司
54	上海马桥物业管理有限公司	140	上海联工实业有限公司
55	上海开伦物业管理有限公司	141	上海掌心物业管理有限公司
56	上海天伟物业管理有限公司	142	上海锋颖实业有限公司
57	上海巨星物业有限公司	143	上海舜苑华物业管理有限公司
58	上海贝成物业发展（集团）有限公司	144	上海普陀物业有限公司
59	上海月星环球港商业中心有限公司	145	上海登丰物业管理有限公司
60	上海方达物业经营公司	146	上海蒙阳物业管理有限公司
61	上海玉星物业管理有限公司	147	上海路利物业管理有限公司
62	上海平凉物业管理有限公司	148	上海遥瞻物业管理有限公司
63	上海东方物产物业管理有限公司	149	上海新长宁集团天山物业有限公司
64	上海东宁物业经营管理有限公司	150	上海新长宁集团新华物业有限公司
65	上海北方物业管理有限公司	151	上海新长宁集团新程物业有限公司
66	上海永乐股份有限公司	152	上海新竹物业管理有限公司
67	上海弘森物业管理有限公司	153	上海新新物业管理有限公司
68	上海吉兴物业管理有限公司	154	**上海嘉朱物业管理有限公司**
69	上海协沁物业管理有限公司	155	上海德英物业管理有限公司
70	上海西房物业管理有限公司	156	上海瀚泰物业管理有限公司
71	上海百特物业管理有限公司	157	无锡九龙仓物业管理有限公司上海分公司

72	上海优联物业管理有限公司	158	中观物业管理（上海）有限公司
73	上海华船资产管理有限公司	159	中远酒店物业管理有限公司上海分公司
74	上海名人苑物业管理公司	160	中海物业管理有限公司上海海昶商业管理分公司
75	上海齐佳物业管理有限公司	161	正荣物业服务有限公司上海分公司
76	上海兴盛物业有限公司	162	申杰物业服务（上海）有限公司
77	上海阳光工联物业管理有限公司	163	西藏新城悦物业服务股份有限公司上海分公司
78	上海玖利物业管理有限公司	164	阳光城物业服务有限公司上海分公司
79	上海芸绮物业管理有限公司	165	明喆集团有限公司上海分公司
80	上海杏花楼（集团）股份有限公司鸿祥置业分公司	166	佳兆业物业管理（深圳）有限公司上海分公司
81	上海谷城物业管理有限公司	167	金融街物业股份有限公司上海分公司
82	上海冶金物业管理有限公司	168	南京朗诗物业管理有限公司上海分公司
83	上海闵华物业管理有限公司	169	南都物业服务集团股份有限公司上海分公司
84	上海汽车工业物业有限公司	170	禹洲物业服务有限公司上海分公司
85	上海沪中物业管理有限公司	171	深圳德诚物业服务有限公司上海分公司
86	上海沪船物业管理有限公司	172	福建省中庚物业管理有限公司上海分公司

表 9-17　2020 年上海市综合能力一星级企业 195 家

序号	企业名称	序号	企业名称
1	上海人民企业集团物业管理有限公司	99	北京普净物业管理有限公司上海分公司
2	上海万群物业管理有限公司	100	江苏银河物业管理有限公司上海分公司
3	上海上企物业集团有限公司	101	泛海物业管理有限公司上海分公司
4	上海久立物业有限公司	102	珠海华发物业管理服务有限公司上海分公司
5	上海广汇物业管理服务有限公司	103	浙江华夏物业管理有限公司上海展鹏物业管理分公司
6	上海广顺物业管理有限公司	104	浙江鸿翔物业管理服务有限公司上海兴瑞物业管理分公司
7	上海丰柏物业管理有限公司	105	深圳市天健城市服务有限公司上海第一分公司
8	上海不夜城全兴物业管理有限公司	106	深圳市赤湾物业管理有限公司上海分公司
9	上海中鹰物业管理有限公司	107	深圳市金地物业管理有限公司上海分公司
10	上海方泰物业管理有限公司	108	雅居乐雅生活服务股份有限公司上海分公司
11	上海正昌物业管理有限公司	109	新中物业管理（中国）有限公司上海分公司
12	上海东泰物业管理有限公司	110	上海双泉物业管理有限公司
13	上海东乾物业管理有限公司	111	上海赐安物业管理有限公司

14	上海汇沙物业管理有限公司	112	上海轩宇物业管理有限公司
15	上海汇普物业服务有限公司	113	上海远基物业管理有限公司
16	上海吉岛物业管理有限公司	114	上海徐体物业管理有限公司
17	上海西郊庄园物业管理有限公司	115	上海新泾物业发展有限公司
18	上海华舟物业管理有限公司	116	上海馨城物业管理有限公司
19	上海华时物业管理有限公司	117	上海和宝物业服务有限公司
20	上海华幸物业管理有限公司	118	上海诚远物业管理有限公司
21	上海华晅投资管理有限公司	119	广州天力物业发展有限公司上海分公司
22	上海华蕴物业管理有限公司	120	上海吾诚物业管理有限公司
23	上海兆聚物业管理有限公司	121	上海永开置业有限公司
24	上海众家物业有限公司	122	上海御境物业管理有限公司
25	上海众联物业管理有限公司	123	上海杰安物业管理有限公司
26	上海驰悦物业服务有限公司	124	上海澄方物业服务有限公司
27	上海志平物业管理有限公司	125	中化金茂物业管理（北京）有限公司上海分公司
28	上海沪楚物业管理有限公司	126	上海乾溪物业管理有限公司
29	上海沁心物业管理有限公司	127	上海新巷物业发展有限公司
30	上海宏苑物业管理经营有限公司	128	上海轩鑫物业管理有限公司
31	上海宏赞环境科技有限公司	129	上海静安新成物业有限公司
32	上海宏赞物业管理有限公司	130	上海威尼佳物业服务有限公司
33	上海奉新物业管理有限公司	131	上海旭鼎会展服务有限公司
34	上海环连物业管理有限公司	132	上海国际房产有限公司
35	上海苗淼物业管理有限公司	133	上海奕彤物业管理有限公司
36	上海昊堃物业管理有限公司	134	上海青浦徐泾房产物业管理有限公司
37	上海畅苑物业管理有限公司	135	上海成泰物业管理有限公司
38	上海昕茹物业有限公司	136	上海宾泉物业管理有限公司
39	上海昀月物业管理有限公司	137	上海启沅物业管理有限公司
40	上海岩锦物业管理有限公司	138	上海新臣物业管理有限公司
41	上海和迅物业管理有限公司	139	上海劲源物业管理有限公司
42	上海和悦物业管理有限公司	140	上海市奉贤区育秀物业管理有限公司
43	上海佳通物业管理有限公司	141	上海青住物业管理有限公司
44	上海佳隆物业管理有限公司	142	上海夏利文物业管理有限公司
45	上海欣桥物业管理有限公司	143	上海天呈物业管理有限公司

46	上海金鹰物业管理有限公司	144	江苏金奥天地资产管理有限责任公司上海分公司
47	上海金瀚物业管理有限公司	145	上海奉缘物业服务有限公司
48	上海实红物业管理有限公司	146	上海齐锦物业有限公司
49	上海诚成物业管理有限公司	147	上海维欣物业管理有限公司
50	上海顺风物业管理有限责任公司	148	上海靓兴企业管理有限公司
51	上海俊虹物业管理有限公司	149	上海九福物业管理有限公司
52	上海亭东物业管理有限公司	150	上海兴苑物业管理有限公司
53	上海亭新物业发展有限公司	151	上海家鸿物业管理有限公司
54	上海奕文物业管理有限公司	152	浙江绿升物业服务有限公司上海分公司
55	上海恒达物业管理有限公司	153	上海良城物业管理有限公司
56	上海恒浩物业管理有限公司	154	上海居逸源恒物业管理有限公司
57	上海恒福御景物业管理有限公司	155	上海茂捷物业管理有限公司
58	上海盈尚物业管理有限公司	156	上海深科园物业管理有限公司
59	上海桐宸物业管理有限公司	157	上海蓝宏物业管理有限公司
60	上海罡鑫物业管理有限公司	158	上海豪家物业管理有限公司
61	上海钱隆广裕物业服务有限公司	159	上海天为物业管理服务有限公司
62	上海俱美物业管理有限公司	160	上海维翔实业有限公司
63	上海殷阳物业管理有限公司	161	上海酷效物业管理有限公司
64	上海航空工业集团物业管理有限公司	162	上海吕峰物业管理有限公司
65	上海爱生特商用物业管理有限公司	163	上海普务物业管理有限公司
66	上海烨高物业服务有限公司	164	上海兴宇物业管理有限公司
67	上海浦东新区新川物业公司	165	上海奥林匹克物业管理有限公司
68	上海浩权物业管理有限公司	166	上海辰开物业管理有限公司
69	上海宸际物业管理有限公司	167	上海众歆物业管理有限公司
70	上海乾宽物业管理有限公司	168	上海欣源物业管理有限公司
71	上海晨辉物业管理有限公司	169	广东中奥物业管理有限公司上海分公司
72	上海铭寰物业管理有限公司	170	上海隆良物业管理有限公司
73	上海康旺物业有限公司	171	上海黎平置业有限公司
74	上海旌淇物业管理有限公司	172	上海昶仰物业管理有限公司
75	上海率土物业管理有限公司	173	上海嘉真物业管理有限公司
76	上海鸿浩物业管理有限公司	174	上海浦文物业有限公司
77	上海绿岚物业管理有限公司	175	上海五角场物业管理有限公司

78	上海绿春物业管理有限公司	176	上海御潮物业管理服务有限公司
79	上海瑞运物业管理有限公司	177	上海开祥物业管理有限公司
80	上海勤澄物业有限公司	178	上海尘卫物业管理有限公司
81	上海锦昀物业管理有限公司	179	上海银顺物业管理有限公司
82	上海锦南物业经营有限公司	180	上海联美品悦物业管理有限公司
83	上海简普物业管理有限公司	181	上海怡馨物业管理有限公司
84	上海新驰物业有限公司	182	上海嘉伊房产物业有限公司
85	上海新昌物业服务有限公司	183	上海嘉安物业管理有限公司
86	上海嘉丰物业管理有限公司	184	上海中宜物业管理有限公司
87	上海漕泾物业发展有限公司	185	上海天傲物业管理有限公司
88	上海赛福莱物业发展有限公司	186	上海张堰物业发展有限公司
89	上海慧如物业管理有限公司	187	上海康万物业有限公司
90	上海稷康物业管理有限公司	188	上海新明星物业管理有限公司
91	上海磐馨物业管理有限公司	189	上海吾义物业管理有限公司
92	上海耀东物业管理有限公司	190	上海跃盛物业管理有限公司
93	上海鑫荣物业管理有限公司	191	上海臣虹物业管理有限公司
94	广东康景物业服务有限公司上海分公司	192	上海柏泽房地产咨询有限公司
95	广州市宁骏物业管理有限公司上海分公司	193	上海凯尚物业管理有限公司
96	广州星河湾物业管理服务有限公司上海分公司	194	上海奉工物业管理有限公司
97	中郏（上海）物业管理有限公司	195	上海奉贤双建置业有限公司
98	北京金融街第一太平戴维斯物业管理有限公司上海分公司		

2019年度上海市物业管理行业诚信承诺企业中“诚信承诺AAA级企业”142家、“诚信承诺AA级企业”99家、“诚信承诺A级企业”133家、“ 承诺企业”244家。2019年度通过评审的企业共有618家。有效期2年。

表9-18　2019年度上海市物业管理行业诚信承诺AAA级企业名单

序号	企业名称	批准级别
1	大华集团上海物业管理有限公司	AAA
2	上海宝月物业管理有限公司	AAA
3	上海宝灵物业管理有限公司	AAA
4	上海宝房（集团）大楼物业管理有限公司	AAA

5	上海宝房友宜物业管理有限公司	AAA
6	上海宝房月浦物业管理有限公司	AAA
7	上海宝房源康物业管理有限公司	AAA
8	上海美兰湖物业管理有限公司	AAA
9	保利物业发展股份有限公司上海分公司	AAA
10	上海兴虹物业管理有限公司	AAA
11	上海春川物业服务有限公司	AAA
12	上海钰鼎物业管理有限公司	AAA
13	上海古北物业管理有限公司	AAA
14	上海同达创业物业管理有限公司	AAA
15	上海虹桥经济技术开发区物业经营管理有限公司	AAA
16	上海美丽华物业管理有限公司	AAA
17	上海润美物业管理有限公司	AAA
18	上海新长宁集团大楼物业有限公司	AAA
19	上海新古北物业管理有限公司	AAA
20	交银企业管理服务（上海）有限公司	AAA
21	上海大飞物业管理有限公司	AAA
22	上海大至物业管理有限公司	AAA
23	上海同涞物业管理有限公司	AAA
24	上海奉房置业有限公司	AAA
25	上海科瑞物业管理发展有限公司	AAA
26	上海益中亘泰（集团）股份有限公司	AAA
27	上海营巢物业管理有限公司	AAA
28	上海申江怡德投资经营管理有限公司	AAA
29	上海生乐物业管理有限公司	AAA
30	上海宏阳物业有限公司	AAA
31	上海星泰物业管理有限公司	AAA
32	上海振新物业管理有限公司	AAA
33	上海德律风置业有限公司	AAA
34	狮城怡安（上海）物业管理股份有限公司	AAA
35	上海九海金狮物业管理有限公司	AAA
36	上海上房物业服务股份有限公司	AAA

37	上海上勤物业管理有限公司	AAA
38	上海上勤高级楼宇管理有限公司	AAA
39	上海中海物业管理有限公司	AAA
40	上海六角物业管理有限公司	AAA
41	上海东湖物业管理有限公司	AAA
42	上海乐道物业管理有限公司	AAA
43	上海吉晨卫生后勤服务管理有限公司	AAA
44	上海地铁东方置业发展有限公司	AAA
45	上海启胜物业管理服务有限公司	AAA
46	上海明华物业管理有限公司	AAA
47	上海晟新物业经营管理有限公司	AAA
48	上海高力国际物业服务有限公司	AAA
49	上海浦江物业有限公司	AAA
50	上海强生物业有限公司	AAA
51	上海新世纪房产服务有限公司	AAA
52	上海车城物业管理有限公司	AAA
53	上海永绿置业有限公司	AAA
54	上海明达物业服务有限公司	AAA
55	上海磊成物业管理有限公司	AAA
56	上海卫事康卫生管理服务有限公司	AAA
57	上海化学工业区物业管理有限公司	AAA
58	上海辰展物业管理有限公司	AAA
59	上海人民企业集团物业管理有限公司	AAA
60	上海文汇新民物业管理有限公司	AAA
61	上海华欣物业管理有限公司	AAA
62	上海宏允物业管理有限公司	AAA
63	上海现代建筑设计集团物业管理有限公司	AAA
64	上海夏利文物业管理有限公司	AAA
65	上海梅龙镇广场有限公司	AAA
66	上海盛宇物业经营服务有限公司	AAA
67	上海康苑物业管理有限公司	AAA
68	上海锐翔上房物业管理有限公司	AAA

69	上海锦顺物业管理有限公司	AAA
70	上海新城物业有限公司	AAA
71	上海静安地产集团物业有限公司	AAA
72	上海德一置行物业管理有限公司	AAA
73	中信泰富（上海）物业管理有限公司	AAA
74	中航物业管理有限公司上海分公司	AAA
75	港联不动产服务（上海）有限公司	AAA
76	嘉里建设管理（上海）有限公司	AAA
77	上海申华物业有限公司	AAA
78	上海协沁物业管理有限公司	AAA
79	上海闵碧物业管理有限公司	AAA
80	上海欣赛物业管理服务有限公司	AAA
81	上海圆外物业管理有限公司	AAA
82	上海航天实业有限公司	AAA
83	上海紫泰物业管理有限公司	AAA
84	深圳市华侨城物业服务有限公司上海分公司	AAA
85	上海开伦物业管理有限公司	AAA
86	上海中星集团申城物业有限公司	AAA
87	上海长宜物业管理有限公司	AAA
88	上海公益物业管理有限公司	AAA
89	上海外高桥物业管理有限公司	AAA
90	上海外高桥保税物流园区物业管理有限公司	AAA
91	上海华城物业有限公司	AAA
92	上海金陵投资有限公司	AAA
93	上海金晨物业管理经营管理有限公司	AAA
94	上海荣苍物业管理有限公司	AAA
95	上海浦东房地产集团物业管理有限公司	AAA
96	上海海运物业管理有限公司	AAA
97	上海家佳物业有限公司	AAA
98	上海盛高物业服务有限公司	AAA
99	上海深长城物业管理有限公司	AAA
100	上海富宁物业管理有限公司	AAA

101	上海富都物业管理有限公司	AAA
102	上海新诚物业管理有限公司	AAA
103	上海鑫遥物业经营管理有限公司	AAA
104	长城物业集团股份有限公司上海分公司	AAA
105	仲量联行测量师事务所(上海)有限公司	AAA
106	金茂（上海）物业服务有限公司	AAA
107	上海诚信中宁物业服务有限公司	AAA
108	上海良宇物业管理有限公司	AAA
109	上海明君物业管理有限公司	AAA
110	上海新青浦物业管理有限公司	AAA
111	上海西房物业管理有限公司	AAA
112	上海谷城物业管理有限公司	AAA
113	上海逸思曼企业管理服务有限公司	AAA
114	上海联源物业发展有限公司	AAA
115	上海锋颖实业有限公司	AAA
116	浙江开元物业管理股份有限公司上海松江分公司	AAA
117	上海天伟物业管理有限公司	AAA
118	上海市工联物业公司	AAA
119	上海汇成物业有限公司	AAA
120	上海阳光投资（集团）物业管理有限公司	AAA
121	上海城开商用物业发展有限公司	AAA
122	上海复医天健医疗服务产业股份有限公司	AAA
123	上海徐房房屋维急修中心	AAA
124	上海高建物业有限公司	AAA
125	上海奥菲思房产经营管理有限公司	AAA
126	上海锦日物业管理有限公司	AAA
127	上海锦龙物业管理有限公司	AAA
128	上海新轻物业管理有限责任公司	AAA
129	上海漕河泾开发区物业管理有限公司	AAA
130	家利物业管理（上海）有限公司	AAA
131	上海中远物业管理发展有限公司	AAA
132	上海文化银湾物业管理有限公司	AAA

133	上海方达物业经营公司	AAA
134	上海冬迩物业管理有限公司	AAA
135	上海百联物业管理有限公司	AAA
136	上海同济物业管理有限公司	AAA
137	上海延吉物业管理有限公司	AAA
138	上海欣茂物业管理有限公司	AAA
139	上海万润物业管理有限公司	AAA
140	上海上安物业管理有限公司	AAA
141	上海安荣物业管理服务有限公司	AAA
142	上海益镇物业管理有限公司	AAA

第四篇　类型

第一章　住宅市场

第一节　住宅市场供给与需求

2020 年，上海市商品住房市场“稳中有升”，成交面积上升，住房价格指数同比上涨。受疫情影响，上半年在建和新开工项目进度放缓，商品住房供应量略有减少，二季度开始随着市场需求的集中释放造成了市场出现阶段性的供不应求现象，库存量下降，去化周期下降。全年商品住宅投资 2 418.79 亿元，销售总金额 5 268.85 亿元，销售面积 1 434.07 万平方米，销售均价 36 741 元/平方米。

一、住宅投资情况

全年上海市住宅投资同比微增。住宅投资 2 418.79 亿元，比上年增长 4.3%，占房地产开发投资的 51.5%，占比下降 3.3 个百分点。（见表 10-1、图 10-1）。

上海市住宅施工面积为 7 712.25 万平方米，较上年增长 3.6%。从统计局数据来看，上海市住宅施工面积逐年下降，但是 2020 年虽受疫情影响仍呈上升太势（见图 10-2）。

随着各项稳增长政策措施持续显效发力，上海住宅新开工止跌后快速回升。全年新开工面积 1 756.37 万平方米，较上年相比增长 11.7%，增速比上年提高 4.9 个百分点（见图 10-3）。

全年住宅竣工建筑面积为 1 627.61 万平方米，较上年增长 12.0%；住宅建筑面积竣工率为 21.1%，较上年上升 1.6 个百分点（见图 10-4）。

表 10-1　2015～2020 年住宅投资情况

指标	2015 年	2016 年	2017 年	2018 年	2019 年	2020 年
投资额(亿元)	1 813.32	1 965.43	2 152.40	2 225.92	2 318.13	2 418.79
施工面积（万平方米）	8 372.12	8 073.94	8 013.80	7 520.39	7 446.43	7 712.25
竣工面积（万平方米）	1 588.95	1 532.88	1 862.74	1 730.27	1 453.28	1 627.61
新开工面积　（万平方米）	1 560.28	1 436.13	1 402.91	1 473.17	1 572.90	1 756.37

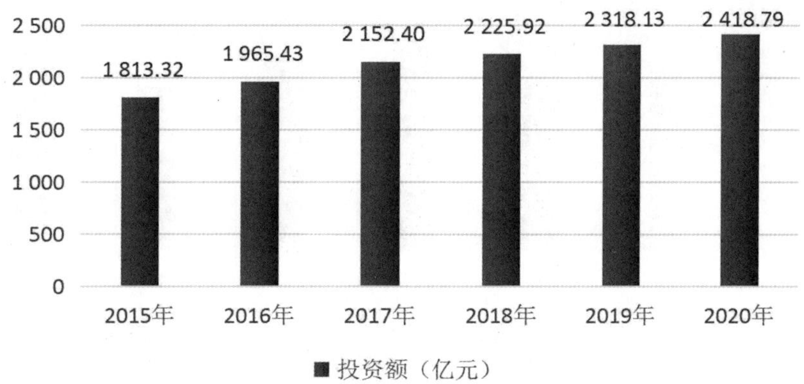

图 10-1　2015～2020 年商品住宅投资额走势

图 10-2　2015～2020 年商品住宅施工面积走势

图 10-3　2015～2020 年商品住宅新开工面积走势

图 10-4　2015～2020 年商品住宅竣工面积走势

从月度来看，1～4 月份受疫情影响住宅投资同比下降 10 个点以上；3 月份住宅投资全年最低，同比下降 14.2%；随着各项稳增长政策措施持续显效发力得以快速回升，12 月份住宅投资同比增长 4.3%，整体看全年各月稳步上升（见表 10-2，图 10-5）。

住宅新开工面积起伏较大，年初受疫情影响，1～3 月份新开工较少，1、2 月份两月共 54.97 万平方米；3 月份新开工面积也只有 55.54 万平方米；5 月份疫情影响消除，达到历史同期高位，新开工面积达 369.64 万平方米（见图 10-6）。

住宅竣工一改往年集中在年初和年底的局面。1～2 月份，竣工面积只有 182.7 万平方米；12 月份竣工面积仍为最高，398.13 万平方米；5 月份达次新高，340.04 万平方米；8 月份为历年新低，只有 25.41 万平方米（见图 10-7）。

表 10-2　2020 年上海住宅施工和销售各月情况

月份	住宅投资比去年同期增长（%）	累计施工面积（万平方米）	新开工面积（万平方米）	竣工面积（万平方米）	销售面积（万平方米）
1 月-2 月	-12.3	5 856.01	54.97	182.70	101.02
3 月	-14.2	5 963.65	55.54	39.37	91.85
4 月	-11.5	6 175.66	169.83	44.32	98.51
5 月	-4.5	6 571.36	369.64	340.04	75.23
6 月	-0.1	6 808.72	247.21	67.64	176.58
7 月	-1.1	6 841.82	104.77	119.7	132.29
8 月	2.2	7 155.48	185.86	25.41	105.68
9 月	0.1	7 281.47	140.36	32.23	134.13
10 月	2.2	7 488.34	177.82	271.73	218.86
11 月	2.9	7 601.88	129.48	106.34	121.24
12 月	4.3	7712.25	120.89	398.13	178.68

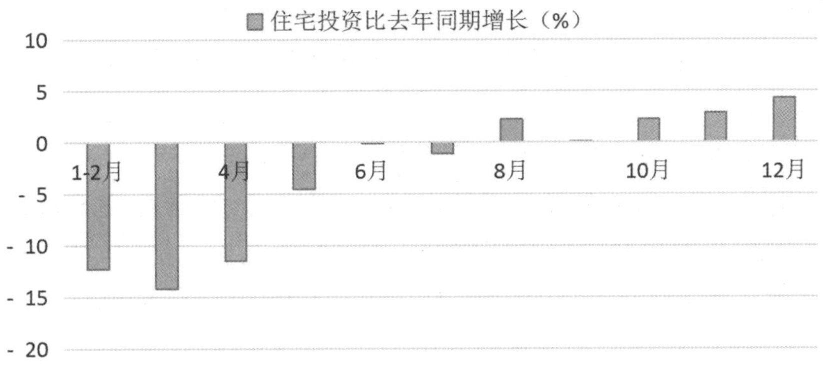

图 10-5　2020 年上海市住宅投资金额月度走势图

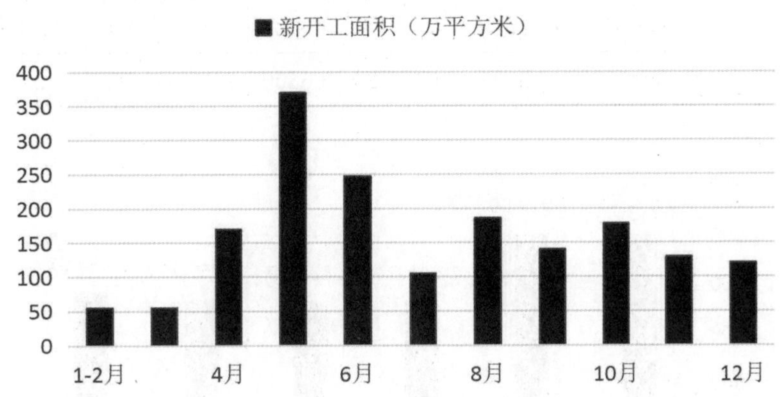

图 10-6　2020 年上海市住宅新开工面积月度走势图

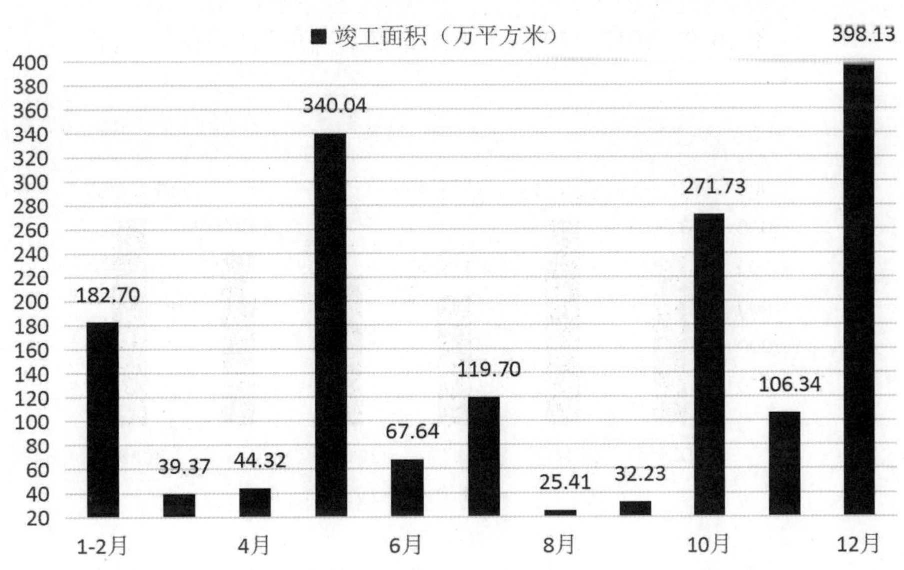

图 10-7　2020 年上海市住宅竣工面积月度走势图

二、住宅销售情况

2020 年上海市商品住房市场“稳中有升”。成交面积上升，住房价格指数同比上涨，市场化新建商品住房去化周期缩短。

2020 年，上海市商品房批准预售 1 156 万平方米，比上年下降 4.0%；其中商品住房批准预售 896 万平方米，比上年下降 14.4%。全市商品房销售 1 789.16 万平方米，同比增长 5.5%；其中商品住房销售 1 434.07 万平方米，同比增长 5.9%，销售金额 5 268.91 亿元，较上年增加 811.75 亿元，销售均价 36 741 元/平方米，较上年上升 11.6%（见表 10-3，图 10-8、图 10-9）。

表 10-3 2015～2020 年上海市住宅销售情况

指 标	2015 年	2016 年	2017 年	2018 年	2019 年	2020 年
销售额（亿元）	4 319.93	5233.29	3 336.09	3 864.03	4 457.16	5 268.85
销售面积（万平方米）	2 009.17	2019.8	1 341.62	1 333.29	1 353.70	1 434.07
销售均价（元/平方米）	21 501.00	25 910.00	24 866.00	28 981.17	32 926	36 741

图 10-8 2015～2020 年上海市商品住宅销售面积走势图

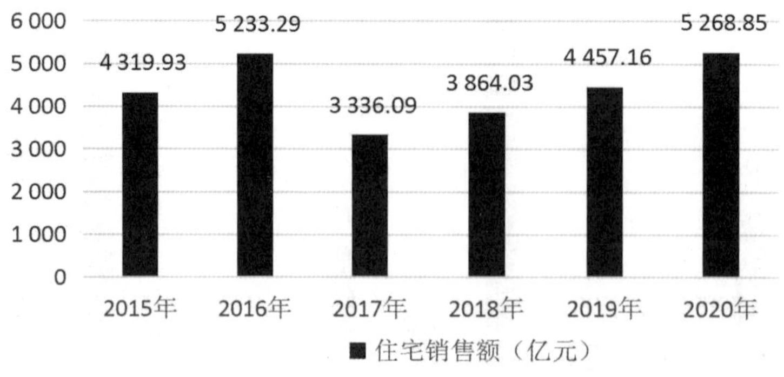

图 10-9 2015～2020 年上海市商品住宅销售额走势图

从全年来看，受疫情影响，1 月份“停牌”状态，2 月份单月仅成交 9.67 万平方米。3 月份，随着疫情得到控制，市场逐渐复苏，同时，部分项目新批预售价格突破所在区域的限价上限。这在一定程度上提振了市场信心，市场成交快速回升，当月成交 42.41 万平方米。在市场信心提振的背景下，二季度开发企业加快了推盘入市的节奏，市场供应量猛增，同时被疫情延缓入市的需求也集中释放，供求两端的同时发力让市场快速回升，成交量逐月上升，4、5、6 月成交量分别达到 62.4 万平方米、76.35 万平方米、79.12 万平方米。三季度，市场继续呈现供销两旺的格局，成交量逐月上升，7、8、9 三月分别成交 86.01 万平方米、93.04 万平方米、107.59 万平方米。四季度受上海疫情反复的影响，市场成交出现回落，但 12 月，随着疫情警报解除，房企年底冲刺业绩，共有 45 盘入市，供应创下全年新高，成交量也随之翘尾（由于网签备案有滞后影响，12 月数据有出入，根据克尔瑞统计数据，12 月成交 123 万平方米），三个月分别成交 84.88 万平方米、62.22、万平方米、51.1 万平方米（见图 10-10）。

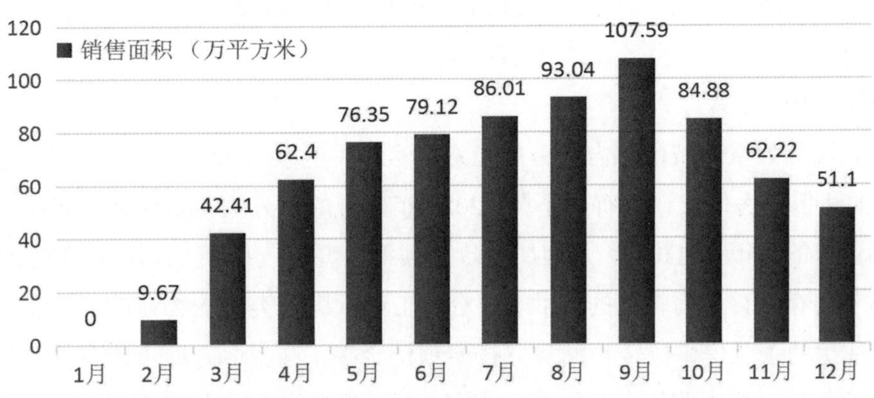

图 10－10　1～12 月上海市市场化商品住宅销售面积月度走势图

第二节　住宅价格与租金

一、住宅成交价格

根据上海市统计局数据，2020 年上海市住宅平均销售价格（含销售型保障房）36 741 元/平方米，比上年上升 11.6%。二手住房平均成交价格 40 267 元/平方米，比上年上涨 5.4%。据房地产交易中心网上数据显示，2020 年，市场化商品住房（不包括保障性住房）销售面积 806.41 万平方米，同比增长 14.2%；销售均价 47 074 元/平方米，同比上涨 4.9%。从走势上看，全年运行态势“一波三折”。开年两个月，受疫情影响，售楼处关闭，楼市“急冻停摆”，成交量出现断崖式下跌。

从区域均价看：内环线以内 118 510 元/平方米，内外环线之间 53 718 元/平方米，外环线以外 26 737 元/平方米（见图 10-11）。

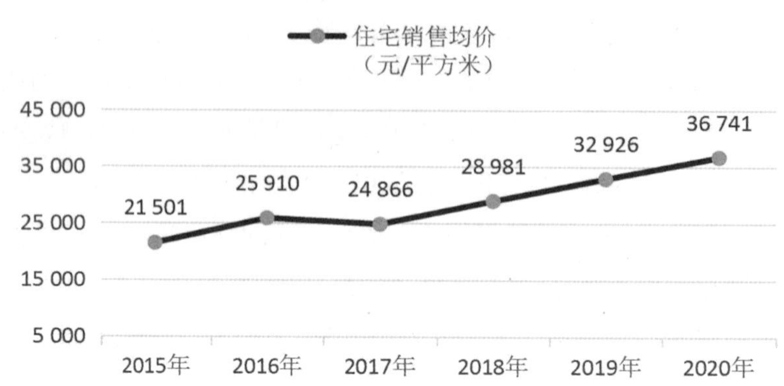

图 10-11　2015～2020 年上海新建住宅成交均价走势

二、住房租赁市场

2020 年，从全国几大重点城市年内出台的租赁住房相关的政策来看，与前两年地方政府多数出台培育市场、详尽的租赁住房供应计划有所不同，2020 年出台的地方类租赁住房政策中则出现了更多会影响到市场实际供求的政策。这其中，尤为加大政策倾斜力度的，主要就体现在增加市场供给的方面，多个城市均提出了将存库存压力较大的商业、办公、工业厂房等类型的物业改造为租赁住房的指导政策，对建设租赁住房的企业提供资金补贴及安排专项资金等，这些地方城市出台的此类政策无疑都是为了解决两方面的问题，即去非住宅类物业的库存、提振租赁住房市场的有效供给。据统计，2020 年上海的在线租赁房源供应量稳居首位，并明显大于北深广其他几座一线城市；此外，长租公寓项目也正积极、大规模地融入租赁住房市场，整个市场的监管力度亟待加强。

年初的 3 月正值疫情影响最为明显的时期，上海及时出台相关的工作意见，为承租者、住宅出租人以及提供租赁住房的企业等相关各方提供保障措施，旨在维护处在特殊时期的市场平稳。年底，针对年内租赁市场上出现的种种不合理现象，上海又出台了调控类的政策以进一步整顿、规范全市的住宅租赁市场秩序，表明租赁市场的问题已经成为近期政府关注的重点。值得注意的是，在年中出台的关于发展养老地产的文件中，也提到了通过运营长租公寓的模式来推动适合终身居住的政府保障性住宅，一方面体现出未来上海在养老地产，尤其是综合社区和长租公寓项目的开发将给予更多的支持，一方面将养老概念植入长租公寓之中，引领长租公寓向更广阔的领域发展。

根据统计局的数据，2020 年上海市所有各类商品住房出租面积为 134.27 万平方米，较上年增加 4.65 万平米，同比增幅 3.6%。（见表 10-4）。

表 10-4　上海市主要年份住宅出租情况

年份（年）	2015 年	2017 年	2018 年	2019 年	2020 年
出租面积（万平方米）	120.59	110.15	128.60	129.62	134.27

（一）公寓租赁市场

全市租赁住房交易行情，年度住宅租赁市场整体情况。从 2020 年各月全市租赁住房的挂牌供应量情况来看，受到春节假期、尤其是疫情的影响，年初 1、2 月的租赁挂牌表现低迷、处在年内的较低位，两个月的挂牌量均不足 2.9 万套。随着后期疫情得到有效控制、外来流动人口抵沪数量逐渐回升，同时叠加传统毕业季，租赁住房市场的行情被重启，使得全年的租赁挂牌高峰出现在 3～7 月，期间月度挂牌量持续维持在高位、单月总量处在 4.1～4.8 万套之间，而由于后续有效房源的补给不足，全市租赁住房的挂牌量自 8 月份起开始回落，直到年底挂牌情况持续低迷，月度挂牌量重新回到 3 万套以下的水平。

从挂牌租赁房源的租金均价走势来看，全年的租金整体维持了较为平稳的走势，年底 12 月的租金相较年初 1 月的租金整体上涨约 210 元/月、全年挂牌租金的涨幅约为 2.6%，涨势温和。值得注意的是，挂牌租金均价与挂牌量的走势出现了较明显的背离，自 8 月份起挂牌租金均价开始上涨，主要是由前期中小户型的低租金房源被大量去化所致，这点从租赁住房的成交情况可见一斑（见图 10-12）。

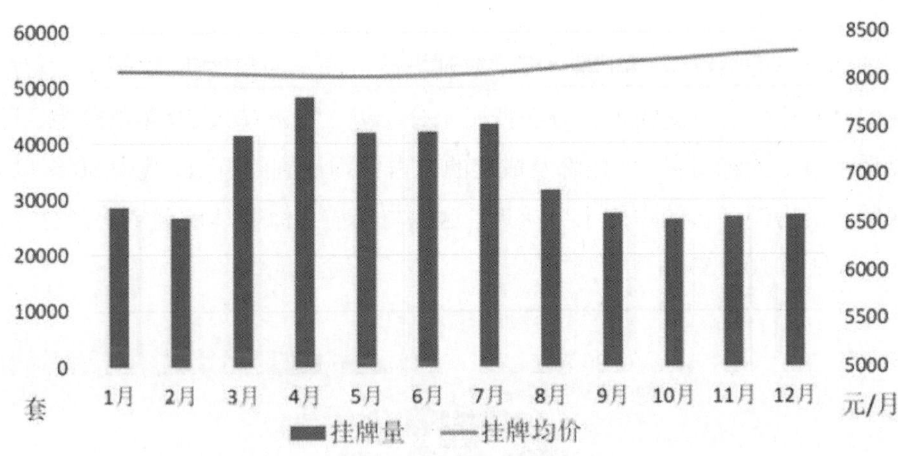

图 10-12 2020 年全市租赁住房挂牌量价月度走势

从租赁住房的成交情况来看，同样受到疫情及春节的影响，且在租赁挂牌量偏少的情况下，年初的 1、2 月租赁成交处在明显低位，其中 2 月份的成交量仅略超 4 000 套、为年内单月最低。随着租赁挂牌量的释放，全年租赁住房的成交也主要集中在了 3～8 月份，单月租赁成交量维持在 1.46～2.3 万套的水平，其中 7 月份的租赁成交达到了年内的最高位、约为 2.3 万余套，毕业季租赁需求放量的态势显现，当月租赁成交的租金均价环比也出现约 3.5%的上涨。受到租赁挂牌不济的影响，9～12 月的租赁成交量也陷入颓势、单月成交量约在 0.82～1.1 万套的水平。

不过从租赁成交的租金走势来看，整体维持着小幅的波动，由于样本量相较租赁挂牌明显更小、因此单月的租金水平受到当月成交结构的影响会更大，表现不如挂牌均价那般平稳。其中，租赁成交量最大的 7 月、当月成交平均租金为 7 914 元/月、并非年内平均租金最高的月份，源于租赁成交结构中有大量毕业生的租房行为、基本以中小套型、中低端的房源为主。三季度末至年底，全市租赁成交的平均租金持续呈现小幅向下的走势，表明其中中低端房源的租赁成交仍占比较大，由此也造成了租赁挂牌租金均价与成交租金均价完全相反的走势（见图 10-13）。

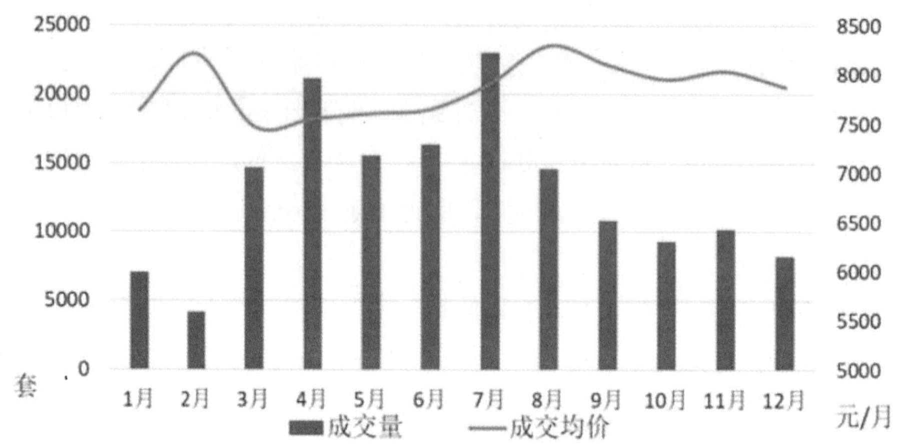

图 10-13 2020 年全市租赁住房成交量价月度走势

从租赁住房细分市场的情况看，可进一步了解到当前市场上的租赁供求结构。首先，从房龄方面来看，全市租赁住房的挂牌与成交的占比分布情况十分接近，房龄超过 20 年的住宅、即 2000 年以前建成的小区是租赁市场上的绝对主力，挂牌及成交的总占比均达到约五成，其中 30 年以上、25～30 年及 20～25 年房龄三类房源各自的占比十分接近。这也与当前上海整体的住宅房龄分布情况基本相符（见图 10-14）、（见图 10-15）。

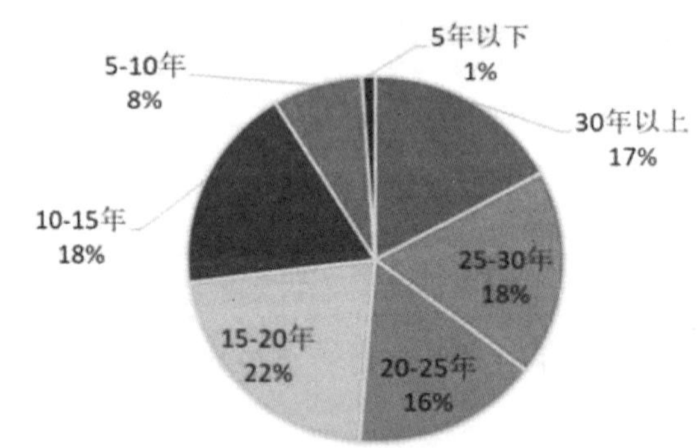

图 10-14 2020 年全市租赁住房挂牌房龄段分布

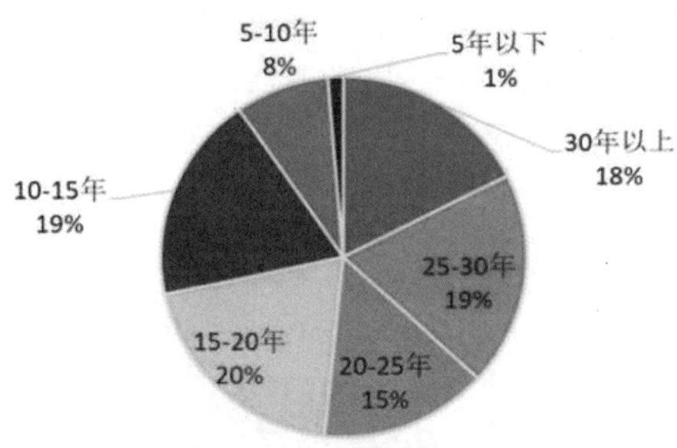

图 10-15 2020 年全市租赁住房成交房龄段分布

从租赁住房的套均面积分布情况来看，租赁挂牌与成交的分布情况也基本相当。其中套均面积 90 平方米以下的中小户型房源占了绝对大的比例，挂牌总占比达 69%、成交总占比达 73%，其中成交占比相较挂牌占比多出 4 个百分点，足见在租赁市场上，中小户型房源的租赁需求颇为旺盛，套均 50 平方米以下的小户型房源租赁成交占比更是最大、达到 26%（见图 10-16）、（见图 10-17）。

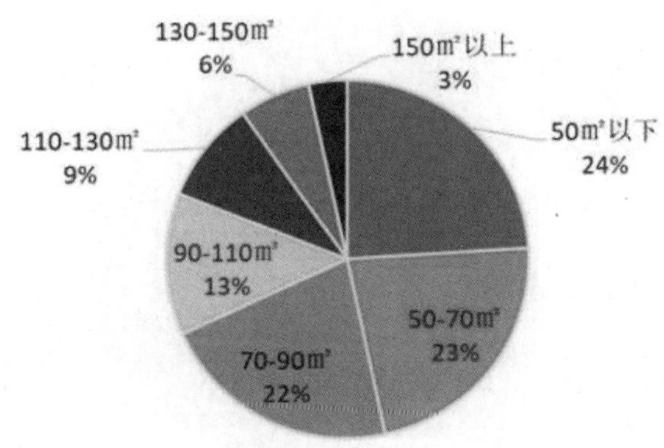

图 10-16 2020 年全市租赁住房挂牌面积段分布

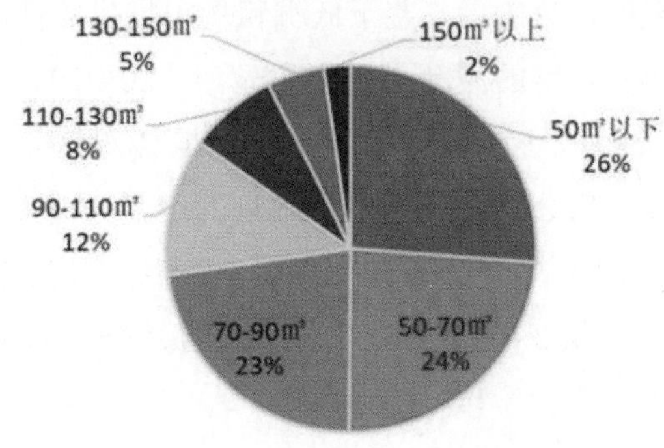

图 10-17 2020 年全市租赁住房成交面积段分布

从租金段的分布的情况来看，中低端房源租赁需求较大的现象更为明显。租金在 3000～4 000 元/月以及 4 000～5 000 元/月的房源租赁成交占比相较挂牌占比分别要高出 3 个和 2 个百分点，且租金在 5 000 元/月以下的房源租赁成交总占比高达到 46%；此外，租金在 5 000～7 000 元/月的中端房源租赁成交占比也高达 22%（见图 10-18）、（见图 10-19）。

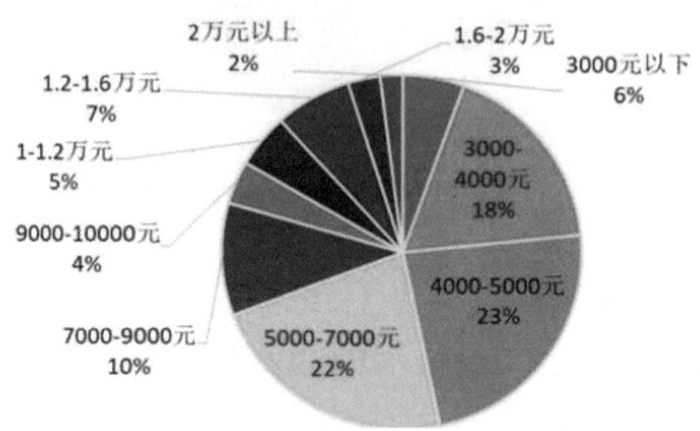

图 10-18 2020 年全市租赁住房挂牌租金段分布

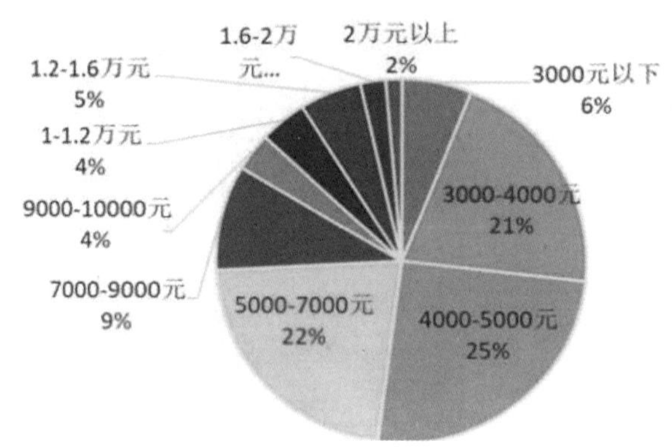

图 10-19 2020 年全市租赁住房成交租金段分布

从全市各档次公寓市场租金的走势来看，鉴于低端租赁市场供需两旺的态势，低端公寓的租金走势相较于中端、高端公寓，全年各月度的波动也更为明显。2020 年 12 月，低端一房、二房的公寓租金分别为 3 902 元/月和 4 545 元/月、较 1 月分别增加了 125 元/月和 145 元/月，全年涨幅基本都在 3.3%左右。中端的一房、二房和三房公寓在 2020 年 12 月的租金分别为 5 979 元/月、7 380 元/月及 9 616 元/月，全年的租金涨幅范围约在 1.9～2.5%之间；高端的一房、二房和三房公寓在 2020 年 12 月的租金分别为 10 477 元/月、12 453 元/月和 16 052 元/月，全年的租金涨幅范围约在 1.2%～2.1%之间。

可见，由于中端、高端公寓的租金绝对值已经较高，同时在租赁住房市场上的交投体量相对有限，因此租金的上涨空间并不如低端公寓那般大。此外，与 2019 年相比，2020 年各档次各房型的公寓租金年度涨幅普遍都要偏弱，其中低端公寓的年度租金平均涨幅较 2019 年减少约 0.65 个百分点、中端公寓减少约 1.31 个百分点、高端公寓减少约 0.84 个百分点，可见，年初的特殊时期对租赁住房市场交易带来了严重冲击，对全年的租金涨势也带来了一定影响（见图 10-20）、（见图 10-21）、（见图 10-22）。

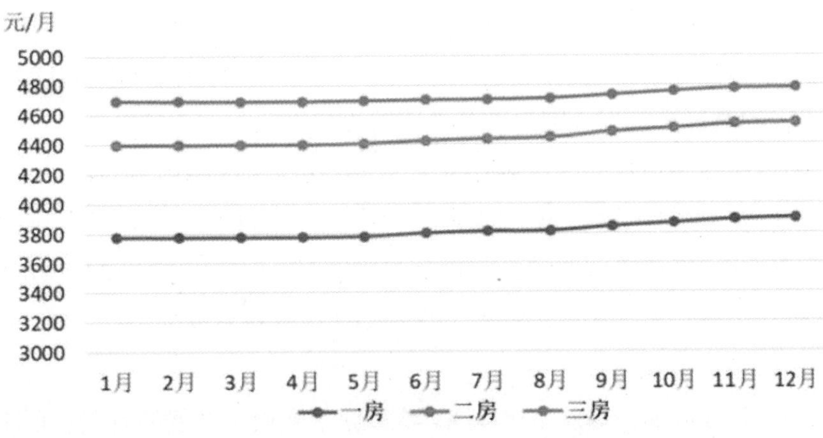

图 10-20 2020 年月度低端公寓各房型租金走势

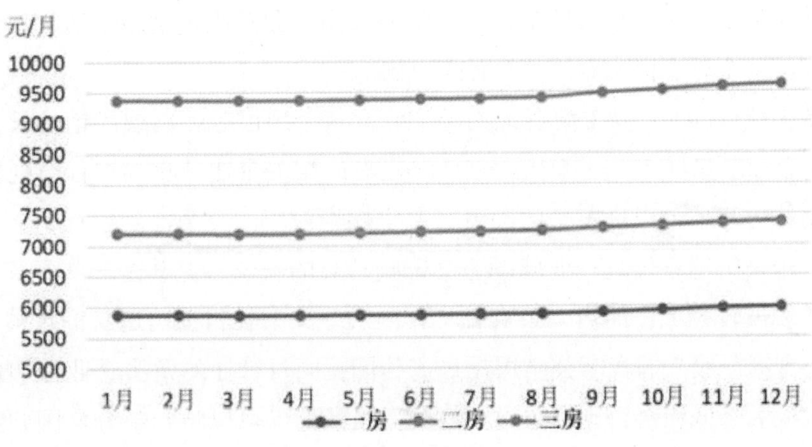

图 10-21 2020 年月度中端公寓各房型租金走势

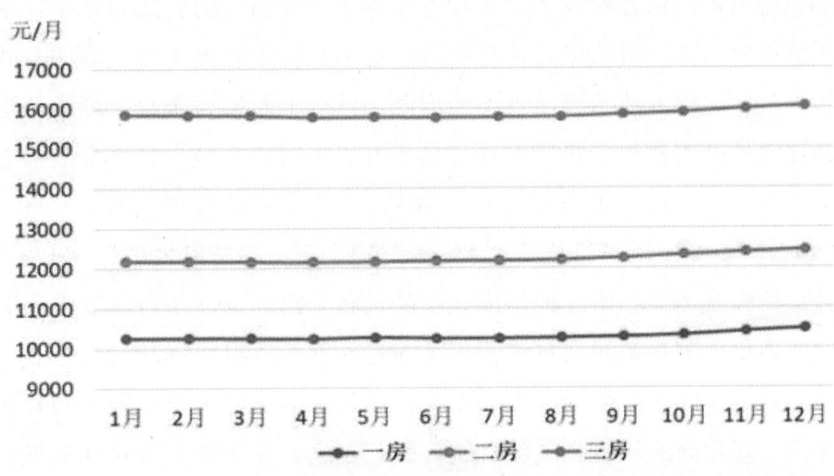

图 10-22 2020 年月度高端公寓各房型租金走势

从租赁市场交投较为活跃的一房、二房公寓的情况看，中外环的租金指数均要高于其他环线、租金涨势相对较强，中外环地区的公寓租金相较传统市区的内环内与内中环仍有明显的差距，而随着近两年环线内如宝山、闵行等区域各类配套设施的不断补充与完善，区域的居住条件较前期已经有所提升。在中环线以内地区租金持续高位且仍然看涨的情况下，中外环的租赁需求开始抬头，尤其在新开通的轨道交通 15 号线的利好影响下，宝山部分地区的租金也获得了支撑。

从年底不同户型公寓租金指数的区域排行情况来看，传统市区的排名均较为靠前，其中宝山区的公寓租金指数表现亮眼，主要原因如上述，是基于区域配套条件的提升以及新开通轨道交通的红利影响所致，此外黄浦、闸北、虹口等区域的公寓租金指数也都表现较好，主要与城市更新的进程有关，这些区域内老城区拆迁力度较大，在一定程度上也推动了地区租赁需求。

（二）长租公寓市场

长租公寓市场陷入行业阵痛。与前两年步入“大跃进”式快速发展的阶段有所不同，2020 年整个长租公寓行业则是被蒙上了一层阴霾，“爆雷”无疑成为了行业的年度热词，除了多次出现在新闻热搜榜上的蛋壳公寓事件外，年内全国还有多个不同规模的长租公寓品牌也都出现了问题。尽管年初的新冠疫情给整个社会都带来了猝不及防的冲击，长租公寓行业的确也遭遇了短期运营成本上升、房屋空置率走高等问题，整个行业的生存环境面临着挑战。

据相关资料数据统计显示，以工商登记为准，2020 年全国已经注销或吊销的长租公寓相关企业约为 170 家、占相关企业总量约 15%，其中又有近 5%左右的相关企业曾收到过行政处罚或有过严重违法行为。而长租公寓的运营平台一旦发生问题就会产生蝴蝶效应，会牵扯到银行、金融机构、业主及租户等多方的利益，带来的绝不仅是行业问题更会影响社会的安定，尤其是一些经营规模较大的品牌。

除上述提到的表现较为突出的蛋壳公寓外，年内一些大型长租公寓运营商也被爆出不少问题。5 月，号称“长租公寓第一股”的青客公寓爆出破产传闻；同月行业的龙头企业自如也传出资金链紧张的消息，并称要求业主降低租金否则将单方面解约。虽然的确可以将一部分原因归结为疫情，不过这一外部因素终究也只是令不少长租公寓企业陷入困境的诱因，核心还是在于行业的扩张方式、企业的运营模式等内因。

长租公寓市场亟待整治。在行业内多个企业都出现了“爆雷”问题的背景下，牵扯出的是对整个行业商业运行模式的质疑。“高进低出、长收短付”是部分长租公寓平台采取的方式，这类模式就需要运营企业不断扩大规模、引入新租客、吸纳新房源，只有不断抬高租金才能维持运营，由此也潜藏了一定的风险，当遭遇外部因素致使租赁市场行情下行、租赁需求减少、租金上涨乏力，就难以支持这般激进扩张的运营模式，因此今年的疫情只是加速了行业暴露内在的问题。

当前，国内长租公寓市场上的运行模式主要分为三种。第一种是以大型知名开发商为代表的企业，均以重资产的自持运营模式为主；第二种是创业型的长租公寓运营商平台，以市场上的存量住宅为租赁房源供给，通过掌握租户与房东的信息进行供需对接与匹配，以轻资产运营模式为主、日常运营成本相对较低；第三种则是以酒店集团为代表的企业，以掌握的酒店运营经验参与长租公寓市场。与创业型运营商平台相比，开发商的长租公寓项目运营的不足之处在于资金周转率较低、投资回报周期较长、持有成本较高，开发商的投入热情有限；酒店运营的长租公寓项目则由于酒店掌握房产的资源本身数量有限，因此也较难在长租公寓市场铺开业务。

相较之下，创业型运营平台的模式参与长租公寓市场理应具备一定的优势，然而目前出现严重经营问题的却普遍都是这类轻资产企业，主要问题还是在于加速扩张带来的财务状况不稳定。这类企业同样存在一定的前期成本，如高价收房、统一的改造装修费用等，从收房到租出存在不可控的时间差，尤其是在扩张阶段，问题更易突出，并且在创立初期会有各种资本参与其中，更是促成并滋长了这种“野蛮生长”的模式，一旦资本离场则会容易陷入财务危机。此外，尽管一些长租公寓品牌着眼长远发展，采用“高收低租”以求打品牌、赔本赚吆喝、抢占市场份额的同时势必会带来非常大的短期盈利压力，难以经受市场行情波动的考验。

另一方面，金融市场的监管不力也给这些存在较大资金缺口的初创企业埋下了隐患。为给企业形成资金池以支持自身的扩张，不少企业利用“租金贷”将经营风险直接转嫁到了租客与房东身上，一旦发生资金链断裂、倒闭或恶意跑路就会产生一系列的合同纠纷，租客与房东的利益不可避免均会受损。

为长租公寓行业纾困成稳定租赁住房市场关键。一级市场开拓土地供应新领域，就目前国内长租公寓的供应模式来看，总体分为集中式与分散式两类，上述提到的出现运营问题的企业，绝大多数以提供分散式长租公寓为主的“中介系”运营平台，从经营的规范化与供应的稳定性来看，长租公寓长远的供应仍应按集中化、规模化的方式来推广，集中式长租公寓是市场的发展大势。

发展集中式公寓的先决条件就是要保障土地的供给，在过去较长的一段时间里我国的住房供应结构受到土地供应的限制，租赁住房的市场供应严重不足。据统计，截止到 2019 年，年轻租客的平均租住面积不足我国城镇居民人均住房建筑面积的三分之一，其中合租的比例更是高达近七成，不过租赁住房市场的发展迟缓，主要原因也在于我国住房体系长期处于“重购轻租”的状态，尤其是潜在租赁需求较为旺盛的一、二线城市大多存在租赁房源供应不足、租赁品质不高的问题。

随着近两年国内大力建设租赁住房市场的呼声越来越高，我国也提出将土地供给更多地向租赁住房倾斜的办法，其中利用集体土地入市来建设租赁住房普遍被认为是值得推广的方式。在 2017 至 2019 年间，我国先后分两批共计 18 个城市开展了利用集体土地建设租赁住房的试点，不过鉴于法律与机制上的问题，整体的推进速度仍然较慢，直到 2020 年《土地管理法》将“从事非农业建设必须使用国有土地或者征为国有的原集体土地”的原文删去，同时在“十四五”的规划建议中也明确提出了要“探索支持利用集体建设用地按照规划建设租赁住房”，终于为集体建设用地成功赋能。

目前来看，北京在利用集体土地建设租赁住房方面已经走在全国前列，据统计在“十三五”时期已累计开工项目 44 个、房源约 5.75 万套，其中宿舍、公寓类非成套房源和成套小户型房源约各占一半，并计划在 2021 年开工建设 1 万套集体土地租赁住房、投放市场运营 5 000 套（间）。在过去的建设过程中，北京也出现了建设标准不够明确、投融资难等问题，故 2021 年初北京市住建委等三部门还联合印发了《关于进一步加强全市集体土地租赁住房规划建设管理的意见》，明确提高集体土地租赁住房项目供地质量，并将房源统一纳入全市租赁监管服务平台。可见，经历了三年多的试点探索，北京已经向全国交出了一份可供参考的答案，预计未来更多城市的集体土地建设租赁住房也将紧跟步伐，为长租公寓的建设用地供应带来新机遇。

二级市场，拓展供应端的房源类型。除了在前期增加租赁住房建设用地的供应，将现有存量房地产转型改造作为现成的房源供应也成为不少城市的探索方向，2020 年就有多部相关的地方政策法规发布，尤其是近几年，在房地产市场调控以及实体商业走下坡路的背景下，包括一线城市在内的很多城市都存在过剩的商业和办公用房，为避免闲置资源的浪费、进行高效合理的资源配置，将存量非住宅房源纳入租赁住房的供应范畴可谓一举两得。

不过需要指出的是，这类做法在实际推进的过程中仍需解决诸多问题。首先，非居类物业转为租赁住房会涉及到多个监管部门的协调，如土地、规划、消防等，各地普遍采用一部门牵头、多部门联合，经权利人申请后以个案审查的方式处理，但过程中缺乏申请条件、审批条件、改建验收等标准的规定，尚难达成规范化的操作。其次，从土地使用期限的角度看，存量商办用房土地使用年限明显少于住宅用地，且并无到期继续使用的相关规定，或会对可持续使用造成影响。

诚然盘活存量、促进租赁住房市场的供给是一种有效的手段，后续的引导政策、执行标准、资金扶持、税收优惠等相关配套方案的同步跟进才会使其顺利推进。保障租赁住房的供应很大程度上也是民生工程，政府必须从中起到引领作用，甚至不排除可采用改造后回购、纳入统一监管平台的做法，消除资产所有者的顾虑。

主流投资机构顾虑重重，新型金融产品或成疏通关键在 2020 年频现长租公寓“爆雷”事件的背后，体现出的也是当前长租公寓市场融资成本高、租金回报低的现状，同时也缺乏多种有效的融资渠道。

近几年，PtoP 及风险投资等基本退出长租公寓市场，国有四大行虽然也推出一些租赁住房开发贷款产品，但面向的融资主体尚以有国资背景的大型企业，对于民企的贷款条件则普遍较为苛刻。

另一方面，2018 年银保监会已经允许保险资金参与长租公寓领域，在长租公寓融资难的现状下，险资入场将起到缓解作用，但从目前来看市场反响平平，真正投入的险资并不多，比较受瞩目的仅有平安集团、中再资本，行业其他头部企业并未有所动作，主要是由于险资可投资的租赁住房项目受到诸多限制。限制如，具有良好的经济和社会效益、具备稳定的当期或预期现金流；处于北京、上海、雄安新区及人口净流入的大中试点城市，土地性质为集体建设用地的，应处于集体建设用地建设租赁住房试点城市；土地出让合同或土地使用权证载明土地及地上建筑物仅用于租赁住房，不得转让；履行了立项、规划、建设、竣工验收及运营管理等阶段所必需的审批程序，或者履行了项目建设阶段所必需的审批程序。可见，险资对于投资领域的要求其实非常高，安全性、收益性、流动性都是其衡量的主要标准，而长租公寓行业的发展整体仍处于起步阶段、行业规模有限、优质的运营平台企业数量极少，自然难以获得险资的青睐。

国有大行、险资等社会资本都对长租公寓这一新兴领域的投资兴趣一般，与投资退出模式不清晰也有较大关系，为打破这一僵局，未来以公募 REITs 为核心的金融产品或将成为长租公寓行业的融资的有效新渠道。长租公寓品牌可以依靠资产质量和运营能力，形成从私募基金收购存量资产——改造持有运营——公募 REITs 退出的完整闭环，通过 REITs 作为投资退出渠道可令长租公寓品牌实现长期的资金回流，一旦公募 REITs 放开，一些行业的头部企业便可以作为第一批试点对象。

2020 年，长租公寓行业因受到外部环境的影响而面临了巨大的挑战、表现动荡，而从积极和长远的角度来看，及时暴露出现存的问题也会有利于后期各种机制的不断健全与完善。加快扶持和培育长租公寓市场，对于稳定整个租赁住房市场具有非常深远的意义。

第三节 二手住宅市场

2020 年上海存量房（二手房）登记面积 2 498.44 万平方米，同比上升 18.9%。其中存量住宅（二手住房）登记面积 2 246.23 万平方米，同比上升 26.9%；成交均价 40 267 元/平方米，比上年上涨 5.4%。

1～12 月，上海二手住房价格指数全年上涨：1 月份涨 0.2%、2 月份涨 0.2%、3 月份涨 0.3%、4 月涨 1.2%、5 月份涨 0.6%、6 月份涨 0.4%、7 月份涨 0.4%、8 月份涨 0.8%、9 月份涨 0.8%、10 月份涨 0.5%、11 月份涨 0.3%、12 月份上涨 0.6%，12 月比上年同期上涨 6.3%。2020 年上海二手房市场“量升价稳”的主要原因：一是随着新房市场复苏，新房与二手房市场产生联动效应，改善型需求“卖旧买新”，二手房挂牌量充足，为市场交易奠定了基础。二是旧改户数超 3 万户，而且货币化安置比例高，这些家庭大部分都会买周边区域的中小户型的二手房，这为市场增加了很多需求。三是学区房的热销加剧市场热度，2020 年公民同招的政策变化引发了学区房快速上涨。新建公办一贯制学校对口的小区房价涨幅明显，最高超过 56%。比如张江板块的小区，房价全年的平均涨幅接近 60%。

总体上看，据房地产交易中心网上数据（见图 10-23），2020 年二手住房市场走势基本与新房市场相似，呈现出“量升价稳”的趋势。一季度受到疫情影响，二手房成交跌至冰点，2 月份仅成交 4 053 套，创下近年来新低。二季度，随着疫情得到控制，市场快速升温，成交量逐月提升，4、5、6 三个月分别成交 23 858 套、25 115 套、28 137 套。三季度，随着“学区房”的热销以及旧改需求的集中释放，二手房市场热度持续上升，9 月成交达到全年最高点，分别成交 29 108 套、28 801 套、30 153 套。随着二、三季度市场的持续热销，四季度市场二手房挂牌量急剧减少，市场供应趋紧，因此四季度成交量略有下滑，但市场热度不减，分别成交 26 079 套、23 830 套、24 343 套。

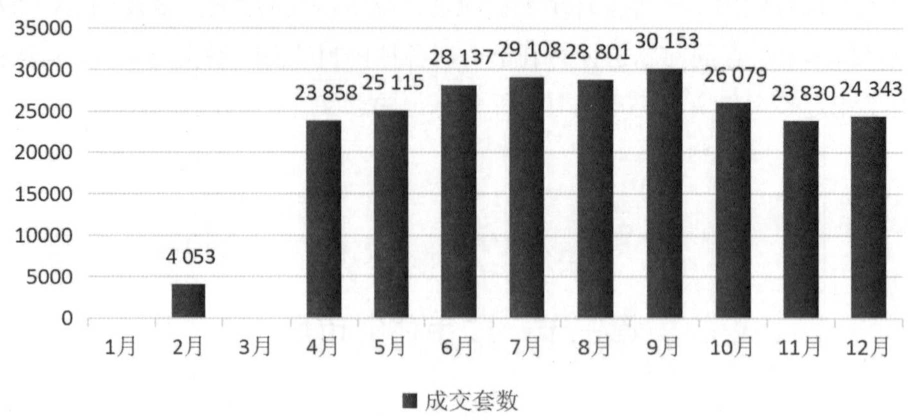

图 10-23 2020 年上海市二手住宅月度成交走势图

表 10-5　上海市主要年份存量房交易情况（2011～2020）

年　份	成交套数（套）	成交面积（万平方米）	其　中		
			# 住　宅	# 办公楼	# 商业营业用房
2011 年	146 151	1 398.67	1 058.71	62.87	51.21
2012 年	157 585	1 446.77	1 136.17	57.34	46.71
2013 年	291 176	2 575.70	2 228.02	65.59	47.18
2014 年	177 083	1 586.14	1 324.18	52.61	40.90
2015 年	303 414	2 647.83	2 351.30	52.27	41.62
2016 年	347 667	3 219.80	2 225.42	450.89	261.04
2017 年	179 385	1 563.53	1 264.13	80.75	60.26
2018 年	175 061	1 549.12	1 229.01	77.45	58.47
2019 年	242 254	2 028.93	1 733.15	69.65	54.19
2020 年	303 244	2 495.43	2 246.23	69.4	48.83

2020 年上海市二手住宅共计成交 29.9 万套，同比增加 25.7%，较 2017 年增加 100%，创近四年新高。住宅交易市场已经逐渐从本轮调年控的低谷期（2017 年、2018 年）走出，并延续 2019 年的上升之势进一步回暖。需求提升、交易量增加也推动了价格的上涨，成交均价首次突破 4 万元/平方米，剔除了成交结构等影响因素的 RVMS 均价也达到了历史高位。突发的疫情并未使得住宅交易市场受到影响，大众对未来经济增长的信心不断增强，这也体现在楼市方面，房源流动性加快、交易活跃度提升。虽然目前全市整体价格走势还算平稳，但地段的重要性和配套资源分配不平等的问题，使得局部区域房价在这个过程中出现较大幅度的提升，供需矛盾加剧或会进一步推高其价格并逐渐向全市蔓延（见图 10-24）。

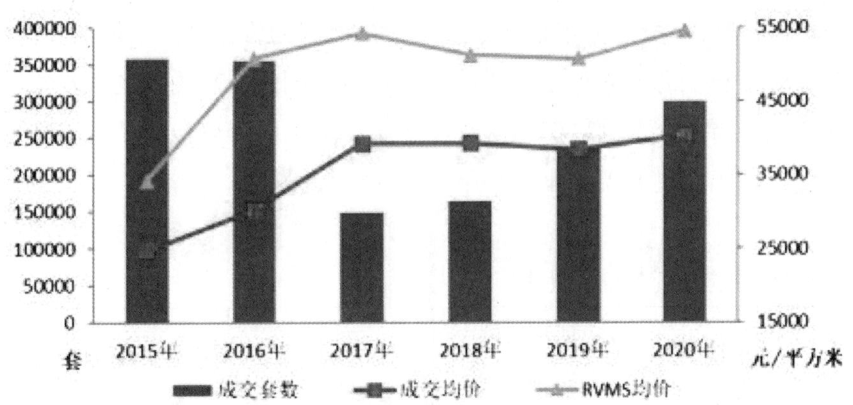

注：RVMS 价格内涵——利用先进的网络化平台，大容量、高覆盖度地甄选市场有效挂牌案例，并严格按照估价规范，运用信息技术对海量信息进行精确修正，计算结果通过与资源房地产估价师的经验充分揉合，最终得出准确的小区价格。

图 10-24 2015 年～2020 年全市二手住宅成交量价走势

环线成交结构变化不大，内环内区域成交增幅明显与上年情况基本相同。2020 年外环线内外成交份额各占一半。整体来看，近两年各环线成交占比变化不大，内环内和外郊环区域分别增加 0.6 个百分点和 0.2 个百分点，其余各环线略有下降，但降幅都不足 0.5%。虽然占比提升并不明显，但今年内环内区域成交量同比增加 32%，远高于全市 26%的增幅。该环线热门学区比较集中是成交量大幅提升的原因之一，此外城市更新增加的购买力中有部分会选择在同区域购置与动迁款相当的老公房小区，一定程度上也为内环内区域贡献了成交量。不过，也有部分动迁户选择去交通、配套等相对较好的外郊环区域购置面积更大、房龄更新的房产，加上 2020 年有大批量满年限的配套商品房小区出现集中登记成交的情况，使得外郊环区域的成交量增幅也略高于全市平均，占比也有小幅提升（见图 10-25）。

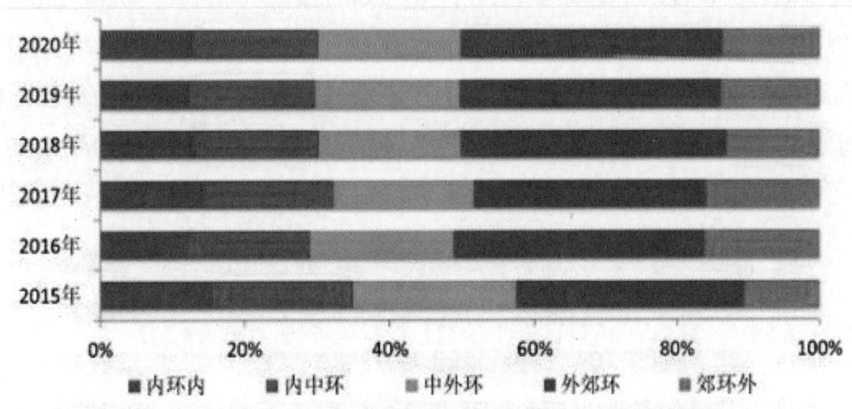

图 10-25 2015 年～2020 年全市各环线二手住宅成交占比变化

2020 年，上海市二手住宅热门板块变化不大，轨交通车助力成交提升。2020 年存量住宅成交套数排名靠前的板块与去年重合度达九成。大浦东（包含原南汇区）在榜单中占到一半，金桥板块则继续位列全市第一，“初中学区热”同样在该板块崛起，叠加原有的小学学区，成交量同比增幅高于全市平均，周康板块则因年内有新轨道交通建成运营且多个配套商品房小区集中交易，成交同比增加

39%、排名提升。金山新城板块虽然全年整体表现一般，但因为价格稳定，依然保持着低总价的优势，百万总价以下的房源对于新上海人来说是不错的落户选择，同时板块内部的置换需求也比较强烈，使得该板块依然能够位列全市成交前列，但名次继续下降。宝山区罗店板块是唯一新上榜的板块，依托动迁大居的成交，同比增幅超过 80%，排名上升了 18 位（见表 10-6）。

表 10-6 2020 年二手住宅成交套数前十板块

排名	区域	板块	成交均价（元/平方米）	成交套数（套）	成交套数（同比）	名次变化
1	浦东	金桥板块	44 552	8 790	28%	→
2	嘉定	嘉定主城区板块	27 805	7 246	34%	↑2
3	原南汇	周康板块	32 692	6 815	39%	↑3
4	浦东	三林板块	46 235	6 745	24%	↓1
5	闵行	浦江板块	30 790	6 551	10%	↓3
6	奉贤	南桥新城板块	20 805	6 486	25%	↓1
7	宝山	罗店板块	25 149	5 610	83%	↑18
8	浦东	浦东世博板块	44 786	5 599	15%	↓1
9	浦东	外高桥板块	34 975	5 414	22%	↑1
10	金山	金山新城板块	216 152	5 356	16%	↓1

百万总价房源进一步减少，置换需求占据主导地位。2020 年，70 平方米以下户型成交份额出现明显下降，其他分段与上年度基本持平或小幅提升，70-120 平方米合计成交份额升至 51.6%、达到近六年最高。总价段方面，330 万以下各分段全线下降，200 万以下物业成交份额已经不足 30%，并且随着整体房价的上行，百万总价房源成交份额降至 5%，考虑到为规避部分税费做低成交价格，总价不足 100 万的房源正在进一步减少。综合来看，房价上行使得成交结构出现必然的上移，同时随着市场行情回暖，置换需求入市节奏加快，因新房竞争激烈分流的部分自住需求比较迫切的购买力进入存量市场，进一步增加了高分段的成交量（见图 10-26）、（见图 10-27）。

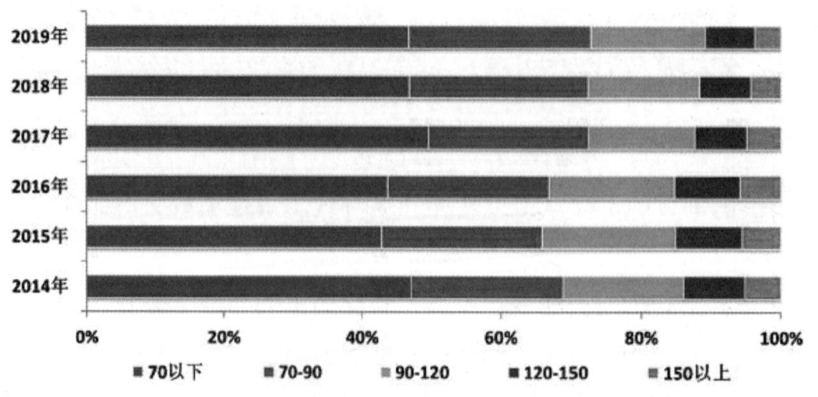

图 10-26 2015 年～2020 年二手住宅成交面积段份额走势

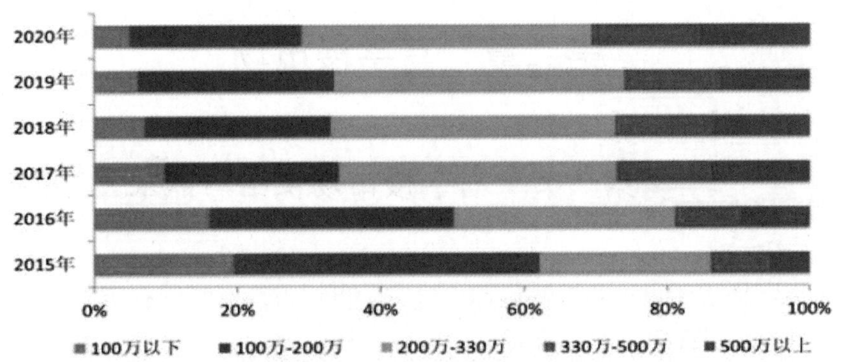

图 10-27 2015 年～2020 年二手住宅成交总价段份额走势

非市场行为交易量继续降低，中介企业差距不断扩大。2020 年全市中介成交份额排行出现明显变化。德佑房地产依然位列各中介企业之首，菁英房地产由于和太平洋房屋进行品牌合并，名次升至中介企业第二位，中原物业和我爱我家房地产则分别时隔四年和五年再次入榜。总体看来，近几年由于楼市环境不佳，网络中介平台逐渐退出，中介行业历经洗牌重整，龙头中介企业优势提升，头部企业之间的差距也在不断扩大。而非中介成交占比进一步收窄并且结束维持了三年的榜首之位，非市场行为的交易量降低更为直接的反映出了市场行情的转暖（见表 10-7）。

表 10-7 2018～2020 年全市中介成交份额排行情况

排名	2018 年		2019 年		2020 年	
	中介名称	占比	中介名称	占比	中介名称	占比
1	非中介	20.1%	非中介	19.1%	上海德佑房地产	18.5%
2	上海德佑房地产	15.8%	上海德佑房地产	16.5%	非中介	16.8%
3	上海易居房地产	5.8%	上海志远房地产	5.3%	上海菁英房地产	5.8%
4	上海太平洋房屋	5.7%	上海易居房地产	4.4%	上海中原物业	3.8%
5	上海志远房地产	5.2%	上海太平洋房屋	4.0%	上海我爱我家房地产	2.6%

第二章　写字楼市场

第一节　写字楼市场供给与需求

2020 年，上海写字楼市场自年初疫情后逐步复苏，租赁市场活跃度有所恢复，其中科技、金融行业表现相对亮眼，租金跌幅持续收窄。供应方面，因疫情影响而延迟入市的项目在下半年逐渐释放，新增供应入市致使空置率在年内上涨。大宗交易市场以内资买家成交为主。

根据中指数据·写字楼版数据显示，2020 年第四季度写字楼租赁市场中，批发和零售业租户占比 28%，租赁和商务服务业租户占比 26%，TMT 行业租户占比 21%，建筑和房地产业占比 7%（见图 11-1）。

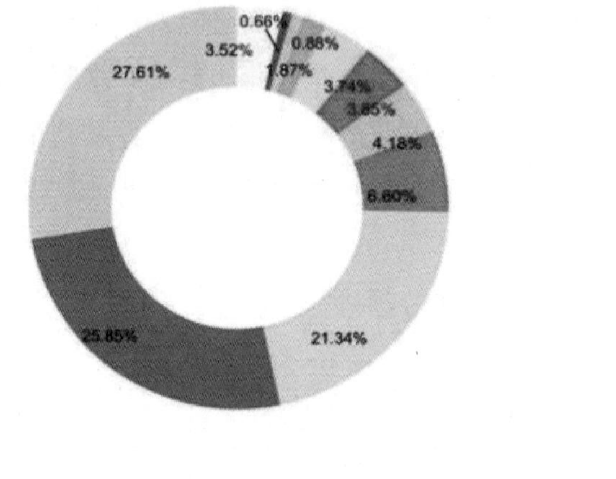

图 11-1　2020 年四季度上海写字楼租户行业占比（按租户数量）

一、写字楼投资情况

全年上海写字楼开发投资为 833.08 亿元，投资总额比 2019 年同期增长 20.8%，较上年上升 21.3 个百分点（见表 11-1，图 11-2）。

上海市写字楼施工面积为 2 282.65 万平方米，较上年增长 7.1 %。从统计局数据来看，上海市写字楼施工面积创下 2017 年以来的新高（见图 11-3）。全年新开工面积 421.09 万平方米，达到历年新高，较上年上升 8.3%（见图 11-4）。全年写字楼竣工建筑面积全年为 259.14 万平方米，跌至近五年以来的新低，但与 2019 年基本持平，只下降 0.08%（见图 11-5）。

表 11-1　2015～2020 年写字楼开发投资额

指标	2015 年	2016 年	2017 年	2018 年	2019 年	2020 年

投资额(亿元)	654.54	695.95	642.20	692.71	689.36	833.08
施工面积（万平方米）	1 978.49	2 180.50	2 282.08	2 139.02	2130.54	2 282.65
竣工面积（万平方米）	219.23	279.31	444.83	413.46	259.36	259.14
新开工面积（万平方米）	304.87	384.49	368.84	310.84	388.87	421.09

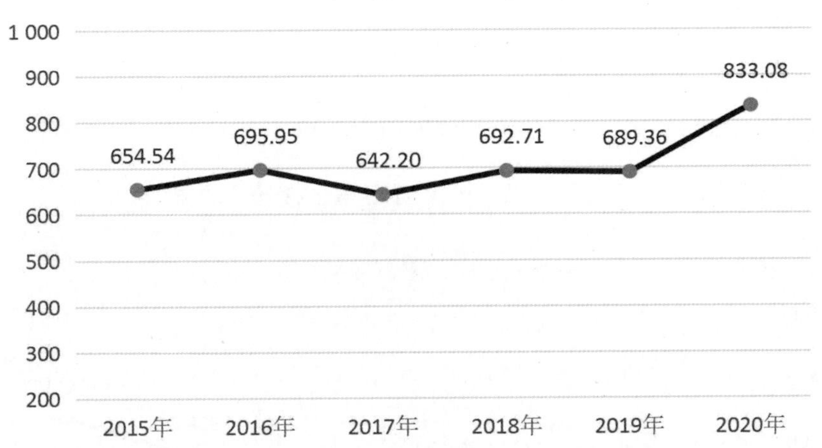

图 11-2　2015～2020 年上海市写字楼投资走势图

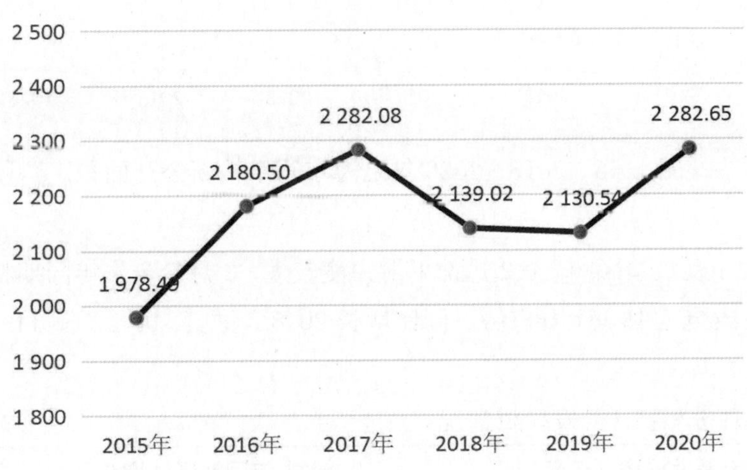

图 11-3　2015～2020 年上海市写字楼施工面积走势图

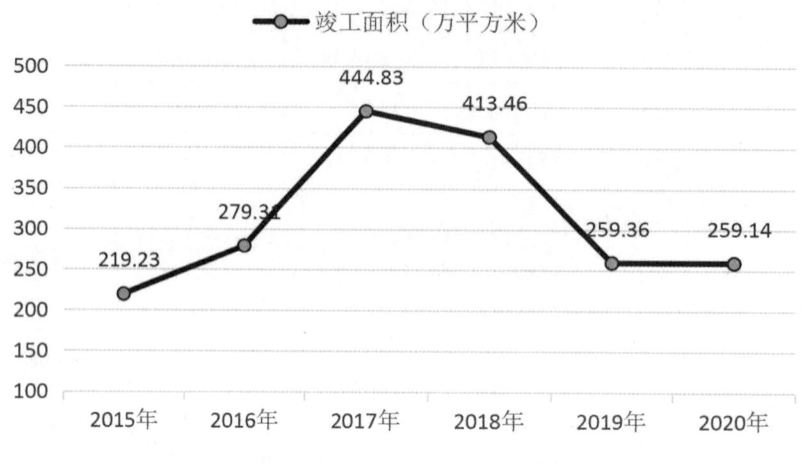

图 11-4　2015～2020 年上海市写字楼竣工面积走势图

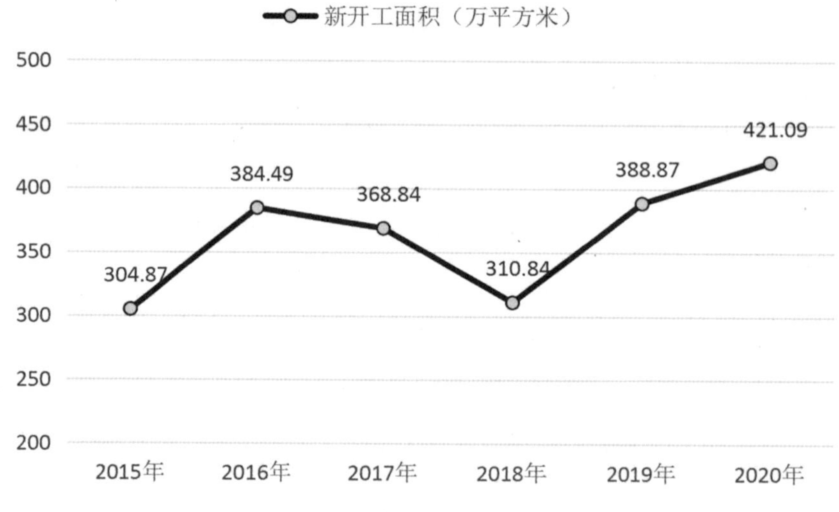

图 11-5　2015～2020 年上海市写字楼新公开面积走势图

从月度来看，由于受疫情影响，1-2 月份下滑力度较大，2 月份与去年同期相比下降 20%；随后各月均呈两位数增长，全年总体呈上升态势，同比增长 20.8%（见表 11-2，图 11-6）。

表 11-2　2020 年各月份写字楼开发投资情况

月份	月度开发投资（亿元）	比去年同期累计增长（%）
1～2	111.18	-3.1
1～3	171.60	0.2
1～4	233.83	11.3
1～5	290.88	14.2
1～6	-	13.1
1～7	-	18.7

1～8	–	16.4
1～9	–	21.4
1～10	–	20.9
1～11	–	18.9
1～12	–	20.8

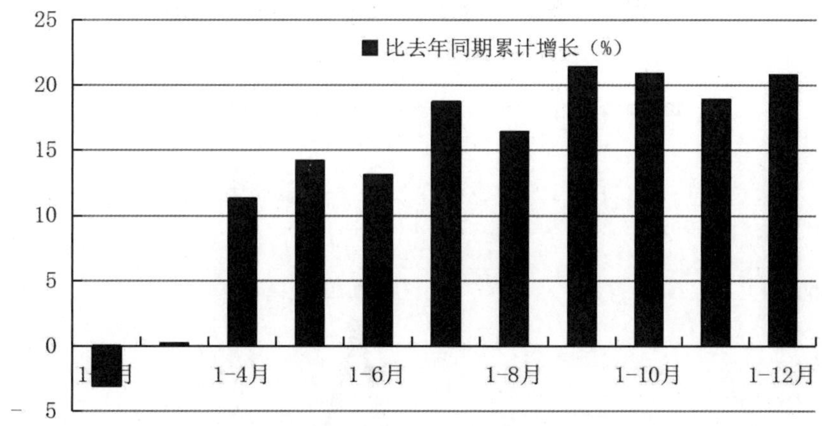

图 11-6　1～12 月上海市写字楼投资走势图

二、写字楼销售情况

根据统计局的统计数据，2020 年上海写字楼销售面积为 101.68 万平方米，比上年同期增长 0.84%。销售金额为 469.57 亿元，比去年同期增长 22.9%。其中存量写字楼销售面积 69.40 万平方米，较上年同期略有减少，下降 0.36%（见表 11-3，图 11-7、图 11-8）。

表 11-3　主要年份写字楼销售情况

指　标	2015 年	2016 年	2017 年	2018 年	2019 年	2020 年
销售面积　（万平方米）	197.41	306.40	124.10	147.08	100.83	101.68
存量交易面积（万平方米）	52.27	450.89	80.75	77.45	69.65	69.40
销售额　（亿元）	488.68	903.17	394.07	484.83	382.06	469.57

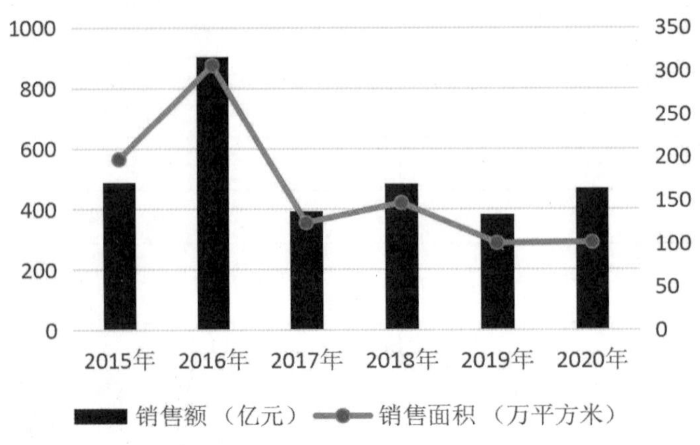

图 11-7　主要年份写字楼销售走势图

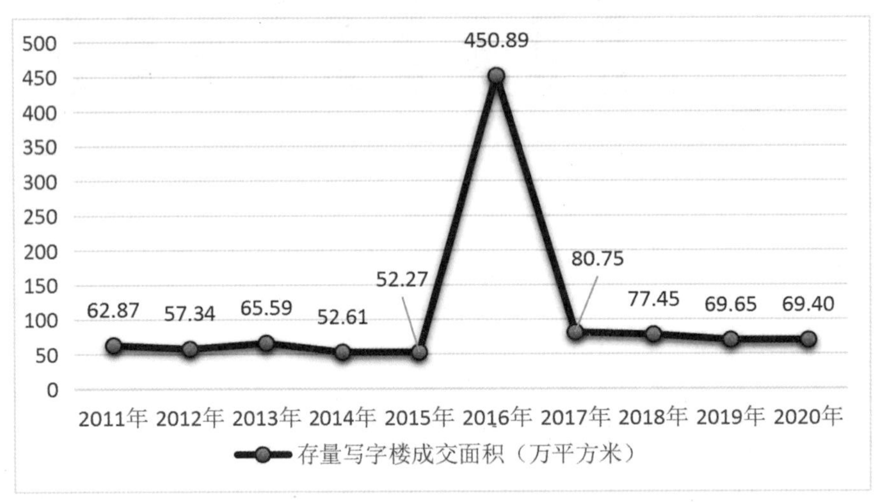

图 11-8　近 10 年存量写字楼销售面积走势图

2020 年，新冠疫情使得经济增长短暂停滞，上海写字楼空置率因此而进一步攀升。根据高力国际发布的研究报告，2020 年上海写字楼市场总供应量 118.5 万平方米，空置率为 22.7%，创下十年新高。写字楼空置率主要有三个方面：在供给方面，新供应的写字楼从供应到租约签订有一定周期，会形成一部分空置；在需求方面，写字楼的租赁需求随着经济增长率变化而波动，在经济周期高点和低谷之间会形成一部分写字楼空置；在单个资产层面，有一部分写字楼可能因为产品设计与租金定价、区域供求关系等原因长时间未能出租。对前两种来源形成的写字楼空置，可以做监测与评估；对资产层面存在缺陷而长时间未能出租的写字楼，可以通过商改租等形式进行处理。

从区域来看，中心城区原黄浦、徐汇、静安均有优质项目集中推盘入市，同时闵行区再度保持高频率的推盘节奏，两相合力消除了前期的疫情影响，助推全年办公物业新增供应“逆流而上”，同比上涨 50.4%，升至 171.9 万平方米；而核心区域的项目受到市场青睐，年内得到有效去化。闵行区蝉联全市办公物业新增供应最大区域，在以虹桥商务区为推盘主力的基础上，七宝、莘庄、马桥等区域也相继推出新盘入市，成为新的增长点，闵行区年度办公物业新增供应为 37.6 公顷，在全市中的占比超过 20%。在全市区域成交中，鲜有的出现多个中心城区排名前列，原黄浦区凭借年度销冠项目绿地外滩中心的支撑，以 21.9 万平方米的成交量荣登全市办公物业交易冠军；紧随其后的是浦东新区 14.4 万平方米的成交；另外静安、徐汇两区办公交易市场同样表现出色，位列三、四位。各区办公物业成交均价中，再度依托高价销冠项目的带动，原黄浦区以 97 636 元/平方米成交均价领跑全市，处于第二、三名的为原卢湾区和徐汇区，成交均价在 57 335 元/平方米和 50 778 元/平方米（见图 11-12）。

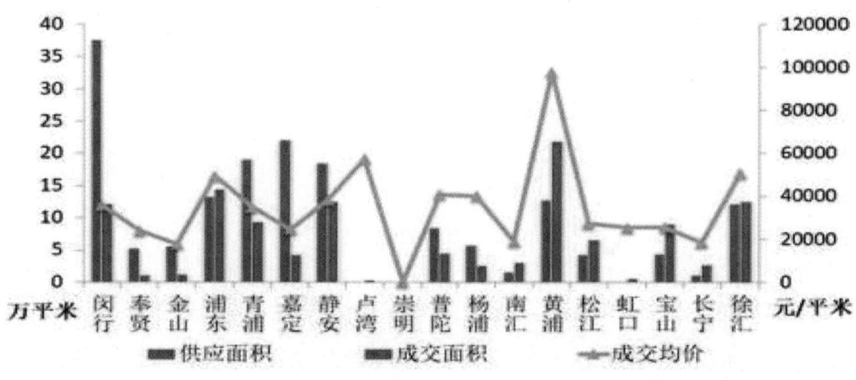

图 11-9　2020 年上海各区域办公物业供求走势

第二节　写字楼销售价格与租赁

一、写字楼销售价格

2020 年，上海写字楼销售价格依然保持上升的态势。根据统计局数据，2020 年上海市写字楼平均销售价格达到 46 181 元/平方米，同比 2019 年的 37 892 元/平方米，增长 21.9%，销售价格逐年上涨的趋势没有改变（见表 11-4，图 11-13）。

表 11-4　主要年份写字楼销售和出租情况

指　标	2015 年	2016 年	2017 年	2018 年	2019 年	2020 年
销售平均价格　（元/平方米）	24 754.57	29 476.82	31 754.23	32 963.69	37 892	46 181
出租面积　（万平方米）	501.86	578.44	692.42	753.40	809.85	775.87

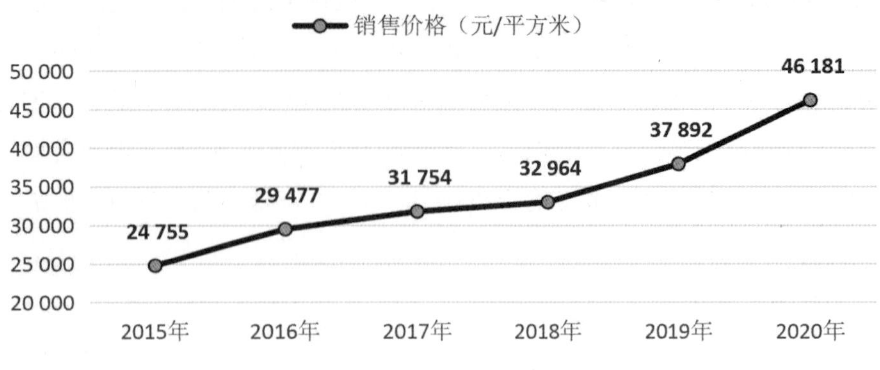

图 11-13　2015～2020 年上海市写字楼平均销售价格

二、写字楼租赁市场

2020 年，由于疫情的爆发，国内经济增速放缓，多行业受到不同程度的影响，企业普遍放缓扩租、搬迁计划，同时倒闭、退租的企业数量开始上升，导致办公租赁需求缩水。上海写字楼租赁需求全年出租面积 775.87 万平方米，较上年减少 33.98 万平方米。（见图 11-14）。

图 11-14　2015～2020 年上海市写字楼出租面积

全市办公租金相比去年下滑近 5 个百分点，至 3.7 元/平方米•天，各环线租金水平加速下滑，尤其是此前逐步升温的外郊环办公租赁市场，由于该区域办公租赁市场主要承载中小企业，而这部分恰恰是受疫情冲击最严重的企业，继而外郊环成本轮办公租金回落幅度最大的区域，相比 2019 年下探 6.8%，全年平均租金在 3.2 元/平方米•天。其余各环线年度平均租金也均有不同程度回落，内环内、内中环、中外环租金分别为 5.5 元/平方米•天、3.7 元/平方米•天、2.9 元/平方米•天，同比下跌 4.8%、4.3%、4.8%。2020 全市各等级办公物业的租金同样出现下跌，但是跌幅有所不同。乙+级和乙级办公的租金同比跌幅最大，分别为 5.8%和 5.5%，由于这两个等级的物业是上海办公租赁市场的供应主体，物业体量大，市场竞争激烈，且年内租赁行情低迷，业主为保障出租率提供多项优惠措施，议价空间大，顾而平均租金水平下滑显著；甲+级、甲级办公物业在租赁市场中具有一定稀缺性，不过其高昂的租金水平给企业带来较大的成本压力，尤其是在经济下行的特殊时期，因此为留住优质企业延长租期、招揽新租户入住，业主也进行了适度的租金让步，年度全市甲+级、甲级办公物业租金为 10.8 元

/平方米•天和 6.6 元/平方米•天，同比下滑 4.8%和 3.9%。另外等级较低的丙级、丁级办公物业因为其租金基数较小，下调幅度有限，因此年度租金回落比例最小，2020 年平均租金分别为 2.4 元/平方米•天和 1.9 元/平方米•天（见图 11-15、图 11-16）。

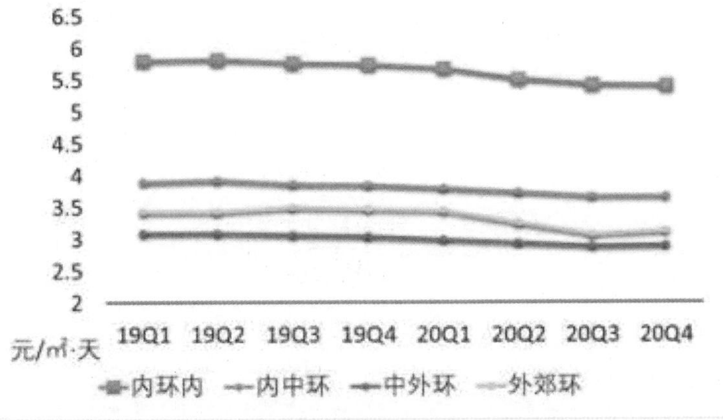

图 11-15　近期上海全市及各环线办公物业租金季度走势

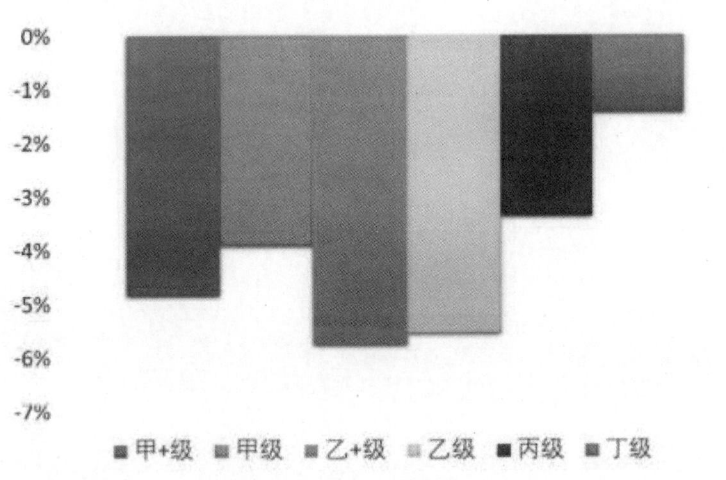

图 11-16　2020 年全市办公物业不同等级租金跌幅分布

小陆家嘴区块作为上海绝对核心商务区域，2020 年平均租金同比下跌 4.6%，至 8.9 元/平方米•天，继续领跑全市。整体对比 2019 年和 2020 年办公租金前十聚集区，多数区块排名顺序维持不变，人民广场东、西区块和淮海路陕西路、静安寺区块分别有常规性的排名对调。而此次排名变动的焦点在于徐汇滨江区块退出前十，对应着外滩区块上升取代其位置，徐汇滨江前期由于规划利好、沿江优势等因素，区域租金水平相对偏高，且区域内办公租赁中小业主偏多，抗风险能力一般，因此在疫情影响下区域租金总体调整幅度较大；反观外滩区块，位于外滩金融聚集带之内，办公项目的承租者多为国内外金融、银行类大业主，受疫情影响较小且资金充足，因此区域平均租金仅有小幅下调，在多数聚集区办公租金均有大幅下跌的情况下，外滩区块凭借自身的抗跌性跃升至全市聚集区租金排名第八位（见表 11-5）。

表 11-5　全市聚集区办公租金排行前十变化

2019 年		2020 年		排名变化
区块	年度租金	区块	年度租金	
小陆家嘴	9.4	小陆家嘴	8.9	→
人民广场西	7.6	人民广场东	7.1	↑1
人民广场东	7.6	人民广场西	7.0	↓1
静安寺	7.3	淮海路陕西路	6.9	↑1
淮海路陕西路	7.2	静安寺	6.9	↓1
南京路河南路	7.0	南京路河南路	6.8	→
黄浦滨江	6.9	黄浦滨江	6.6	→
徐汇滨江	6.8	外滩	6.5	↑3
淮海路黄陂路	6.8	淮海路黄陂路	6.3	→
竹园	6.6	竹园	6.2	→

第三章　商业地产市场

第一节　商业地产市场供给与需求

2020年，上海商业地产市场由于年初疫情影响，停产停业停工，消费市场惨淡，开发企业有意调整了推盘节奏，全年供应总量高于2019年水平。交易方面，一手商业物业交易出现小幅回调，二手商业出现小幅反弹。年初，开发企业大幅缩减商业项目的推盘量，月度供应量基本呈现负增长；6月开始疫情已受到有效控制，市场逐步复苏，商业物业新增供应开始走高，全年商业物业供应总量为95.1万平方米，同比小幅上涨5%。由于消费零售市场受到疫情影响较大，因此商业交易市场趋于冷淡，年度成交量在89.2万平方米，同比回落10%，刷新近五年的新低（见图12-1）。

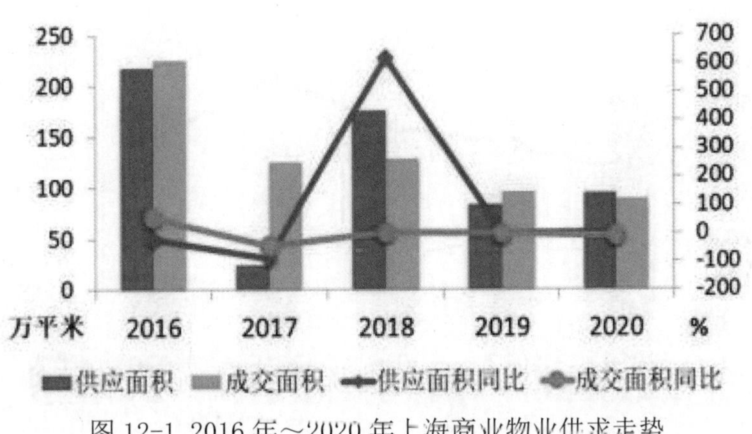

图12-1　2016年～2020年上海商业物业供求走势

从全年的商业物业可售库存整体呈现稳步上行，总量始终维持在1 100万平方米以下，在下半年市场出现好转时，开发商有意加大供应以期回笼资金，但是市场消化情况一般，全年的供求比在1.1，年末总量维持在1 052.5万平方米，以最近12个月平均7.4万平方米的销售量换算，库存去化周期进一步攀升至142个月，商业物业库存去化风险仍在上升中（见图12-2）。

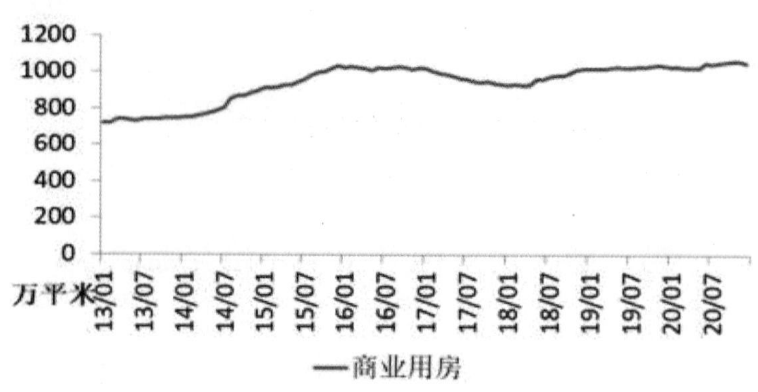

图 12-2　上海商业物业可售库存总量走势

全年中心城区高端项目交易缺乏、成交主体向外围区域持续扩大，造成全市商业物业成交价格数据全面下滑。2020 年上海商业物业成交均价同比下跌 23.3%，在 28 870 元/平方米，同时成交总金额也缩水至 257.4 亿元，相比 2019 年也有近三成的跌幅（见图 12-3）。

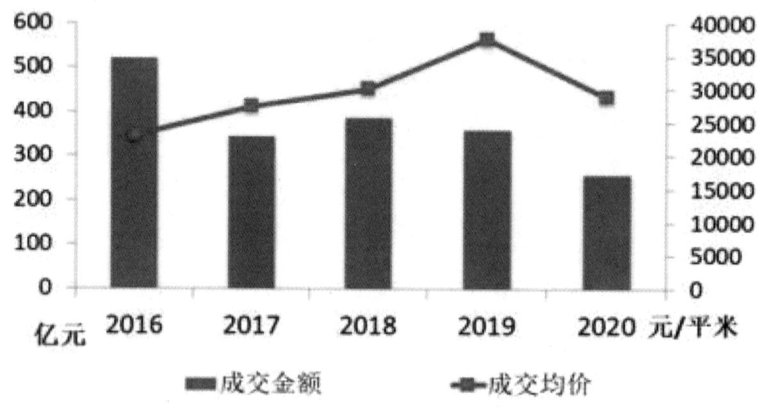

图 12-3　2016 年～2020 年上海商业物业成交价格走势

从全市各区商业物业市场来看，远郊区域嘉定、青浦、原南汇等都是年度商业物业交投市场相对活跃的行政区。在新增供应端，嘉定、虹口、青浦三区包揽了全市五成的供应量，嘉定区供应最大，达 18.4 万平方米，区域内保利台北商贸中心、慧创国际等项目是主力供应，另外中心城区虹口凭借瑞虹新城 18.3 万平方米的大型配套商业项目入市，区域供应总量紧跟嘉定。成交方面，远郊区域的社区配套商铺成为交易主体，本年度嘉定、青浦、闵行、原南汇四个区域的商业物业交易表现亮眼，其中嘉定区再获商业物业成交头名，体量达 13.5 万平方米，成交主体由热门区域购物中心和社区配套商铺组成，青浦、闵行分别也有 13 和 12.8 万平方米的成交量。成交均价方面，排名前列的依旧是中心城区，原黄浦区继续稳坐全市商业物业成交均价排行头名，老西门公馆、复地雅园等高端商业项目的推动下，年度成交均价达到 80 925 元/平方米。原卢湾和静安区分别以 63 118 元/平方米、61 356 元/平方米成交均价排名二、三位（见图 12-4）。

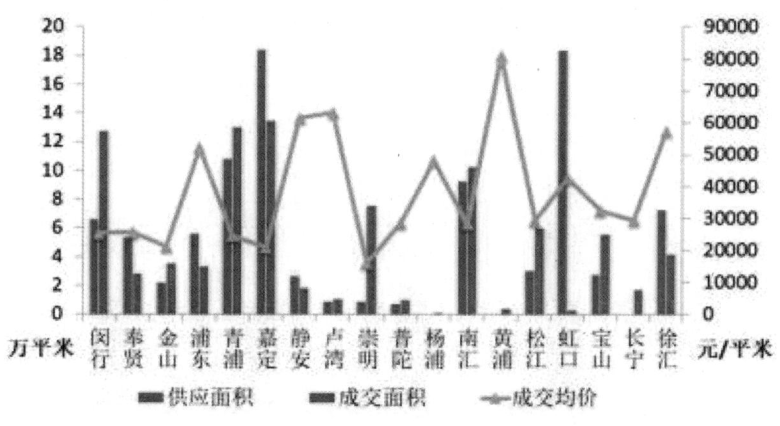

图 12-4 2020 年上海各区域商业物业供求走势

一、商业地产投资情况

2020 年，上海商业营业房地产投资虽受疫情影响却出现了大幅反弹，全年投资 559.85 亿元，较上年增长 22.4%；占房地产投资的 11.9%，较上年上升 1.1 个百分点；从月度来看，一季度各月份受疫情影响投资出现负增长，4 月份之后投资热度增加。商业营业房产施工面积 1 820.52 万平方米，同比上升 2.5%，新开工面积 331.7 万平方米，竣工面积 286.38 万平方米。（见表 12-1，图 12-5、图 12-6、图 12-7、图 12-8、图 12-9）。

表 12-1 主要年份商业营业用房投资情况

指 标	2017 年	2018 年	2019 年	2020 年
投资额（亿元）	506.71	461.42	457.23	559.85
施工面积 （万平方米）	2 016.16	1 876.24	1 775.5	1 820.52
新开工面积 （万平方米）	297.68	206.93	286.83	331.7
竣工面积 （万平方米）	387.73	341.05	324.55	286.38
竣工价值 （亿元）	321.96	291.16	252.76	211.94

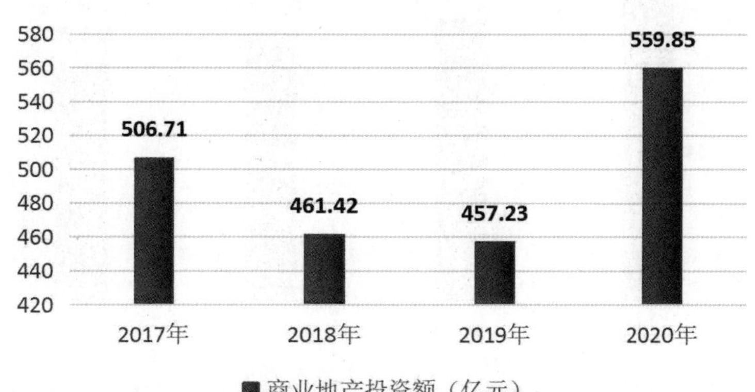

图 12-5　主要年份商业营业用房投资走势图

图 12-6　主要年份商业营业用房施工面积走势图

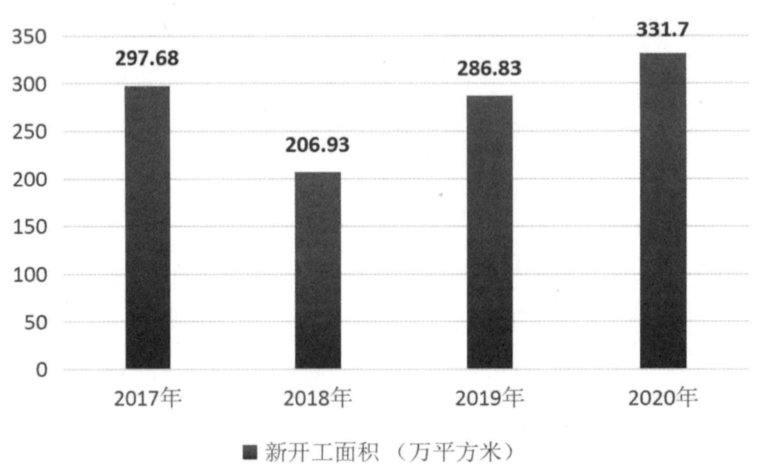

图 12-7　主要年份商业营业用房新开工面积走势图

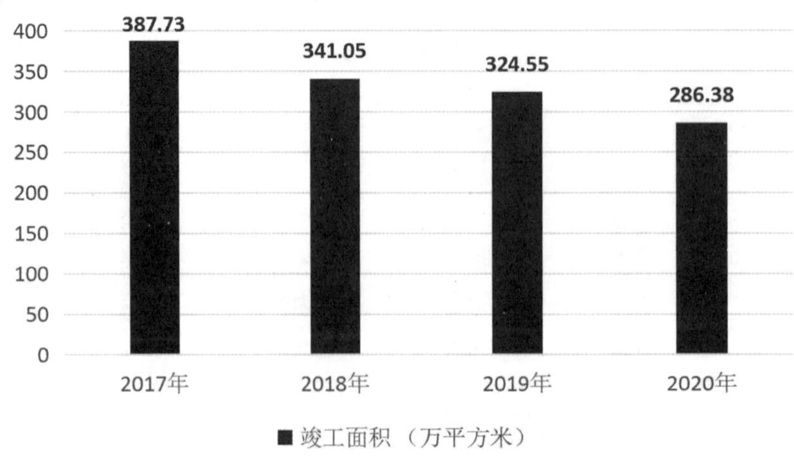

图 12-8　主要年份商业营业用房竣工面积走势图

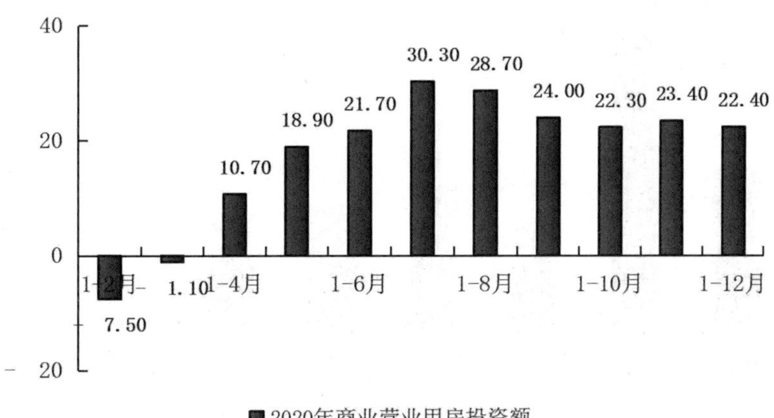

图 12-9　2020 年上海市商业营业用房投资额同比累计增长情况

二、商业地产市场销售情况分析

2020 年，上海商业营业用房销售面积较 2019 年减少了 4.66 万平方米，销售面积为 83.74 万平方米，较上年下降 5.3%；销售金额 198.57 亿元，较上年下降 22.6%。其中，存量房销售面积 48.83 万平方米，较上年下降 9.9%（见表 12-2、表 12-3，图 12-10）。

表 12-2　主要年份商业营业用房销售和出租情况

年份（年）	2016 年	2017 年	2018 年	2019 年	2020 年
销售面积　（万平方米）	205.87	79.33	101.75	88.4	83.74
销售额　（亿元）	470.49	208.23	269.37	256.64	198.57
出租面积　（万平方米）	415.25	542.09	630.83	707.89	751.08

表 12-3　近 10 年存量商业营业用房销售情况　　单位：万平方米

年份（年）	2011	2012	2013	2014	2015	2016	2017	2018	2019	2020
成交面积	51.21	46.71	47.18	40.9	41.62	261.04	60.26	58.47	54.19	48.83

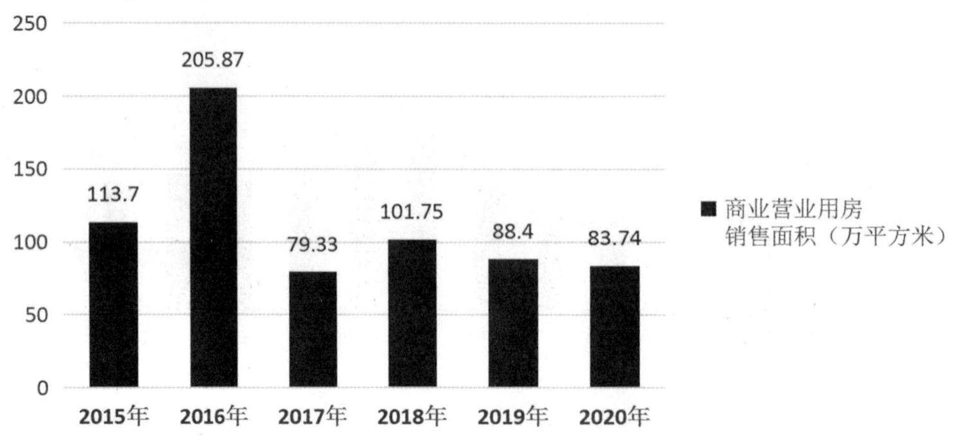

图 12-10　2015～2020 年上海市商业营业用房销售面积

三、成交价格分析

2020 年，上海商业房产成交均价为 23 713 元/平方米，同比 2019 年 29 032 元/平方米的均价下降 18.3%。近 5 年来商业房地产成交均价首次出现下降（见图 12-11）。

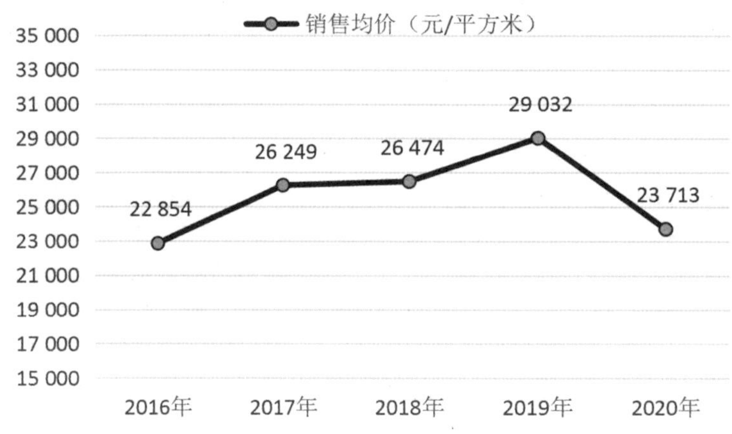

图 12-11　2015～2020 年上海市商业营业用房成交均价走势

第二节　城市商业购物中心市场分析

2020 年，上海各购物中心在上海市政府的统一部署下，全力抗击新冠疫情，同心协力，攻坚克难，充分发挥购物中心在商圈社区的影响力，全力开展“五五购物节”、“六六夜市节” 等活动，促消费，保供应，致力于促进消费升级，提升生活品质，在商业零售服务领域中起到了创新性、地标性、时尚性的引领作用。针对新冠疫情后出现的新情况，努力改善消费环境，提升服务品质，积极探索业态创新，为拉动内需，繁荣市场、满足消费新需求、发挥了积极作用。

全年新开购物中心（3 万平方米以上）共 18 家，其中新建新开 16 家，商业建筑面积 144.06 万平方米，比 2019 年减少 16 家，面积减少 95.8 万平方米；存量改造升级 2 家，商业建筑面积 11.5 万方平方米。新开商业建筑面积 20 万平方米以上有 1 家（南翔印象城 34 万平方米），占新开商业建筑面积的 23.6%；10～20 万平方米有 3 家，面积 43.56 万平方米，占新开商业建筑面积 30.24%；5～10 万平方米有 8 家，面积 51.9 万平方米，占新开商业建筑面积的 36.03%；3-5 万平方米有 4 家，面积 11.6 万平方米，占新开商业建筑面积的 10.13%（见图 12-12）。

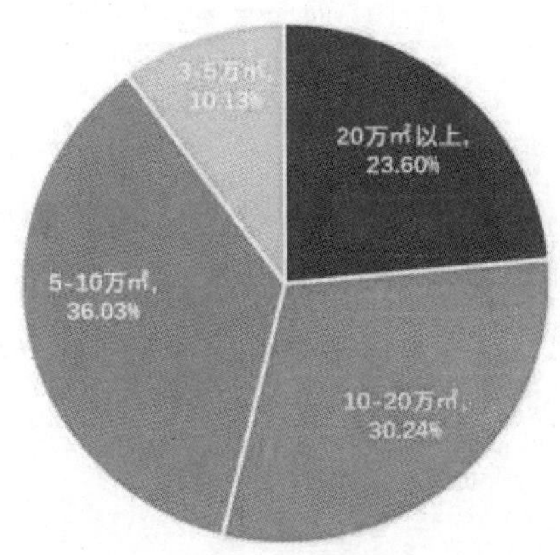

图 12-12　2020 年新开购物中心不同面积比例图

一、城市商业购物中心供应分析

全年上海市购物中心剔除存量改造项目新增加 16 家，商业建筑面积 144.06 万平方米，其中：中心城区（中环以内）新增 1 家，新增面积 5.8 万平方米；城郊区（中环外，外环内）新增 2 家，新增面积 15 万平方米；远郊区（外环外）新增 13 家，新增面积 123.26 万平方米（见图 12-13）。

截止年底，3 万平方米以上的既存购物中心共 306 家，总商业建筑面积 2 344.46 万平方米。其中，中心城区共有 144 家，商业建筑面积 1 079.46 万平方米，占总面积 46.05%；城郊区 42 家，商业建筑面积 390 万平方米，占总面积 16.63%；远郊区 120 家，建筑面积为 875 万平方米，占总面积 37.32%。20 万平方米以上的特大型购物中心有 16 家，包括陆家嘴上海中心、五角场万达广场、月星环球港、仲盛世界商城、百联中环购物中心、江桥万达广场、陆家嘴正大广场、闵行万象城购物中心、闵行爱琴海购物中心、长宁龙之梦购物中心、长宁龙湖虹桥天街、五角场合生汇、七宝万科广场、世界跨境城、青浦万达茂、南翔印象城。

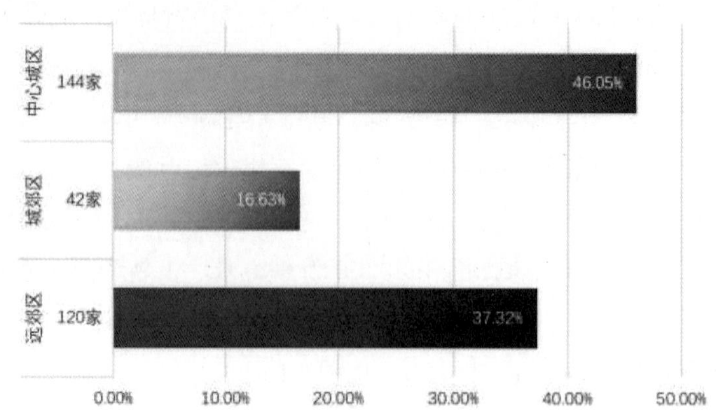

图 12-13　2020 年上海各区域商业面积分布情况

二、城市商业购物中心区域分布

2020 年，上海购物中心数量最多的是浦东新区达 70 家，其次是闵行区 39 家，黄浦区 31 家，青浦区 22 家，静安区 21 家，嘉定区 21 家，徐汇区 19 家，其他区 15 家以下。从新开购物中心数量上看，浦东新区和青浦区各新增 4 家，奉贤区新增 2 家，宝山区、崇明区、嘉定区、闵行区、普陀区和松江区各新增 1 家（见图 12-14）。

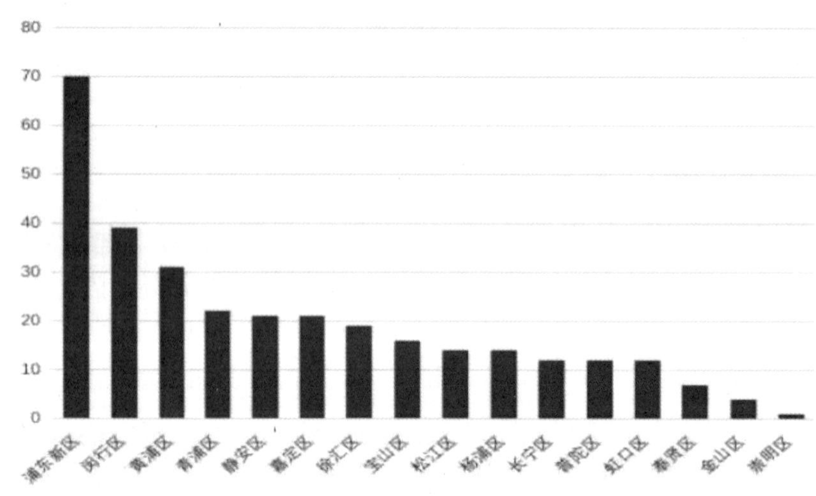

图 12-14　2020 年上海各区域商业项目分布情况

根据上海市有关商业部门的信息数据和对部分购物中心调研统计，2020 年由于受新冠疫情影响，上海购物中心经营规模总额为 1 815 亿元，同比下降 9.7%，剔除新开购物中心经营额，同比降幅超过 10%，经营总额占全市社会消费品零售总额 11.4%，比上年下降了 3.5 个百分点（见图 12-15）。

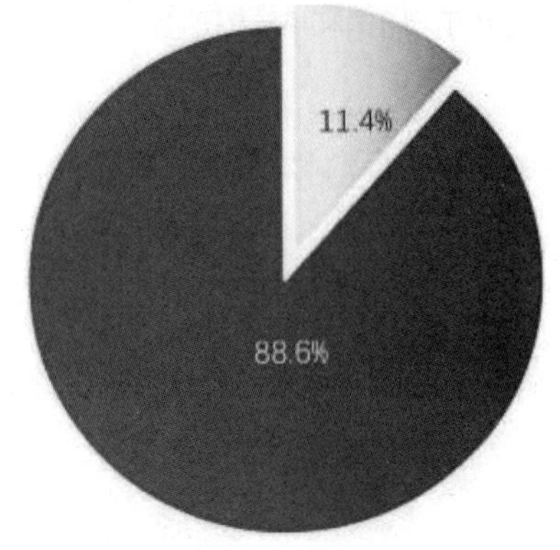

图 12-15　2020 年购物中心对社会总消费品零售总额的贡献率

据对全市 50 家重点购物中心的调研分析，2020 年购物中心经营规模 20 亿元以上的有 23 家，比上年减少了 8 家。20 亿元以上购物中心分别是国金中心、月星环球港、恒隆广场、豫园商城、百联青浦奥莱、五角场万达广场、上海环贸、上海新天地、上海万象城、第一八陌伴、百联中环购物中心、港汇恒隆广场、新世界、佛罗伦萨小镇、长宁龙之梦、虹口龙之梦、九百城市广场、正大广场、七宝万科广场、百联又一城购物中心、合生汇、中庚漫游城、比斯特上海购物村（名单不分先后）。23 家购物中心的经营规模占经营总额的 50%以上。

三、城市商业购物中心特点分析

形成命运共同体，全力抗击新冠疫情。2020 年春节前新冠疫情突然来袭，给购物中心等实体商业带来严重影响。各购物中心在上海市政府的统一部署下，按照协会下发的抗疫防控指南，在全力以赴防控新冠疫情的同时，确保正常营业，积极支持入驻品牌商户抗击疫情，共度难关，为减轻入驻商户的负担，主动帮助商户克服资金困难。

百联集团、万达集团、崇邦集团、中海商置集团、正大集团、龙湖集团、绿地贸易港集团、华润置地集团、月星（环球港）集团、豫园商城、印力集团、凯德置地集团、兴业太古、中粮大悦城、外高桥森兰置地、上海南方国际集团、上海仲盛世界商城、上海美罗城、上海合生汇、金地商置集团、锦江国际、镶盛实业、东苑集团等许多商业地产集团、商置公司在沪购物中心主动减免租户 1～2 个月的租金，帮助商户企业融资纾困。

百联股份公司所属购物中心、崇邦集团所属购物中心、绿地徐汇缤纷城、七宝万科广场等许多购物中心积极参加社区抗疫防疫公益活动，为抗击疫情一线人员和部门捐款捐物，得到了社会好评。

受新冠疫情影响，新开购物中心大幅减少 2020 年上海新建开业的购物中心 16 家，只及上年的一半，新冠疫情导致项目装修延迟，加上消费市场的不确定性，许多商管头部企业放慢招商，延迟开业，比原计划开业 27 家减少了 11 家。

这也是上海自 2017 年以来连续呈减少趋势，表明上海新开购物中心从大幅度快速增长转向稳健发展。一些商业地产投资开发商运营商根据市场形势不再偏面追求快速开店，而是更加稳妥，趋于理性，条件环境不成熟宁可不开或推迟晚开。2020 年的存量改造 3 万平方米以上的也只有两家。

市中心日趋饱和，向远郊区发展。2020 年新开的 16 家购物中心中，在市中心区域的仅 1 家，城郊区只有 2 家，其余均在远郊区，浦东新区和青浦区各新开 4 家，表明向郊区的新城区、开发区、保税区、休闲旅游区发展已是新趋势。

从上海购物中心总量分析，2020 年市中心购物中心个数与面积的占比与上年分别下降 2.3 和 2.75 个百分点，而远郊区的个数与面积的占比分别上升 2.3 和 3.16 个百分点。

从新开购物中心面积体量看，5～10 万平方米中型购物中心有 8 家，占新开总数 50%，也说明更加注重远郊社区型购物中心，以适应和满足社区生活中心之需求。

以零售（奢侈）品牌商品为主的购物中心逆势增长据对 50 家重点购物中心的调研分析，因受新冠疫情影响，总体经营下降，但以零售（奢侈）品牌商品的购物中心因人们不能出境而消费回流本土，销售旺盛。

恒隆广场、港汇恒隆广场、尚嘉中心、连卡佛销售额分别同比增长 60%、42%、37%、12%；而以销售奢侈品牌为主的国金中心、恒隆广场、月星环球港销售额均超 100 亿元。

百联青浦奥特莱斯、佛罗伦萨小镇、比斯特上海购物村、奕欧来以及七宝万科广场、五角场合生汇、百联又一城等销售规模接近或超上年水平。

购物中心更加重视首店品牌。各购物中心为提升消费能级，提高顾客消费体验度，吸引更多的客流消费，十分重视首店品牌招商入驻。据中商数据提供的信息，2020 年上海首店数 909 家，其中大部分入驻购物中心，据不完全统计，上海 40 家购物中心占据了所有首店数的一半以上。

新天地及新天地时尚、百联 TX 淮海、BFC 外滩金融中心、月星环球港、港汇恒隆广场、南翔印象城、久光百货、兴业太古汇、美罗城、静安大悦城、百联中环购物中心、上海 K11、虹桥南丰城、正大广场、上海 IFC、长宁来福士、尚嘉中心、五角场合生汇、百联又一城、芮欧百货、长宁龙之梦、日月光、陆家嘴中心 L+MALL、第一八佰伴、上海 iapm、Lu One 凯德晶萃、爱琴海、华润时代广场、万象城、嘉里中心、高岛屋、OneITC、一百商业中心、恒隆广场、大宁国际广场、上海来福士、中海环宇荟、静安大融城、五角场万达广场、白玉兰广场（名单不分先后）等购物中心（广场）根据各自定位积极引入首店品牌。

从数据看，市中心繁华区域更受首店品牌青睐，仅黄浦区各购物中心引入首店 213 家，其中淮海路商圈 60 家，主要集中在 K11、TX 淮海、香港广场、中环广场、上海广场，全面升级改造的新天地 1 期有 20 家；南京东路商圈的一百商业中心、来福士、大丸百货分别收获了 7 家、5 家、4 家；外滩金融中心收获了 12 家首店。

线上直播引流线下市集吸客成亮点。2020 年 2、3、4 月份，因新冠疫情，各购物中心客流大幅减少，为维护既有会员不流失，保持入驻品牌商户稳定，各购物中心与品牌商户合作，开展线上营销，线上会员互动，线上直播带货，努力将线上流量变为线下有效客流。

高级护肤品牌林清轩从去年 2 月份开始在线下门店进行线上直播营销，林清轩创始人孙来春亲自上阵直播带货，在门店现场通过线上直播与消费者互动交流，收到很好的效果，销售逆势上扬，比同期大幅增长 145%以上，从“致暗”走向“光明”。

百联股份所属购物中心与品牌商户联手开展线上精准营销，多名购物中心老总直播带货，利用网上小程序等数字化工具有效提升了营销运营效率，扩大了销售，培育和壮大了忠实会员队伍。

为了将宅家已久的消费者尽快吸引到线下实体商场，百联中环购物中心、七宝万科广场、金桥国际广场、南方国际购物中心集团、五角场合生汇、百联青浦奥特莱斯、BFC 外滩枫泾、嘉里中心安义夜市、第一百货商业中心六合路小尖顶、百联南方商城、中海环宇荟“838 夜市”、近铁城市广场南里小街和“横町”、智慧湾布鲁熊集市、必虎艺术集市、浦东鸿街等在积报开展体验式营销的同时，充分利用各种资源，组织举办特色小吃（夜排档）、文创艺术、体育音乐、农副特色产品等各具特色的集市夜市。

据不完全统计全市近 80%的购物中心、社区中心、科创园区、商业街举办集市夜市活动，重现了“烟火气”，吸引大量市民走出家门消费娱乐，丰富了人们夜生活，为购物中心等实体商业带来了客流和销售，有效促进了新冠疫情后消费市场快速回暖。

四、二手商业物业市场交易

尽管零售行业是此次受疫情影响最严重的行业之一，但是从年度二手商业交易数据看，2020 年市场走势并未如预期呈现下滑走势，相反同比 2019 年出现 4.8%的小幅反弹，成交量上涨至 45 万平方米。二手商业市场前三季度交易疲软，投资者入市意愿不高，观望情绪较浓，四季度开始，接连中心城区小区配套商铺项目大体量交易，促成一波年末翘尾行情，大幅提振了二手商业市场的年度交易水平（见图 12-16）。

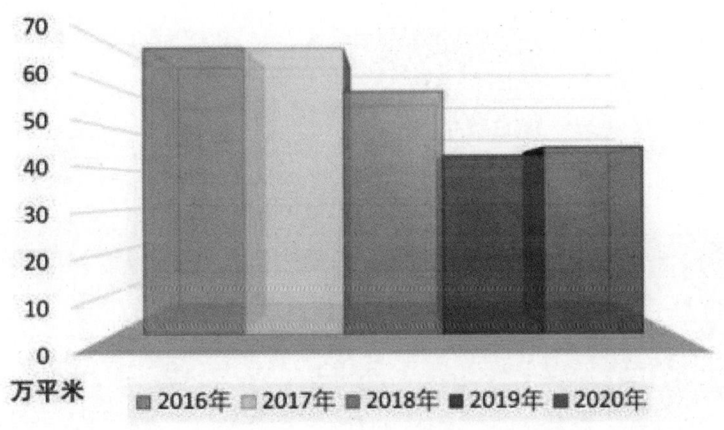

图 12-16　近五年上海二手商业物业成交走势

与一手商业市场相似，二手商业市场交易主体同样聚焦低风险收益稳定的社区配套商铺，成交主体多为外围区域的商业项目，并且中心城区高价项目交易体量持续回落，导致 2020 年上海二手商业物业年度交易总额下滑 10.8%，至 104 亿元，为近五年以来的最低点，同时整体成交均价同比下跌 14.9%，在 23 109 元/平方米（见图 12-17）。

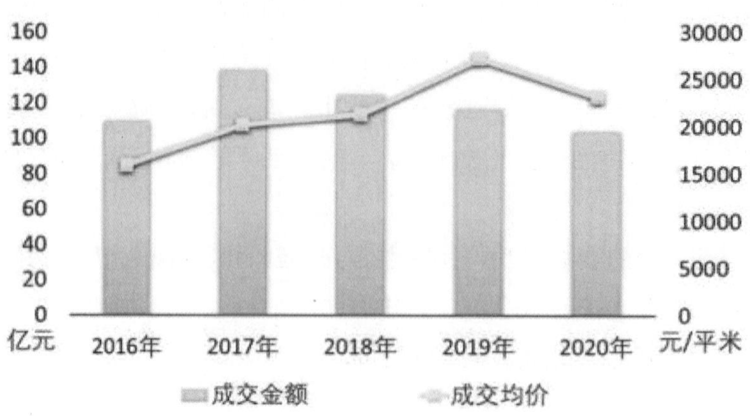

图 12-17　近五年上海二手商业物业交易价格情况

区域成交分布中，浦东新区以 6.2 万平方米的成交量获得全市二手商业交易头名，区域内核心商务区的写字楼配套商业、远郊的区域购物中心、社区配套商铺项目都在年度内受到投资市场的青睐，诞生多个热销项目；交易排名第二的松江区主要凭借社区配套和热门商住项目的支撑，年度交易在 5.7 万平方米；中心城区普陀受益于销冠项目助力区域成交跻身全市第三，整体交易量达 5.4 万平方米（见图 12-18）。

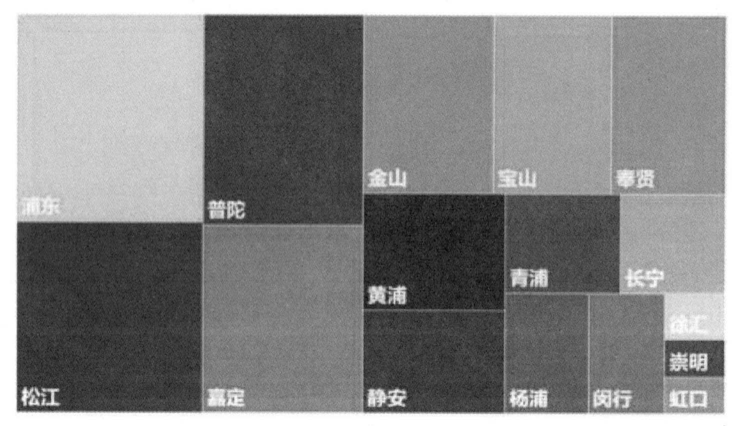

图 12-18　2020 年上海二手商业物业交易区域对比

区域价格中，虹口区再度成为全市二手商业成交价格最高行政区，由于虹口交易体量最小，受结构性影响较为显著，年内多个高端住宅小区配套商铺的交易，北外滩大型综合体商业项目成交都是带动虹口价格走高的主要推手；静安区、徐汇区分列第二、三位，成交均价分别在 42 880 元/平方米和 37 158 元/平方米（见图 12-19）。

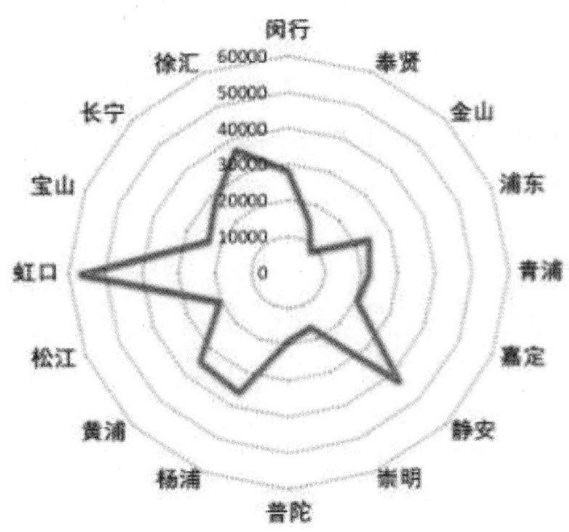

图 12-19　2020 年上海二手商业物业成交价格区域对比

第四章　别墅、高档住宅市场

从全国来看，在经历了 2018 年短暂的降温期之后，2019 年别墅、高档住宅市场明显回暖，至 2020 年，别墅、高档住宅市场成交火爆，全年总价 1 000 万元以上的高档住宅成交套数达到了近 3 万套，其中上海占据半壁江山。

一、高档住宅成交量分析

根据相关机构统计，全年价格在 1 000 万元以上别墅与高档住宅上海成交套数突破一万套，达到 10 804 套，同比增幅最大，达到 33.3%。总价在 2 000 万元以上的高档住宅，上海成交共成交 2 810 套，比 2019 年增加了 7 个百分点（见表 13-1、表 13-2）。

表 13-1　总价 1000 万元以上高档住宅成交套数情况

总价 1000-2000 万元豪宅成交套数			总价 2000-3000 万元豪宅成交套数			总价 3000-5000 万元豪宅成交套数			总价 5000 万元以上豪宅成交套数		
城市	2020 年	同比	城市	2020 年	同比	城市	2020 年	同比	城市	2020 年	同比
上海	7994	38%	上海	1583	3%	上海	971	33%	上海	256	117%

表 13-2　2019-2020 年高档住宅各总价段成交套数

1000 万元以上豪宅成交套数				2000 万元以上豪宅成交套数		
城市	2020 年	2019 年	同比	2020 年	2019 年	同比
上海	10804	8105	33.30%	2810	2731	3%

从总价 5 000 万元以上的豪宅成交数据来看，全国共成交 453 套，其中，上海以 256 套成交数量赶超去年排名首位的北京，成交量占据顶豪市场的半壁江山，同比增长达到了 117%。从成交最高价格来看，去年全国成交最高总价出自于上海的汤臣一品大厦，成交总价为 1.94 亿元（见表 13-3）。

表 13-3　5000 万元以上高档住宅成交套数

城市	2020 年	同比
上海	256	117%

二、高档住宅成交价格分析

从成交单价来看，10-15 万元/平方米高档住宅全国共成交 7 008 套，一线城市占比超过 99%，上海成交总量达到 5 388 套，占比达到 77%，成交量是有成交记录的所有城市的 3.3 倍。15 万元/平方米以上豪宅成交数据来看，全国共成交 336 套，其中上海成交 305 套，同比增长了 435%，成交套数是北京、广州和深圳的近 10 倍。最高成交均价同样出自于上海汤臣一品大厦，均价约为 32.5 万元/平方米。

实际上，不管是中高端，还是顶级豪宅，上海整体表现都较为突出。究其原因，豪宅市场的主力为高净值人群，他们的收入渠道来源多样，购买力相对充裕，置业需求稳定，受疫情影响较小（见表 13-4、表 13-5）。

表 13-4 单价 10-15 万元/平方米四城市高档住宅成交套数比较

城市	2020 年	同比
上海	5388	82%
深圳	823	-43%
北京	652	-7%
广州	124	-158%

表 13-5 单价 15 万元/平方米以上四城市高档住宅成交套数比较

单价 15 万元/平方米以上豪宅成交套数		
上海	305	435%
北京	22	9%
广州	5	150%
深圳	4	/

三、热点楼盘分析

2020 年，在全球货币宽松背景下，资产保值意识有所增加，上海全年改善产品热销，尤其是豪宅交易从年初热到年末。来自中原地产的统计数据显示，2020 年上海滩汤臣一品重登成交价最高豪宅宝座，卖出 1.97 亿；公寓类豪宅成供应主力，有楼盘一年卖出 500 余套，进账了 91 亿元；别墅类产品有项目均价 20 万元/平方米，并且还在内环内。

2020 年成交总价前十的楼盘中，主要来自上海内环及内中环区域，其中浦东陆家嘴板块的老牌顶豪汤臣一品，以单套 1.97 亿总价，32.97 万元/平方米的均价，从去年冠军古北壹号手里夺回了最贵豪宅榜首，与此同时，前十榜单中，汤臣一品占据 2 席，分列状元及榜眼高位；黄浦区的别墅代表露香园收获 2 个席位（见表 13－6）。

表 13－6 2020 年上海新建豪宅成交总价排行前十

成交总价排名	楼盘名称	板块	成交面积（M2）	类型	总价（亿元）
1	汤臣一品大厦	陆家嘴滨江	597.41	公寓	1.97
2	汤臣一品大厦	陆家嘴滨江	767.01	公寓	1.802
3	露香园	老西门	684.71	独立别墅	1.7126
4	苏河湾华侨城	不夜城	605.23	公寓	1.45
5	古北壹号	金虹桥	665.03	公寓	1.38
6	金臣源墅	华漕	752.29	独立别墅	1.2524
7	金臣源墅	华漕	739.74	独立别墅	1.215
8	金臣源墅	华漕	752.29	独立别墅	1.2126
9	绿地海珀外滩	黄浦滨江	635.04	公寓	1.1468
10	露香园	老西门	449.48	联体别墅	1.1257

徐汇区是2020年上海豪宅市场的交易主战场有3个项目上榜，而虹口区的瑞虹天地以522套成交，11.17万元/平方米的均价，揽金91.12亿元，成为2020年上海成交金额最高的公寓类豪宅项目，其金额相较于第二第三名更是直接翻倍；翠湖五集和绿地海珀外滩以55.23亿和48.56亿的成交金额，分列二、三名（见表13－7）。

表13－7 2020年上海公寓类豪宅成交总价排行前十

成交总价排名	楼盘名称	区域	成交面积（M^2）	成交量（套数）	总价（亿元）
1	瑞虹新城天悦郡庭	虹口	81 560	522	91.12
2	翠湖五集	卢湾	33 752	111	55.23
3	绿地海珀外滩	黄浦	35 125	181	48.56
4	凯旋滨江园	浦东	34 353	169	47.68
5	西康路989弄	普陀	40 220	236	44.85
6	锦绣里	普陀	40 397	275	43.08
7	尚海湾豪庭	徐汇	31 241	279	38.77
8	尚汇豪庭	徐汇	29 463	213	30.76
9	云锦东方锦园	徐汇	26 512	52	29.79
10	中海.汇德里	普陀	27 486	274	29.32

别墅类豪宅项目中，碧云尊邸以27.1亿的总成交金额，摘下年度销冠；老西门的露香园依旧表现亮眼，以20.5万元/平的单价刷新豪宅价格天花板，位居豪宅成交榜第二位，来自大宁的静安府西区虽位列第十位，但作为项目尾批也展现了自己吸金的实力，收账28.6亿（见表13－8）。

表 13－8　2020 年上海别墅类豪宅成交总价排行前十

成交总价排名	楼盘名称	区域	成交面积（M^2）	成交量（套数）	总价（亿元）
1	碧云尊邸	浦东	22 119	62	27.11
2	大华锦绣华城	浦东	18 498	66	24.39
3	露香苑	黄浦	10 714	26	21.95
4	金臣源墅	闵行	16 037	29	20.02
5	桃花源墅	闵行	13 212	62	18.61
6	江湾名邸	杨浦	9 386	54	11.52
7	合生东郊御品园	浦东	2 511	5	4.72
8	万源城	闵行	2 844	7	3.88
9	当代艺墅花园	闵行	3 591	16	3.77
10	静安府西区	静安	2 716	16	2.87

第五篇　区域

第一章　上海主要区域房地产价格

第一节　综述

2020 年房地产市场虽受疫情影响，但整体保持增长。商品房销售额为 6 046.97 亿元，比 2019 年增长 16.2%。其中，住宅销售额达到 5 268.85 亿元，较上年上升 18.2%，办公楼销售额为 469.57 亿元，商业营业用房销售额为 198.57 亿元。新建住宅销售均价 36 741 元/平方米。从区域均价看：内环线以内 118 510 元/平方米，内外环线之间 53 718 元/平方米，外环线以外 26 737 元/平方米。剔除征收安置住房和共有产权保障住房等保障性住房后的市场化新建住宅的区域均价分别为：内环线以内 118 510 元/平方米，内外环线之间 83 023 元/平方米，外环线以外 40 184 元/平方米。

2020 年，外环以内区域整体供应量同比增长 86.33%，带动成交量同步增长 49.53%。而郊区整体供应缩量较明显，同比下降 16.91%，成交上涨近 1 成。从各区来看，8 成的区域成交量大于供应量，虹口、杨浦、徐汇等传统中心区域普遍供不应求，市场热度较高。周边成交量较大的区域，如崇明、青浦、奉贤等区因供应量明显下滑，导致销供比相比去年同比均有较大幅度提升（见图 14-1）。

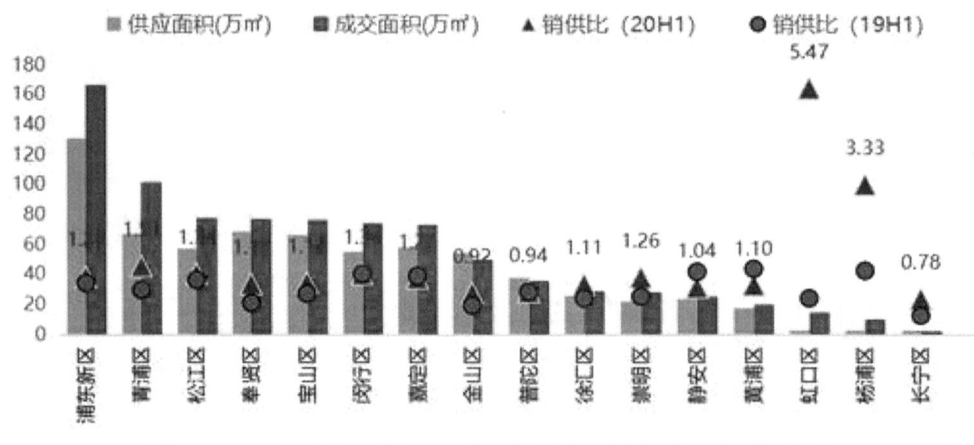

图 14-1　2020 年上海商品住宅分区域供求规模走势

第二节　上海市各区县住宅市场

一、浦东新区

2020 年浦东新区的房地产整体投资止跌上扬，同比上涨 5.8 个百分点，整体投资在 2019 年 1 000

亿元以内的基础上突破 1 000 亿元，达 1 051.51 亿元。从各类型房地产投资情况看，2020 年浦东新区办公类投资大幅增长，投资总额同比 2019 年增速上升 65.1 个百分点，同时，商业用房的投资与去年同比止跌反升，上升 48.0%。住宅和保障性住宅的投资均现下跌，分别下跌 12.4 和 23.3 个百分点（见表 14-1）。

表 14-1 2020 年年度浦东新区房地产投资情况

类型	金额（亿元）	同比增长（%）
住宅	487.40	-12.4
保障性住宅	190.71	-23.3
办公楼	251.19	65.1
商业用房	136.14	48.0
投资总额	1 051.51	5.8

2020 年浦东新区房地产施工面积总量与 2019 年相比逆势上扬，保障性住宅施工面积同比增长 13.8%；办公楼施工面积增长最高，同比上涨 24.8%；住宅施工面积同比增幅最少，上涨 3.8%，商业用房增幅上涨 9.3%。虽然年初由于疫情承压但是全年全区房地产施工面积整体上涨（见表 14-2）。

表 14-2 2020 年年度浦东新区房地产施工情况

类型	面积（万平方米）	同比增长（%）
住宅	1 881.44	3.8
保障性住宅	1 158.53	13.8
办公楼	674.41	24.8
商业用房	359.14	9.3
施工面积	3 777.35	9.5

从竣工情况看，2020 年浦东新区房地产竣工总量同比略有下跌，主要受办公楼和商业用房竣工大幅下挫的影响。其中商业用房竣工同比下降 61.3%，但是住宅和保障性住宅同比均为正增长，其中保障性住宅增长 2.4 倍（见表 14-3）。

表 14-3 2020 年年度浦东新区房地产竣工情况

类型	面积（万平方米）	同比增长（%）
住宅	293.48	23.3
保障性住宅	157.71	2.4 倍
办公楼	31.5	-44.5
商业用房	28.86	-61.3

合计	480.31	-2.7

二、宝山区

2020 年宝山区全社会固定资产投资总额 645.46 亿元，同比增长 10.0%。其中第二产业投资总额 99.05 亿元，下降 4.7%，第三产业投资总额 546.41 亿元，增长 13.2%。固定资产投资构成中，工业投资比重为 15.3%，服务业比重为 2.9%。房地产投资比重仍然最大，占 63.77%，但比去年下降 12.5 个百分点。房地产投资中，商业营业用房投资和办公楼投资占总投资的比重分别为 8.0%和 3.7%，保障房建设力度在持续加大。投资类型看，民间投资额 260.70 亿元，同比增长 6.5%（见图 14-2）。

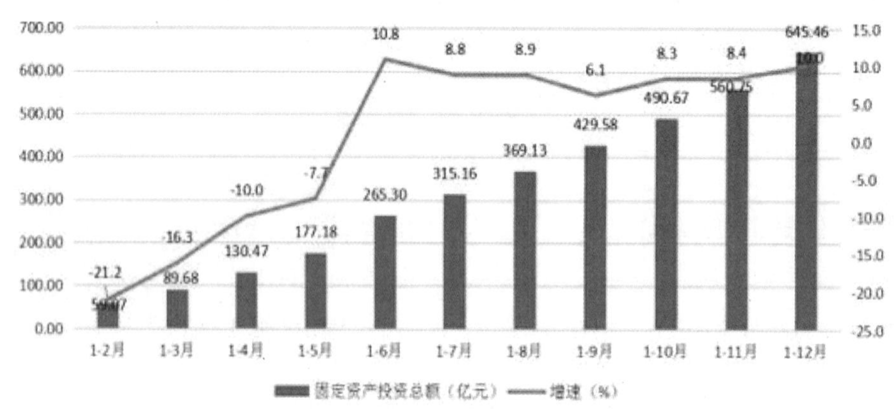

图 14-2　2020 年宝山区固定资产投资总额

全年在建项目数 707 个，同比增长 24.7%，其中新开工项目数 300 个，增长 32.7%。全年房地产业增加值 253.66 亿元，增长 7.5%。完成房地产开发投资 411.62 亿元，同比下降 2.8%，其中住宅投资 257.86 亿元，下降 11.9%；办公楼投资 15.30 亿元，下降 27.8%；商业营业用房投资 33.03 亿元，增长 28.1%。完成商品房施工面积 1488.12 万平方米，同比增长 13.4%；竣工面积 244.39 万平方米，同比增长 2.1%。实现商品房销售面积 170.33 万平方米，同比增长 36.2%；商品房销售额 438.13 亿元，同比增长 24.8%。全年完成存量房交易面积 229.48 万平方米，同比增长 12.3%；存量房交易金额 682.96 亿元，同比增长 14.6%。

全年住房保障共完成旧住房综合改造 313 万平方米。区属动迁安置房新开工 102 万平方米，建成 80 万平方米，供应 12 177 套，安置在外过渡动迁居民 2 009 户。至年末，廉租住房在保家庭 2 073 户，其中年内新增租金配租家庭 308 户。年底顾村大居拓展基地已累计开工建设 68.3 万平方米市属保障房。

三、嘉定区

2020 年嘉定区固定资产投资快速增长。全区完成固定资产投资总额 429.7 亿元，同比增长 18.3%。其中，完成民间投资 187.1 亿元，同比增长 75.0%，占全区固定资产投资总额的 43.5%，比重较去年同期提高 14.1 个百分点。四大主要投资领域呈现“三升一降”态势：房地产开发投资完成投资额 225.5

亿元，同比增长 6. 5%，拉动全区投资总额增长 3. 8 个百分点；基础设施投资完成投资额 35. 8 亿元，同比增长 70. 9%；社会事业投资完成投资额 10. 5 亿元，同比增长 2. 0%；工业投资完成投资额 106. 1 亿元，同比下降 2. 1%。（见图 14-5）。

图 14-5　2011～2020 年嘉定区固定资产投资总额和民间投资额及增幅

商品房销售面积仍呈两位数下降。2020 年，全区商品房销售面积 126. 1 万平方米，同比下降 32. 3%；其中，现房销售面积 55. 9 万平方米，同比下降 39. 4%，期房销售面积 70. 3 万平方米，同比下降 25. 5%。全区实现商品房销售额 331. 1 亿元，同比下降 18. 7%；其中，现房销售额 117. 6 亿元，同比下降 35. 4%，期房销售额 213. 5 亿元，同比下降 5. 2%。全区房屋施工面积 780. 4 万平方米，同比下降 12. 6%。房屋新开工面积 193. 5 万平方米，同比增长 14. 2%。房屋竣工面积 145. 6 万平方米，同比下降 55. 6%。

四、静安区

2020 年静安区全年完成全社会固定资产投资总额（含市直管项目）308. 06 亿元，比上年增长 30. 9%；区级固定资产投资总额 299. 99 亿元，比上年增长 32. 6%。其中，基建和更改 39. 22 亿元，增长 244. 4%；商品房投资 260. 77 亿元，增长 21. 4%。 商品房投资中，住宅用房投资 88. 18 亿元，下降 10. 4%；商业用房投资 85. 88 亿元，增长 79. 1%；办公用房投资 29. 03 亿元，增长 47. 7%。

全年住宅新开工面积 29. 52 万平方米，施工面积 110. 55 万平方米，竣工面积 22. 53 万平方米。全年商品房预售和现售套数 2 666 套，预售和现售面积 30. 56 万平方米。 其中，住宅套数 2 583 套，面积 26. 26 万平方米。全年存量房买卖登记成交 13 333 套，成交面积 105. 89 万平方米。

五、普陀区

2020 年普陀区固定资产投资保持增长。全年完成固定资产投资 292. 18 亿元，比上年增长 16. 9%。其中房地产开发投资 217. 30 亿元，增长 26. 9%；建设改造投资 74. 88 亿元，下降 4. 8%。建设改造投资中，全年完成工业投资 0. 81 亿元，下降 39. 7%；社会事业投资 9. 68 亿元，增长 42. 2%；城市基础设施建设项目投资 52. 64 亿元，下降 18. 2%。全年房地产业实现增加值 177. 96 亿元，可比增长 17. 3%。

全年完成房地产开发投资 217.30 亿元，增长 26.9%。按用途分，住宅投资 76.86 亿元，增长 10.2%；办公楼投资 71.43 亿元，增长 71.9%；商业营业用房投资 22.00 亿元，增长 40.0%。全年住宅施工面积 87.72 万平方米，增长 16.3%，其中新开工面积 22.8 万平方米，下降 18.1%。全年住宅竣工面积 12.72 万平方米，增长 35.8%。

全年新建商品房交易 5 552 套，交易面积 62.68 万平方米，比上年增长 62.8%，交易金额 386.12 亿元；全年存量房交易 16 806 套，交易面积 135.53 万平方米，增长 30.4%，交易金额 601.94 亿元（见图 14-6）。

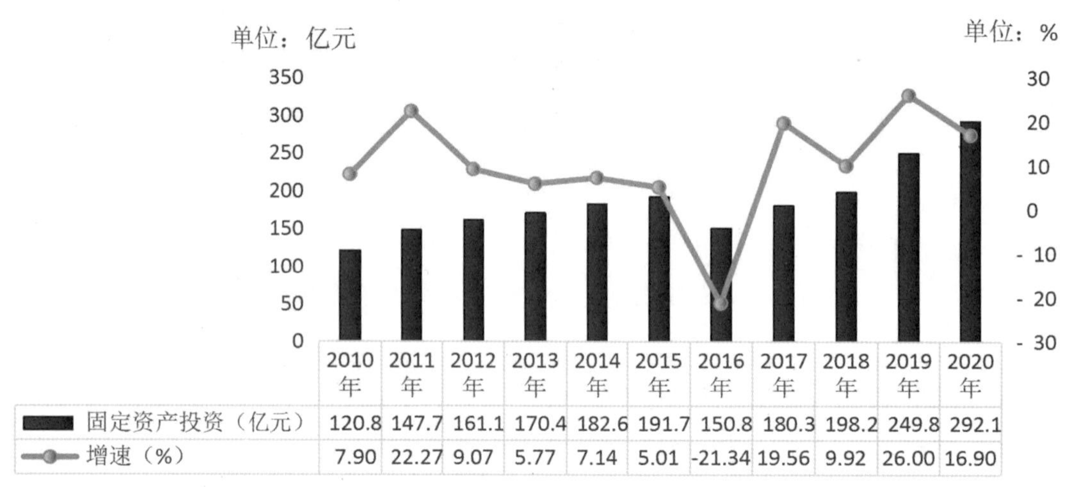

	2010年	2011年	2012年	2013年	2014年	2015年	2016年	2017年	2018年	2019年	2020年
固定资产投资（亿元）	120.8	147.7	161.1	170.4	182.6	191.7	150.8	180.3	198.2	249.8	292.1
增速（%）	7.90	22.27	9.07	5.77	7.14	5.01	-21.34	19.56	9.92	26.00	16.90

图 14-6　2010～2020 年普陀区固定资产投资

六、青浦区

2020 年青浦区社会固定资产投资完成额 598.55 亿元，比上年增长 1.1%。其中，第一产业完成投资 0.04 亿元，下降 63.1%；第二产业完成投资 65.89 亿元，增长 40.9%；第三产业完成投资 532.62 亿元，下降 2.3%。（见图 14-7）。

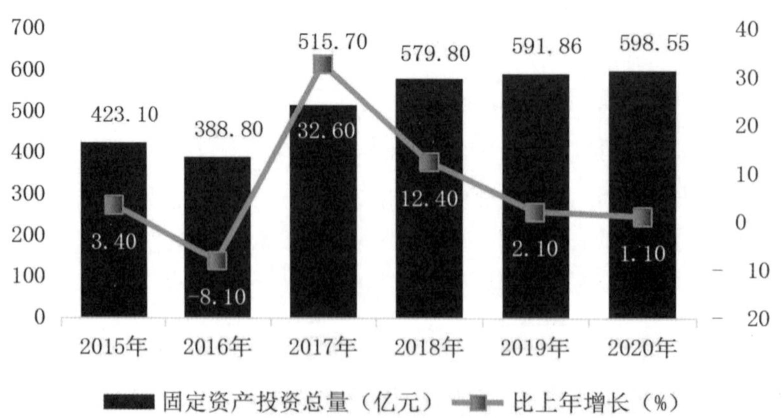

图 14-7　2015～2020 年青浦区固定资产投资

从投资邻域看，房地产完成投资 373. 54 亿元，比上年下降 1. 5%，占全社会固定资产投资的 62. 4%。其中，住宅投资 233. 52 亿元，增长 24. 2%；办公楼投资 55. 39 亿元，下降 13. 7%；商业营业用房投资 54. 64 亿元，下降 21. 8%；其他类型房地产投资 30 亿元，下降 47. 5%。

房地产产业年末房地产开发企业 159 家，开发项目 200 个。施工面积 1 102. 26 万平方米，比上年下降 10. 4%；竣工面积 220. 70 平方米，比上年下降 18. 5%；房屋销售面积 147. 88 万平方米，比上年下降 33. 1%；其中住宅销售 109. 33 万平方米，下降 38. 6%。以房屋性质划分，商品房销售 131. 56 万平方米，占 89%；保障性住房销售 16. 32 万平方米，占 11%。

商品房销售额 488. 62 亿元，比上年下降 16. 2%；其中住宅销售 433. 47 亿元，下降 15. 4%。以房屋性质划分，普通商品房销售 478. 93 亿元，占 98%；保障性住房销售 9. 7 亿元，占 2%。

全年房产交易中心登记数据显示，2020 年青浦全区新建商品住房均价为 48 199 元/平方米，比上年增长 2%；其中公寓房成交均价为 45 717 元/平方米，下降 3. 2%；花园住宅成交均价为 64 706 元/平方米，增长 10%，联列住宅成交均价 49 526 元/平方米，增长 14. 7%。

七、奉贤区

2020 年奉贤区全社会固定资产投资增势迅猛，工业投资占比有所提高。全年完成全社会固定资产投资总额 527. 3 亿元，比上年增长 13. 1%，其中，市属项目完成投资额 17. 2 亿元，同比下降 39. 8%。区属投资从产业投向看，第一产业投资 16 847 万元，同比增长 25 倍；第二产业投资 114. 0 亿元，全部为工业投资，同比增长 25. 3%，所占比重为 22. 3%，比上年提高 1. 5 个百分点；第三产业投资 394. 5 亿元，同比增长 13. 7%，所占比重为 77. 3%，比上年降低 1. 9 个百分点，其中房地产业投资 300. 2 亿元，同比增长 7. 7%。全年城市基础设施投资 37. 8 亿元，同比增长 3. 1%（表 14-5）。

14-5　主要投资领域完成情况

	1～12 月累计完成投资额（亿元）	占固定资产投资的比重（%）
工业投资	114. 0	21. 6
房地产开发投资	300. 2	56. 9
城市基础设施投资	37. 8	7. 2

注：表中三项投资不是并列指标，三项加总不等于全部固定资产投资额。

房地产市场表现活跃。全年实现房地产业增加值 73. 54 亿元，可比增长 10. 9%。全年房地产开发投资 300. 2 亿元，比上年增长 7. 7%。房屋施工面积 1 356. 0 万平方米，增长 1. 4%，其中，新开工面积 309. 1 万平方米，增长 17. 8%。房屋竣工面积 197. 0 万平方米，下降 6. 6%。全区商品房销售面积 144. 7 万平方米，同比增长 40. 0%，其中，住宅销售面积为 137. 4 万平方米，同比增长 39. 9%。全区商品房销售额 300. 9 亿元，同比增长 26. 7%。全区空置房面积 195. 3 万平方米，同比增长 35. 3%。

八、金山区

2020 年金山区全社会固定资产投资总量保持平稳增长。全年完成全社会固定资产投资 313.0 亿元，同比增长 7.2%。其中，工业投资完成 99.1 亿元，同比下降 4.2%。

全区建筑业较快增长，1～12 月完成建筑产值 119.9 亿元，较去年同期增长 7.9%。建筑房屋施工面积 373.8 万平方米，同比增长 14.5%，房屋竣工面积 70.9 万平方米，同比增长 119%。

房地产开发投资在新开工项目的带动下，保持较快增长。1～12 月金山区房地产开发投资 133.8 亿元，同比增长 28.6%；新建商品房销售面积 63.3 万平方米，较上年同期增长 22.3%；销售额 129.8 亿元，同比增长 96.4%。

重大工程实施项目稳步推进。2020 年金山区共安排 36 项重大工程和 10 项实施项目，计划总投资 904.3 亿元，年度计划投资 190.3 亿元，项目建设总体推进有序。金廊公路（松江界-亭枫公路）新建工程正式通车，大大缩短通行时间，方便市民出行。金山区固废综合利用工程（湿垃圾处置）已建成试运行，设计重点生态廊道，市级土地整治二期项目基本完工。农业路初级中学新建工程、前进中学（龙皓路初中）新建项目、复旦大学附属金山医院信建筑、住院楼项目、张堰镇社区卫生服务中心迁建工程等加快建设，农民相对集中居住稳步推进。住宅修缮项目、城区街心花园改造工程全部完成，蒙山北路幼儿园新建工程、智慧健康驿站项目、老年人日间服务中心和助餐场所建设等便民、惠民实施项目建成启用，居民健康体检项目、妇女妇科病和乳腺病筛查等民生服务持续开展。

九、崇明区

投资保持快速增长，投资结构更加优化 2020 年，在报建设项目 363 个，比上年的 235 个增加 128 个，增长 54%。新入库项目 238 个，比上年的 137 个增加 101 个，增长 73.7%，其中，计划总投资在亿元以上的项目 38 个，比上年多了 9 个。新项目、大项目的入库确保了固定资产投资全年保持良好增势。

2020 年，崇明区在花博会配套项目的推动下，全区固定资产投资总额创新高。全年完成固定资产投资 263.1 亿元，比上年增长 25.7%。，增速较三季度末加快 11.1 个百分点。从投资构成看，建设项目完成投资 166.4 亿元，占比 63.3%，增长 45%；房地产开发投资由降转增，好于预期。全年完成房地产投资 96.7 亿元，占比 36.7%，比上年增长 2.3%，扭转了自下半年以来的下降趋势（上半年下降 10%、三季度末下降 20.4%），于 12 月份实现正增长。从产业结构看，第一、二产业投资成倍增长，第三产业投资仍占绝对优势。第一、二产业全年分别完成投资 11.8 亿元和 22.6 亿元，比上年分别增长 139.6%和 581.5%，占比分别由上年的 2.4%和 1.6%，提高到 4.5%和 8.6%。第三产业完成投资 228.7 亿元，比上年增长 13.7%，占固定资产投资的比重达 86.9%（见图 14-7）。

重点建设项目投资是固定资产投资增长的关键。全年完成建设项目投资 166.4 亿元。其中，年度完成投资亿元以上的项目 39 个，完成投资额 99.2 亿元，占建设项目投资总额的近 60%。财政资金和社会资金投入实现同步增长。2020 年随着产业项目投入的增加，社会性投资明显增长，改变了以往靠加大政府投资来拉动投资增长的现象。全年完成财政性投资 144.1 亿元，比上年增长 7.5%；完成社会性投资 119 亿元，比上年增长 58.0%。

从区域分布看，城桥、长兴、陈家镇三大重点地区完成投资 70.9 亿元，增长 6.6%。

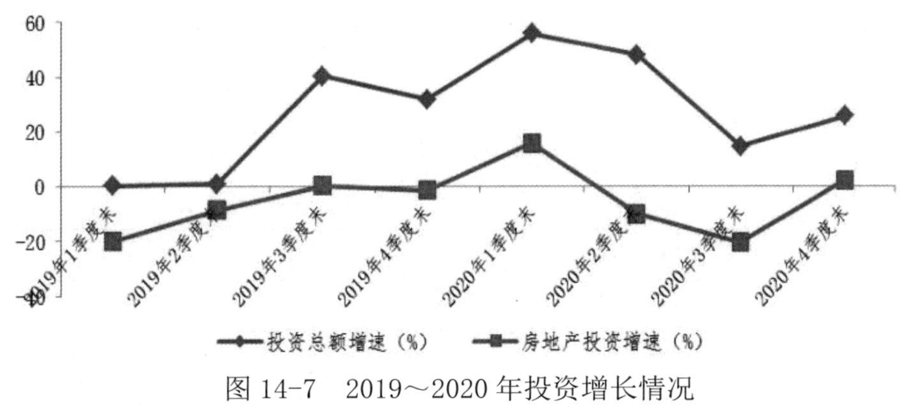

图 14-7　2019～2020 年投资增长情况

十、杨浦区

2020 年杨浦区固定资产投资完成 248.74 亿元，比上年增长 38.8%。其中，基本建设投资完成 41.68 亿元，房地产开发投资完成 201.5 亿元，工业投资完成 5.48 亿元。

重大项目，全年全区重大工程项目共 78 项，其中正式项目 64 项（新开工 26 项、建成 19 项、在建 22 项；当年开、竣工 3 项），预备项目 14 项。市政基础设施项目 22 项，社会事业项目 21 项，功能性项目共 26 项，高校项目 9 项。

住房保障，“四位一体”住房保障体系扎实推进。征收安置房全年新开工 118 街坊二期，建筑面积约 1.63 万平方米，提供房源 228 套。市筹公租房新江湾尚景园项目提供 2 201 套房源，已分配 2 073 套，分配率达 94.2%。 区筹公租房新增房源 1 214 套， 累计提供 359 5 套，已分配 2 829 套，分配率达 78.7%。 按照“应保 尽保”原则，廉租住房全年新增租金配租 652 户，发放租金 1.06 亿元。 第八批次共有产权保障住房共 708 户家庭参加了现场选房，选房率达到 70.3%。首批非沪籍共有产权保障住房共 15 户 家庭参加了现场选房，选房率达到 93.8%。第二批非沪籍共有产权保障住房共受理了 12 份申请。

房产市场，核批商品房预售 1 27 8 套 16.86 万平方米，办理商品房销售方案备案 4 383 套 33.3 万平方米。商品房预售 211 套 2.55 万平方米，成交金额 23.11 亿元。商品房现售 102 8 套 10.52 万平方米，成交金额 66.81 亿元。存量住房交易 15 174 套 96.21 万平方米，成交金额 476.64 亿元。推进租赁住房建设，完成代理经租房源 7 265 套，新增租赁住房 1 418 套。

十一、长宁区

2020 年长宁区完成全社会固定资产投资总额 154.89 亿元，比上年增长 13.4%。其中，建设项目投资 55.29 亿元，增长 36.3%，房地产开发投资 99.60 亿元，增长 3.7%。房地产开发投资中，住宅投资 29.98 亿元，增长 169.2%。

全年实现房地产增加值 102.65 亿元，比上年增长 4.5%。全年区域内房地产开发施工面积 238.6 万平方米。其中，住宅 48.3 万平方米、办公楼 56.9 万平方米、商业营业用房 51.4 万平方米。全年累计成交房屋 11 260 套，成交面积 89.76 万平方米，成交金额 435.22 亿元。其中，成交商品房 1 845 套，面积 18.53 万平方米，金额 35.08 亿元；成交存量房 9 415 套、面积 71.22 万平方米，金额 400.14

亿元（见表 14-6）

表 14-6 2020 年房地产交易情况

	单位	绝对值	增长（%）
成交套数	**套**	**11 260**	**19.1**
# 商品房	套	1 845	35.7
存量房	套	9 415	16.3
成交面积	**万平方米**	**89.76**	**21.5**
# 商品房	万平方米	18.53	42.5
存量房	万平方米	71.22	17.0
成交金额	**亿元**	**435.22**	**18.8**
# 商品房	亿元	35.08	-16.07
存量房	亿元	400.14	23.4

保障房体系建设，2020 年受理、审核廉租新申请 283 户，受理廉租复核 430 户。年内，享受廉租的户数为 2 865 户。其中，租金配租 1 766 户，实物配租 1 099 户；第八批次共有产权保障住房 674 户申请家庭参加了摇号，467 户家庭选定住房；受理市筹公租房申请 1 086 份，发放准入资格确认书 906 分，受理区筹公租房申请 1 269 份、发放准入资格确认书 1 038 份，累计分配入住 1 375 人次。

十二、虹口区

2020 年虹口区全年完成区域固定资产投资总额 237.2 亿元，比上年增长 34.6%。其中，市属项目完成投资额 2.53 亿元，下降 64.7%。区属投资按项目分类看，城市建设项目投资额 33.18 亿元，增长 106.8%；商品房开发投资额 201.50 亿元，增长 31.7%。其中，住宅投资额 50.69 亿元，增长 40.6%；办公楼投资额 45.69 亿元，下降 11.4%；商业用房投资额 31.61 亿元，增长 5.8%。

全年全区旧区改造取得历史性成绩，全年共完成旧改签约 10 000 户、25.36 万平方米。完成高标准“美丽家园”建设 104.35 万平方米。全年全区住宅施工面积 78.29 万平方米，比上年增长 8.0%；住宅竣工面积 43.9 万平方米，增长 81.4%。年末廉租家庭租金配租 3 415 户，其中年内新增廉租家庭租金配租 291 户，全年发放租金补贴 7 026 万元。年末廉租家庭实物配租 474 户。

十三、黄浦区

2020 年黄浦区完成固定资产投资总额 149.88 亿元。其中，基本建设和改造投资 9.02 亿元；房地产开发投资 140.86 亿元。全年实现房地产业增加值 169.90 亿元，可比增长 13.8%。全年区域内住宅施工面积 125.81 万平方米，住宅竣工面积 30.39 万平方米，住宅销售面积 18.17 万平方米。

全年房产交易额 677.06 亿元，同比增长 32.1%。其中，商品房预售金额 290.94 亿元，同比增长 75.4%；商品房销售金额 84.04 亿元，同比下降 33.9 %；存量房成交金额 302.08 亿元，同比增长 37.6%。

全年房产交易面积 79.02 万平方米，　同比增长 12.9%。其中，其中商品房预售 628 套，预售面积 25.82 万平方米，同比增长 77.2%；商品房销售面积 11.16 万平方米，同比下降 47.4%；存量房成交 5 046 套，交易面积 42.04 万平方米，同比增长 23.0%。

全年涉及危旧房面积 52.75 万平方米，旧改签约居民 21 100 户。全年实现 8 个项目收尾、14 个项目高比例通过二轮征询，新昌路 1 号、7 号地块、亚龙地块、董家渡 12 号地块等一批毛地项目进入收尾阶段，区内最大体量的毛地——中海建国东路项目取得实质性进展。老旧住房综合修缮超过 18.56 万平方米，受益居民超过 4 817 户，集贤邨、南昌路 110 弄上海别墅等修缮工程竣工。

稳步推进廉租住房供应，全年新增配租户数 776 户；落实廉租住房退出机制，当年退出 1 286 户。完成沪籍第八批、非沪籍第二批共有产权保障住房受理、审核。加大公共租赁住房供给，新增公共租赁住房 926 套。持续推进租赁住房市场建设，全年筹措新建和转化租赁房源 1 827 套，落实代理经租房源 2 771 套。

十四、徐汇区

2020 年徐汇区完成固定资产投资总额 324.71 亿元（不含市管项目），比上年增长 35.9%。其中，房地产投资 231.62 亿元，增长 21.4%。城镇建设与房地产项目投资的比例为 28.7：71.3。从产业投向看，投向第二产业 1.97 亿元，增长 52.4%；投向第三产业 322.74 亿元，增长 35.8%（见图 14-8）。

全年实现房地产业增加值 189.15 亿元，比上年增长 16.3%。 完成房地产开发投资 231.62 亿元，增长 21.4%；房地产施工面积 797.67 万平方米，增长 34.2%；竣工面积 101.48 万平方米，增长 612.5%。全年商品房销售面积 47.28 万平方米，增长 27.7%，其中，住宅 31.29 万平方米，增长 12.2%。 存量房交易面积 115.37 万平方米，增长 25.6%。

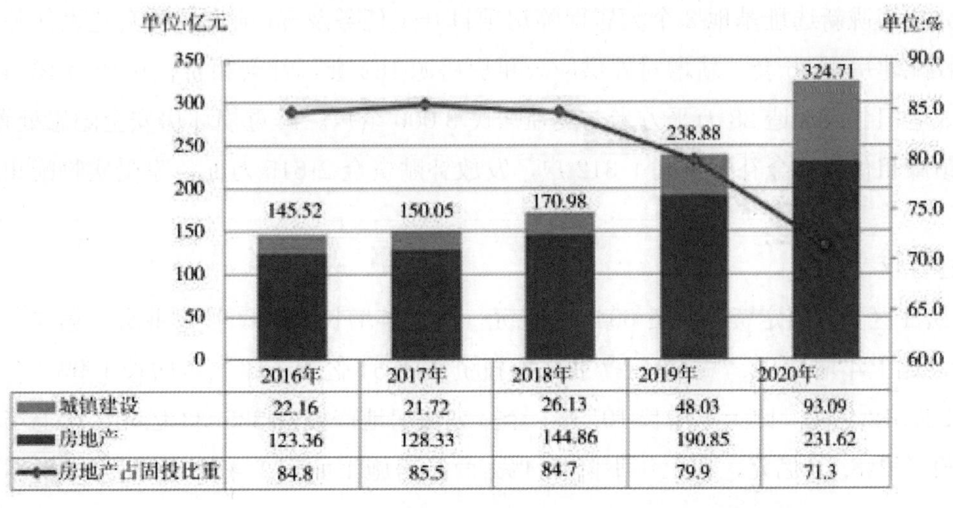

	2016年	2017年	2018年	2019年	2020年
城镇建设	22.16	21.72	26.13	48.03	93.09
房地产	123.36	128.33	144.86	190.85	231.62
房地产占固投比重	84.8	85.5	84.7	79.9	71.3

图 14-8　2016～2020 年徐汇区固定资产投资情况

十五、闵行区

2020 年闵行区完成固定资产投资 730.71 亿元，比上年增长 9.2%。其中，第二产业投资 117.59

亿元，比上年增长25.8%；第三产业投资613.11亿元，增长6.5%，占固定资产投资总额的比重为83.9%。全年完成城市基础设施投资49.36亿元，比上年下降15.5%；社会事业投资46.93亿元，增长22.0%（图14-9）。

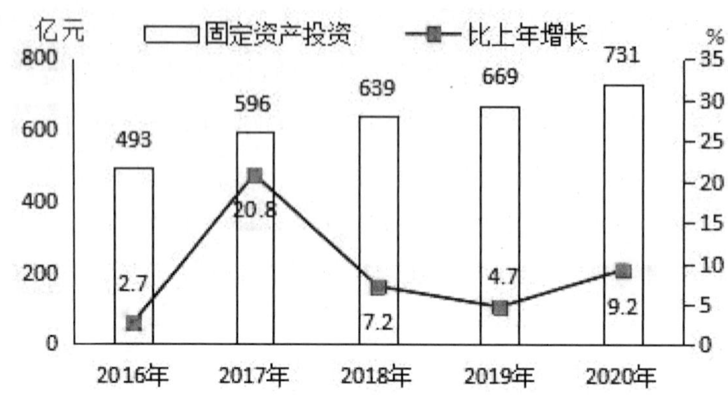

图14-9 2016～2020年固定资产投资及其增长速度

全年完成房地产开发投资417.25亿元，比上年增长9.4%。其中住宅投资213.18亿元，增长15.6%。房屋施工面积1 515.86万平方米，比上年增长3.8%，其中，房屋新开工面积346.69万平方米，比上年增长16.2%。房屋竣工面积406.55万平方米，比上年增长65.1%，其中住宅竣工277.90万平方米，增长2.5倍。全年新建商品房销售面积202.25万平方米，比上年增长0.3%；新建商品房销售金额626.25亿元，比上年增长12.9%。二手住宅成交面积291.79万平方米，比上年增长34.1%；二手住宅成交金额1 208.06亿元，比上年增长42.6%。

全年区属动迁房新开工建设2个项目、开工面积17.73万平方米，竣工3个项目、竣工面积33.05万平方米。完成梅陇新选址基地2个大居保障房项目开工任务及55项大居配套建设任务。公共租赁住房完成接收配建房源76套，新增对外供应公租房房源162套。社会租赁住房新增16 437套。

年内完成老旧住房改造28万平方米，受益居民3 000余户。严重损坏房安全隐患处置完成1 206平方米。城镇廉租住房租金补贴家庭1 312户，发放补贴资金2 615万元，享受实物配租家庭66户。

十六、松江区

2020年松江区完成固定资产投资604.76亿元，比上年增长7.7%。按产业分：第二产业完成投资200.23亿元，比上年增长21.7%；第三产业完成投资404.54亿元，比上年增长1.9%。全年实现房地产业增加值227.12亿元，比上年增长10.5%。全区完成房地产投资335.33亿元，比上年增长0.6%，其中，住宅投资248.20亿元，比上年下降3.4%。商品房施工面积1 459.18万平方米，比上年增长12.5%。

受新冠肺炎疫情影响，2020年房产交易市场呈现从冷清到放量最后高位反弹的趋势。全年新建商品房销售面积206.94万平方米，比上年增长39.1%；新建商品房销售额476.13亿元，比上年增长24.1%。全年存量房交易套数17 433套，比上年增长18.4%；交易面积177.00万平方米，比上年增长21.1%；交易金额472.55亿元，比上年增长25.1%。

全年保障房施工面积 812.43 万平方米，保障房投资 136.86 亿元，比上年增长 17.9%。保障房销售面积 102.95 万平方米。全年区属动迁安置房开工 5 015 套，竣工 6 313 套。新增供应公共租赁房项目 41 个，共 2 697 套房屋。全年为 636 户家庭发放廉租住房租金补贴约 1 290.99 万元，廉租房源已分配 216 套。

城市有机更新持续推进。旧街坊整体改造全面完成，34.55 万平方米老旧小区旧貌换新颜，受益居民 3 648 户。旧城镇改造动迁签约 8 508 户，6 个“城中村”改造项目累计动迁签约 2 827 户，腾出建设用地 495 亩。加强违法建筑综合治理，351 个居村和 18 个街镇完成无违建先进居村（街镇）创建。

第二章　上海周边房地产市场

第一节　浙江省房地产市场概况

2020 年新冠肺炎疫情在全球爆发，给经济发展带来较大冲击。中央多次降准降息，货币环境整体表现较为宽松。然而，对于房地产市场的调控力度并没有因此放松，“房子是用来住的，不是用来炒的”基本定位不变，银保监会、央行、住建部等中央部委多次召开会议强调保持楼市调控政策的连续性和稳定性。浙江省各级政府紧紧围绕这个主基调，在全国率先实现设区市“一城一策”全覆盖，重点县“一县一策”全面展开，落实城市政府主体责任，加强房地产市场调控，发展住房租赁业，完善住房保障体系。从房地产市场主要运行指标来看，2020 年全省商品房成交 10 250 万平方米，增长 9.3%。在成交价格方面，全省各市住宅价格指数涨幅均控制在年度调控区间内；在房地产投资方面，房地产投资 11 414 亿元，增长 6.8%，入库税收 2 370 亿元，增长 12.6%，房地产业增加值占 GDP7%左右。同时，浙江改革住房公积金制度。率先出台住房公积金支持老旧小区改造、加装电梯等政策，全面推行异地购房提取“全省通办”，全省归集公积金 1 756 亿元，支持住房消费 1 797 亿元。在既有住宅方面，浙江的城镇老旧小区改造工作，也在稳步推进。2020 年，全省开工改造老旧小区 622 个，惠及居民 29 万户，新增住宅加装电梯 1 751 台，主要做法被住建部推广。住房保障水平稳步提升。全省新开工棚户区改造 11.6 万套，完成投资 791 亿元；全省政府公租房累计保障人数占城镇常住人口比例超过 1.8%；绍兴市荣获国务院棚户区改造激励支持城市。

一、房地产开发投资

房地产开发投资保持增长，增幅继续回落。2020 年全省完成房地产开发投资 11 414 亿元，同比增长 6.8%，增幅略低于全国平均水平（7.0%）。分年度来看，全省房地产开发投资在经历 2015 年下降后，从 2016 年开始，房地产开发投资出现持续增长态势，2016 年、2017 年、2018 年和 2019 房地产开发投资分别达到 7 469 亿元、8 227 亿元、9 945 亿元和 10 683 亿元，增速分别为 5.0%、10.1%、20.9%和 7.4%。2020 年房地产开发投资总额持续增长，但增速继续回落，为 6.8%（见图 15-1）。

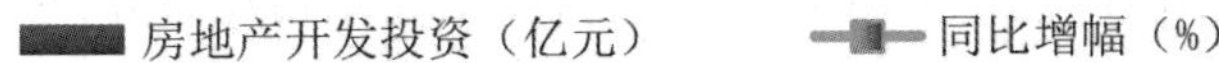

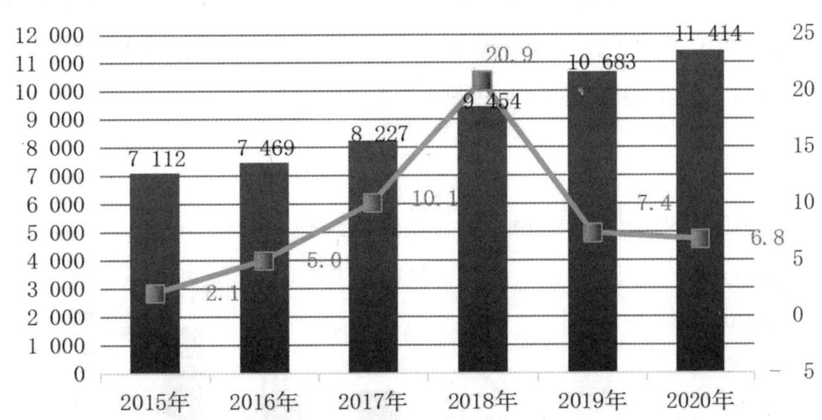

图 15-1　2015～2020 年年浙江省房地产开发投资及其同比增幅

住宅开发投资持续增长，刚需和改善住宅投资明显回升。分类型来看，2020 年全省住宅开发投资实际完成额约为 8 090 亿元，同比增长 4.7%，办公楼开发投资实际完成额约为 480 亿元，同比增长 14.3%，商业营业用房开发投资实际完成额约为 802 亿元，同比增长 2.4%，其他房屋开发投资实际完成额约为 2 042 亿元，同比增长 16.5%。其中，办公楼开发投资实际完成额在经历了三年的下降后在 2019 年、2020 年连续两年上升；商业营业用房开发投资实际完成额在经历了连续四年下降后出现了回升，上升幅度为 2.4%。住宅和其他房屋开发投资成为房地产开发投资的主要增长点，其中，住宅开发投资增速低于全国平均水平（7.6%）2.9 个百分点。

从住宅投资来看，非普通住宅开发投资同比下降，而刚需和改善住宅开发投资出现回升。2020 年全省 90 平方米以下小户型住房开发投资完成额约为 1 232 亿元，同比上升 13.9%，连续两年保持增长；90～144 平方米住房开发投资完成额为 5 343 亿元，同比上升 7.7%；144 平方米以上住房开发投资完成额 1 514 亿元，同比下降 10.1%。

分区域来看，11 个城市房地产开发投资出现分化。2020 年丽水、台州、嘉兴、绍兴、湖州等 5 个城市房地产开发投资额增长较快，同比增速分别为 26.8%、13.7%、12.3%、9.1%和 7.3%，均高于全省 6.8%的水平。宁波、舟山、杭州、金华、温州等 5 个城市房地产开发投资额虽然保持增长，但增幅低于全省平均水平。而衢州市房地产开发投资额再次出现负增长，同比下降 5.6%，是全省 11 个城市房地产开发投资唯一下降，并且连续两年下降的城市。

房屋新开工面积明显回升。2020 年，全省房屋新开工面积约为 15 875 万平方米，同比上升 24.7%，涨幅高于 2019 年（下降 1.2%）25.9 个百分点。其中，住宅新开工面积约为 10 444 万平方米，同比上升 25.1%；办公楼新开工面积约为 507 万平方米，同比下降 0.1%；商业营业用房新开工面积约为 1 060 万平方米，同比增长 16.3%；其他房屋新开工面积约为 3 865 万平方米，同比增长 30.3%。与 2019 年相比，住宅类房屋、商业营业用房、商业营业用房和其他房屋新开工面积均出现了一定增幅，仅办公楼新开工面积出现负增长，且幅度较小为 0.1%。

在房屋新开工面积中，从 2015 年到 2018 年，住宅新开工面积占比逐年增长，表明市场住宅开发日益受到开发企业青睐。2015-2018 年住宅新开工面积分别为 3 746 万平方米、4 517 万平方米、6 654 万平方米和 8 766 万平方米，占比分别为 57.3%、62.0%、65.8%和 68.1%。2019 年住宅新开工面积为 8 346 万平方米，占比出现了小幅下滑，为 65.6%，但仍处于较高水平。2020 年新开工面积为 10 444 万平方米，占比为 65.8%，较 2019 年持平（见图 15-2）。

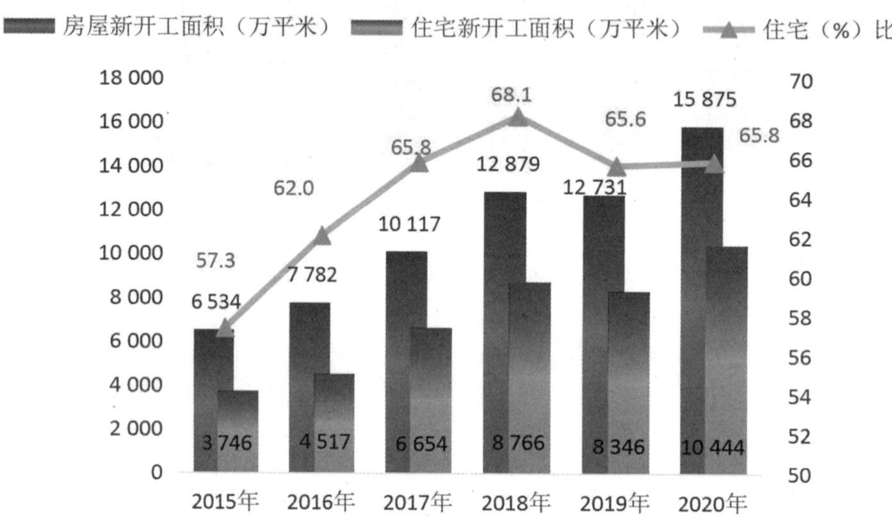

图 15-2　2015～2020 年浙江省房屋新开工面积、住宅新开工面积及其占比

刚性需求住宅新开工面积大幅度增多。2020 年 90 平方米以下住宅新开工面积 1 772 万平方米，同比增长 25.2%，与去年相比（24.6%），增长了 0.6 个百分点，仍然处于较高水平；144 平方米以上住宅新开工面积 1 410 万平方米，同比上升 20.7%（见图 15-3）。

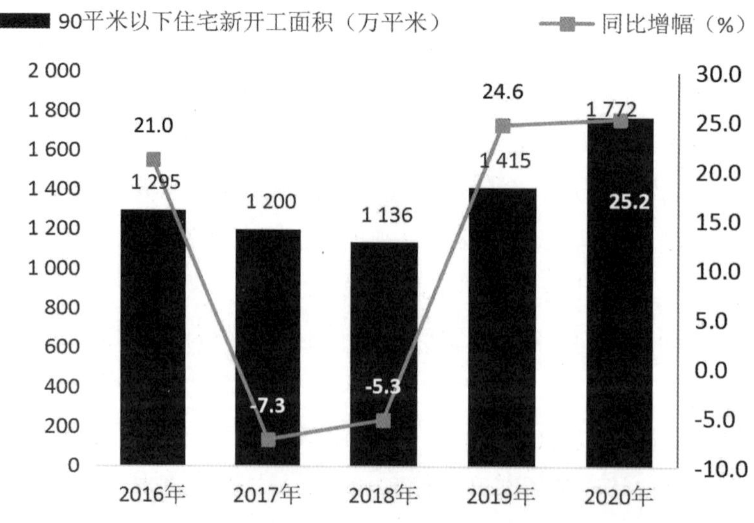

图 15-3　2016～2020 年浙江省 90 平方米以下住宅新开工面积及其增幅

商品房竣工面积保持增长。2020 年全省房屋竣工面积约为 6 693 万平方米，同比增长 16.6%。其中，住宅竣工面积约为 4 267 万平方米，同比增长 20.2%，办公楼竣工面积约为 349 万平方米，同比上升 4.8%，商业营业用房竣工面积约为 542 万平方米，同比下降 6.1%，其他房屋竣工面积约为 1 536 万平方米，同比增长 20.1%。

分年度来看，全省房屋和住宅竣工面积继 2019 年，再次出现增长。2016 年、2017 年、2018 年、2019 和 2020 年年全省房屋竣工面积分别为 7 925 万平方米、6 884 万平方米、5 190 万平方米、5 739 万平方米和 6 693 万平方米，2017 年和 2018 年同比分别下降 13.1%和 24.6%，2019 年和 2020 年分别同比增长 10.6%和 16.6%。2016 年、2017 年、2018 年、2019 年和 2020 年全省住宅竣工面积分别为 5 092 万平方米、4 339 万平方米、3 048 万平方米、3 551 万平方米和 4 267 万平方米，2017 年和 2018 年住宅竣工面积同比分别下降了 14.6%和 29.8%，2019 年和 2020 年同比增长了 16.5%和 20.2%。

二、房地产销售情况

经过 2017-2018 年商品房销售面积增幅回落、2019 年销售面积负增长之后，2020 年全省商品房销售面积出现回升。2020 年全省新建商品房销售面积约为 10 250 万平方米，同比上升 9.3%，与 2019 年增幅（-3.9%）相比，上升了 13.2 个百分点。

分类型来看，2020 年全省商品住宅销售面积约为 8 832 万平方米，同比增长 13.2%，与 2019 年（减少 1.7%）相比，上升了 14.9 个百分点，办公楼销售面积约为 288 万平方米，同比下降 17.1%，商业营业用房销售面积约为 430 万平方米，同比下降了 16.4%，其他房屋销售面积约为 699 万平方米，同比下降 1.7%。

分月度来看，全省商品房销售面积增速在经历了上半年的下降后在 6 月份由负增长转向增长状态。2020 年全省商品房销售面积增速 1 月份降至-32.7%，降幅在 2、3 月份经历了收窄后第二季度维持在 1.4%，但从 6 月份开始全省商品房销售面积增幅逐月扩张。6 月份、7 月份、8 月份、9 月份、10 月份、11 月份和 12 月份商品房销售面积增幅分别为 1.4、5.2、6.6、4.9、8.4、9.1、9.3 个百分点。

从商品房销售额来看，增幅也呈现回升趋势。2020 年全省新建商品房销售额约为 17 145 亿元，同比增长 19.5%。分年度来看，从 2016 年起，全省商品房销售额增速呈现逐年下降趋势今年首次出现上扬，与 2019 年同期增长 1.9%相比，增长幅度上升了 17.6 个百分点。分类型来看，全年商品住宅销售额约为 15 585 亿元，同比增长 19.5%，办公楼销售额约为 467 亿元，同比下降 9.3%，商业营业用房销售额约为 645 亿元，同比下降 14.9%，其他房屋销售额约为 449 亿元，同比上升 25.9%。住宅销售额和其他房屋同比增长，而办公楼、商业营业用房销售额同比下降（见表 15-1）、（见图 15-4）。

表 15-1　2014～2020 年浙江省商品房销售面积、销售额及增长幅度

年份	2014 年	2015 年	2016 年	2017 年	2018 年	2019 年	2020 年
销售面积（万平方米）	4 677	5 985	8 637	9 599.67	9 755	9 378	10 250
销售额（亿元）	4 923	6 299	9 605	12 339.99	14 090	14 325	17 145

销售面积同比（%）	22.00	-4.30	28.00	11.15	1.6	-3.9	9.3
销售额同比（%）	-8.8	28.0	52.5	28.5	16.0	1.9	19.5

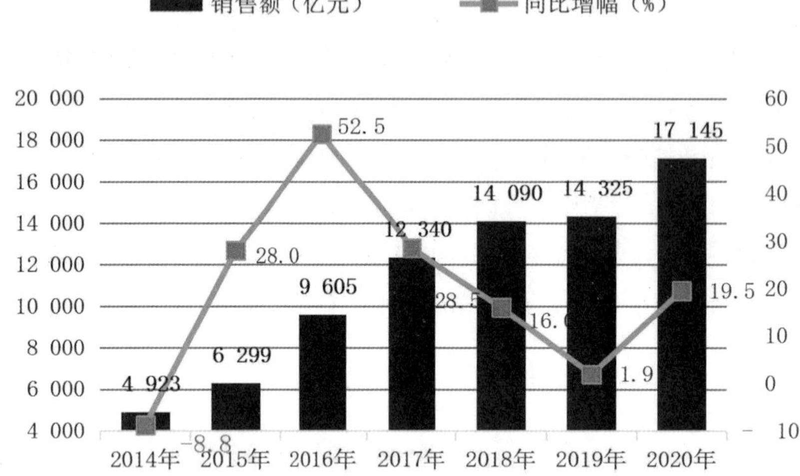

图 15-4 2014～2020 年浙江省商品房销售额和同比增幅

2020 年浙江全省 11 个城市之间商品房销售面积分化明显。杭州、宁波、温州、绍兴、嘉兴等 5 个城市销售面积保持在千万平米数量级，而舟山、衢州的销售规模相对最小。杭州市、绍兴市、嘉兴市、金华市和丽水市在 2020 年商品房销售面积出现大幅度上升，同比分别增长了 12.3%、13%、10.8%、19.7%、18.2%。与此同时，宁波市、温州市、湖州市、衢州市和台州市五个城市也出现了不同程度的上升，同比分别上升了 8.4%、5.7%、8.8%、2.6%和 0.9%。

三、房地产价格

根据浙江省房地产统计数据资料计算，2020 年全省商品房、商品住宅和非住宅商品房的平均价格分别为 16 727 元/平方米、17 646 元/平方米和 11 051 元/平方米，而 2019 年全省商品房、商品住宅和非住宅商品房的平均价格分别为 15 304 元/平方米、16 303 元/平方米和 10 347 元/平方米，同比分别上涨了 8.5%、7.6%和 6.4%。与 2019 年相比，2020 年全省商品房和商品住宅的价格上涨幅度有所增加，非住宅商品房的价格同比增长由负增长转为正增长，同比增速为 6.4%（见表 15-2）。

表 15-2 2019～2020 年浙江省商品房、商品住宅、非住宅销售主要指标

指标	2019 年			2020 年			同比增长（%）
	销售额（亿元）	销售面积（万平米）	平均价格（元/平米）	销售额（亿元）	销售面积（万平米）	平均价格（元/平米）	
商品房	14 352	9 378	15 304	17 145	10 250	16 727	8.5

商品住宅	12 723	7 804	16 303	15 585	8 832	17 646	7.6
非住宅	1 629	1 574	10 347	1 567	1 418	11 051	6.4

城市间商品房价格梯度变化不大，台绍丽同比涨幅较大。分城市看，杭州、宁波商品房价格处于第一梯队，新建商品房平均价格单价在 1.6 万元/平米以上，其中宁波同比涨幅相对较大；温州、金华、绍兴、嘉兴、舟山处于第二梯队，与上年相比，梯队内部的次序有所调整，其中绍兴的同比涨幅最大，达到 20.1%，而舟山成为全省唯一同比下降的城市，降幅达到 5%，价格在一定程度上回归；处于第三梯队的丽水、台州、衢州、湖州，内部次序也有所调整，台州、丽水涨幅明显，台州的同比涨幅为全省最高。

四、土地市场状况

（一）出让规模

2020 年，浙江省 11 个地级市共出让 5 865 宗土地，宗地数量上比 2019 年增加了 4.55%；成交土地面积 14 385.45 公顷，较 2019 年上涨 1.62%；成交土地规划建筑面积为 28 778.86 公顷，成交总价款为 9 809.41 亿元，同比增长 10.49%。2020 年虽然受疫情的影响，但浙江省土地市场土地出让数量、成交面积及成交总价均有所增长(见图 15-5）。

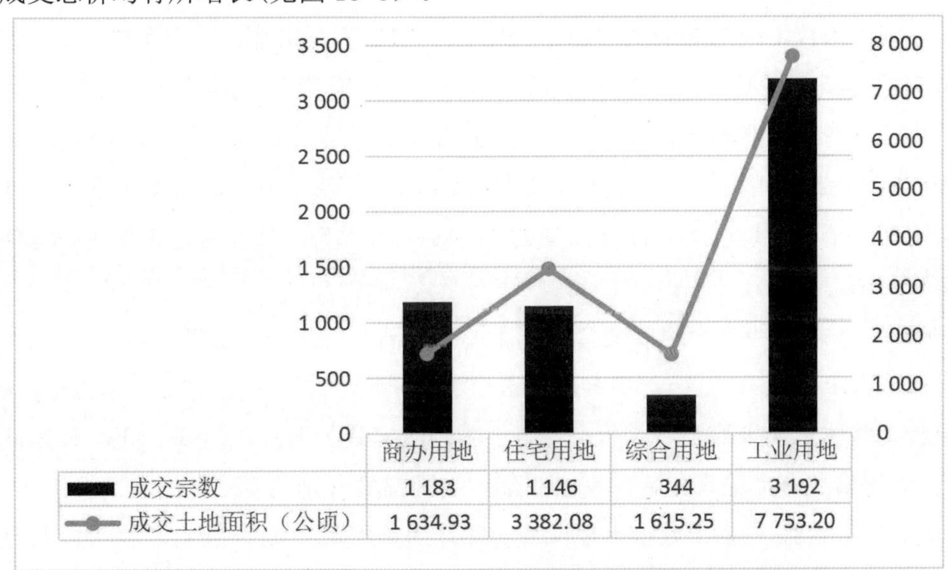

图 15-5　2020 年浙江省各类用地类型总成交宗数及面积

按用地类型分析，与 2019 年相比，住宅用地成交宗数、成交土地面积和成交可建面积有不同幅度的下降，分别为-25%、-11.96%、-13.93%，而综合用地和工业用地均有所上涨。商办用地成交宗地数量明显多于 2019 年，同比增长 31.15%，成交土地面积和成交可建面积降幅较小。浙江省土地市场需求支撑度较高，短期供应改善，但市场规模在高基数影响下增幅有限。2020 年下半年商业办公用地、综合用地和工业用地出让宗数均比上半年有不同程度的涨幅，分别增长 24.05%、60.61%、17.29%。从成交土地面积来看，下半年较上半年增加 6.53%，其中商办用地、综合用地、工业用地分别增长 11.15%、

55.44%、7.02%。仅住宅用地出让数量和规模与上半年相比出现负增长，分别为-18.10%和-13.51%。整体来看，2020 年，在调控收紧综合影响下浙江省下半年土地市场仍热于上半年。

2020 年浙江省 11 个地级市土地成交宗数情况各异，整体供应同比略涨。其中新一线城市杭州、二线城市宁波和金华土地出让宗数小幅负增长，温州等 8 个城市呈正增长。2020 年，11 个城市中虽然金华市土地成交宗数最高达到 869 宗，但较上年下降 9.38%；衢州土地出让成交宗数增长幅度最大，较上年增长 90.16%。

从 11 个城市土地成交面积看，宁波土地成交面积最高，为 2 005.85 公顷；丽水成交土地规模最低，仅 619.38 公顷。与 2019 年相比，杭州、宁波等 5 个新一线和二线城市土地成交面积小幅负增长，其中宁波降幅最大，为-16.44%，温州、湖州等 6 个城市有不同程度的增长，其中舟山涨幅最大，达到了 162.04%。

（二）出让金额

2020 年浙江省 11 个地级市土地成交金额为 9 809.41 亿元。其中，住宅用地成交金额最大，达 4 849.96 亿元，占总成交金额的 49.44%；其次是综合用地，成交金额 3 580.66 亿元，占总成交金额的 36.50%；第三是商业办公用地，成交金额 889.17 亿元，占总成交金额的 9.06%；工业用地的成交金额最少，成交金额 489.61 亿元，占总成交金额的 4.99%。

与 2019 年相比，土地成交总金额上涨了 9.07%，商办用地、住宅用地、综合用地、工业用地成交均有不同变化。其中综合用地涨幅最大，为 56.62%，其次是工业用地，上涨了 9.76%，商办用地和住宅用地成交金额较上年分别下降 12.99 和 7.43%。综合用地不论是成交面积还是成交金额都有所上升，表明土地市场供给的适应性和有效性提高，优化供应结构，差别化供地方式，避免过度依赖住宅开发与投资。与 2020 年上半年相比，下半年土地成交金额减少 9.7%。按土地类型划分，商办用地和住宅用地下半年土地成交金额出现回落，幅度分别为 7.54%和 20.27%；综合用地和工业用地涨幅较小，分别为 2.54%和 16.40%。

2020 年浙江省 11 个地级市土地成交金额差距明显，其中杭州成交金额 2 666.13 亿元，浙江省内持续领跑，舟山成交金额最低，仅有 78.85 亿元，仅占杭州的 2.96%。与 2019 年相比，浙江省 11 个地级市土地出让金整体呈现平稳正增长状态，其中衢州涨幅最为明显，达 59.30%，嘉兴涨幅最低，为 4.33%；杭州、台州和舟山土地成交金额有所回落，下降幅度分别为 10.53%、3.12%和 11.82%。

与 2020 年上半年相比，11 个城市土地成交金额均有所变动。其中杭州、温州、湖州、金华、台州土地成交金额呈现小幅回落态势，其余城市均有不同幅度的上涨，嘉兴土地成交金额涨幅明显，为 116.27%（见表 15-3）。

表 15-3 浙江省 11 地市土地成交金额及变动情况 单位：亿元

城市	2020 年上半年	2020 年下半年	相比上半年（%）	2020 年	2019 年	与 2019 年比（%）
杭州	1809.37	856.76	-52.65%	2666.13	2979.86	-10.53%
宁波	666.87	1139.27	70.84%	1806.14	1391.04	29.84%
温州	762.57	322.68	-57.69%	1085.25	1000.13	8.51%

嘉兴	254.47	550.33	116.27%	804.80	771.41	4.33%
湖州	268.50	215.86	-19.60%	484.37	401.48	20.65%
绍兴	429.93	529.08	23.06%	959.00	859.27	11.61%
金华	426.44	410.02	-3.85%	836.46	580.97	43.98%
台州	284.91	231.03	-18.91%	515.94	532.55	-3.12%
舟山	34.35	44.50	29.56%	78.85	89.42	-11.82%
衢州	97.03	164.70	69.74%	261.73	164.30	59.30%
丽水	120.27	190.46	58.36%	310.74	222.91	39.40%

除杭州、温州土地出让总收益大部分来源于综合用地外，其余城市土地成交金额大部分源自住宅用地，出让金额占总金额的比重超过 50%。其中，丽水住宅用地成交金额占比更是达到 86.52%。从土地成交金额看，土地市场仍十分依赖住宅开发和投资。

（三）出让价格

2020 年浙江省四类出让用地中综合用地楼面地价最高，为 9 642.30 元/平方米；其次是住宅用地，为 7 104.63 元/平方米；商办用地楼面地价为 2 780.51 元/平方米，工业用地楼面地价仅为 325.51 元/平方米。住宅用地、综合用地、工业用地楼面地价较去年有所上涨，分别为 7.56%、10.76%、4.67%，住宅用地涨幅较去年收窄。而商办用地楼面地价较上年回落 8.73%。2020 年上半年相比，下半年仅工业用地楼面地价呈正增长；商办用地、住宅用地和综合用地楼面地价均有所下降，分别回落 12.61%、9.52%、25.51%。

根据四类用地类型分析 2020 年浙江省 11 个地级市土地价格变动情况。从商业办公用地楼面地价水平来看，杭州楼面地价最高 4 566.66 元/平方米，嘉兴最低为 1 662.70 元/平方米。与 2019 年相比，除杭州、温州、嘉兴、衢州、丽水楼面地价呈现负增长外，其余城市均出现不同程度的上涨。其中杭州下降幅度收窄 9.29%；舟山涨幅最高，达 220.25%；金华涨幅最小，为 11.15%。

从住宅用地楼面地价水平来看，杭州楼面地价 14 226.09 元/平方米位居浙江省榜首，湖州最低为 3 863.22 元/平方米。与上年相比，除杭州和舟山楼面地价别回落 9.91%、4.67%外，宁波等 9 个城市价格上升，累计涨幅较去年有所收窄，其中金华、衢州、丽水涨幅不超过 10%。

从综合用地楼面地价水平来看，杭州楼面地价仍然保持浙江省最高，为 13 402.10 元/平方米；宁波次之，为 9 944.44 元/平方米。与 2019 年比较，杭州（12.93%）、宁波（66.31%）、绍兴（97.15%）、衢州（10.65%）楼面地价上涨外，其他城市整体出现小幅负增长，其中丽水降幅明显，达 68.23%。舟山连续三年未出让综合用地，楼面地价为零。

从工业用地楼面地价水平来看，整体保持在低位。杭州楼面地价在 11 个城市中最高，为 431.60 元/平方米；嘉兴楼面地价最低，为 209.61 元/平方米。除嘉兴和舟山较去年下跌 14.42 和 17.41 个百分点外，杭州、宁波等 9 个城市呈正增长，整体价格保持稳定，其中丽水涨幅最明显，为 56.86%。

（五）出让用途

从土地成交数量来看，2020 年浙江省共成交土地 5 865 宗，其中商办用地 1 183 宗，占总成交宗地数的 20.17%；住宅用地 1146 宗，占比为 19.54%；综合用地 344 宗，占比为 5.87%；工业用地 3 192 宗，占比为 54.42%。

从土地成交面积来看，2020 年浙江省共成交土地面积 14 385.45 公顷，其中商办用地成交面积 1 634.93 公顷，占比 11.37%；住宅用地成交面积 3 382.08 公顷，占比 23.51%；综合用地成交面积 1 615.25 公顷，占比 11.23%；工业用地 7 753.20 公顷，占比 53.90%。2020 年浙江省商办用地和综合用地（经营性公建用地）的投放量为 3 250.18 公顷，与住宅用地的投放量相当，土地出让比例协调，土地配置结构合理。2020 年商办用地、住宅用地和工业用地成交面积同比小幅调整，综合用地成交面积同比持续增长。

疫情冲击或市场周期调整下，除衢州外其余城市住宅用地成交宗数同比下降，大部分城市工业用地供应比例仍超过 50%。从商办用地成交宗数占总出让宗数来看，衢州占比最高，达到 28.69%。从综合用地出让宗数占比来看，2020 年浙江省 11 个地级市成交宗数较上年无明显涨幅。金华、台州、丽水经营性用地供应比例大于住宅用地，其他城市土地出让比例协调。除杭州、湖州和绍兴外其余城市经营性用地供应比例有所增加。

第二节　江苏省房地产市场概况

2020 年，面对新冠肺炎疫情带来的严峻考验，随着疫情防控形势持续向好和复工复产的进度加快，江苏省房地产业运行稳步回升、逐月回暖。

一、房地产开发投资情况

2020 年江苏省房地产开发投资增速稳步提升。全年固定资产投资比上年增长 0.3%。其中，国有及国有经济控股投资下降 1.7%；港澳台及外商投资增长 12.1%。民间投资下降 0.8%，民间投资占全部投资比重达 68.8%。分类型看，基础设施投资比上年增长 9.4%；房地产开发投资 13 171.27 亿元，同比增长 9.7%，其中住宅用房投资 10 416.03 亿元，同比增长 10.1%，商业用房投资 1 019.74 亿元，同比下降 4.6%。全年商品房销售面积 15 427.0 万平方米，比上年增长 10.4%。其中，住宅销售面积 13 855.7 万平方米，增长 10.4%（见表 15-4）。

表 15-4　房地产开发投资主要指标

指标名称	绝对量(亿元)	增长（%）
房地产投资完成额（亿元）	13 171.27	9.7
#住宅	10 416.03	10.1
办公楼	379.08	-5.8

商业营业用房	1 019.74	-4.6
其他	1 356.42	26.1
本年实际到位资金合计	30 223.75	12.9
上年末节余资金	6 825.51	-0.9
本年实际到位资金小计	23 398.24	17.7
国内贷款	3 842.96	24.3
利用外资	41.09	31.7
自筹资金	5 217.37	16.2
其他资金	970.97	17.4
商品房施工面积(万平方米)	67 889.46	3.4
#住宅(万平方米)	51 020.11	4.1
商品房新开工面积(万平方米)	17 672.82	8.9
#住宅(万平方米)	13 538.15	8.5
商品房竣工面积(万平方米)	11 151.04	19.0
#住宅(万平方米)	8 272.63	18.7
商品房销售面积(万平方米)	15 426.99	10.4
#住宅(万平方米)	13 855.72	10.5
商品房现房销售面积(万平方米)	2 862.65	13.4
#住宅(万平方米)	2 175.88	13.3
商品房期房销售面积(万平方米)	12 564.34	9.8
#住宅(万平方米)	11 679.83	9.9

二、房地产销售

2020 年，江苏省商品房销售增速延续 2019 年继续上升。全省全年商品房销售面积 15 426.99 万平方米，比上年增长 10.4%；其中住宅销售面积 13 855.72 万平方米，增长 10.4%，占商品房销售面积的 89.8%（见图 15-6）。

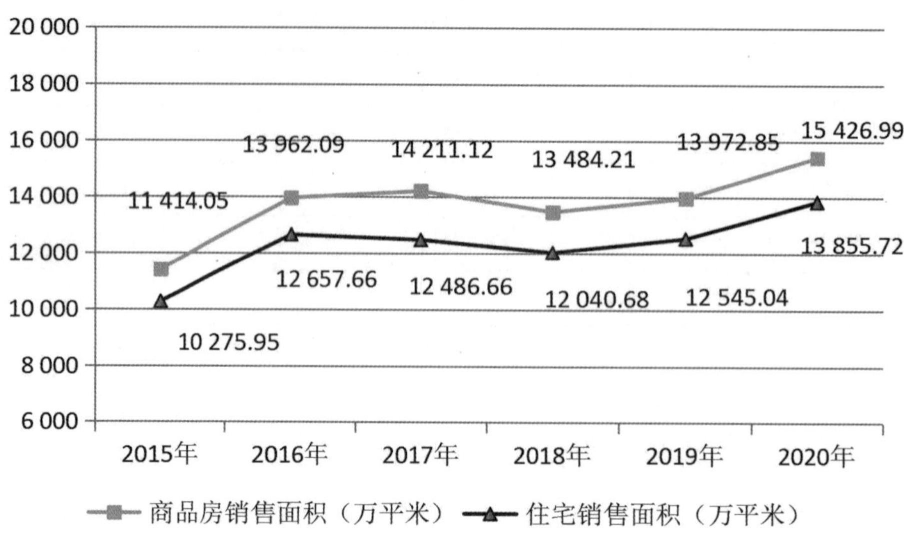

图 15-6　2015～2020 年江苏省商品房销售面积与住宅销售面积

2020 年，住宅销售面积 13 855.72 万平方米，同比增长 10.4%，比 2019 年增长 6.2 个百分点（见图 15-7）。

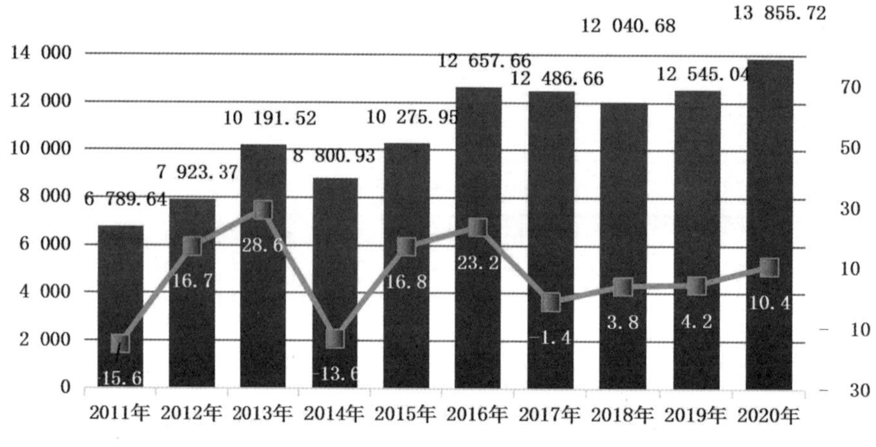

图 15-7　2011～2020 年江苏住宅销售面积及增速统计

2020 年，江苏省实现商品房销售额累计达 19 498.9 亿元，同比增长 19.4%（见图 15-8）。

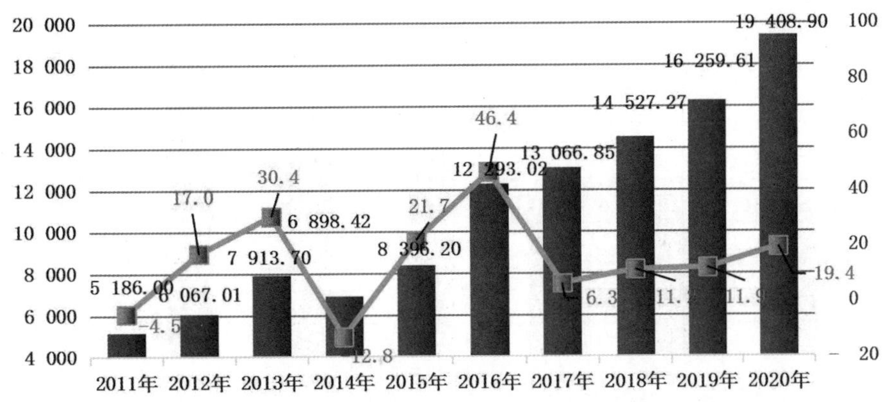

图 15-8　2011～2020 年江苏商品房销售额及增速统计

其中，住宅销售额 18 027.3 亿元，同比增长 21%（见图 15-9）。

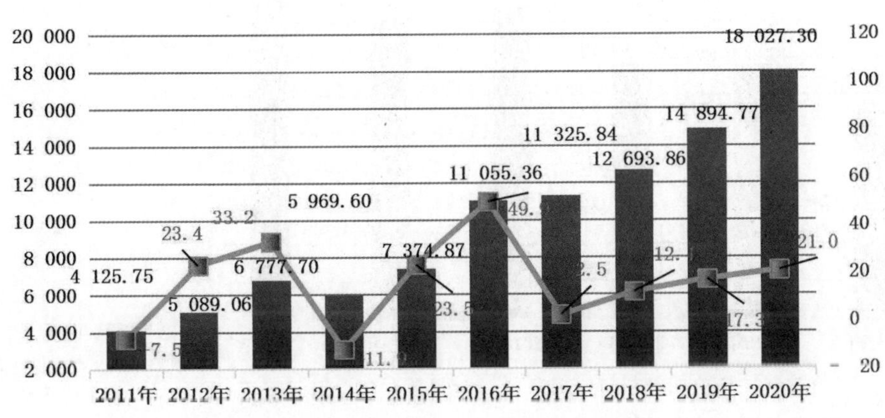

图 15-9　2011～2020 年江苏住宅销售额及增速统计

2020 年，江苏省商品房施工面积 67 889.46 万平方米，同比增长 3.4%；商品房新开工面积 17 672.8 万平方米，增长 8.9%（见图 15-10、图 15-11）。

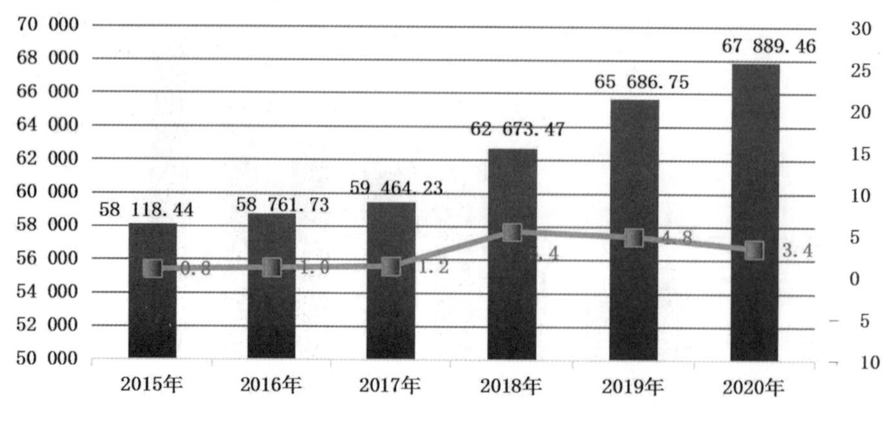

图 15-10　2015～2020 年江苏商品房施工面积及增速统计

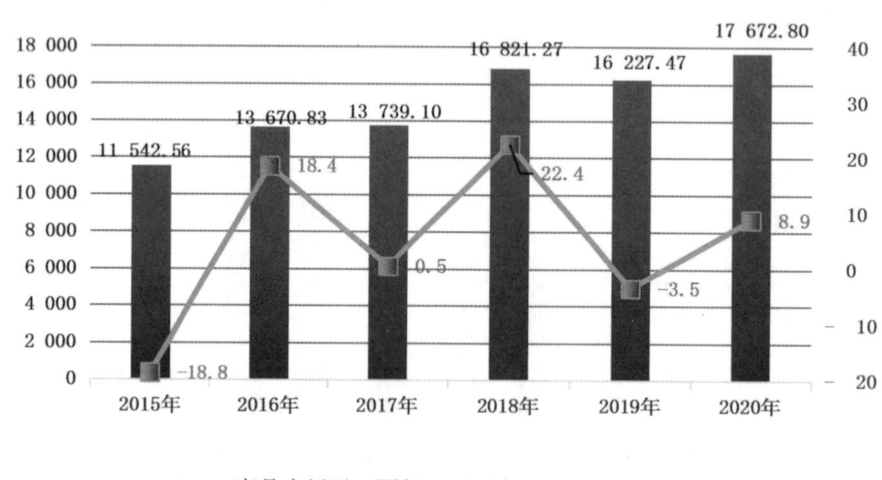

图 15-11　2015～2020 年江苏商品房新开工面积及增速统计

2020 年，江苏省商品房竣工面积 11 151.04 万平方米，同比增长 19.0%；其中，住宅竣工面积 8 272.63 万平方米，同比增长 18.7%（见图 15-12、图 15-13）。

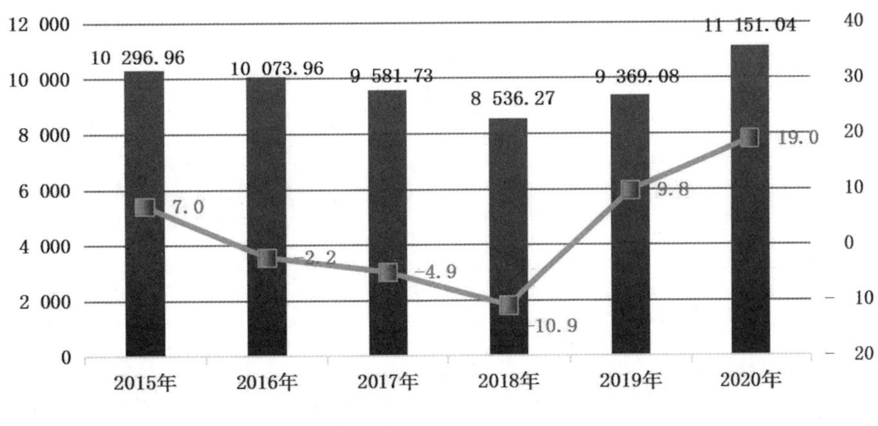

图 15-12 2015～2020 年江苏商品房竣工面积及增速统计

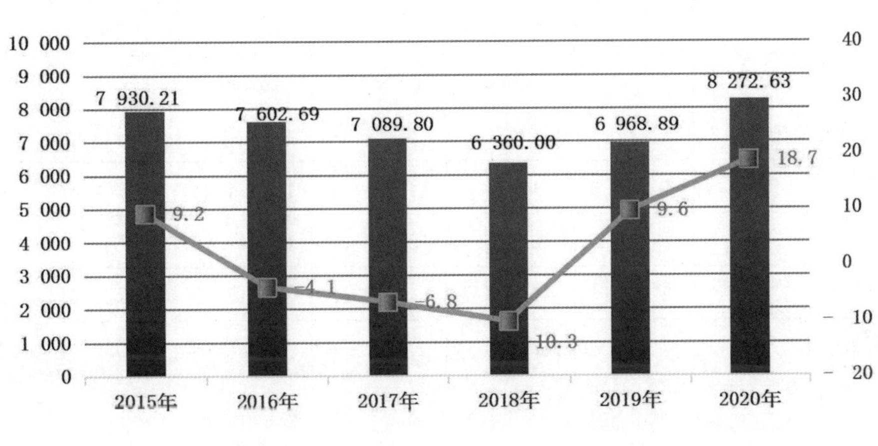

图 15-13 2015～2020 年江苏住宅竣工面积及增速统计

表 15-5 房地产开发投资主要指标

指 标	2010 年	2015 年	2017 年	2018 年	2019 年	2020 年
投资完成额（亿元）	**4 299.38**	**8 153.68**	**9 629.11**	**10 982.34**	**12 009.35**	**13 171.27**
按构成分						
#建筑安装工程	2 897.21	6 186.30	6 566.11	6 578.52	6 917.30	7 345.99
设备工器具购置	41.09	118.93	126.17	147.77	178.49	158.02
按工程用途分						
住宅	3 158.46	6 080.21	7 315.28	8 366.18	9 461.98	10 416.03

#90 平方米以下	733.15	1 773.41	1 631.99	1 388.47	1 262.66	1 203.69
#140 平方米以上	744.76	1 248.38	1 636.62	1 989.44	2 146.21	2 088.26
办公楼	154.61	344.07	423.70	400.71	402.35	379.08
商业营业用房	611.08	1 130.91	1 209.62	1 198	1 069.16	1 019.74
其他	375.23	598.50	680.51	1 017.42	1 075.86	1 356.42
按资金来源分						
国内贷款	1 515.66	1 877.93	3 029.54	2 841.45	3 091.16	3 842.96
利用外资	92.76	44.91	29.07	63.55	31.20	41.09
自筹投资	2 031.38	3 416.80	3 278.81	4 220.67	4 491.33	5 217.37
其他投资	4 382.54	6 700.36	10 226.04	10 672.78	826.98	970.97
房屋建筑面积（万平方米）						
施工面积	35 106.90	58 118.44	59 464.23	62 673.47	65 686.75	67 889.46
#住宅	26 347.13	42 315.98	43 554.54	46 328.92	49 010.85	51 020.11
竣工面积	8 696.28	10 296.96	9 581.73	16 821.27	9 369.08	11 151.04
#住宅	6 553.53	7 930.21	7 089.80	6 360.00	6 968.89	8 272.63
商品房销售情况（万平方米）						
房屋销售面积	9 485.47	11 414.05	14 211.12	13 484.21	13 972.85	15 426.99
#住宅	8 112.37	10 275.95	12 486.66	12 040.68	12 545.04	13 855.72
#90 平方米以下	1 583.11	1 896.76	1 907.66	1 468.14	1 223.61	1 134.20
#140 平方米以上	1 816.86	1 533.98	2 095.99	2 177.88	2 033.47	2 286.30

第三节　苏州市房地产市场

2020 年，苏州市的房地产市场表现尽管受到年初疫情的巨大影响，但依然走出了先抑后扬、稳步回温的特征。“人才新政”、“落户放宽”、“库存高位”、“土地拍卖”等热点成为了 2020 年苏州房地产市场的热门话题。从整体来看，“稳”依旧是 2020 年苏州房地产市场的关键词。

受年初疫情的影响苏州房地产市场短暂的按下了暂停键，在土地出让政策的调整、人才政策的加码、户籍新政的落地、LPR 利率的下调等多重利好下，市场热度逐步恢复。但是整体精细化调控原则依旧保持不变，“坚持房住不炒，并用一城一策的调控措施，把稳地价、稳房价、稳预期落到实处，促进房地产市场平稳健康发展。”这也成了苏州楼市发展的目标。

一、房地产投资情况

2020年，苏州市房地产市场平稳发展。全年完成房地产开发投资2 673.7亿元，比上年下降0.5%，其中住宅投资下降1.7，增速比上年回落2.9个百分点%。房地产开发投资占全社会固定资产投资的51.2%，占比较上年回落3.3个百分点。房屋新开工面积2 398.6万平方米，下降13.1%，其中住宅新开工面积1 846.3万平方米；房屋施工面积12 385.6万平方米，增长2.0%，其中住宅施工面积9 133.0万平方米；房屋竣工面积1 545.7万平方米，增长20.4%，其中住宅竣工面积1 191.5万平方米，同比上年增长18.9%；商品房销售面积2 192.2万平方米，增长0.6%，其中住宅销售面积1 993.9万平方米，增长0.5%。

二、房地产交易情况

新房市场，2020年全年新房总签约108 262套（含政策性住房），同比2019年下跌6.53%，其中新房住宅签约93 255套（含政策性住房），同比2019年上涨7.98%；新房非住宅签约14 980套，同比2019年下跌49.17%。2020年总签约数相较于2019年略有下滑。

2020年全年新房总签约面积12 657 759 ㎡（含政策性住房面积），其中新房住宅签约面积11 405 173 ㎡；新房非住宅签约面积1 262 340 ㎡。从新房签约面积来看，基本与签约量基调一致。

从区域签约来看，吴江区签约量拔得头筹，签约29 493套，占比27%；吴中区紧随其后，签约26 669套，占比25%；高新区今年以来推新明显，商品住宅新增供应情况非常突出，位居第三。姑苏区、工业园区因供应不足的原因，签约量较少。

存量房市场，2020年全年存量房总签约66 103套，同比2019年下跌38.29%，其中存量房住宅签约57 182套，同比2019年下跌40.20%；存量房非住宅签约8 921套，同比2019年下跌22.38%。2020年苏州市存量房市场远不及去年同期水平，同比下跌38.29%。开年以来受疫情影响，小区限制进入的问题影响了整体带看；3月开始签约略有回温，但是上半年受到新房市场供应加大及限价的影响，客户的可选择余地增加，导致部分购房客户流向新房市场；7月购买学区房热度消退后，整体签约逐步回落。在新房市场供应积极的情况下，二手房市场热度大大低于去年同期水平，目前总价较低的安置房、老新村交易比较活跃，次新房小区转手出货置换也较为普遍。

2020年全年存量房总签约面积7 091 861 ㎡，同比2019年下跌38.04%；其中存量房住宅签约面积5 821 839 ㎡，同比2019年下跌40.25%；存量房非住宅签约面积1 269 971 ㎡，同比2019年下跌25.44%。从存量房签约面积来看，基本与签约量基调一致。

从区域签约量来看，姑苏区、吴中区、吴江区2020年全年存量房签约总量占据前三甲位置。目前，总价较低的安置房、老小区因周边配套齐全、得房率高、购房起步门槛低等原因有较为频繁的流通现象；其次是次新房小区转手出货置换也较为普遍。

根据V估价智能评估系统监测，复工后房地产市场逐步回温，新房市场积极推新，存量房市场陆续回暖，城市房价呈现出平稳上行趋势，整体持续稳定。

根据V估价智能评估系统监测2020年度城市房价，2020年全年大市范围举行了多场土拍，其中苏州市区共进行了共有341宗地块成功出让，与2019年同比上涨25.83%。出让地块中，纯住宅地块

171 宗，商住混合地块 59 宗，商服地块 92 宗，其他地块 19 宗。共计出让地块总面积 1 356.33 万平方米，与 2019 年同比上涨 16.94%；成交总价 1 877.53 亿元，与 2019 年同比上涨 4.23%；平均楼面价 6 886 元 / ㎡，与 2019 年同比下滑 16.61%；总溢价率 7.23%，同比去年下滑 5 个百分点。2020 年土地供应明显增加，但平均楼面价反而有所下滑。考虑到转化周期，对于未来 2 年的房价肯定有一定的平抑作用。

土地市场，2020 年全年月度成交情况，从苏州大市各区域土地出让宗数来看，主城区（含吴江区）延续供地大户趋势，共出让地块 117 宗，全市占比 34.31%；张家港市位列第二，出让地块 88 宗，全市占比 25.81%；太仓市排名第三，出让地块 61 宗，全市占比 17.89%。

从今年苏州土地市场整体来看，总体表现较为活跃，不断增加涉宅用地供给，充实新房库存储备。去年“7.24”楼市政策首次提出的住宅用地鼓励实行“限房价、限地价”出让方式，从土地源头控制，提升拿地门槛，提醒房企谨慎拿地，房企大多以底价、低溢价率拿地。今年出台了土拍政策调整以及各区人才落户新政，增加了房企对苏州市场的信心，确保房地产市场平稳健康发展。“稳地价、稳房价、稳预期”效果进一步显现，苏州楼市保持健康稳定发展的轨道。

三、土地市场情况

2020 年，苏州土地市场供求走高，上半年供地较快，下半年整体放缓。供地主要集中在常熟、张家港市，其次为吴中、吴江区域。1～12 月，市区、常熟、张家港共供应 226 幅商品房用地，其中市区占据 112 幅；总供应约 1 155.4 万平方米，涉宅用地占有率达 78%，纯住宅、商住挂牌楼面均价分别为 12 854 元/平米和 9 405 元/平米（见表 15-6）。

表 15-6　2020 年苏州各区土地供应挂牌楼面价

区域	供应幅数	占比	占地面积（万 M2）	总建面（万 M2）	挂牌楼面价（元/M2）
姑苏区	7	3%	20.1	49.3	15 328
高新区	13	6%	89.8	130.8	11 616
吴中区	35	15%	138.7	314.6	10 994
相城区	18	8%	102.8	229	9 509
常熟市	46	20%	203.7	408.9	6 117
张家港市	68	30%	200.6	426.7	3 311
吴江区	29	13%	147.4	309.9	5 847
工业园区	10	4%	46	121.8	12 409
合计	226	100%	948.9	1 990.9	7 609

成交与供地量同步，2020 年无流拍地块，纯住宅用地成交楼面均价为 14 216 元/平米，溢价率为 10%。2020 年，1～12 月市区、常熟、张家港共成交 215 幅商品房用地，其中主城区占据 50 幅，总成

交约 1 076 万平方米，涉宅用地占有率为 76%，纯住宅、商住成交楼面均价分别为 14 216 元/平方米和 11 392 元/平方米，纯住宅用地溢价率为 10%（表 15-7）。

表 15-7　2020 年苏州各区土地供应成交楼面价

区域	成交幅数	占比	占地面积（万 M2）	总建面（万 M2）	成交楼面价（元/M2）
姑苏区	7	3%	20.1	49.3	17 136
高新区	12	6%	77.8	108.3	13 566
吴中区	37	17%	137.8	312.3	11 901
相城区	17	8%	99	221.4	10 365
常熟市	42	20%	155	294.2	7 328
张家港市	65	30%	196.1	423.6	3 570
吴江区	28	13%	142.6	318.2	5 960
工业园区	7	3%	34.1	67	19 431
合计	215	100%	862.5	1 794.3	8 467

2020 年纯住宅地块供应占比 59%，商住地块供应占比 23%，成交集中 2 季度，成交面积达 622.5 万方。2020 年苏州（六区+常熟+张家港）土地供应合计 1 990.9 万平方米，同比上涨 40%。成交合计 1 794.3 万平方米，同比上涨 20%。分阶段看：从供应来看，上半年供应 133 幅，下半年供应 73 幅，供应量集中 1～2 季度，3～4 季度明显放缓；从成交来看，2 季度为主力成交期，成交达 87 幅；

2020 年苏州（六区+常熟+张家港）成交楼面价为 8 467 元/平方米，同比下跌 17%，土拍溢价率为 9%，分阶段看：1 季度成交楼面均价为 6 789 元/平方米，同比降低 40%，主要原因是成交土地性质集中在纯商业用地，拉低整体均价；2 季度多幅优质宅地上市，成交楼面价为 8 939 元/平方米，同比降低 36%，溢价率为 10%，由于商住用地拉低溢价率，相较 2019 年有所下降明显；3 季度成交楼面价为 11 069 元/平方米，以市区范围内地块成交为主，同比上涨 10%，溢价率为 9%；4 季度成家楼面价为 6 296 元/平方米，市区、县市成交占比一，相当，同比下跌 17%，溢价率为 7%。

第四节　杭州市房地产市场

2020 年，杭州市房地产市场于年初疫情缓解后明显回暖，投资增速稳步回升，销售市场热度较高，其中新房销售保持暖市格局。

自 2016 年开始，杭州市土地成交金额和面积呈现持续增长态势，直至 2020 年受到相关土地出让节奏的影响才出现小幅下降，土地市场整体上仍保持暖市格局。

一、房地产投资情况

全市房地产开发投资 3 575 亿元，比上年增长 5.3%，增速分别比一季度、上半年、前三季度提高 7.5、2.6 和 1.5 个百分点。其中，商品住宅投资 2 216 亿元，同比增长 0.8%；办公楼投资增长 11.5%，商业营业用房投资增长 3.5%。

全市商品房施工面积 13 310 万平方米，增长 11.0% ，增幅较上年上涨 8.9%，其中，住宅施工面积 6 959 万平方米，同比增长 11.1%；商品房新开工面积 3 543 万平方米，增长 45.5%，其中，住宅新开工面积 2 110 万平方米，比上年增长 56.6%；商品房竣工面积 1 799 万平方米，比上年增长 4.1% 其中，住宅竣工面积 934 万平方米，下降 3.1%。

新房销售保持暖市格局。2020 年，全市新建商品房销售面积 1 699 万平方米，比上年增长 12.3%，增速同比提高 22 个百分点。其中，住宅销售面积 1 472 万平方米，增长 14.6%；办公楼销售面积 311 万平方米，增长 11.5%；商业营业用房 30 万平方米，增长 3.5%。商品房销售额 4 595 亿元，增长 17.1%（见表 15-6）。

表15-6　2020年杭州分地区房地产开发投资

指标	全市	市区					桐庐县	淳安县	建德市
		合计	萧山区	余杭区	富阳区	临安市			
房地产开发投资额(万元)	**35753272**	**34649351**	**8281111**	**6602523**	**1845175**	**2780110**	**369779**	**364540**	**369602**
#住宅	22156019	21383188	5231166	4326164	1532519	2066303	273311	268986	230534
办公楼	3114466	3098583	689230	521240	55975	78445	7050	1012	7821
商业营业用房	2978052	2862779	613926	397537	94012	134346	33434	30493	51346
其他	7504735	730480	1746789	1357582	162669	501016	55984	64049	79901
房屋建筑面积(万平方米)									
施工面积	13310	12458	2953	3045	797	1307	241	286	326
#住宅	6959	6406	1529	1818	518	839	172	176	206
新开工面积	3543	3304	674	804	303	394	84	111	44
#住宅	2110	1969	403	522	195	281	55	64	22
竣工面积	1799	1641	513	492	54	160	37	24	97
#住宅	934	829	242	317	21	106	17	21	67

二、房地产交易情况

2020 年杭州市区商品房销售总金额为 4 595.5 亿元，主城区销售金额为 4 418.4 亿元，余杭区成交金额为 1 059. 0 亿元，萧山区成交金额为 1 109. 2 亿元。其中住宅销售金额，全市为 4 039. 3 亿元，市区为 3 874. 4 亿元，萧山区为 987. 5 亿元，余杭区为 984. 8 亿元。现房销售，全市 247. 2 亿元，市区为 229. 8 亿元，萧山区 23. 4 亿元，余杭区 56. 9 亿元。现房住宅销售，全市 160. 1 亿元，市区 147. 0 亿元，萧山区 8. 0 亿元，余杭区 39. 2 亿元（表 15-7）。

表15-7　2020年杭州市商品房销售情况

指标	全市	市区					桐庐县	淳安县	建德市
		合计	萧山区	余杭区	富阳区	临安市			
销售金额(万元)	**45954860**	**44184187**	**11091787**	**10589695**	**3398082**	**520452**	**670734**	**434258**	**665681**
#住宅	40392669	38743852	9875163	9848541	3121765	5008523	626227	410132	612458
现房销售额（万元）	2472238	2297686	233504	568651	110603	21030	74698	52343	4751
#住宅(万元)	1601302	1470214	80082	392537	37294	180840	49975	43221	37892
期房销售金额（万元）	43482622	41886501	10858283	10021044	3287479	4994226	596036	381915	618170
#住宅(万元)	38791367	37273638	9795081	9456004	3084471	482768	576252	366911	574566
销售面积(万平方米)	1699	1574	382	407	163	269	40	32	54
#住宅(万平方米)	1472	1357	339	370	146	254	35	29	50
现房销售面积（万平方米）	109	93	14	24	8	15	7	4	5
#住宅(万平方米)	58	48	3	15	2	12	4	3	3
期房销售面积（万平方米）	1591	1481	368	383	156	254	32	28	50
#住宅(万平方米)	1413	1309	336	355	144	242	31	27	47

三、房地产价格情况

2020 年，杭州市房地产销售均价为 27 048 元/平方米。其中，市区销售均价为 28 071 元/平方米，余杭区销售均价为 26 019 元/平方米，萧山区销售均价为 29 036 元/平方米。现房销售，杭州市均价为 22 681 元/平方米，市区均价为 24 706 元/平方米，余杭区均价为 23 694 元/平方米，萧山区销售均价为 16 679 元/平方米。

2020 年，杭州市住宅销售均价为 27 441 元/平方米。其中，市区销售均价为 28 551 元/平方米，余杭区销售均价为 26 618 元/平方米，萧山区销售均价为 29 130 元/平方米。现房住宅销售，杭州市均价为 27 609 元/平方米，市区均价为 30 629 元/平方米，余杭区均价为 26 169 元/平方米，萧山区销售均价为 26 694 元/平方米。

四、土地市场情况

纵向对比来看，自 2016 年开始，杭州全市土地成交金额和面积呈现持续增长态势，直至 2020 年受到相关土地出让节奏的影响才出现小幅下降，土地市场整体上仍保持暖市格局。

2020 年，杭州全市共成功出让土地 288 宗，总出让面积 973.0 万平方米，同比下降 7.3%；总成交金额 2 611.2 亿元，同比下降 5.0%。从 2020 年整体情况来看，年初疫情并未对土地市场的热度造成影响，在“双限”政策下，2020 年杭州全市共有 35 宗涉宅地块竞拍至自持，市区范围内仅有 11 宗涉宅地以底价成交（见图 15-18）。

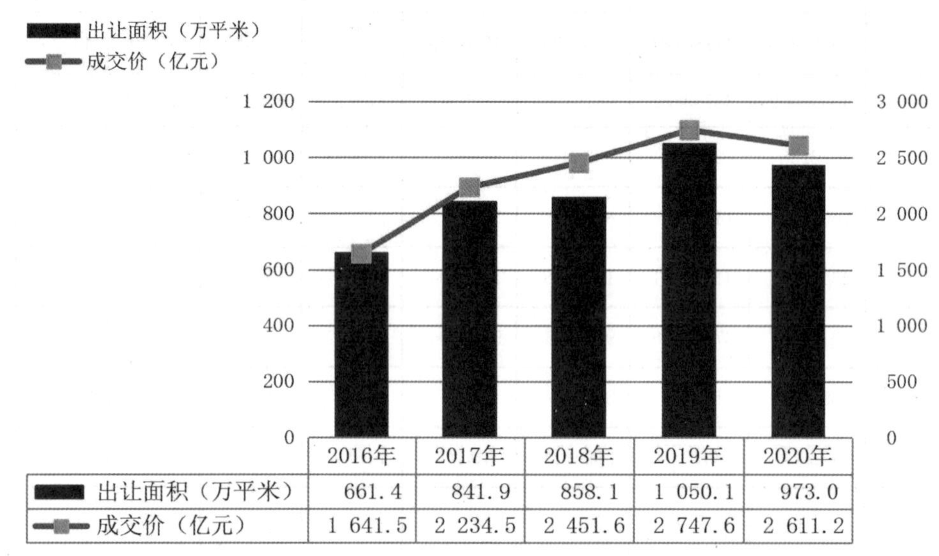

图 15-18　2016～2020 年杭州全市土地成交情况年度走势

从区域来看，主城区可建面积和成交金额均位列首位，成交金额占比近 4 成。主城区（不含钱塘新区）全年共成交 79 宗土地，总建筑面积 555.5 万平方米，成交金额 942.7 亿元，占总成交金额的 36.1%；萧山区共成交土地 42 宗，总建筑面积 520.5 万平方米，成交金额 646.6 亿元，占总成交金额的 24.8%；余杭区成交土地 39 宗，总建筑面积 334.4 万平方米，成交金额 410.3 亿元，占总成交金额的 15.7%；钱塘新区共成交 14 宗土地，总建筑面积 194.2 万平方米，成交金额 211.0 亿元，占总成交金额的 8.1%；临安区共成交 24 宗土地，总建筑面积 182.4 万平方米，成交金额 166.8 亿元，占总成交金额的 6.4%；富阳区共成交 30 宗土地，总建筑面积 187.9 万平方米，成交金额 144.0 亿元，占总成交金额的 5.5%；桐庐县、建德市和淳安县合计成交土地 60 宗，合计可建面积 292.6 万平方米，合计成交金额 89.8 亿元，占总成交金额的 3.4%（见图 15-19）。

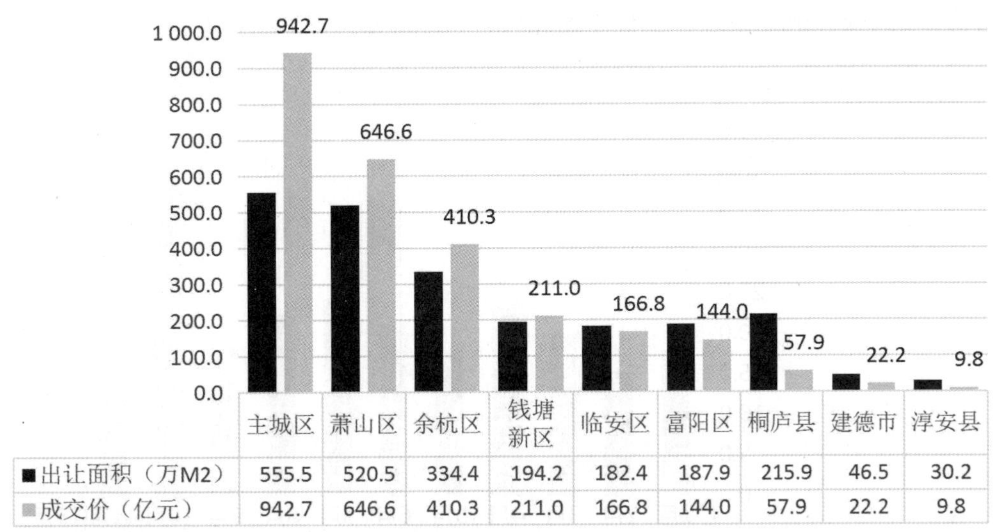

	主城区	萧山区	余杭区	钱塘新区	临安区	富阳区	桐庐县	建德市	淳安县
■出让面积（万M2）	555.5	520.5	334.4	194.2	182.4	187.9	215.9	46.5	30.2
■成交价（亿元）	942.7	646.6	410.3	211.0	166.8	144.0	57.9	22.2	9.8

图 15-19　2020 年杭州全市各区域土地成交可建建筑面积和成交价对比图

2020 年，杭州涉宅用地和商业用地楼面价呈现不同走势。全市土地楼面均价 11 515 元/平方米，同比去年的 11 343 元/平方米上涨 1.5%。其中涉宅用地(不含人才租赁用地)楼面均价为 14 830 元/平方米，同比去年的 14 151 元/平方米上涨 4.8%；商业用地楼面均价为 4 663 元/平方米，同比去年下跌 18.1%，两者呈现不同走势（见图 15-20）。

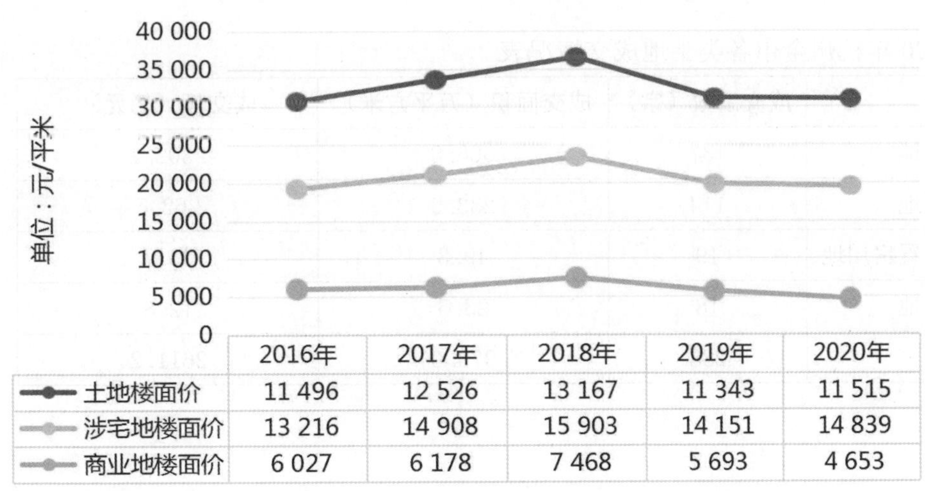

	2016年	2017年	2018年	2019年	2020年
土地楼面价	11 496	12 526	13 167	11 343	11 515
涉宅地楼面价	13 216	14 908	15 903	14 151	14 839
商业地楼面价	6 027	6 178	7 468	5 693	4 653

图 15-20　2016～2020 年杭州全市各类型土地楼面价年度走势

2020 年涉宅地月度成交溢价率环比相对平稳。从溢价率上来看，土地市场自 3 月开始回暖以来，涉宅地溢价率大致在 20%左右，土地市场整体保持暖市格局。其中 7 月份共有 4 宗涉宅地块竞拍至自持，溢价率达到 24.6%，为 2020 年全年最高月度溢价率(其中 10 月份由于对 3 宗亚运村涉宅地进行了

确权，其溢价率未受到30%的限制，此处不做比较）（图 15-21）。

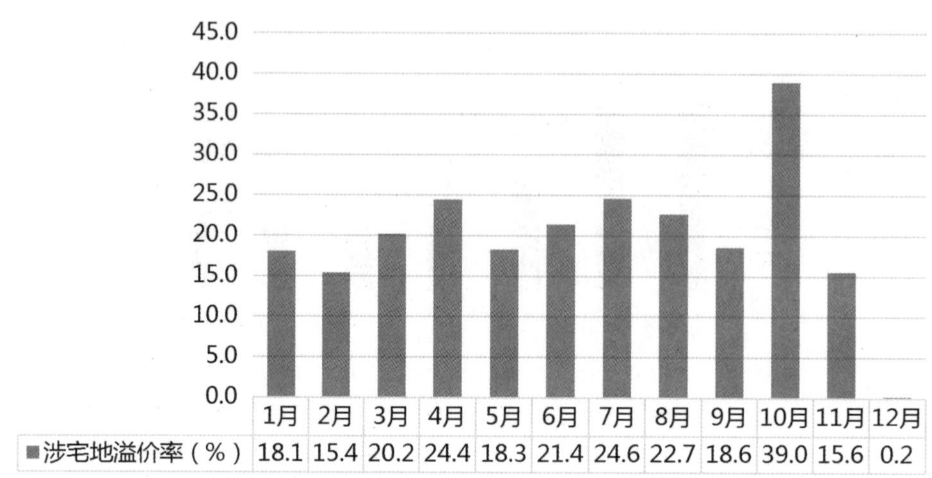

图 15-21　2020 年杭州全市涉宅地溢价率月度走势

从地块性质来看，2020 年杭州全市成交的地块中，涉宅地 137 宗，成交面积 666.8 万平方米，成交金额 2 302.2 亿元，占总成交金额的 88.2%；商业用地成交 114 宗，成交面积 233.3 万平方米，成交金额 262.5 亿元，占总成交金额的 10.1%；租赁住房和安置房用地成交 19 宗，成交面积 49.3 万平方米，成交金额 33.7 亿元，占总出让金额的 1.3%；其他用地 18 宗，成交面积 23.5 万平方米，成交金额 12.8 亿元，占总出让金额的 0.5%（见表 15-8）。

表 15-8　2020 年杭州全市各类土地成交情况表

用途	成交宗数（宗）	成交面积（万平方米）	成交额（亿元）
涉宅用地	137	666.8	2302.2
商业用地	114	233.3	262.5
租赁住房和安置房用地	19	49.3	33.7
其他用地	18	23.5	12.8
合计	**288**	**973.0**	**2611.2**

第六篇　附录

第一章　房地产政策法规汇编

第一节　房地产管理政策

关于进一步落实本市新建住宅交付疫情防控措施工作要求的通知

沪房建管〔2020〕13 号

各区房屋管理部门，各相关企业：

为深入贯彻落实中央和市委、市政府关于做好新型冠状病 毒感染的肺炎疫情防控工作的决策部署，强化责任落实，加强 依法防控、科学防控、联防联控，现就本市做好疫情防控期间 新建住宅交付工作有关事项通知如下：

一、明确主体责任切实履行职责

1、各区房管部门应将新建住宅交付工作纳入属地疫情防 控范围，履行行业监管职能，加强业务指导。

2、各开发建设单位是落实新建住宅交付疫情防控措施的 首要责任主体，要全面做好疫情防控组织工作。

二、分类做好本市新建住宅交付工作

1、本市已取得《新建住宅交付使用许可证》尚未办理房 屋交付的新建住宅项目，或疫情期间取得《新建住宅交付使用 许可证》的新建住宅项目，开发建设单位应按照人员不聚集原 则，引导避开疫情防控期办理房屋交付手续。

2、疫情期间，开发建设单位确需办理新建住宅交付的， 应采取“预约”方式分期分批办理验收交接手续，禁止举办造 成人员集聚的交房活动；开发建设单位书面通知购房人办理房 屋交付手续时，可视疫情防控要求，合理放宽购房人办理房屋 交付手续期限。疫情期间，开发建设单位组织房屋交付前，应 当主动对接所在地街道镇和疫情防控部门，并在其指导下编制 新建住宅交付疫情防控工作方案，同时将工作方案报备区房管 部门。

三、切实做好交房现场疫情防控工作 开发建设单位应严格按照经报备的疫情防控工作方案实 施房屋交付，交付现场应当严格按照市疾控中心《关于下发九 个重点场所预防性消毒技术要点的通知》（沪疾控传防〔2020〕 32 号）明确的社区和公共场所消毒技术要求，加强交付房屋 现场的消毒防疫工作。所有工作人员应按规定佩戴口罩等防护— 3 — 用品，入场办理房屋交付手续的购房人必须佩戴口罩，并进行 体温检测和信息登记。同时，开发建设单位要优化办理流程， 最大限度缩短办理时间；要严格控制现场办理人数，原则上仅 限《上海市商品房预售（出售）合同》购房人，若委托他人原 则上不得多于 2 人。

四、强化疫情防控工作信息报送 各开发建设单位应当建立信息报送制度，明确信息报送责 任人。

实施过程中，开发建设单位应严格按照所在地社区疫情防控工作要求，做好疫情防控信息日报和异常情况信息报告工作，并逐级上报至市、区房管部门。

特此通知。

上海市房屋管理局

2020 年 2 月 6 日

关于印发《关于新冠肺炎疫情影响下本市新建住宅交付的指导意见》的通知

沪房建管〔2020〕26 号

各有关单位：

为指导新冠肺炎疫情影响下本市新建住宅的交付，现将《关于新冠肺炎疫情影响下本市新建住宅交付的指导意见》印发给你们。

市房屋管理局

市司法局

2020 年 3 月 27 日

关于新冠肺炎疫情影响下本市新建住宅交付的指导意见

为深入贯彻习近平总书记关于坚决打赢疫情防控阻击战的系列重要指示精神，全面落实统筹推进疫情防控和经济社会发展的工作要求，最大限度减轻疫情对本市新建住宅交付使用带来的影响，现制定以下指导意见：

一、客观认识疫情影响

新冠肺炎疫情发生后，为保护人民群众身体健康和生命安全，国家和本市采取了相应疫情防控措施。根据《中华人民共和国民法总则》第一百八十条和《中华人民共和国合同法》第一百一十七条的规定，新冠肺炎疫情属于不能预见、不能避免并不能克服的不可抗力。开发建设单位和购房人双方需客观认识疫情对合同正常履行的影响。

二、鼓励双方友好协商

双方应当根据诚实信用、互谅互让、共担风险、共渡难关等原则，综合考虑合同约定、疫情发展阶段、疫情对当事人实际影响的时间、程度等因素，通过友好协商，妥善处理住宅交付问题。对于虽受疫情影响但双方仍能履行《上海市商品房预（售）合同》相关交付约定的，应当按照合同约定继续履行；对于合同能够履行而拒绝履行的，责任方应当承担违约责任。

对于因疫情影响客观上无法履行《上海市商品房预（售）合同》相关交付约定的，双方可以按照《中华人民共和国合同法》的相关规定，根据疫情对合同履行的影响程度，以不可抗力为由提出部分免责或全部免责主张，并依法及时通知对方，以减轻可能给对方造成的损失；同时，应当在合同约定期限内提供证明材料；合同未约定的，应在合理期限内提供。

双方应当积极采取措施，减少疫情造成的损失或者防止损失的扩大，否则责任方应对扩大的损失承担责任。

三、有序组织住宅交付

开发建设单位是新建住宅交付的责任主体，要严格落实各项防疫措施，有序组织住宅交付。疫情防控期间，已经取得新建住宅交付使用许可证的新建住宅项目，开发建设单位应当结合购房人入户需求情况，编制新建住宅交付疫情防控工作方案，分类实施住宅交付。

四、多元化解矛盾纠纷

合同履行过程中发生争议，双方协商不成的，可以至房屋所在地的区非诉讼争议解决中心寻求法律服务，申请调解；或者通过律师调解、行政调解等途径解决，也可以依法依约申请仲裁或者提起诉讼。

五、加强监管优化服务

各区房屋管理部门要切实履行好新建住宅交付的属地监管职责，会同相关部门建立交付矛盾处置协调机制，落实“一项目一方案”。开发建设单位在取得新建住宅交付使用许可前，编制矛盾化解预案并报属地房屋管理部门；属地房屋管理部门应指导督促开发建设单位加强与购房人协商，落实方案，达成共识。同时，各区房屋管理部门应进一步提高行政效能，跨前服务，依法引导，注重防范行业重大风险，最大程度减轻疫情对本市新建住宅交付产生的影响。

各区司法行政部门要积极提供公共法律服务，对发生争议的，坚持和解、调解优先，充分发挥行业性、专业性人民调解组织及专业法律服务工作者作用，预防和化解矛盾纠纷，维护社会和谐稳定。

第二节 土地政策

关于印发《关于全力应对疫情支持服务企业发展的若干土地利用政策》的通知

沪规划资源用〔2020〕42号

各区人民政府、市政府相关部门：

经市政府同意，现将《关于全力应对疫情支持服务企业发展的若干土地利用政策》印发给你们，请按照执行。

上海市规划和自然资源局

2020年2月11日

关于全力应对疫情支持服务企业发展的若干土地利用政策

为落实习近平总书记关于坚决打赢疫情防控阻击战、统筹抓好改革发展稳定各项工作的指示精神，根据市委、市政府相关部署要求，围绕抗击疫情和服务企业平稳健康发展，着眼消除疫情影响，着力提振企业信心和激发市场活力，经市政府批准，提出如下土地利用支持政策：

一、保持土地市场交易平稳有序

强化落实落细疫情防控措施，从保障重点地区发展、保障产业发展、保障民生需要出发，保持土地市场交易平稳有序进行。对采取定向挂牌出让的地块，取消现场交易环节，直接电子挂牌交易并确认竞得，出让人可根据受让人实际情况延迟签订土地出让合同。对以公开招标拍卖挂牌方式出让的地块，经批准同意可继续交易，现场交易环节积极做好疫情防控工作。

二、消除疫情对合同履约的影响

1. 调整土地价款缴付方式和期限。受疫情影响，未能按土地出让合同约定缴付土地价款和交付土地的，不作为违约行为，不计滞纳金和违约金，受让人可以向出让人申请延期缴付或分期缴付，疫情解除后签订补充出让合同调整土地价款缴付方式和期限，交地时间相应顺延。

2. 顺延开竣工和投达产履约时间。土地出让合同关于开竣工、投达产的履约时间要求根据疫情自动顺延，可在疫情解除后通过签订补充出让合同调整履约时间，也可以在竣工验收时直接按顺延后的履约时间予以核验。

3. 履约监管时充分考虑疫情影响。在全生命周期履约监管时，对因疫情影响造成产业绩效等指标不达标的情形，应予充分考虑，免除相应违约责任。疫情期间暂不开展实地履约巡查。

三、支持企业恢复生产和发展产业

1. 免除疫情期间的用地费用。企业以租赁方式（含先租后让）从政府或国有企业取得的产业用地，免除疫情期间的土地租赁费用，各区可以根据疫情具体确定免租期。

2. 降低产业用地成本。产业用地地价实行底线管理原则，工业用地出让起始价不低于全国工业用地出让最低价，研发用地出让起始价不低于本市研发用地基准地价。

3. 鼓励企业盘活存量资源投资兴业。存量工业用地经批准提高容积率和增加地下空间的，不再增收土地价款。支持利用划拨土地上的存量房产发展各类线上运营的新业态新模式，土地用途和权利人、权利类型暂不变更。

4. 加强服务推进政策落地。疫情期间，市、区支持产业发展规划土地工作推进组将组织各园区，通过电话、微信、视频会议等线上途径，及时回应和解决企业在生产经营中的问题需求，推进政策落地。

关于印发《关于落实〈中华人民共和国土地管理法〉完善本市征地工作的若干意见》的通知

沪规划资源规〔2020〕2号

各有关区人民政府、各有关管委会：

为落实《中华人民共和国土地管理法》，完善本市征地工作，经市政府同意，现将《关于落实〈中华人民共和国土地管理法〉完善本市征地工作的若干意见》印发给你们，请遵照执行。

上海市规划和自然资源局
上海市人力资源和社会保障局
2020 年 3 月 5 日

关于落实《中华人民共和国土地管理法》完善本市征地工作的若干意见

为落实《中华人民共和国土地管理法》，完善本市征地工作，保障相关主体合法权益，现提出以下意见：

一、关于征地报批前工作程序

区人民政府拟申请征收农民集体所有土地的，应当在工程可行性研究报告等立项文件批复后发布拟征地告知书，公告期不少于 10 日。拟征收土地的范围可以依据项目用地预审与选址意见书或者经批准的建设项目设计方案明确的用地边界确定。拟征地告知书发布后，区人民政府应当组织区自然资源管理部门和有关部门，开展拟征收土地现状调查并选定评估机构。拟征收土地的所有权人、使用权人应当在公告规定期限内，持不动产权属证明材料办理补偿登记。可建未建房屋建筑面积认定时点为《拟征地告知书》发布之日。

区自然资源管理部门、镇（乡）人民政府、街道办事处等有关部门应当根据调查登记结果拟定征地补偿安置方案、征地房屋补偿方案、被征地人员就业和保障方案，在拟征收土地所在的镇（乡）、街道和村、村民小组范围内同时公告并听取意见，公告期不少于 30 日。多数被征地农村集体经济组织成员认为征地补偿安置方案或征地房屋补偿方案或被征地人员就业和保障方案不符合法律、法规规定的，区人民政府应当组织有关部门召开听证会，并根据法律、法规的规定和听证会情况修改方案。

区人民政府应当组织有关部门，根据前期拟征收土地现状调查、征地补偿安置方案、征地房屋补偿方案、被征地人员就业和保障方案听取意见情况以及听证情况等，进行拟征收土地的社会稳定风险评估。

征地补偿安置方案、征地房屋补偿方案、被征地人员就业和保障方案应当由区人民政府批准，并保证相关费用足额到位。在区人民政府批准方案后，区自然资源管理部门、镇（乡）人民政府、街道办事处等有关部门与用地单位签订附生效条件的补偿费用、社会保障费用支付协议。区自然资源管理等有关部门与拟征收土地的所有权人、宅基地使用权人或者房屋所有权人签订附生效条件的补偿协议。

相关前期工作完成后，区人民政府方可申请征收土地。申请征地的范围应与项目用地预审与选址意见书或者经批准的建设项目设计方案明确的用地边界一致。其中，个别确实难以达成协议的，应当在申请征收土地时如实说明。

二、关于征地批后实施

征收土地经依法批准后，区人民政府应当发布《征收土地公告》，区自然资源管理等有关部门应当按照生效的补偿费用支付协议、补偿协议执行。对达不成房屋补偿协议的，可以根据本市征地房屋补偿争议协调和处理的相关规定执行。

征收土地经依法批准后，镇（乡）人民政府、街道办事处应向区人民政府确定的经办机构申请核定落实就业和保障的人数及人员分类等情况，确定落实就业和保障的被征地人数以征地批文印发日期为准。区级经办机构应将核定结果报市社会保险事业管理中心备案。

三、关于征地补偿标准

（一）土地补偿费、安置补助费、青苗和地上附着物的补偿标准，按市政府有关规定执行。

（二）农村居住房屋与共同举办企业的非居住房屋的补偿标准，按照《上海市征收集体土地房屋补偿暂行规定》（沪府发〔2011〕75 号）执行。

（三）安排被征地人员的社会保障费用应当单独列支，具体标准按照《上海市被征收农民集体所有土地农业人员就业和社会保障办法》（沪府发〔2017〕15 号）执行。

2020 年 1 月 1 日后申请征收集体土地的应按本意见实施。本意见没有涉及的内容，按照《上海市征收集体土地房屋补偿暂行规定》（沪府发〔2011〕75 号）、《上海市被征收农民集体所有土地农业人员就业和社会保障办法》（沪府发〔2017〕15 号）等相关规定执行。

关于印发《关于加快培育和发展本市住房租赁市场的规划土地管理细则》的通知

沪规划资源规〔2019〕8 号

各区规划资源局、各派出机构:

为贯彻落实《关于加快培育和发展本市住房租赁市场的实施意见》（沪府办〔2017〕49 号），继续积极推进本市住房租赁市场发展，指导本市租赁住房规划土地有关工作，我局对《关于加快培育和发展本市住房租赁市场的规划土地管理细则（试行）》）（沪规土资规〔2017〕3 号）作了部分修改，名称调整为《关于加快培育和发展本市住房租赁市场的规划土地管理细则》。现予印发，请按照执行。

上海市规划和自然资源局

2019 年 10 月 31 日

关于加快培育和发展本市住房租赁市场的规划土地管理细则

为加快培育和发展本市住房租赁市场，建立租购并举的住房制度，按照国务院办公厅《关于加快培育和发展住房租赁市场的若干意见》（国办发〔2016〕39 号）、住房城乡建设部等九部门《关于在人口净流入的大中城市加快发展住房租赁市场的通知》要求，根据《关于加快培育和发展本市住房租赁市场的实施意见》（沪府办〔2017〕49 号）规定，制定本细则。

一、适用范围

本细则适用于租赁住房的规划、土地、不动产登记等管理工作。

二、工作要求

（一）坚持规划引领。根据全市租赁住房专项规划，优化城乡规划和土地利用规划，在合理控制人口和用地规模的前提下，确定租赁住房规模，完善本市租赁住房空间布局、土地使用、公共服务设施配套等规划控制要求。

（二）合理规划布局。依据人口变化，人口空间布局导向，在主城区、新城、核心镇等未来就业人口集中地区，通过新增用地或盘活存量建设用地建设租赁住房。重点布局在产业集聚区、商业商务集聚区、交通枢纽地区（含轨交站点周边）、高校、科研园区等交通便捷、生产生活便利、租赁住房需求集中区域，布局应充分体现不同居住类型混合融合发展。

各区租赁住房涉及空间和用地相关规划要求的，应结合浦东新区和各郊区总体规划暨土地利用总体规划、主城区单元规划和控制性详细规划细化落实。

（三）完善公共服务配套。结合租赁住房规划规模，合理确定单元内公共配套服务设施。已批控详规划住宅建筑规模总量不变，将住宅转为租赁住房的，公共服务设施配套不需增设。已批控详规划基础上增加租赁住房，或由其他类型功能调整为租赁住房的，需按新增租赁住房规模增设除公园绿地、养老福利设施、行政办公设施外的各类公共服务设施，增设的公共服务设施应符合相关配置标准。

（四）建立住房用地供应时序调控机制。通过定期评估区域人口变化情况、绿地及公共空间和公益性设施实施情况，依据常住人口调控目标和年度任务，调控住房用地的供应时序。

三、用地分类

租赁住房用地在规划用地分类中对应“四类住宅组团用地（Rr4）”，具体包括：供职工或学生居住的宿舍或单身公寓、人才公寓、公共租赁房、全持有的市场化租赁住房等住宅组团用地。控制性详细规划编制中可在普适图则备注栏明确具体类型。

混合用地中租赁住房用地比例小于等于10%的可直接在用地性质中兼容，大于10%的应当在用地性质中予以明确。

四、控制性详细规划编制

（一）根据项目实际情况，确定容积率、建筑高度等规划指标。其中一般地区容积率不大于2.5，轨道交通站点300米范围内地区，根据评估情况可适当提高容积率；建筑高度应符合地区高度分区，最高不大于100米。具体指标应根据地区发展的总体需求、交通条件、生态环境、空间景观，经规划研究后合理确定。

（二）租赁住房应当根据新增人口相应增加公共服务和市政基础设施，满足服务配套和城市安全要求。

（三）已批控详规划为规划住宅用地（Rr1、Rr2和Rr3）调整为租赁住房用地的，不涉及容积率、建筑高度等其他指标调整的，在建设项目规划管理阶段予以执行。

其他规划用地调整为租赁住房用地的，或规划住宅用地调整为租赁住房用地需调整容积率、建筑高度等指标的，可按照上海市控制性详细规划实施深化（B类程序）执行。

五、土地供应

住房租赁市场前期培育阶段，租赁住房用地可参照本市有关保障性住房用地供应方式实施土地供应，经市区政府部门认定后，采取定向挂牌方式供应。随着住房租赁市场建全完善，租赁住房用地应采取公开招拍挂方式出让。

六、出让年期

租赁住房用地最高出让年限不超过 70 年。

七、地价管理

（一）构建租赁住房用地地价管理体系，租赁住房用地价格以市场化配置为主，合理对接地块储备成本。

（二）出让人应根据租赁住房用地市场评估价格，结合本市租赁住房市场实际情况，以及租赁住房用地前期储备情况、全生命周期管理要求，经集体决策，综合确定地块出让起始价或底价。

八、建设规划管理

（一）租赁住房的建设规划管理应当符合经批准的控制性详细规划，严守安全底线，切实保障租住人员的生命和财产安全。同时考虑租赁使用的特点及市场需求，创造与上海的地域条件、经济水平和国际化大都市居住水平相适应的生活环境。

（二）租赁住房建设应合法合规，严格依据经批准的控制性详细规划，在土地招拍挂出让阶段核提出让条件环节中，明确有关租赁住房的具体建设规划管理要求，并纳入出让合同。建设工程设计方案的审批、工程规划许可证的核发及竣工验收阶段应当审核各项管理内容，确保落实全生命周期管理要求。

（三）租赁住房地块内部规划设计标准按以下要求执行：

租赁住房鼓励围合式布局，应以南北朝向为主，允许布置部分东西朝向住房，同时应保证 50%以上居室的冬至日满窗日照有效时间不少于连续 1 小时；

新建高层租赁住房建筑间距不得小于《技术规定》中所明确的高层居住建筑最小间距。低层、多层租赁住房间距仍应按照《技术规定》有关居住建筑的间距要求执行；

租赁住房的建筑退界不得小于《技术规定》明确的居住建筑最小退界距离，且应当同时满足建筑间距的要求。

（四）建筑单体设计要求。租赁住房的房型可根据区域位置、周边环境、市场需求等综合因素合理确定。建筑设计应按照绿色、低碳、可持续的理念，符合装配整体式建筑要求，倡导建筑新技术的应用，鼓励开发、设计单位在房型设计及建筑室内空间上创新理念，满足市场租赁的需求。

（五）社区空间环境的营造应遵循以下要求：

租赁住房应提升空间品质，重视建筑形体与空间的整体环境效果，倡导开放式街区理念，引导增加邻里交往空间的设置。通过户外连廊、底层架空等方式提供活动场地与空间等公共用途的，其建筑面积可不计入容积率，同时不得围合封闭改作他用。

租赁住房可根据实际需求情况，在不超过地块建筑总量 10%的范围内，重点建设物业服务用房、运动场地、养育托管点、文化活动室、生活服务点等公共服务设施以及给水泵站、燃气调压站、小型垃圾压缩站等市政设施，并引导设置社区食堂、便利店、洗衣房、共享单车投放点、快递投放柜等经营性服务设施。

九、全生命周期管理

（一）受让人应在土地出让年限内持有租赁住房物业。租赁住房物业应全部用于社会化租赁，不得销售。

（二）租赁住房用地应参照本市经营性用地出让管理有关规定，由出让人征询相关职能部门意见，将项目建设、功能、运营管理等要求及相关监管和违约处置要求纳入土地出让合同。

十、转让管理

租赁住房用地和房屋应按照出让合同约定持有，不得整体或分割转让。对因破产、重组等特殊情形，需整体转让的，须经出让人或相关管理部门同意。

受让人的出资比例、股权结构、实际控制人等应按照出让合同约定不得改变，确需改变的，需经出让人或相关管理部门同意。

整体转让或出资比例、股权结构、实际控制人等改变后，租赁住房规划用途和实际使用性质不得改变，必须继续用于租赁，并按租赁使用合同保持原租赁关系。

上述转让管理要求应纳入土地出让合同，同时约定相关违约责任。

十一、抵押管理

土地出让合同中明确，租赁住房用地和房屋抵押的，抵押权实现时，抵押物买受人资格须经政府相关管理部门认定，符合租赁住房运营管理要求。

十二、登记管理

对出让合同约定的整体持有的租赁用地和房屋，应当核发一本不动产权证，不得分证办理，并在不动产登记簿上和不动产权证书上注明“整体持有，不得分证办理”。根据出让合同的约定，租赁住房用地转让条件、受让人的出资比例、股权结构等内容也应当记载于不动产权证和不动产登记簿上。

不动产权利人办理转移登记或变更登记时，应提供出让人或相关管理部门审核同意的意见。

十三、存量建设用地转型

（一）住宅、商业服务业、商务办公及符合地区转型要求的工业仓储等存量建设用地，在统筹考虑总量控制、区位条件、环保、地区交通、公共配套的前提下，可转型为租赁住房用地。

存量建设用地可按照《上海市城市更新规划土地实施细则》等相关规定，由区政府牵头组织开展更新评估，确定公共要素内容，编制实施计划，经区政府集体决策同意后，开展控制性详细规划的调整。

（二）存量建设用地经规划调整为租赁住房用地的，可由权利人按照存量补地价方式，通过签订土地出让补充合同，按新的规划用途开发建设。

存量建设用地按规定调整为租赁住房用地的，按租赁住房用地最高出让年限不超过 70 年。

区规划资源管理部门通过委托土地评估机构进行市场评估，经区政府集体决策后，由权利人按照新土地使用条件下土地使用权市场价格与原土地使用条件下剩余年期土地使用权市场价格的差额，补缴出让价款。权利人可凭土地出让补充合同至不动产登记机构办理变更登记。

十四、施行日期

本细则自 2019 年 11 月 1 日起施行，有效期至 2024 年 10 月 31 日。

上海市土地管理行政处罚裁量基准实施办法

第一章　总则

第一条　为规范本市土地管理行政执法行为，确保土地管理行政处罚合理、适当，根据《中华人民共和国行政处罚法》、《中华人民共和国土地管理法》等法律、法规和《上海市人民政府关于进一步规范和加强行政执法工作的意见》，制定本办法。

第二条 本办法所称的土地管理行政处罚裁量基准（以下简称裁量基准），是指市规划和自然资源局（以下简称市局）与各区规划和自然资源局（以下简称区规划资源局）依职权对法定可选择适用的处罚事项进行裁量时，应当依据的量罚标准及其适用规则。

第三条 市局、区规划资源局行使行政处罚裁量权，适用本办法。但法律、法规、规章和其他上位规范性文件另有规定的，从其规定。

第四条 市局、区规划资源局应当按照有关规定建立违法案件会审制度，作为实施行政处罚裁量基准的保障机制。

第二章 裁量基准的适用规则

第五条 土地管理行政处罚裁量基准，由本办法及附件《土地管理行政处罚裁量基准表》（以下简称《基准表》）予以规定。

《基准表》与本办法具有同等效力。

第六条 行使行政处罚裁量权，应当按照违法行为的种类及违法情形，对照《基准表》确定相应的量罚标准。

第七条 行政处罚的具体处罚尺度，应当与按照本办法第六条的规定确定的量罚标准相一致。但存在本办法第八条、第九条规定的从轻、从重事由的，经会审集体讨论决定，具体处罚尺度可以以量罚标准为准作上下浮动，浮动限度为量罚标准的百分之二十，并不得超出法定处罚幅度的范围。

第八条 土地违法行为有下列情形之一的，应当从轻处罚：

（一）违法行为发生于2006年12月31日以前的，但不按照批准用途使用国有土地的违法行为除外；

（二）违法行为人积极整改，确因特殊原因造成少量违法用地未能整改到位的；

（三）因行政机关存在过错，致使原合法用地项目在动迁安置过程中发生土地违法行为的；

（四）法律、法规、规章规定的应当从轻处罚的其他情形。

前款第（二）项所称的“少量”，指土地面积不超过一亩，且已整改到位的土地面积占原违法用地总面积比例超过百分之六十。

第九条 土地违法行为有下列情形之一的，应当从重处罚：

（一）因违反土地管理法律、法规、规章受到行政处罚后两年内再次实施土地违法行为的；

（二）隐匿、销毁、伪造、篡改违法行为证据，虚假陈述的；

（三）对举报人、证人打击报复或者妨碍执法人员查处违法行为，未采取暴力行为的；

（四）法律、法规、规章规定的应当从重处罚的其他情形。

第十条 土地违法行为同时具有本办法第八条、第九条规定的从重处罚和从轻处罚情形的，经会审集体讨论决定，可以不予从轻处罚或者从重处罚。

第十一条 有下列情形之一的，市局、区规划资源局应当按照符合法律目的和过罚相当的原则，由会审集体讨论决定量罚标准和具体处罚尺度，经局有关负责人批准后实施，并在国家有关部门或本市作出有关规定前，作为先例对本单位处理类似案件产生拘束力：

（一）遇有《基准表》未规定的违法情形，足以影响裁量基准适用的；

（二）对未列入《基准表》的其他土地违法行为实施行政处罚，按照法律、法规、规章的规定需要进行裁量的；

会审集体讨论应当制作会审记录，说明确定量罚标准和具体处罚尺度的理由。

区规划资源局按照本条第一款的规定作出的行政处罚，应当向市局备案。

第十二条 土地违法行为有下列情形之一的，应当按照法定最高限额进行处罚：

（一）危及公共安全、公众健康或者生态环境，造成严重后果的；

（二）严重损害群众利益，造成重大社会影响的；

（三）暴力抗法或以暴力打击报复举报人、证人，造成人身伤害或者其他恶性事故的。

按照前款规定进行处罚的，不受本办法第七条规定的限制。

第十三条 土地违法行为已经得到纠正，危害后果已经消除的，可以不予行政处罚，但以不违反有关法律、法规、规章的规定为限。

第十四条 适用本裁量基准造成行政处罚畸轻或者畸重的，应当按照符合法律目的和过罚相当的原则，由会审集体讨论决定行政处罚的具体处罚尺度，不受本裁量基准的限制；会审记录应当详细说明决定具体处罚尺度的理由。

区规划资源局按照前款规定作出的行政处罚，应当向市局备案。

第三章 备案管理

第十五条 按照本办法的规定进行备案的，区规划资源局应当在作出行政处罚决定之日起一个月内将行政处罚案卷报送市局。市局委托市局执法总队受理区规划资源局报送的案卷。

报送的行政处罚案卷应当包括以下材料：

（一）行政处罚决定书；

（二）认定违法事实的主要证据材料；

（三）会审记录和作出行政处罚决定的审批材料；

（四）行政处罚决定执行情况的说明；

（五）当事人申请听证的，涉及听证的有关材料；

（六）区规划资源局认为需要报送的，或者市局要求报送的其他材料。

报送材料不齐全的，市局执法总队可以要求补正。

第十六条 市局执法总队应当在收到区规划资源局报送的行政处罚案卷之日起十五个工作日内完成备案登记。

因材料不齐全要求补正的，前款规定的期限从市局执法总队收到补正材料之日起计算。

第十七条 按照本办法的规定应当备案的行政处罚案件，当事人申请行政复议或者提起行政诉讼的，区规划资源局可以邀请市局执法总队会商案情。

行政复议、行政诉讼程序完结后，区规划资源局应当在收到行政复议决定书或者行政诉讼裁定书、判决书之日起十个工作日内报市局执法总队。

前两款的规定，不包括市局受理的行政复议案件。

第十八条 市局执法总队应当依据对备案案件的复核情况，提出修订本办法及《基准表》的意见，并可以对区规划资源局的有关工作提出建议。

第四章 附则

第十九条 本办法及《基准表》的有关规定，仅作为本市土地管理行政处罚适用本裁量基准的依据，不得用于解释法律、法规、规章及其他规范性文件，也不得作为认定事实的依据。

第二十条 市局、区规划资源局遵守本办法及《基准表》的情况，应当纳入本市行政处罚案卷评查范围。

第二十一条 违反本办法及《基准表》实施行政处罚，情节严重或者造成不良影响和其他危害后果，构成执法过错的，应当追究有关人员的责任。

第二十二条 本办法及《基准表》自2020年1月1日起施行，有效期至2024年12月31日。原《上海市国土资源行政处罚裁量基准实施办法》（沪规土资执规[2015]7号）同时废止。

第三节　住房保障政策

关于推进实施廉租房申请“一件事”改革工作的通知

沪房保障〔2020〕123号

各区住房保障房屋管理局、民政局，市住房保障事务中心、市居民经济状况核对中心：

2020年是本市“一网通办”改革的攻坚提升年，根据市委、市政府有关深化“一网通办”改革工作相关要求和《上海市人民政府办公厅关于以企业和群众高效办成“一件事”为目标全面推进业务流程革命性再造的指导意见》（沪府办〔2020〕6号）等文件精神，为进一步推进本市廉租住房申请配租更加便捷高效，全面提升申请对象办事的便捷度、体验度和满意度，经研究，现就推进实施廉租房申请“一件事”改革的有关工作和要求通知如下：

一、总体目标

坚持以人民为中心的发展思想，以最大程度利民便民为主线，依托全市“一网通办”平台，通过业务流程革命性再造和大数据信息整合互通，系统重构部门内部操作流程和跨部门跨层级跨区域协同办事流程，实现更深层次、更高水平的“减材料、减环节、减时间、减跑动”，全面提升申请家庭的体验度、满意度。

二、改革内容

（一）大幅压减申请材料提交量

1、按照“两个免于提交”（即凡是本市政府部门核发的材料，原则上一律免于提交；凡是能够提供电子证照的，原则上一律免于提交实体证照）要求，凡是通过电子证照调取、数据核验、历史材料共享等方式可以归集到的身份、户籍、婚姻、住房、收入、财产等信息，原则上一律不再要求申请对象提交纸质证明材料。

其中，由本市公安、民政、卫生健康、人力资源、法院等部门核发的居民身份证、居民户口簿（个人户口卡、户籍证明）、居住证、结婚证、离婚证（离婚证明书）、出生医学证明、独生子女父母光荣证等材料，由申请对象在街道（乡镇）社区事务受理服务中心综合受理窗口出示本人身份证原件或者随申办APP上的电子身份证进行授权后，由受理窗口通过市大数据中心电子证照库进行调用采集；在本市的住房信息（包括不动产权证（含居住及非居住）、租用居住公房凭证、房屋征收补偿安置材料等）、社保缴费情况、基本养老保险参保缴费情况、税收完税情况、公积金缴存情况、银行存款情况、机动车持有情况等凭证材料由住房保障实施机构和居民经济状况核对机构通过市相关管理部门的信息共享、数据核验等方式采集。

对于申请审核中需要，但不属于本市政府部门核发的相关材料、尚未归集至市大数据中心电子证照库内的证照材料以及由于历史原因部门数据库中尚不完整的信息材料，申请对象仍按原有规定提交。申请对象自愿提交相关纸质材料的，可仍按原有规定受理审核。

2、申请时正在享受本市城镇最低生活保障(含分散供养的特困人员)的家庭，如申请时家庭人员结构与享受城镇最低生活保障或特困人员救助供养时的家庭人员结构一致，可不再填写及提交家庭财产方面的各项材料；其中自申请时前溯12个月连续享受的，还可不再填写及提交家庭收入方面的各项材料。

3、全面启用简化后的《上海市廉租住房保障申请表》。（附件一）

（二）优化简化审核配租办理环节

1、初审全部实行并联式审核。受理街道（乡镇）住房保障实施机构开展初审核查时，对申请对象的户口状况、婚姻状况、住房面积和住房交易状况、家庭经济状况等各类情况同步开展核查核对。

2、简化住房电子核查委托方式。申请对象的住房面积和住房交易状况的电子核查工作由多层级委托调整为直接委托，即由街道（乡镇）住房保障实施机构或房管办事处（所）直接委托市住房保障实施机构进行电子核查。街道（乡镇）住房保障实施机构与街道（乡镇）房管办事处（所）之间可采取工作联系单方式明确工作事项，申请家庭的住房核查报告仍由房管办事处（所）出具。

3、初审公示与复审同时开展。街道（乡镇）住房保障实施机构在进行初审公示的同时，将申请材料和初步审核意见同步报区住房保障实施机构进行复审核查。街道（乡镇）住房保障实施机构应于初审公示结束后通过业务信息系统即时将公示结果反馈至区住房保障实施机构，对于初审公示无异议的，区住房保障实施机构根据复审核查情况在规定时间内完成复审工作；对于初审公示有异议的，复审工作即行中止，并待初审机构完成调查核实后根据调查核实情况再行处理。

4、对符合条件的城镇最低生活保障(含分散供养的特困人员)家庭不再重复核对经济状况。申请时正在享受本市城镇最低生活保障(含分散供养的特困人员)的家庭，在家庭人员结构与享受城镇最低生活保障或特困人员救助供养时的家庭人员结构一致情况下，其财产状况直接按享受城镇最低生活保障或特困人员救助供养时审核认定的情况确定，其中自申请时前溯12个月连续享受的，其收入状况直接按享受城镇最低生活保障或特困人员救助供养后的收入情况确定。

5、拓宽不参与住房面积核定同住人的意愿表达方式。申请时同一住处内不参与住房面积核定的同住人，可选择通过书面方式表达自身意愿。通过书面方式表达的，可不与申请人一同前往受理窗口办理现场确认手续。住房保障实施机构在审核过程中可通过电话等方式对有关书面意愿信息进行必要的核对确认。

6、取消租金配租的租赁补贴协议签订环节。相关的配租标准、配租要求由住房保障实施机构通过租金配租通知方式直接告知。租金配租通知采用全市统一示范文本，并由住房保障实施机构根据配租家庭的具体情况明确相应的保障期限、保障标准。（附件二）

（三）缩减审核办理期限

经济状况的核对期限力争由现有的30个工作日缩减到25个工作日，初审公示期限由现有的5个自然日调整为3个自然日。

结合初审阶段的并联式审核及初审公示与复审同时实施等改革措施，一般家庭正式受理后的审核期限力争由现有的约2.5个月（43个工作日加8个自然日）缩减至约1.5个月（30个工作日日加3个自然日）；不需要进行经济状况核对的城镇最低生活保障(含分散供养的特困人员)家庭力争缩减至约0.6个月（13个工作日加3个自然日）。

（四）减少办理跑动

1、全面推行线下申请“只跑一次”。申请家庭材料齐备情况下，只需前往受理窗口一次性递交申请材料、进行身份验证后即可完成申请。在住房保障实施机构后续审核过程中按规定需要补件的，申请对象可通过邮寄、“一网通办”平台线上提交等方式完成。

2、逐步推行线上申请“全程网办”。在现有“一网通办”预申请受理基础上，优化提升“一网通办”审核服务功能，通过智能导引方式，帮助和引导具备条件的申请家庭在“一网通办”平台上实现全流程办理。

起步阶段先面向家庭全体成员户口在同一住处、代际结构不超过两代、无他处住房、户口所在地内无同住人或虽有同住人但同住人不参与住房面积分摊的申请对象开通网上全流程办理。

3、优化租金补贴办理材料提交方式。在“一网通办”平台增设租金补贴线上办理功能，租金配租家庭可通过网上平台选择提交租赁合同网签备案信息、住房出租人收取租金的银行卡账户等信息。同时加快随申办APP内租金补贴线上办理功能开发。

4、方便住房出租人收取廉租家庭租金补贴。廉租家庭的住房出租人可以选择上海市新版社保卡银行账户或其他银行账户收取廉租家庭的租赁补贴资金；住房出租人选择通过上海市新版社保卡收取的，由业务系统通过数据交换方式直接读取新版社保卡银行账户。

（五）升级办理服务

1、全面修订申请办理指南。进一步规范和完善办事指南要素，细化办事事项颗粒度，提升办理指南规范化、办事材料精准化水平。逐步推动办事指南的个性化、场景化应用，增强可读性、通俗性，便于申请对象阅读理解。

2、加强人性化个性化服务。对年满75周岁的孤老人员、失独人员申请家庭，街道（乡镇）住房保障实施机构可提供特定服务，对接办理相关申请和配租手续。对实施线上办理的家庭，各区、街道（乡镇）住房保障实施机构可结合实际采取窗口辅导、居民区志愿者服务等方式帮助申请家庭进行线上办理。

3、强化审核配租信息推送。进一步加强业务信息系统建设，及时将受理信息、审核进度、审核结果、资格到期提醒、租金补贴发放情况等信息或要求通过线上推送或查询等方式告知申请对象，方便申请对象及时了解申请配租进展情况。同时，对廉租住房登录证明实行电子证照采集，方便申请对象通过随申办 APP 亮证使用。

4、调整租金补贴发放周期。廉租住房的租金补贴调整为原则上按月发放。

三、相关要求

（一）高度重视、密切配合、认真组织推进实施

廉租住房是本市“四位一体”、租售并举住房保障体系中的托底保障品种，保障对象是本市城镇低收入住房困难家庭，不断提升他们申请配租的便捷度、体验度和满意度是坚持以人民为中心发展思想、深入践行“人民城市人民建，人民城市为人民”理念的必然要求。廉租房申请“一件事”改革也是市委、市政府明确的全市 2020 年“一件事”改革重点任务之一，各区住房保障机构和民政部门相关机构要高度重视，密切配合，以改革的精神认真组织推进实施，确保各项改革措施顺利落地、各项改革任务全面完成，让广大廉租住房申请和配租对象有更多的获得感、幸福感。

（二）做好跟踪评估

市、区住房保障实施机构要会同有关部门加强对廉租房申请“一件事”改革的跟踪评估，对实施过程中遇到的有关情况和问题及时向市房屋管理局、市民政局反馈。

（三）时间安排

上述各项改革措施于 2020 年 9 月 28 日起正式全面启动开展。

关于印发《2019-2020 年度上海市中央财政支持住房租赁市场发展试点资金使用计划方案》的通知

沪房市场〔2020〕112 号

各有关单位：

为进一步用好中央财政支持住房租赁市场发展试点资金，加快培育和发展本市住房租赁市场，依据《上海市中央财政支持住房租赁市场发展试点资金使用管理办法》（沪建房管联〔2020〕443 号，以下简称：《资金使用管理办法》）等规定，现将《2019-2020 年度上海市中央财政支持住房租赁市场发展试点资金使用计划方案》印发给你们，请遵照执行。

上海市房屋管理局

2020 年 9 月 21 日

2019-2020 年度上海市中央财政支持住房租赁市场发展试点资金使用计划方案

一、申请条件

2019-2020 年度，中央财政支持本市住房租赁市场发展试点资金（以下简称：专项资金）总额为 20 亿元人民币。申请专项资金应当遵守《资金使用管理办法》，并符合下列条件：

（一）新建租赁住房项目，2020 年 9 月 30 日前，取得《建筑工程施工许可证》并已实际开工。

（二）“非转租”（即非居住存量房屋改建转化租赁住房）项目，2020 年 9 月 30 日前取得所在区指定管理部门出具的认定材料，实际运营并已按规定或承诺按市、区工作要求及计划安排提供住房租赁合同网签备案服务。

（三）住房租赁企业贷款贴息，针对 2019 年 1 月 1 日-2020 年 9 月 30 日期间，企业在运营阶段已实际支出的用于住房租赁经营业务的对公贷款利息。

（四）住房租赁信息化建设项目，通过本市立项审批。

（五）与构建住房租赁体系相关的其他基础性工作，2020 年 10 月 30 日前，与市房屋管理部门签订协议。

二、申请程序

（一）补贴申请主体信息注册

1、申请主体（包括房地产开发企业、住房租赁企业等）登录上海市住房租赁公共服务平台“服务指南”栏目（网址：https://zfzl.fgj.sh.gov.cn），点击“中央财政申报”，或直接登录 http://183.194.244.128:8080/center/dist/index.html#/login（以下简称：资金使用管理系统）进行用户注册。

2、用户注册成功后，申请主体按照用户使用手册的提示，填写上报企业基本信息。

（二）补贴申请的提出

用户基本信息经企业注册区房屋管理部门审核通过后，申请主体方可通过资金使用管理系统，针对补贴项目提出专项资金的使用申请。属于“申请条件”所列第（一）（二）（三）项范围的，原则上应于 2020 年 9 月 30 日前提交申请。

属于“申请条件”所列第（四）（五）项范围的，可通过线下方式向市房屋管理部门提出申请。

（三）补贴申请的受理

1、属于“申请条件”所列第（一）（二）项范围的，由项目所在地的区房屋管理部门受理；

2、属于“申请条件”所列第（三）项范围的，由申请主体注册（纳税）所在地的区房屋管理部门受理。

3、属于“申请条件”所列第（四）（五）项范围的，由市房屋管理部门受理。

（四）补贴申请的审查

1、区房屋管理部门受理的，通过材料审核、现场检查等方式进行审查。区房屋管理部门审查时，有关数据需要通过本市住房租赁公共服务平台核实的，相关部门应当予以支持。

2、区级审查结果在区政府网站房屋管理栏目或区房屋管理部门网站公示。公示无异议后，区房屋管理部门应于 2020 年 10 月 15 日前，通过资金使用管理系统将 2019-2020 年本区专项资金使用安排，汇总至市房屋管理部门。

3、市房屋管理部门受理的，审查结果在本市住房租赁公共服务平台公示。

市、区房屋管理部门可以委托市、区住房租赁有关推进管理机构，负责具体的审查工作。

（五）补贴资金的使用

1、市房屋管理部门编制形成 2019-2020 年度本市专项资金使用安排，及时提交给市财政部门，由市财政部门组织资金拨付。

2、申请资金的规模超过 2019-2020 年度使用额度的，按照申请日期对区级项目轮候排序。未列入 2019-2020 年度使用安排的，在 2021 年度优先安排；未超过 2019-2020 年度使用额度的，剩余资金结转到 2021 年度使用。

3、属于区级项目的，专项资金转移支付至相应的区财政部门后实施；属于市级项目的，根据市财政专项资金拨付管理规定实施。

三、对申请材料的要求

申请主体应当如实填写申请表，并通过资金使用管理系统提交以下材料的扫描件：

（一）新建租赁住房项目

1、《上海市中央财政支持住房租赁市场发展试点资金申请表（新建项目）》（附件 1）；

2、营业执照、房地产开发企业资质证书和法定代表人身份证明；

3、授权委托书、被授权人身份证明；

4、土地出让合同、建设用地规划许可证、建设工程规划许可证和建筑工程施工许可证；

5、现场开工照片。

（二）“非转租”项目

1、《上海市中央财政支持住房租赁市场发展试点资金申请表（“非转租”项目）》（附件 2）；

2、营业执照、住房租赁企业信息记载表和法定代表人身份证明；

3、授权委托书、被授权人身份证明；

4、利用自用房屋改建转化的，提交项目不动产权证或其他合法权属证明；利用非自有房屋改建转化的，提交项目的租赁合同；

5、区指定管理部门出具的项目（正式）认定材料；

6、房源清册。

（三）住房租赁企业贷款贴息

1、《上海市中央财政支持住房租赁市场发展试点资金申请表（贷款贴息）》（附件 3）；

2、营业执照、住房租赁企业信息记载表、住房租赁平台用户认证收件收据和法定代表人身份证明；

3、授权委托书、被授权人身份证明；

4、银行贷款利息单。

四、奖补标准

（一）新建租赁住房项目

按照申请项目规划批复中载明的租赁住房建筑面积计算，200 元/平方米。

（二）“非转租”项目

1、Ⅰ类项目按照所在区指定管理部门认定时确定的出租单元数量计算，0.75 万元/套。

2、Ⅱ类项目按照所在区指定管理部门认定时确定的可供出租床位数量（等于实际可居住人数）计算：

（1）每套 4 张床位的，1 万元/套；

（2）每套 5-6 张床位的，0.8 万元/套；

（3）其他的，0.75 万元/套。

（三）住房租赁企业贷款贴息

按照银行贷款利息单上载明的实际利息支出进行补贴。贴息金额不超过实际贷款利息总支出的40%，且贴息利率不超过 2 个百分点。

（四）住房租赁信息化建设

按照信息化项目立项批复确定的预算进行拨付。

（五）与构建住房租赁体系相关的基础性工作

按照与管理部门签订协议确定的金额进行拨付。

五、绩效考核

（一）各区房屋管理部门要认真做好绩效管理有关工作，并于 2021 年 1 月 31 日前，向市房屋管理部门提交 2019-2020 年度本区绩效自评报告。绩效评价报告应当包括以下内容：

1、2019-2020 年住房租赁工作开展情况，含制定相关政策管理制度情况；

2、2019-2020 年度专项资金拨付使用情况；

3、2019-2020 年新建转化租赁住房、新增代理经租房源规模，以及开工、运营情况；

4、到 2020 年底，住房租赁企业办理信息记载的情况。

（二）2019-2020 年度的绩效评价结果将作为向各区分配专项资金的重要参考依据，与 2021 年度专项资金安排适当挂钩。

第四节　房地产税费政策

关十本市开展对部分个人住房征收房产税试点若干问题的通知

各区财政局、国家税务总局上海市各区税务局、住房保障房屋管理局，市财政监督局、国家税务总局上海市税务局各税务分局：

根据《上海市人民政府关于印发〈上海市开展对部分个人住房征收房产税试点的暂行办法〉的通知》（沪府发〔2011〕3 号，以下简称“暂行办法”）有关规定，经市政府同意，现对部分个人住房征收房产税试点若干问题通知如下：

一、关于居民家庭住房套数和面积的计算问题

居民家庭住房套数为居民家庭（包括夫妻双方及其未成年子女，下同）在本市范围内拥有的所有住房（含已签订购房合同的住房）。

两个或两个以上居民家庭共同拥有或购买住房的，均应计入各自家庭的住房套数，并根据各自拥有住房的份额，分别计算家庭住房面积。

二、关于本市居民家庭问题

本市居民家庭是指具有本市常住户口的居民家庭。

三、关于计税价格的核定问题

试点初期，应税住房的计税依据为应税住房的市场交易价格。按照国家有关规定，纳税人申报的应税住房交易价格明显偏低，又无正当理由的，由税务机关核定其计税价格，房产税则按应税住房计税价格的70%计算缴纳。

四、关于应纳税额的计算问题

应税住房应纳房产税税额的计算，即：应纳房产税税额=新购住房应征税的面积（建筑面积）×新购住房单价×70%×税率。

五、关于本市居民家庭同住人免税住房面积的合并计算问题

本市居民家庭在本市新购且属于该居民家庭第二套及以上住房的，该居民家庭中有无住房的成年子女或其他亲属共同居住、且其常住户口在该居民家庭拥有住房内的，可并入该居民家庭按每人60平方米计算免税住房面积。

对已并入居民家庭计算过免税住房面积的成年子女或其他亲属，不得重复计算免税住房面积。

上述“无住房”是指，成年子女或其他亲属各自所属的家庭在本市范围内无住房。

六、关于本市居住证问题

本市居住证是指《上海市居住证》。

七、关于部分个人住房的税收减免问题

对部分住房暂免征收房产税，具体包括：

1. 本市居民家庭因房屋征收或拆迁而购买或取得的住房。

上述住房超出国家及本市有关房屋征收或拆迁的补偿标准的部分，应按暂行办法的规定，计算确定房产税征免面积。

2. 本市农村居民通过宅基地置换试点政策取得的住房。

八、关于申报纳税期的问题

应税住房房产税按年计征，并于当年的12月31日前办理申报纳税。纳税人在年度中发生应税住房权属转移的，其尚未缴纳的房产税税款，应当在转移时申报缴纳。

九、关于相关信息变化的处理问题

居民家庭住房情况发生变化，涉及应税住房房产税纳税事项调整的，可向应税住房所在地税务机关申报，并重新办理房产税纳税信息的申报、认定，从税务机关重新认定之次月起调整纳税。

十、关于本市房产税试点的工作机制问题

市政府成立了由市财政、税务、房屋管理、建设交通、规划资源、公安、民政、人力资源社会保障、统计等部门组成的房产税试点工作机构，推进房产税试点工作。

各区应当参照市政府的工作机制，成立相应的房产税试点工作机构，办公室设在区税务局。

十一、本通知由市财政局、市税务局、市房屋管理局会同相关部门解释。

十二、本通知自2021年1月28日起执行。

上海市财政局

国家税务总局上海市税务局
上海市房屋管理局
2020 年 12 月 31 日

第五节　房地产金融政策

关于在沪工作的外籍人员、获得境外永久（长期）居留权人员和台湾香港澳门居民参加住房公积金制度若干问题的通知

沪公积金管委会〔2020〕4 号

各住房公积金缴存单位:

为全面落实中央关于上海加快建设具有全球影响力的科创中心的新要求，实施更加开放的人才政策，进一步发挥住房公积金制度对在本市工作的外籍人员、获得境外永久（长期）居留权人员和台湾香港澳门居民（以下简称外籍、获得境外永久（长期）居留权和台、港、澳在沪工作人员）的住房保障作用，根据国务院《住房公积金管理条例》及《上海市住房公积金管理若干规定》，结合本市实际，现就有关事项通知如下：

一、与本市用人单位建立劳动（聘用）关系，持上海市海外人才居住证（或原《上海市居住证》B 证）、港澳台居民居住证、《外国人就业证》、《定居国外人员在沪就业核准证》等证件的外籍、获得境外永久（长期）居留权和台、港、澳在沪工作人员，在本人与单位协商一致的基础上，可按照本市现行规定缴存住房公积金，缴存基数和缴存比例等均按照本市现行规定执行。

二、外籍、获得境外永久（长期）居留权和台、港、澳在沪工作人员与本市用人单位解除或终止劳动（聘用）关系的，住房公积金账户封存、转移等情况按照本市现行规定执行。

三、外籍、获得境外永久（长期）居留权和台、港、澳在沪工作人员在本市发生购房、自住住房的房租或物业费等住房消费时，可按照本市现行住房公积金提取规定执行。

四、外籍、获得境外永久（长期）居留权和台、港、澳在沪工作人员在本市购买自住住房需申请住房公积金贷款的相关规定另行制定。

五、住房公积金有关个人所得税按照国家税收有关规定执行。

六、本通知自 2020 年 9 月 1 日起执行，有效期五年。

上海市住房公积金管理委员会
二〇二〇年八月二十五日

关于印发《上海市住房公积金异地个人住房贷款管理办法》的通知

沪公积金管委会〔2020〕6号

上海市公积金管理中心：

《上海市住房公积金异地个人住房贷款管理办法》已经市住房公积金管理委员会审议通过，现印发给你们，请遵照执行。

上海市住房公积金管理委员会

二〇二〇年八月二十五日

上海市住房公积金异地个人住房贷款管理办法

第一章　总则

第一条　为进一步发挥住房公积金制度作用，支持缴存职工异地购房需求，根据《关于住房公积金异地个人住房贷款有关操作问题的通知》（建金〔2015〕135号）、《关于住房公积金异地个人住房贷款若干具体问题的通知》（建金〔2016〕230号）精神以及本市住房公积金个人住房贷款相关规定，结合本市实际情况，制订本办法。

第二条　住房公积金异地个人住房贷款（以下简称异地贷款），是指在外省市缴存住房公积金的职工（以下简称外省市缴存职工），在本市购买自住住房时在本市申请的住房公积金个人住房贷款（以下简称公积金贷款），或者在本市缴存住房公积金的职工（以下简称本市缴存职工），在外省市购买自住住房时在外省市申请的公积金贷款。

第三条　申请异地贷款的，应当满足住建部关于公积金贷款差别化信贷政策的规定，其他贷款条件以贷款城市相关规定为准，提取条件以缴存城市相关规定为准。

第四条　贷款城市与缴存城市的住房公积金管理中心（以下简称公积金中心）按照住房和城乡建设部建立的信息平台和规则进行信息交换。

第二章　外省市缴存职工申请本市公积金贷款

第五条　外省市缴存职工在本市购买首套住房或者第二套改善型住房的，且符合本市其他公积金贷款条件的，可以在本市申请公积金贷款：

（一）缴存职工家庭名下在全国无公积金贷款记录且在本市无住房的，认定为购买首套住房；

（二）缴存职工家庭名下在全国有一次公积金贷款记录或者在本市已有一套住房、购买第二套改善型住房的，认定为购买第二套改善型住房。

对具有本市户籍的外省市缴存职工申请公积金贷款予以重点支持。

对在全国已有两次公积金贷款记录或者在本市购买第二套非改善型及以上住房的外省市缴存职工，不予受理公积金贷款申请。

第六条　异地贷款的贷款金额、贷款期限、首付款比例、贷款利率、担保方式、还款方式等按照本市缴存职工公积金贷款政策执行。

第七条　外省市缴存职工除提供个人身份及关系证明材料、购房材料、收款账号等本市缴存职工公积金贷款所需材料外，还应当提供缴存城市公积金中心出具的、有效的《异地贷款职工住房公积金缴存使用证明》（以下简称缴存使用证明）。

第八条　承办本市住房公积金个人贷款相关业务的机构（以下简称受托机构）收到异地贷款申请且初步审核无误的，应当报送本市公积金中心，本市公积金中心应当对缴存使用证明进行信息核实，核实无误后通知受托机构继续办理贷款业务。

第九条　对于已受理的异地贷款申请，本市公积金中心应当建立外省市缴存职工异地贷款台账，并按要求及时向缴存城市公积金中心提供缴存使用证明回执。

第十条　本市公积金中心应当加强对异地贷款的贷后管理。若异地贷款出现逾期，本市公积金中心可以通知缴存城市公积金中心配合开展贷款催收等工作，并可以根据借款合同扣划缴存职工的住房公积金账户余额归还贷款。

第三章　本市缴存职工申请外省市公积金贷款

第十一条　本市缴存职工需要在外省市申请公积金贷款，且本人及配偶在本市未使用过公积金贷款或者首次公积金贷款已结清的，可以向本市公积金中心各区管理部申请开具缴存使用证明。

第十二条　本市缴存职工开具缴存使用证明后，本市公积金中心对其住房公积金账户进行如下管理：

（一）本市公积金中心对缴存职工及其配偶进行标识,且自缴存使用证明开具之日起暂停受理其在本市的公积金贷款业务；

（二）本市公积金中心应当配合贷款城市公积金中心核实缴存使用证明信息的真实性和完整性；

（三）本市公积金中心根据贷款城市公积金中心提供的缴存使用证明回执登记异地贷款受理审批结果。对于未取得异地贷款的，恢复其在本市住房公积金的相关使用权利。

第十三条　本市缴存职工取得异地贷款的，本市公积金中心对其住房公积金账户进行如下管理：

（一）本市公积金中心对缴存职工及其配偶进行标识,并根据贷款城市公积金中心反馈的信息建立本市缴存职工异地贷款台账；

（二）本市缴存职工在异地贷款存续期间，本市公积金中心暂停受理缴存职工及其配偶在本市的公积金贷款申请；

（三）异地贷款出现逾期的，在接到贷款城市公积金中心通知后，本市公积金中心应当配合开展贷款催收等工作；

（四）本市缴存职工在异地贷款存续期间，因劳动关系变动等原因离开本市，且住房公积金账户已转入其他城市公积金中心的，本市公积金中心应当及时告知贷款城市公积金中心和转入城市公积金中心。

第四章　附则

第十四条　本办法自 2020 年 9 月 1 日起施行，有效期五年。

关于在沪工作的外籍人员、获得境外永久（长期）居留权人员住房公积金个人住房贷款若干问题的通知

沪公积金管委会[2020]7 号

上海市公积金管理中心：

为进一步发挥住房公积金制度对在本市工作的外籍人员、获得境外永久（长期）居留权人员基本住房需求的保障作用，根据国务院《住房公积金管理条例》相关规定，结合本市实际情况,现就有关事项通知如下：

1、外籍人员、获得境外永久（长期）居留权人员申请住房公积金个人住房贷款的资格、条件、额度、期限、利率及房屋套数认定标准参照本市住房公积金个人住房贷款现行规定执行。

2、外籍人员、获得境外永久（长期）居留权人员申请住房公积金个人住房贷款的，除提供本人有效证件、关系证明及购房材料等贷款申请材料外，还必须提供符合规定的中译名。

本通知自 2020 年 12 月 20 日起施行。

上海市公积金管委会

2020 年 11 月 12 日

关于印发《上海市住房公积金个人购买征收安置住房贷款管理试行办法》的通知

沪公积金管委会〔2020〕8 号

上海市公积金管理中心：

《上海市住房公积金个人购买征收安置住房贷款管理试行办法》已经市住房公积金管理委员会审议通过，现印发给你们，请遵照执行。

上海市住房公积金管理委员会

二〇二〇年十二月二十五日

上海市住房公积金个人购买征收安置住房贷款管理试行办法

第一章　总则

第一条　为进一步发挥住房公积金制度作用，根据《住房公积金管理条例》、《上海市征收安置住房管理办法》及本市住房公积金个人住房贷款相关规定，结合本市旧区改造实际情况，制订本办法。

第二条　住房公积金个人购买征收安置住房贷款（以下简称公积金安置房贷款），是指本市旧区改造的居民在征收补偿中选择征收安置住房且征收安置住房的价格（不含其他费用）超过其获得的征

收补偿金额，就征收安置房屋需补交差价部分申请的公积金贷款。

第三条　公积金安置房贷款的支持范围为经本市旧改管理部门确认，列入本市旧区改造对象的项目（以下简称旧改项目）。

第二章 贷款政策

第四条　本市缴存职工申请公积金安置房贷款的，除满足本市公积金贷款的一般条件外，还应当满足以下条件：

（一）必须为被征收的居住房屋产权人、公房承租人（以下简称被征收人）或户口所在地为被征收房屋的其他家庭成员（以下简称户籍人员），已就被征收房屋签订征收补偿协议；

（二）被征收地块签约期结束，该征收补偿协议已达到生效条件；

（三）征收补偿协议规定的征收安置房价款超过被征收人及户籍人员获得的补偿金额，需被征收人或户籍人员支付差额；

（四）所购买的征收安置房屋权属清晰、无产权纠纷，且借款人必须作为所购房屋的产权人，并在放款前已落实“供应单”作为放款条件；

（五）借款人就购买征收安置房屋申请贷款的，需取得被征收人与户籍人员的一致同意；

（六）一个借款人家庭（本人、配偶及未成年子女）仅能就一套征收安置房申请贷款；

（七）借款人已就购买征收安置房屋进行公积金提取的，不得就购买同一套房屋申请公积金贷款；

第五条　共同借款人应当为借款人的配偶、父母、子女。

第六条　被征收房屋对应的家庭数多于一个，且征收补偿协议对应一套及以上安置房屋的，被征收人及户籍人员必须签订家庭内部分割协议（以下简称家庭协议）明确拆迁权益（产权调换房屋及货币补贴）在各个家庭间的分配，且该家庭协议必须经征收实施单位、律师等第三方现场确认。

第七条　购买征收安置住房的首付款认定：

（一）征收补偿协议对应一个征收安置家庭的，征收补偿总金额应当全部认定为购买征收安置房屋的首付款金额；

（二）征收补偿协议对应两个及以上征收安置家庭的，借款人家庭经家庭协议确认的征收补偿金额认定为首付款金额；

（三）借款人家庭的最高可贷额度不得超过所购买的征收安置房屋价格减去首付款金额的差额；

（四）征收补偿协议对应多个家庭和多套征收安置房的，各家庭就购买征收安置房所申请的公积金贷款的额度不得超过征收安置房价款与征收补偿金额的差额。

第八条　借款人的公积金贷款套数认定、公积金贷款额度、首付比例、利率、期限按申请时公积金贷款相关规定执行。

第九条　上海市住房置业融资担保有限公司（以下简称担保公司）为公积金安置房贷款的担保机构。借款人应当将贷款购买的具有所有权的征收安置住房抵押给担保机构作为反担保。

第十条　担保公司为公积金安置房贷款提供连带责任保证担保，相关的保证担保费用由市公积金中心承担。

第十一条　担保公司承担公积金贷款的保证期间为约定的债务履行期限届满之日起两年。

第三章 贷款流程

第十二条　公积金安置房贷款采取项目化管理的方式。借款申请人申请公积金贷款前，市旧改管理部门应当将符合本市城乡规划要求的旧改项目清单提供至市公积金中心。

第十三条　市公积金中心应当向各区旧改管理部门获取相关旧改项目的征收范围、房源建设情况、交房时间及书面形式确认的项目收款账户等相关信息。

第十四条　借款申请人应当凭征收补偿相关协议及其他市公积金中心要求的贷款申请材料向本市公积金贷款受托机构申请公积金贷款。征收补偿涉及的被征收人及户籍人口为多人的，需所有人到场一致同意。

第十五条　公积金贷款受托机构应当对借款申请人提供的征收补偿协议及补偿款项的情况向各区征收实施单位或旧改管理部门进行信息核实。

第十六条　公积金贷款受托机构及市公积金中心负责对借款人进行贷款资格审核、差别化信贷条件审核及信用条件审核。

第十七条　贷款审核通过后，借款申请人应当与市公积金中心、贷款银行及担保公司签订公积金贷款合同。

第十八条　相关合同文本签署后，市公积金中心向征收实施单位发送同意放款通知书。

第十九条　征收实施单位收到同意放款通知书后，应当核对签署“供应单”的产权人与同意放款通知书上的借款人及产权人信息一致，并为符合条件的购房人家庭开具“供应单”。

第二十条　“供应单”开具后，市公积金中心将相关款项放款至该旧改项目指定的收款账户。

第二十一条　借款人信息与“供应单”记载的房屋产权人信息不一致的，不予发放公积金贷款。

第二十二条　征收实施单位收到全部款项后，应当通知借款人签订购房合同。

第二十三条　借款人签订购房合同后，征收实施单位应当将购房合同与“供应单”第一联等产证办理材料交至担保公司。

第四章 贷后管理

第二十四条　担保公司应当根据借款人的委托，在借款人所购房屋符合产证办理或抵押登记的条件后，持委托书、购房合同、“供应单”及其他材料办理相关房屋的不动产产权或抵押登记手续。

第二十五条　发生公积金贷款合同规定的担保机构履行保证责任的情形时，担保公司应当按照市公积金中心的要求对借款人债务进行代偿。

第五章 附则

第二十六条　本办法由市公积金管委会负责解释。

第二十七条　本办法自 2021 年 1 月 24 日起施行。

第六节　物业管理政策

关于开展本市住宅物业服务履约质量评价工作的通知

沪房物业〔2020〕89 号

各区住房保障房屋管理局、街镇房屋管理机构，市物业管理行业协会，各业主大会，各物业服务企业：

根据《上海市住宅物业管理规定》《上海市物业服务企业和项目经理信用信息管理办法》和《上海市住宅小区建设“美丽家园”三年行动计划（2018～2020）》等有关规定，为加强物业行业事中事后监管，完善本市物业服务综合评价机制，维护业主和物业服务当事人的合法权益，营造诚信履约的行业自律氛围，现将开展本市住宅物业服务履约质量评价工作的有关事项通知如下：

一、推动建立履约质量评价机制

作为本市物业服务综合评价机制的重要组成部分，物业服务履约质量评价旨在通过对物业服务合同执行情况的评价，反映物业服务企业的服务质量水平。物业服务履约质量评价工作遵循政府引导和自主选择的原则，市、区房屋行政管理部门、各街镇、各业主大会可以对相关物业服务企业开展履行物业服务合同的年度履约质量评价。

二、发挥行业协会专业化作用

市物业管理行业协会要研究制定住宅物业服务履约质量评价规范、标准，建立物业服务履约质量评价异议处置机制，并根据工作实践和反馈意见，不断予以完善。鼓励市物业管理行业协会建设物业服务履约质量评价信息平台，采集评价工作相关信息；建立物业服务履约质量评价专家的信用档案，对在评价工作中有失信行为的专家，给予相应处理。

三、推进评价结果有效应用

市、区房屋行政管理部门、各街镇房管机构应加强宣传引导，鼓励建设单位、业主大会将物业服务履约质量评价结果纳入选聘物业的管理实绩要求；鼓励建设单位、业主大会在物业服务合同中将物业服务履约质量评价结果作为物业服务企业履行合同情况的主要考核依据；指导业主委员会向全体业主报告本小区物业服务企业的履约质量评价结果，并在物业管理区域内予以公告。

上海市房屋管理局

2020 年 9 月 9 日

关于开展物业服务企业在物业管理监管与服务信息平台进行物业服务合同备案工作的通知

沪房物业〔2020〕131号

各区住房保障房屋管理局，各街镇，各区房管集团，各物业服务企业：

根据《上海市住宅物业管理规定》《上海市物业管理招投标管理办法》等相关规定，现于2020年12月1日至2020年12月31日在全市范围内集中开展物业服务合同备案工作。集中备案工作结束后，各物业服务企业的物业服务合同信息发生变更的，应当在变更之日起30日内重新办理备案手续。

一、备案范围

物业服务企业通过以下方式承接本市行政区域内物业项目的，应当进行物业服务合同备案：

1、物业服务企业通过公开招投标方式与建设单位、业主大会签订前期物业服务合同或物业服务合同的；

2、物业服务企业通过协议选聘、继续聘用等方式与建设单位、业主大会签订前期物业服务合同或物业服务合同的；

3、物业服务企业通过临时托管方式与街道办事处（乡、镇人民政府）或居民委员会、业主委员会签订临时托管协议的。

二、备案流程

（一）网上注册身份

已完成法人一证通注册工作的物业服务企业可直接登录市物业管理监管与服务信息平台（以下简称监管服务平台）办理物业服务合同备案手续；未完成法人一证通注册工作的物业服务企业应当先在监管服务平台完成“法人一证通”数字证书注册工作。

（二）自行网上申报

各物业服务企业登录监管服务平台，按照各数据项要求逐项填报合同主要的条款信息，包括不同物业类型的物业服务费用标准、物业服务内容和标准、合同期限等，并上传完整含明示承诺在内的物业服务合同、临时托管协议的文档。

（三）提交备案材料

各物业服务企业要主动向物业项目所在地的街镇提交前期物业服务合同或物业服务合同或临时托管协议、项目经理身份证明等书面材料。其中，物业服务合同期限届满，物业服务企业未续签合同但实际仍继续提供物业服务的，物业服务企业还应当出具该物业项目业主委员会的相关证明。

（四）项目信息核实

各街镇根据企业递交的上述备案资料，登录监管服务平台对辖区内物业项目和项目经理相关材料的信息进行核对，对信息填报准确无误的，予以物业服务合同备案。

三、工作要求

（一）信息准确

各物业服务企业应当对在监管服务平台上提交的物业服务合同备案信息和提供资料的真实性负责。物业服务企业未登录监管服务平台进行合同备案、提供虚假资料的，由项目所在地街镇责令限期改正，逾期不改正的，对物业服务企业、项目经理按照有关规定予以失信记分处理。

（二）备案及时

区房屋管理部门、街镇应当高度重视物业服务合同备案工作，严格依照相关法律法规以及政策要求对物业服务企业提交的材料进行核对。填报信息核实无误的，项目所在地街镇应当在 10 个工作日内完成备案。

（三）系统联动

物业服务合同的备案信息将与专项维修资金、公共收益管理等相关信息系统衔接。2021 年 1 月 1 日起物业服务合同备案信息与相关系统信息不相符的，将会影响专项维修资金、公共收益等相关线上业务的正常开展。

上海市房屋管理局

2020 年 11 月 4 日

第二章　管理与服务机构

第一节　政府管理机构

【上海市住房和城乡建设管理委员会】根据《中共上海市委、上海市人民政府关于调整本市城市建设管理机构职能的批复》（沪委〔2015〕725号）和《中共上海市委、上海市人民政府关于设立上海市房屋管理局等有关事宜的批复》（沪委〔2017〕364号）规定，设立上海市住房和城乡建设管理委员会,为市政府组成部门。

一、主要职责

(一)贯彻执行有关住房、城乡建设和城市管理的法律、法规、规章和方针、政策；组织起草相关地方性法规、规章草案,并组织实施有关法规、规章；组织协调住房、城乡建设和城市管理领域综合性、系统性、长远性重大问题研究和重大政策的拟订并组织实施；负责组织行业发展重大改革工作。

(二)根据本市国民经济和社会发展总体规划，拟订城乡建设和城市管理的发展战略、中长期发展规划和年度计划，并组织实施；协调拟订住房、城乡建设和城市管理各类行业发展规划，并组织实施；综合协调与平衡各层面市政基础设施建设管理规划；协调和平衡市政基础设施（除交通工程）年度项目建设计划。

(三)组织编制市级城市维护项目年度预算安排计划，按照职责分工，加强对市级城市维护项目的监督管理；会同有关部门加强对区城市维护资金使用的指导；参与研究城乡建设和城市管理领域财政、价格政策；负责城乡建设和城市管理领域统计管理、经济运行监测和分析；负责监督直属单位的财务管理、国有资产管理和内部审计等工作。

(四)会同有关部门做好城市建设和土地使用管理的衔接工作；会同有关部门组织开展城市基础设施项目实施可行性研究；会同有关部门审批政府投资项目的初步设计；负责建设工程抗震管理；参与确定本市重大工程项目，负责指导、组织、协调、推进重大建设工程的实施和目标考核；负责组织本市重点工程实事立功竞赛活动；综合协调城市基础设施项目建设相关工作；组织指导、综合协调、督促检查黄浦江两岸开发工作。

(五)负责建筑市场综合监管和行业的行政管理；拟订监督管理建筑市场、规范市场各方行为的规章制度并监督执行；负责建筑市场工程报建、招投标监督管理与施工图设计文件审查的监督管理；负责建筑市场各类企业资质、从业人员执业资格的管理以及从业单位与人员市场行为的诚信管理；负责房屋建筑和市政工程(除交通工程)的施工许可管理；负责建筑市场管理信息平台的建设、运行管理；负责建筑市场的稽查工作。

(六)负责建材市场监管和行业的行政管理；制定建筑节能政策并监督实施,负责建筑节能、墙体材料革新和散装水泥发展及管理工作；组织研究制定住宅产业科技进步规划；组织新型建筑材料的认定和推广应用；拟订推进绿色建筑发展行动规划，推动建筑业转型发展,推进建筑工业化工作；协调、推进本市住宅产业现代化及节能省地型住宅产业发展。

(七)组织制定和调整发布工程建设、住房设计标准以及居住区公共服务设施标准、造价、定额和技术规范,组织对实施情况进行监督；组织拟订城市管理相关工作标准定额、技术规范；组织拟订村镇建设相关建设标准、技术规范等。

(八)承担本市建筑行业安全生产监督管理责任(除交通工程),制定建设工程质量和安全生产规章制度并监督实施；监督参建主体建立健全质量和安全管理体系；强化勘察设计质量管理；负责建筑企业安全生产许可管理；负责建筑材料和机械设备现场使用的质量安全监管；负责本市房屋建设质量管理；参与建设工程较大及以上质量、施工安全事故调查处理。

(九)统筹推进城市管理领域相关工作,指导督促市有关部门以及区政府落实城市管理各项任务和各类标准定额；负责指导城市管理综合执法工作；负责城市网格化综合管理推进协调工作，承担城市网格化管理体系建设、运行和管理工作；统筹协调绿化林业、市容景观、环境卫生以及供排水等需要多部门协调联动的工作；综合协调市有关部门和区政府共同推进城乡环境综合治理及城乡生态环境建设和管理等相关工作；负责“世界城市日”事务协调工作。

(十)负责燃气行政管理和行业管理；会同有关部门组织编制燃气专项规划并推进实施；综合协调地下空间使用管理；综合协调地下市政基础设施建设和管理；参与地下管线综合规划平衡协调,负责地下管线项目建设的监督管理；负责道路和公共区域照明设施的行政管理；组织或参与编制市政工程、燃气、综合管线应急预案并实施,组织或参与相关事故调查处理；组织协调住房、城乡建设和城市管理重大事故的应急处置以及综合治理工作。

(十一)参与本市城镇体系规划编制；指导区研究编制郊区城镇和村庄基础设施专业规划及村镇建设计划；协同市有关部门拟订村镇建设相关政策；指导推进郊区城镇化和村庄市政基础设施及人居环境建设；协调推进城镇化建设工作；协调指导农村村民集中居住及住房建设工作；负责历史文化名镇(村)和传统村落保护、利用和开发的政策拟订、指导协调等相关管理工作。

(十二)负责拟订住房公积金管理法规、政策并对执行情况进行监督,承担市住房公积金管理委员会的日常管理工作,监督住房公积金的管理、使用和安全。

(十三)组织指导协调并监督城乡建设和城市管理的行政执法工作；依法对各种违法行为进行行政处罚。

(十四)推进住房、城乡建设和城市管理领域科技进步；指导监督住房、城乡建设和城市管理职业技术教育培训工作；协调推进住房、城乡建设和城市管理信息化建设；负责城乡建设和城市管理综合资料的收集、统计和分析，制订发布城乡建设和城市管理行业发展报告。

(十五)承担有关行政复议受理和行政诉讼应诉工作。

(十六)承办市政府交办的其他事项。

二、内设机构

根据上述职责，上海市住房和城乡建设管理委员会内设 16 个处室，分别是：办公室、村镇建设处、工程建设处（市重大工程建设办公室）、设施管理处（燃气处）、建筑市场监管处（稽查办公室）、政策研究室、审计处（公积金处）、建筑节能和建筑材料监管处（市建材业管理办公室）、法规处、应急保障处、标准定额管理处、综合计划处、信访办公室、质量安全监管处、综合规划处（市抗震办公室、浦江两岸开发协调处）、城市管理处、科技信息处。

【上海市规划和自然资源管理局】根据《中共中央办公厅国务院办公厅关于印发〈上海市人民政府职能转变和机构改革方案〉的通知》（厅字〔2014〕20号）的规定，设立上海市规划和自然资源管理局，为市政府组成部门。

一、主要职责

（一）履行全民所有自然资源资产所有者职责和所有国土空间用途管制职责。贯彻执行有关自然资源和国土空间规划、城乡规划的法律、法规、规章和方针、政策。研究起草有关国土空间规划及城乡规划的编制和实施、自然资源、测绘、地名等方面的地方性法规、规章草案，拟订相关政策，并组织实施和监督检查。

（二）负责推进主体功能区战略和制度，组织编制并监督实施国土空间规划和相关专项规划。开展国土空间开发适宜性评价，建立国土空间规划实施监测、评估和预警体系。组织划定、实施和管理生态保护红线、永久基本农田、城镇开发边界、文化保护等控制线，构建节约资源和保护环境的生产、生活、生态空间布局。建立健全国土空间用途管制制度。

（三）参与编制经济社会发展与城市建设中长期规划和年度计划，参与长江经济带国土空间规划、长江三角洲区域发展规划。根据国民经济和社会发展规划，组织编制城市总体规划、土地利用总体规划、单元规划、重要地区的详细规划及市政府其他指令性规划，对其他专业系统规划进行综合协调与平衡。指导各区编制职责范围内的各类规划。受市政府委托，依法审核、审批各类规划。

（四）负责历史文化名城、历史文化风貌区、历史文化名镇、历史文化名村、优秀历史建筑和市级以上历史文物古迹的规划管理。负责城市地名、城乡规划设计、城市建设档案等管理工作。负责城乡规划、土地、地质矿产资源、测绘等行业资质资格与信用管理。

（五）负责建设工程项目规划土地管理相关工作，对建设工程项目审批后到竣工验收前规划、土地执行情况实行跟踪监督。

（六）统筹负责自然资源调查监测评价。依据国家自然资源调查监测评价指标体系和统计标准，建立统一规范的调查监测评价制度。统筹推进自然资源基础调查、专项调查和监测工作。组织落实自然资源调查监测评价成果的监督管理和信息发布。指导各区自然资源调查监测评价工作。

（七）负责自然资源统一确权登记工作。制定各类自然资源和不动产统一确权登记、权籍调查、不动产测绘、争议调处、成果应用的制度、标准、规范。建立健全自然资源和不动产登记信息管理基础平台。负责自然资源和不动产登记资料收集、整理、共享、汇交管理等。指导监督自然资源和不动产确权登记工作。

（八）组织拟订并实施土地等自然资源年度利用计划。负责城镇建设用地规模的总量控制和用途管制，并承担监管责任。负责土地等国土空间用途转用工作，负责土地征收征用管理，负责征收集体土地房屋补偿工作。

（九）负责统筹国土空间生态修复。牵头组织编制国土空间生态修复规划并实施有关生态修复重大工程。负责国土空间综合整治、土地整理复垦、矿山地质环境恢复治理等工作。负责政府土地储备等各类建设用地的开垦、整理、复垦管理工作。牵头实施生态保护补偿制度。

（十）负责组织落实最严格的耕地保护制度。牵头拟订并实施耕地保护政策，负责耕地数量、质量、生态保护。组织实施耕地保护责任目标考核和永久基本农田特殊保护。完善耕地占补平衡制度，监督占用耕地补偿制度执行情况。

（十一）负责有关自然资源资产有偿使用工作。依据国家有关全民所有自然资源资产统计制度，统筹全民所有自然资源资产核算，组织编制全民所有自然资源资产负债表。拟订有关全民所有自然资源资产划拨、出让、租赁、作价出资和土地储备政策。组织实施自然资源资产价值评估管理，依法收缴相关资产收益。

（十二）负责有关自然资源的合理开发利用。组织拟订有关自然资源发展规划和战略。拟订有关自然资源开发利用标准并组织实施。依据国家政府公示自然资源价格体系，组织开展有关自然资源分等定级价格评估。负责有关自然资源市场监管。依法负责各类建设用地管理和土地收回、土地储备相关工作。

（十三）负责地质勘查行业和地质、矿产资源管理工作。负责地质灾害预防和治理，监督管理地下水过量开采及引发的地面沉降等地质问题。负责落实综合防灾减灾规划相关要求，组织编制地质灾害防治规划和防护标准并指导实施，承担地质灾害应急救援的技术支撑工作。

（十四）负责测绘地理信息和基础测绘管理工作。监督管理地理信息安全和市场秩序。负责地理信息公共服务管理。负责测量标志保护。

（十五）负责组织指导规划和有关自然资源行政执法工作，依法查处有关违法案件。

（十六）完成市委、市政府交办的其他任务。

（十七）职能转变。上海市规划和自然资源局要落实关于统一行使全民所有自然资源资产所有者职责，统一行使所有国土空间用途管制和生态保护修复职责的要求，强化城市规划在城市发展中的基础性作用。以深化“放管服”改革和优化营商环境为抓手，强化国土空间规划对各专项规划的指导约束作用。弱化微观管理事务和具体审批事项，转变重审批轻监管的行政管理方式，运用信息化手段创新监管模式，切实提高审批透明度和监管效能。

上海市规划和自然资源局下设的上海市不动产登记局更名为上海市自然资源确权登记局，拟订各类自然资源和不动产统一确权登记、权籍调查、不动产测绘、争议调处、成果应用的制度、标准、规范，承担指导监督自然资源和不动产确权登记工作，建立健全自然资源和不动产登记信息管理基础平台，管理登记资料，负责市委、市政府确定的专项登记工作。上海市自然资源确权登记局行政编制 10 名，正副处级领导职数 3 名。

上海市规划和自然资源局所属事业单位的设置、职责和编制事项另行规定。

二、内设机构

上海市规划和自然资源局机关行政编制为 202 名。设局长 1 名，副局长 5 名，总工程师 1 名，正副处级领导职数 60 名。下设十九个处室，分别是：办公室、政策研究与科技发展处、组织人事处、财务与资金管理处、法规处、总体规划管理处、详细规划管理处（城市更新处）、乡村规划处、市政工程管理处、建筑工程管理处、风貌管理处（地名管理处）、自然资源利用处、国土用途实施处、地质资源管理处、测绘与自然资源调查处、信访办公室（公众参与处）、行政服务处（城建档案管理处）、信息化建设处、业务监督处。

第二节　行业协会与学会

【上海市房地产行业协会】成立于 1986 年 1 月（成立之初为上海市房地产业协会），是上海改革开放后最早成立的一批协会之一。2004 年 7 月与上海市住宅产业协会合并为上海市房地产行业协会。

协会的业务范围：房地产开发经营的行业调研，行业培训，行业评比、优秀住宅评选、会展服务、中介咨询、国内外行业信息交流和编辑出版等。围绕“提供服务、反映诉求、规范行为”的办会宗旨，近几年来，协会在提供服务的过程中将“规定动作”和“自选动作”相结合，努力提高为会员企业的服务水平。

【上海市房产经济学会】创建于 1981 年 5 月 3 日。1985 年 1 月 5 日，经中共上海市委宣传部、上海市哲学社会科学学会联合会批准，改名为上海市房产经济学会（以下简称市房产学会）。

学会是依照《社会团体登记管理条例》的规定，由从事房地产经济研究、房地产教育科研以及行业管理、经营管理的单位及专业人员自愿结成的学术性非营利性社会组织。

学会宗旨是以马列主义、毛泽东思想、邓小平理论、“三个代表”重要思想和科学发展观、习近平新时代中国特色社会主义思想为自己的行动指南。坚持“一个中心、两个基本点”，遵守宪法、法律、法规和国家政策，按照“百花齐放、百家争鸣”的方针，探索和研究房地产经济的客观规律，研究房地产业改革发展中的新情况、新问题，为推进和谐社会的建设，促进房地产业持续健康发展，为上海的改革开放和社会主义现代化建设服务。遵守国家的法律、法规、规章和政策，遵守社会道德风尚。

学会的登记管理机关是上海市社会团体管理局，业务主管单位是上海市社会科学界联合会，指导单位是上海市房屋管理局。市房产学会接受登记管理机关和业务主管单位以及指导单位的监督管理和业务指导。

【上海市土地学会】上海市土地学会是上海市从事土地管理、土地科技、土地经济理论研究和土地开发经营等专业人员及相关单位自愿组成的学术性、非营利性的社会团体法人。上海市土地学会成立于 1989 年 3 月 16 日。登记管理机关是上海市社会团体管理局；业务主管单位是上海市社会科学界联合会；挂靠上海市规划和国土资源管理局。学会接受上述单位的业务指导和监督管理。

学会设有办公室、学术部、咨询服务部、《上海土地》编辑部等四个工作部门。本市各区县设有上海市土地学会联络处；根据工作需要，还设立了若干专业委员会等分支机构。

【上海市房地产经纪行业协会】成立于 1996 年 12 月。协会由本市房地产居间介绍、代理营销、咨询策划、金融服务、信息服务等机构，相关企事业单位和在沪注册的中华人民共和国房地产经纪人，依法自愿组成的全市性行业组织，是实行行业服务和自律管理、具有法人资格的非营利性社会团体。

协会单位会员基本涵盖全市有一定规模、良好品牌的房地产经纪骨干企业。

2010 年 10 月 12 日第三次会员大会通过的《章程》第二十二条规定：协会会长由房地产经纪企业经营者或业内专家担任，实行届内轮值制。新一届理事会选出两位轮值会长，同时确定轮值次序，第一位的任期为换届履职之日起两年，第二位的任期为接任履职期到届满。常务副会长、副会长每届四年，驻会常务副会长、副会长连任不得超过两届。《章程》第二十三条规定：协会常务副会长为法定代表人。协会宗旨：发挥提供服务、反映诉求、规范行为的作用，促进房地产经纪行业的繁荣和健康发展。多年来，协会积极发挥“服务、代表、自律、协调”的职能，2005 年，被评为上海市先进民间组织，2006 年被中国房地产行业协会评为优秀行业协会。为会员单位服务是行业协会应尽的职责。面对新情况，解决新问题，上海市房地产经纪行业协会作了许多努力。

【上海市物业管理行业协会】上海物业管理行业协会于 2008 年 10 月 22 日成立，由原上海物业管理协会与原上海市物业管理商会合并而成。协会简称上海物业协会。英文缩写为 SPM。协会依照《社会团体登记管理条例》、《上海市促进行业协会发展规定》等规定，由上海市物业管理企业和相关企事业单位自愿组成的全市性行业组织，是实行行业服务和自律管理的非营利性的社会团体法人。

协会的宗旨是：遵循国家有关法律、法规、规章和政策，引导、培育、发展上海市物业管理市场，为会员提供服务，维护会员合法权益，推动企业互相之间的交流、合作与创新，倡导行业自律和公平竞争，促进本市物业管理行业的繁荣和健康发展。

协会的最高权力机构为会员代表大会，执行机构为理事会。协会下设十七个区工委，并设有白蚁防治、设施设备、资产管理、教育培训和普通住宅专委会，同时还设立了行业党建工作指导委员会。秘书处为理事会的日常办事机构，下设综合管理办公室、培训部、咨询服务部、宣传信息部、会员服务部和行业研究中心六个部门。

【上海市房地产估价师协会】（英文简称：SREAA）是由本市房地产估价行业从事房地产评估活动的执业机构及房地产估价师组成的社会团体，于 1997 年 1 月 16 日成立。依照中华人民共和国和国务院颁布的《社会团体登记管理条例》的规定，协会获准上海市社会团体管理局登记，注册资金 10 万元，获取社会团体法人登记证书，登记证书号码为沪民社证字第 0056 号，具备社团法人资格。

协会在市社团局和市住房和城乡建设管理委员会的指导下，遵守国家法律、法规、规章和政策，遵守社会道德风尚；服务国家，服务社会，服务会员；规范房地产评估行为，提升服务质量和水平，维护会员合法权益，促进行业健康发展，协会自身建设也取得了较大进步。

协会设立的工作委员会为：行业发展工作委员会、组织和自律工作委员会、教育培训工作委员会、财务管理工作委员会。设有两个分支机构：专家委员会、研究中心（筹）。

上海市房地产估价师协会是中国房地产估价师与房地产经纪人学会的常务理事单位，是中国土地估价师学会的会员单位。曾受到“中房学”“协会的职能发挥在国内房地产估价行业中处于领先行列”的评价。并获得其颁发的“房地产估价行业贡献奖”。

【上海市装饰装修行业协会】成立于 2002 年 4 月，是由原上海市建筑装饰协会和上海市家庭装饰行业协会归并组建而成的行业性、非营利性的社会团体。协会遵守国家的法律、法规，接受政府委托，承担对本市装饰装修行业的行业管理开展行业统计、行业调查、行业评比，发布行业信息、公信证明、价格协调、行业准入资格审核等项活动。

第三章　学术研究机构

【复旦大学房地产研究中心】成立于 1994 年，是国内高校中著名的房地产经济研究机构。中心主要研究我国房地产经济走势及政策，也为各级政府和境内外机构提供决策咨询。中心先后完成多项省部级纵向研究课题和近百项地方政府和企业委托的横向研究课题，为政府决策提供多项咨询报告，出版多部房地产业、房地产金融和房地产政策相关的专著，在报刊发表文章数百篇，经常在新华社、中央电视台、凤凰卫视等境内外主流媒体发表观点和意见，深受各级政府、企事业单位和广大群众的关注和重视，在国内具有崇高的学术地位和影响。中心自成立以来，为各级政府、金融机构和房地产行业输送了大量的人才。它通过组织定期和不定期的内部交流，已经成为圈内联系紧密、公信力卓著、渠道资源专享的圣殿。尤其的，2010 年中心专门成立了分支机构—复旦大学商业地产研究所。目前复旦大学房地产研究中心主任和商业地产研究所所长由复旦大学经济学院尹伯成教授担任。

【华东师范大学东方房地产学院】由华东师范大学、建设部房地产业司、上海市房屋土地管理局、建设银行上海分行、中房上海总公司于 1995 年联合创立。

学院坚持“产学研结合、育人为本、科研领先、紧贴行业、争创一流”的办学理念，经过近二十年的发展，目前学院已经建立了结构完善、层次分明、专业互补的学科研究梯队，聚集了近 20 名教授、副教授或具有博士学位的专业教学和研究人员，并形成了从本科到硕士、博士、博士后的完整的教学体系。在房地产经济理论研究、学科建设、人才培养、为政府决策咨询及行业改革发展服务等方面，均取得了政府部门和房地产界的广泛认可，东方房地产学院已是我国房地产领域内知名的学科名牌。

学院实行董事会领导下的院长负责制。第二届董事单位由华东师范大学、上实城开、中华企业、嘉凯城集团、旭辉股份、复旦复华、西藏城投、中铁置业集团、吴中地产集团、联银恒通基金、易居房地产研究院等单位组成。南极论坛秘书长蔡育天先生出任董事长、张永岳教授出任院长；龙胜平、华伟出任常务副院长、顾志敏、彭加亮出任副院长、谢福泉出任董事会秘书。

【上海财经大学不动产研究所】上海财经大学不动产研究所成立于 1998 年，具有悠久历史，成果卓著。本所以上海财经大学从事房地产领域研究的教师为核心研究人员，有大量国际国内权威房地产专家作为兼职研究人员。创始人、首任所长和荣誉所长为王洪卫教授，现任所长为姚玲珍教授（上海财经大学副校长）、执行所长陈杰教授。研究所设在上海财经大学公共经济与管理学院大楼(凤凰楼)。

【上海易居房地产研究院】2005 年正式成立，院长为张永岳，是本市首家具有独立法人实体地位的民办非企业的专业房地产研究机构。研究院致力于深入探索房地产行业研发系统的创新，不断加强房地产业领域重大理论和应用问题的研究，持续推动房地产产学研一体化的发展，以求建立较为完善的房地产研究运作机制。目前，该院设立了市场研究中心、教育培训中心、技术开发中心、投资咨询中心等四个职能机构。此外，研究院还设立了产业环境、地产营销、建筑产品等研究室及开放式公共服务平台，以便能对一些前沿课题进行专题研究和深入探索，并吸引相关领域的行业专家进行研发创新及教育培训。

【上海社科院城市与房地产研究中心】成立于 1988 年，由上海社会科学院会同政府管理部门和著名房地产企业组成的专业研究机构。研究重点集中在房地产业和房地产市场的重大理论与实际问题。既为政府提供政策研究，也为企业发展与项目决策提供咨询。

【上海大学房地产学院】是由上海大学与上海市房屋土地资源管理局联合组建的专业学院，于 2004 年 5 月正式揭牌，同年首次招收计划内全日制本专科生。学院实行董事会领导下的院长负责制。董事会由上海大学、上海市房屋土地资源管理局及投资企业组成。由上海市房屋土地资源管理局与上海大学主要领导担任董事长，聘请国家建设部副部长刘志峰、国土资源部副部长李元、市人大常委会副主任刘伦贤、市人大城市建设与环境保护委员会副主任姜夔富等领导担任顾问，并将聘请有关知名人士、企业家担任名誉董事。

院长受董事会委托全面负责学院的教学与日常行政管理工作，定期向董事会述职。高校与行业联办的管理体制，对学院培养适合社会经济发展需要的应用型人才以及学院的发展带来了得天独厚的活力。

【上海市房地产科学研究院】上海市房地产科学研究院成立于 1975 年，上海市房屋管理局直属事业单位，是国内房地产行业中创立最早、唯一涵盖房地产经济管理和房屋工程技术的公益类综合科研机构。我院承担住房和城乡建设部委托的房地产技术标准归口管理职能，与建设部住宅产业化促进中心共同主办《住宅科技》刊物，也是上海市建设交通委设立的建筑节能和材料学科中心。

作为上海市科技创新体系的非营利性公益类科研机构，我院主要从事住房保障和房屋管理的科学研究、科技咨询与技术服务等工作。院科研工作依托行业背景和自身实力，突出前瞻性、针对性、应用性，形成了住房保障、房地产市场、物业管理、旧区旧房改造、住宅产业化、建筑节能、历史建筑保护和房屋安全等科研重点和专业特色，接受政府下达的、行业团体和企事业单位委托的决策咨询、行业管理、标准规范、技术研发等方面的科研项目。我院持有多项重要的资质证书，拥有先进的仪器设备，依托科技优势和适应市场运作的体制机制开展科技咨询与技术服务，承担行业和各界委托的业务项目，参与重要的行业管理和重大的城市建设工程项目。

经过 40 多年建设与发展，形成了一支科研力量雄厚的专业技术队伍，累计完成 260 余项科研项目，荣获 120 余项各级政府授予的科技奖项，拥有 20 余项国家专利。大量的科研成果应用于实践，为政府管理决策、房地产业发展和城市建设作出了重要贡献，住房和城乡建设部曾授予我院“十五”

全国建设科技先进集体称号。

进入新的发展时期，我院以引领行业科技创新为己任，以服务政府、服务行业、服务社会为宗旨，锐意进取，追求卓越，努力为社会经济发展作出新贡献。

【上海市房地产学校】毗邻虹桥国际机场，占地面积11.88万平方米，总建筑面积8万平方米，由法国夏邦杰建筑师事务所、上海建筑设计院合作设计。学校布局设计新颖，现代建筑与园林绿化融于一体。学校拥有智能化教学行政楼、先进实验实习设施、多功能会议中心、高标准学生公寓及配套设施、400米塑胶跑道标准体育场、室内体育馆、别墅式专家楼等。其中，学生公寓设施齐全，每套房间设床位四个和独立使用卫生及淋浴设备，每位学生配单独写字桌与衣柜，户户设有阳台，并装备了空调，是目前上海同等学校中最现代化的学生公寓

学校具有满足房地产行业各种人员教育和培训所需要的实验实训设施，是上海市职业教育物业管理开放实训中心，包括全国房地产行业中规模最大，设施最先进的电梯实训工场；完备、先进的房屋安全检测设备；功能齐全的电子电工实验室；新颖的智能化楼宇实验室等十几个先进的实验实训场所。

学校电化教学设施齐全，具有可同时容纳100多名学生上课的多媒体网络教室和多媒体演示教室，有先进的摄录编设备、外语教学语音室、卫星电视接收系统、闭路电视系统、校内广播系统及电子阅览室等。

学校实行学历证书和能力证书、职业资格证书相结合，学生毕业不仅能获得毕业文凭，而且能获得“计算机操作”“CAD绘图”以及“物业公司部门经理和一般人员”等上岗资格证书，大大增强了市场就业竞争力。 学校组织的高复班历年的升学率超过95%，为学生提供了提升学历的平台。该校毕业生供不应求，得到了行业与用人单位的认可。

第四章　优秀企业展示

【上海地产（集团）有限公司】（简称地产集团），成立于2002年，是经上海市人民政府批准成立的国有独资企业集团公司，注册资本42亿元。集团主营业务包括土地储备前期开发、滩涂造地建设管理、市政基础设施投资、旧区改造、房地产开发经营等。截至“十二五”末，集团总资产达2123亿元，旗下拥有5家具有房地产开发一级资质的企业、2家上市公司、 2个国家级开发区。

地产集团成立以来，充分发挥国有企业集团的优势，在土地储备前期开发、滩涂造地建设管理、保障性住房开发建设、国有资产保值增值等方面，出色地完成了市委、市政府交办的任务，较好地完成了服务社会和发展自身两篇文章。

在新的历史发展阶段，地产集团将紧紧围绕市委、市政府工作大局，将集团打造成为上海城市更新的重要运作平台之一，高质量地完成事关上海长远发展的各项重大任务，包括旧区改造及城中村改造、保障房建设、工业园区置换升级、历史风貌区和老建筑保护等，为上海城市的功能完善和社会发展作出新的更大贡献。

【绿地集团】(简称为“绿地”或“绿地集团”)是一家全球经营的多元化企业集团，创立于1992年7月18日，总部设立于中国上海，在中国A股实现整体上市，并控股多家香港上市公司。

成立27年至今，绿地已在全球范围内形成了“以房地产开发为主业，大基建、大金融、大消费以及科创、康养等新兴产业并举发展”的多元经营格局，实施资本化、公众化、国际化发展战略，旗下企业及项目遍及全球五大洲三十多个国家，连续8年位列《财富》世界企业500强，名列2019年榜单第202位。

绿地正不断加快企业创新转型，致力成为一家主业突出、多元发展、全球经营、产融结合，并在房地产、金融、基建等多个行业具有领先优势的本土跨国公司。

绿地先人一步的国际化步伐迸发出巨大能量，广泛布局中国、美国、澳大利亚、加拿大、英国、德国、日本、韩国、马来西亚、柬埔寨、越南等国家，着力塑造品牌国际声望与全球竞争力，并通过参与全球市场竞争，淬炼激发出深化转型的蓬勃活力。未来的绿地将以培育世界级企业为目标，力争在经济全球化背景下，真正成就中国企业的未来无限。

绿地依托房地产主业优势，积极发展大基建、大金融、大消费及科创、康养等新兴产业关联板块集群，实现“3+X”综合产业布局，保障企业平衡经济波动、实现持续增长。

“一业特强、多元并举”的多元产业板块，更有利于绿地充分打通并嫁接各产业板块优势，打造稳健增长、基业长青的“绿地系”企业群。

绿地坚持产业经营与资本经营并举发展，实体产业与金融、投资之间的协同效应日益放大，以实现国内A股整体上市，并控股国家香港H股上市公司，构筑起境内外资源整合的资本平台。

绿地积极推动跨界合作与平台协同，领衔“互联网+地产”创新及资产证券化转型，投资并购成果丰硕。未来，绿地金融将涵盖保险、信托、证券、银行等金融领域，打造“资金+资管”产业链，使产融结合发挥更强发展动力。

绿地在全球投资发展过程中，深入参与城市功能性开发、基础设施建设以及市民服务、公益慈善等领域，对当地城市经济发展、增加税收及就业岗位等都起到了积极的作用，获得了中国及海外各国政府及社会各界的充分肯定与欢迎，树立起了颇具价值的品牌国际声望。

【上海建工房产有限公司】成立于 1998 年，注册资本金 9 亿元，是上海建工集团股份有限公司核心成员企业，下辖子公司、合资公司 50 余家。公司具备国内最高一级房地产开发资质，也是上海房地产行业中最早通过 IS09001 质量管理体系认证的企业之一。

上海建工房产坚持以用户为本，以市场需求为导向，贯彻“立足本地，辐射全国，科学布局、深耕市场，集成优势，联动发展”的总体战略布局。经过 20 多年的发展，产品已涵盖住宅、商业、办公、酒店、酒店式公寓、产业园区等；产品由中低端向中高端转变，经营模式由单一开发销售转为开发销售和置业经营多元化模式转型。公司先后进入徐州、苏州、南京、南昌及天津市场，形成了以南京为核心，辐射徐州、苏州等城市的长三角重点区域市场和以南昌为中心的中原区域市场。

在上海建工集团“和谐为本，追求卓越”的文化理念引领下，上海建工房产以“专攻建筑经典，成就人居梦想”为使命，用心规划、精心建设、尽心服务，不懈追求“建筑、艺术、生活”的和谐相融，实现“放心房、买放心”的品牌境界。公司先后荣获“上海市‘五一’劳动奖状”、“全国住房城乡建设系统先进集体”等荣誉称号。公司开发的楼盘获国家最高质量奖“鲁班奖”、上海市最高质量奖“白玉兰”奖、上海市优秀住宅综合金奖等殊荣。

【上海闵行房地（集团）有限公司】成立于 1996 年 12 月，是一家集房地产投资、开发、经营等相关服务为一体，以及股权投资等多元发展的企业集团。上海闵行置业发展有限公司成立于 2002 年 4 月，是国家二级资质房地产开发企业，现位列上海房地产开发企业 50 强。上海闵行置业发展有限公司担负起了上海闵行房地集团房地产开发业务的重任。

作为上海最早从事房地产开发经营管理的房地产企业集团，上海闵行房地集团始终致力于旧城改造和房地产综合开发，从单一住宅区开发到商业综合体开发，从古镇的保护性开发到历史人文建筑的修缮保护，见证了上海西南城区变化的历程，推动城区发展的步伐。在房地产开发经营的核心业务方面，上海闵行房地集团，上海闵行置业发展有限公司已形成城市大型生态社区、古典民族建筑、城市商业体、旅游地产等四大产品体系。住宅地产“凤凰城”“丽都城”“枫桦景苑”，旅游地产“御前街”，古典民族建筑“江南御府”，商业地产“置业广场”“金平广场”，保障性住房“源枫景苑”，旧城改造项目“华夏茗苑”“星河景苑”已成为沪上享有知名度和影响力的房地产项目。

上海闵行房地集团、上海闵行置业发展有限公司拥有一支在房地产开发、经营、管理，以及建筑、规划、设计、景观等方面经验丰富的高素质员工队伍，还有来自高校院所、科研机构等领域具有社会影响力的专家团队，并形成了完整的设计、开发、建设、物业管理产业链。

2014 年，上海闵行置业发展有限公司实施海外发展战略，在澳大利亚成立了全资子公司，并以 SHMH（上海闵行）品牌命名。目前，已获得悉尼 Eastwood 、Elizabeth Bay、 Waterloo,以及 Penrith

四城区 4 个大中型住宅项目，总计可建住宅超过 2300 套以上。2015 年 11 月 10 日，位于 Eastwood 的“Vantage”项目率先破土动工，奏响了上海闵行房地集团、上海闵行置业发展有限公司拓展海外市场的序曲。

上海闵行房地集团秉承“诚信、守法、务实、开拓”的企业宗旨，融汇东西方居住理念，关注和强调人与自然的协调，关注人类生态系统的稳定和发展，重视和珍惜每一次的土地开发活动，不断探索符合社会需求的居住理念并付诸实践，形成了具有自身特点的开发理念和企业发展成功之道。

经过十数年的发展，上海闵行房地集团，上海闵行置业发展有限公司已从当年的以管理经营为主的企业，脱胎成为从事国内和国外房地产开发、经营，以及贸易、投资和科创园区建设，实现跨国经营发展，位列上海房地产开发企业 50 强的知名房地产开发企业。

【大华（集团）有限公司】成立于 1988 年，总部位于上海，作为最早起步、最大规模的中国城市更新运营商之一，多年来专注城市更新，超大规模社区建设运营等，为推动中国城市化进程做出积极贡献。长期位居中国民营企业 500 强，中国房地产综合实力 50 强。经 30 余年发展，形成了以房地产开发为主，集房地产投资、开发、建设、物业管理等业务为一体，兼及投资管理和商业运营等多元化经营的企业集团，下属 80 余家控股、参股公司、分公司，40 余家关联企业协作运营。大华集团响应国家“一带一路”发展战略，秉承“全心全力为人居服务”的企业宗旨，以专业化的城市投资、建设和运营商作为发展方向，目前已布局长三角区域、环渤海区域、中西部、西南区域及粤港澳大湾区等五大区、20 余座重点城市。并拓展海外市场，目前已在澳洲多个城市深入开发，累计获得约 2000 公顷土地开发权。

大华集团坚持以地产开发改善居民生活环境，提升区域价值，推动城市功能升级。在成批旧改、新农村建设上配合政府进行道路、管网等大市政基础设施建设；在开发区域内建设幼托、中小学、医院、社区公园等大公建配套；开发区域内整体规划和建设酒店、办公、购物中心等区域配套商业，“嘉年华”系列社区商业和时尚购物中心、城市精品酒店等持有运营的商业面积已逾 80 万㎡大华集团在上海开发的大华社区（占地 3.5 平方公里）、大华锦绣华城（原浦东六里现代生活园区，占地 3.3 平方公里），大场老镇改造社区（大华新界，占地 2.5 平方公里）均已成为欣欣向荣的新城镇，总计约有 25 万居住人口，逐步树立起推进中国城市化进程的优秀地产品牌。

从 2015 年开始，大华集团开始探索投资业务，旗下的上海华强股权投资管理有限公司专注于投资国内具有高成长性行业里盈利能力最强的领军企业。截至 2016 年底，在大健康、大消费和医疗，以及新材料和 TMT 领域累计已签约投资项目 15 个，投资金额 15.41 亿元，并与业内领先的 VC/PE 投资机构（摩根士丹利、鼎晖投资、华盖资本、启赋资本等）建立起紧密的合作关系。在房地产开发之外，大华集团始终关注产品品质和客户体验。于 2001 年成立的上海名华工程建筑有限公司，具有房屋建筑工程施工总承包一级资质和建筑装修装饰工程专业承包一级资质；旗下的上海胜迁建筑装潢工程有限公司，具有建筑装饰装修工程设计与施工一级资质；于 2000 年成立的大华物业，是国家物业管理一级资质企业。

大华集团长期以高度的热情和社会责任投身慈善、公益事业，努力承担企业公民的社会责任，成立 30 多年来，在慈善和社会公益方面的累计捐赠超三亿元。在陕西省华阴市、岚皋县、宁陕县以及四川盐田县三元乡捐赠了 4 所大华希望小学；在新疆援建了 15 个卫生所。并于 2019 年正式成立大华公益基金会，更加全面深入地投身公益！大华集团积极投身体育事业的发展。为响应国家推进体育事业发展的号召，体现上海城市精神，2014 年 7 月，大华集团与上海体育职业学院、宝山区体育局三方共同组建成立了上海宝山大华女子篮球俱乐部，共同打造规范化、职业化的女子篮球俱乐部，为推动女篮运动的开展和普及，为振兴“中国女篮”，为上海乃至中国篮球事业的发展做出了自己的贡献。

历经多年的发展，大华集团连续多年荣膺“中国房地产百强企业”“上海企业 100 强”“中国房地产开发企业品牌价值 50 强”等荣誉。自 2003-2019 年连续荣获“上海市企业资信等级 AAA-”“上海纳税百强企业”“中国企业纳税 200 佳”“上海市守合同重信用企业”等重要奖项。大华集团作为中国城市更新运营商，伴着人类历史上最伟大的城市化浪潮，与时代并进，不忘初心、砥砺前行，大华将继续积极参与中国城市更新建设，焕新更美好的城市人居。

【复地产业发展集团】是复星生态系统的重要组成，是豫园股份旗下的城市功能产业板块，是兼具产业投资运营和蜂巢城市智造能力的平台型核心企业。

自 1994 年开始房地产业务以来，秉承“以人为蓝图”的经营理念，坚持为城市新兴中产阶层打造高性价比的生活、工作、休闲空间。十数年来，复地已经在上海、北京、武汉、南京、无锡、重庆、天津、杭州、大同等地，成功开发数十个项目。2004 年 2 月，复地在香港联交所 H 股主板上市，成功进入国际资本市场。经过多年的努力与积累，复地在房地产业界逐步形成了自身独特的核心竞争力：准确的产品定位能力、成熟的多项目管理能力、周转快速的资金运作能力以及完善的销售及服务体系。

2002 年，复地成立客户俱乐部--复地会，持续向客户提供不断完善的高品质服务。如今，复地会已在全国拥有了三万余位会员和百余家高品质的精选商家。同时，复地会也以丰富多彩的活动和高到达率的客户服务渠道，使客户与复地能及时进行有效沟通，并持续促进复地产品和服务的改善完美。经过不断努力，复地会已经成为复地与客户、与社会各界沟通交流的平台，通过倾听会员的心声、处理会员的建议，不断提升复地的产品、服务、管理，使"复地"品牌的附加值真正为广大会员所分享。

复地产发坚持复星的“蜂巢城市”理念，以“产城融合”模式与城市共成长，为亿万家庭客户提供持续不断的幸福场景体验和服务，致力于成为全国领先的“蜂巢城市智造家”和“幸福场景营造家”。

【上海东苑房地产开发(集团)有限公司】1993 年创建于上海，业务涉及房地产投资开发、商业资产管理、股权金融投资等多个领域。经过二十多年的发展，东苑集团已经成长为一家多元化的集团公司，产业遍及海内外多个城市及地区。

东苑集团秉承“精专、创新、责任、互动”的核心价值观，着力打造集房地产项目咨询、投资开发、规划设计、工程管理、营销策划和营运管理于一体的一站式解决方案，凭借先进的经营理念和经验丰富的专业团队，坚持为合作伙伴和客户提供高品质的项目服务。

2015 年，公司围绕“向服务型企业转型、向智慧型企业转变、向专业化企业升级”的发展战略，正式提出改革目标。未来，东苑集团将全力打造一个开放、共享、包容的合作发展平台，与体育、教育、文化、健康、旅游等产业有机融合，期望为员工、客户和社会创造更大的价值，继续为实现“做价值资源的整合者、做价值产品的创造者、做价值服务的缔造者”的企业愿景而不懈努力。

【旭辉集团】旭辉集团 2000 年成立于上海，其控股股东旭辉控股（集团）2012 年在香港主板整体上市，是一家以房地产开发为主营业务，定位于“美好生活服务商、城市综合运营商”的综合性大型企业集团。

成立近 20 年来，秉承“用心构筑美好生活”的使命，旭辉始终追求“有质量的发展”，目前集团业务遍布中国内地 80 个大城市及中国香港、日本、澳大利亚，累计开发项目逾 450 个，服务 30 万业主。2019 年合约销售规模突破 2000 亿，跻身中国房地产开发企业 500 强榜单 TOP14。

旭辉围绕着为客户提供美好生活的出发点，开展多元化业务，推动房地产生态圈的打造，借助房地产主业的优势，不断开拓创新，业务和关联公司的业务遍及社区生活服务、长租公寓、教育、养老、商业管理、建筑产业化、基金管理、工程建设、装配式装修等。其中永升服务 2018 年 12 月 17 日在港交所主板上市，聚焦客户满意度，致力于成为值得依赖的智慧社区生活服务商，截至 2019 年底签约面积超过 1 亿平方米，位列中国物业服务百强企业综合实力排名第 14 位。

展望未来，旭辉将以数字构建行业领导力，以科技开启业务创新，以专业匠心与人文情怀，不断为客户创造美好的生活体验，为中国城市发展尽绵薄之力。

【上海新松江置业(集团)有限公司】成立于 1997 年 3 月，最初由原县房管局、土地局的下属企业及有关单位整合而成，当时主要承担松江老城的改造和区级动迁安置房建设任务。2017 年 3 月，上海松江公共租赁住房投资运营有限公司整建制划入集团公司。截至目前，集团公司下属二级公司五家：上海松江公共租赁住房投资运营有限公司、上海市松江第一房屋征收服务事务所有限公司、上海松江住房租赁经营有限公司、上海城凯置业有限公司、上海广源房地产开发有限公司，其中，公租房公司和第一征收公司被区国资委列为重要子公司，城凯置业纳入集团本部统一管理。

公司目前主要承担以下四大工作职能：一是松江房屋经营管理服务，包括区级保障性住房的建设和筹措、全区公有房屋管理、全区公租房和人才公寓的建设管理运行、动拆迁及土地征收服务、住房修缮养护及居住房屋物业管理托底保障等；二是松江老城区的城市更新，包括“城中村”地块改造、历史街区的传承性改造等；三是市场租赁住房及房地产的开发建设；四是区财政性资金公建项目代建。

企业愿景:服务松江城乡建设，改善居民人居环境，履行企业社会责任，实现员工自身发展，与松江经济社会发展共成长。

企业十年目标:到 2027 年，集团公司资产总额达到 100 亿元，松江旧城改造全部完成；开发完成一系列代表松江特色的城市建筑、城市综合体，在松江南部新城等城市新中心拥有核心建筑群，打造“新松江”的全新城市名片，成为在上海市地域特色显著、规模适度、有一定影响力的国有企业集团。

【保集控股集团】成立于 1996 年，总部设在上海，是集地产、贸易、金融、产业为一体的多元化集团企业并在中国香港、日本、澳洲、法国、美国设有分（子）公司。集团以开发建设为基础，以运营和资本运作为两翼，以贸易和金融为驱动的“一体两翼”+金融助推的发展战略，致力于地产、大健康和智能制造产业的开发及运营，成为最值得信赖的城市服务运营商。

地产开发区域以上海、浙江等长三角城市为中心，深耕金华、南昌等城市。2015、2016 连续两年在金华区域，湖海塘项目和外滩项目分别获得区域年度销售冠、亚军；宁波区域保集蓝郡在象山获得区域年度销售第一名。集团在国内已进入 11 个城市，累计已计开发 30 多个项目，多个住宅项目获得省部级以上的奖项和表彰。2007 年，保集首次获评 “中国房地产百强企业”称号，2010-2017 年连续八年获评“中国房地产百强企业”。 2017 年获评中国产城生态运营商 TOP 45。目前，集团正围绕产城融合、产融结合，专注于城市更新和文旅、大健康、智能科技产业一体化的特色小镇建设。浙江武义 pk 竞艺小镇、云南腾冲文旅项目已经落地。

贸易聚焦实体自营贸易和全球化视野的大消费贸易业务，稳健提升中电业务、低风险套利业务；整合澳洲、日本、欧洲、美国等大消费资源，快速推进联盟合作，共同开展跨境电商业务。目前下属共计有 13 家贸易公司，业务涵盖军工、化工、建材等，积极探索互联网时代商业模式，推动贸易板块形成“服务平台+贸易+金融创新”的贸易新格局。

金融投资自 2011 年开始投资上海国和基金，目前已拥有华融、爱建、钜派 、民生、建行和农行等近 50 家合作机构和战略合作伙伴。集团按照“产业+基金+上市公司”的模式，已成立城市更新基金、产业投资基金、大健康产业基金和海外发展基金等四大类基金，大健康板块在香港上市，国内收购一家智能制造上市公司。

产业投资着力发展智能制造和大健康两大明星产业。智能制造围绕产业孵化、产业投资和产业服务，打造智能科技产业生态圈，在打通产学研、做实孵化器、海外收并购和与龙头企业创新合作等方面科学布局，稳步推进，三年内将在上海建成机器人、军民融合、法国中心等特色主题产业园。现已建成落地的保集 e 智谷位于宝山上海机器人产业园内，总占地约 300 亩，以智能制造为产业核心，集科技孵化、产品研发、金融商务服务三位一体，将建成总规模约 28 万方的智能科技产业新城，打造成为“基金+园区+互联网+上市公司”四位一体的上海市最大的智能制造营销集聚中心。保集 e 智谷已被批准为上海市生产性服务业功能区、中国产业互联网实践区、院士专家服务中心，2017 年被评为中国优秀产业园。

大健康产业目前已在香港上市，主要以“美好生活伊甸园”为主题，打造集聚全球顶级水平的健康养生、医养结合的社区、园区和机构，集团已整合瑞士、法国的高端养生资源和日本的养生养老运营公司。目前，位于上海市松江区佘山脚下的保集“富椿佘山”项目一期已经建成，将打造成国内一流、国际知名的高端养生社区。位于上海市闵行区的“椿邻梅陇”医养结合护理中心已正式运营。未来三年，将在腾冲、常德、张家界、武义和澳洲 Byron Bay 等城市进行开发复制，同时成立 50 亿大健康产业投资基金，投资和收购高端智能医疗产业、医疗服务机构和保险机构。

保集根据企业发展的内在需求，把职业教育作为为集团重点培育的战略业务。通过校企合作、政企合作，积极培养大健和智能科技产业优势人才。与上海交通大学国家健康研究院合作成立健康科学研究所，提供专家资源和技术支持以及专业医疗培训。与上海大学、华东师范大学、上海航天工业集团和中科院上海技术物理研究所联合发起成立的“上海创科智能制造研究院”，将打造成为国家级孵化平台和海外技术与国内市场需求对接的纽带。同时，保集在有关部门支持下，恢复上海中华职业指导所，配合双创推动职教的开展，创建国际教育沙龙。携手红狮国际教育集团共同发起成立“一带一路”国际教育联盟，努力打造高等直通车教育和培训平台，为人才强国战略添砖加瓦。

第五章　大事记（2020 年）

1 月

1月1日，上海在全市启动不动产生产登记“不见面”办理。

1月10日，上海市人民政府发布《上海市人民政府关于修改〈上海市共有产权保障住房管理办法〉的决定》（沪府令第26号），此次政策明确增加一条内容：非本市户籍家庭可以申请共有产权房，虽然此次政策之前也有实施，但此次政府文件明确写入，依然具有重要意义。

1月19日，央行上线二代个人征信系统，新版信用报告新增加对个人信息、信贷信息等均进行了相应细化。信息采集的精细化将让各种不诚信的行为无处藏身，守信行为将成为个人在经济行为中的通行证。另从共同借款、个人担保等新增数据来看，有利于遏制假离婚炒房，体现了政府坚持“房住不炒”的决心。

1月26日，为有效预防新型冠状病毒肺炎疫情蔓延，中国房地产业协会向会员单位并全行业发出倡议。建议房地产开发企业应暂时停止售楼处销售活动，待疫情过后再行恢复。

2 月

2月20日，上海徐汇滨江西岸金融港地块出让，以310.5亿的价格成交，刷新了土地交易的总价记录。

2月21日，人民银行召开2020年金融市场工作电视电话会议，指出2020年要保持房地产金融政策的连续性、一致性和稳定性，继续“因城施策”落实好房地产长效管理机制，促进市场平稳运行。

2月21日，上海发展和改革委员会公布了2020年上海重大建设项目清单，正式项目152项，预备项目60项，涉及投资金额3100亿人民币。

2月25日，上海轨道交通13号线西延伸段工程招标公示，此次规划对嘉定和大虹桥都非常有利，同时也带动了沿线的房地产市场。

3 月

3月1日，国务院正式印发《关于授权和委托用地审批权的决定》，改革土地管理制度，赋予省级人民政府更大用地自主权。

3月3日，受新型冠状病毒肺炎疫情蔓延影响，国务院常务会议决定阶段性减免企业社保费和实施企业缓缴住房公积金政策，多措并举稳企业稳就业。

3月11日，上海市教委公布《2020年本市义务教育阶段学校招生入学工作的实施意见》，要求，严禁以各类考试、竞赛、培训成绩或证书等作为招生依据，不得以面试、测评等名义选拔学生。民办义务教育学校招生纳入审批地统一管理，与公办学校同步招生；对报名人数超过招生计划的，实行电脑随机录取。新政策的实施，对上海房地产市场造成影响。

4月

4月2日，复地集团联手知名网络直播销售薇娅团队，试水直播卖房，自此房企在直播方面的热度持续增加，碧桂园、恒大、富力等头部房企相继入局，北京住建委还发文鼓励房企线上营销。随着疫情影响逐步消退，房企直播售房热度不减反增，逐步成为日常营销手段。据天猫好房官方数据，今年“双11”期间，全国共有100多家房企带着3000个楼盘、共计80万房源入驻天猫好房，特价房范围覆盖近300个城市。

4月17日，中共中央政治局会议再次提出“要坚持房子是用来住的、不是用来炒的定位，促进房地产市场平稳健康发展”。

4月20日，央行发布了5年期LPR首套利率由4.75降为4.65。

4月21日上海公积金管理中心出台人均面积调整，由人均36.7平方米调整为37.2平方米。

4月30日，中国证券监督管理委员会和国家发改委联合发布了《关于推进基础设施领域不动产投资信托基金（REITs）试点相关工作的通知》，标志着中国版公募信托基金作为试用版本先行启动，的最终将基础设施放在首位。

5月

5月5日，碧桂园在碧桂园官方抖音账号上跨界直播卖房。根据碧桂园透露，此次直播购房特惠将覆盖16省60多个城市的上万套精品特惠房源，房源规模远超于近期同行。受疫情影响，线上售楼成为2020年楼市的热词。

5月9日，土地交易新规发布，将对失信主体实施‘黑名单’，规范土地交易市场。

5月22日，两会提取老旧小区改造，各地城镇小区3.9万个，支持加装电梯，小区修缮等社区服务。老旧小区加装电梯之后，会大幅度的增加房屋出售价格。

5月28日，民典发发布：1、住宅期满之后自动续期；2、已抵押的房子仍然可以出售，不影响交易流转。3、小区公共场所归业主所有。4、承租人享有房屋优先购买权。5、房屋买卖中跳单中介，被中介知晓后，支付中介报酬。6、新增居住权。

6月

6月8日，青浦区出台“青峰”人才政策，瞄准国内外顶尖人才，出台顶尖人才专项激励办法，按照量身定制、上不封顶原则实施个性化支持；聚焦重点产业领域，出台高层次产业人才和农业产业人才激励政策，对产业人才补贴标准进一步提高，购房补贴从原来最高150万元提为最高500万元；政策覆盖面进一步扩大，从高层次高学历高职称人才扩展到高薪资和知名企业高级职务人员。

7月

7月10日，国务院办公厅印发《关于全面推进城镇老旧小区改造工作的指导意见》，强调城镇老旧小区改造是重大民生工程和发展工程，明确2020年新开工改造城镇老旧小区3.9万个，涉及居民近700万户；到2022年，基本形成城镇老旧小区改造制度框架、政策体系和工作机制；到“十四五”期末，结合各地实际，力争基本完成2000年年底前建成需改造城镇老旧小区改造任务。

8月

8月10日，美国《财富》杂志发布了2020年财富世界500强榜单，房地产行业共有5家企业上榜。其中，排名前三的房企为中国的碧桂园控股有限公司、中国恒大公司和绿地控股集团有限公司，排名分别为第147名、152名和176名。

8月20日，住房和城乡建设部与中央银行联合召开座谈会，碧桂园等12家房地产公司参加了会议，并在会议上提出了《房地产企业关键资金监控和融资管理办法》，提出了“ 345”房地产政策，即将房地产公司的债务水平与融资约束联系起来，三条红线，四个管理级别，5%增长限制是第一个将房地产公司的债务水平与融资许可联系起来的。央行将进一步扩大重点房地产企业的试点资金监管。

9月

9月1日，中央深改委举行第十五次会议，提出要坚决守住土地公有制性质不改变、耕地红线不突破、农民利益不受损这三条底线。

9月7日，住建部发布了《住房租赁条例》规定，房东不得随意涨房租或降租金，除约定外不得扣除押金，不能私自进入住房，不得暴力威胁租客腾退，租户享受基本公共服务和便利。承租人不得擅自改动房屋结构。从政策方面去规避了这种可能性，维护了租户的权益。

9月23日，上海出台人才新政策，上海交通大学、复旦大学、同济大学、华东四校应届生本科毕业符合基本申报条件，即可落户上海。上海开始参与到全国抢人才争夺，将对上海房地产产生影响。

10 月

10月29日，发改委等十四部委联合发布《近期扩内需促消费的工作方案》。提到，要加大对城镇老旧小区改造的支持。

11 月

11月2日，人民银行发布小额贷款不得用于购房及偿还住房抵押贷款。

11月3日，《中共中央关于制定国民经济和社会发展第十四个五年规划和二〇三五年远景目标的建议》发布，提出坚持房子是用来住的、不是用来炒的定位；探索支持利用集体建设用地按照规划建设租赁住房，完善长租房政策，扩大保障性租赁住房供给等；加强城镇老旧小区改造和社区建设等。

11月13日，居转户放松落户标准，主要针对张江与临港用人单位引进的各类人才。

11月16日，上海是房地产交易中心下发了《关于进一步规范存量房房源核验及信息发布工作的通知》，要求房地产经纪机构对挂牌房源进行核验，并按规范发布信息。对于发布虚假房源、房价等违规行为中介，将进行惩处。

11月27日，上海新的《上海市不动产登记若干规定》出台，明确了违法建筑、存在权属争议的不动产不予登记，宅基地使用权及房屋所有权、历史保护建筑应当办理首次登记，并且将“居住权”纳入不动产登记范围。

12 月

12月16日，中央经济工作会议在北京举行。会议提出，解决好大城市住房突出问题。住房问题关系民生福祉。要坚持房子是用来住的、不是用来炒的定位，因地制宜、多策并举，促进房地产市场平稳健康发展。高度重视保障性租赁住房建设，加快完善长租房政策，逐步使租购住房在享受公共服务上具有同等权利，规范发展长租房市场。土地供应要向租赁住房建设倾斜，单列租赁住房用地计划，探索利用集体建设用地和企事业单位自有闲置土地建设租赁住房，国有和民营企业都要发挥功能作用。要降低租赁住房税费负担，整顿租赁市场秩序，规范市场行为，对租金水平进行合理调控。

第六章　房地产开发企业

一、一级资质

编号	企业名称	法人
1	上海铁路房地产开发经营有限公司	徐益
2	保利置业集团有限公司	张炳南
3	经纬置地有限公司	陈经纬
4	上海嘉宝实业（集团）股份有限公司	张雪和
5	大华（集团）有限公司	金惠明
6	天地源股份有限公司	袁旺家
7	上海城建置业发展有限公司	周松
8	上海景瑞地产（集团）股份有限公司	徐海峰
9	上海万科企业有限公司	王昂
10	旭辉集团股份有限公司	陈东彪
11	上海绿洲投资控股集团有限公司	赵晓波
12	上海城投置地(集团)有限公司	陈晓波
13	上海永业企业(集团)有限公司	戴金梁
14	上海中星（集团）有限公司	卢云峰
15	上海城开（集团）有限公司	黄海平
16	上海中房置业股份有限公司	桂国杰
17	上海中虹（集团）有限公司	徐廉芳
18	绿地控股集团有限公司	张玉良
19	农工商房地产（集团）股份有限公司	沈宏泽
20	上海房地产经营（集团）有限公司	王斌
21	中华企业股份有限公司	朱嘉骏
22	上海西部企业（集团）有限公司	江蕾
23	上海市漕河泾新兴技术开发区发展总公司	张黎明
24	上海中环投资开发（集团）有限公司	胡礼刚
25	上海静安地产（集团）有限公司	刘毅
26	上海实业发展股份有限公司	曾明
27	山东钢铁集团房地产有限公司上海分公司	邓正国
28	上海中建申拓投资发展有限公司	赵玮

二、二级资质

编号	企业名称	法人
1	上海宝冶集团有限公司	高武久
2	上海外高桥新市镇开发管理有限公司	孙晨胜
3	上海同济房地产有限公司	俞卫中
4	上海上南房产有限公司	吴玲莺
5	上海周康房地产有限公司	张宏
6	上海亚通置业发展有限公司	沈建良
7	华鑫置业（集团）有限公司	陈靖
8	上海南房（集团）有限公司	陈椰明
9	上海城申置业有限公司	金惠东
10	上海大众房地产开发经营公司	杨国平
11	上海申能能创能源发展有限公司	姚志坚
12	中国二十冶集团有限公司	樊金田
13	上海飞士房地产开发经营有限公司	赵冲
14	绿地地产集团有限公司	张玉良
15	上海乾首置业有限公司	胡敏
16	上海金外滩（集团）发展有限公司	陈永亮
17	上海华谊集团房地产有限公司	倪永盛
18	上海周房置业有限公司	王翔宇
19	上海康都置业有限公司	金仁友
20	上海金臣房地产发展有限公司	顾备军
21	上海中骏置业有限公司	彭飞
22	上海大发房地产集团有限公司	葛一暘
23	中铁置业集团上海有限公司	刘向前
24	上海奉贤城乡建设投资开发有限公司	曹辉
25	灿辉置业（上海）有限公司	杜利军
26	上海海展实业（集团）有限公司	施建东
27	上海金桥（集团）有限公司	沈能
28	上海虹房(集团)有限公司	张作理
29	上海鹏欣房地产（集团）有限公司	彭毅敏
30	上海陆家嘴（集团）有限公司	李晋昭
31	上海浦策房地产开发有限公司	李祥
32	上海市外高桥保税区新发展有限公司	张浩
33	上海浦西房地产开发有限公司	杨益斌
34	上海申昶房地产开发有限公司	盛凤祥
35	阳光城集团上海置业有限公司	江河
36	复地（集团）股份有限公司	王基平
37	上海崇裕置业发展有限公司	徐忠豫
38	上海红星美凯龙房地产集团有限公司	楼超钢

39	上海地产住房保障有限公司	樊惠敏
40	上海信达银泰置业有限公司	李斌星
41	上海凯迪企业(集团)有限公司	钱汉新
42	上海锦绣华城房地产开发有限公司	陈宁
43	上海建工房产有限公司	李昇辉
44	上海新黄浦实业集团股份有限公司	赵峥嵘
45	上海陆家嘴金融贸易区开发股份有限公司	李晋昭
46	上海红星美凯龙置业有限公司	徐国峰
47	上海如垚科技发展有限公司	葛建军
48	上海振龙房地产开发有限公司	刘子英
49	上海汇成房产经营有限公司	韩军
50	上海三湘（集团）有限公司	许文智
51	上海宝恒置业有限公司	王伟
52	上海北蔡房地产发展有限公司	顾桂兴
53	上海贝越实业有限公司	贝秋荣
54	上海张江高科技园区开发股份有限公司	刘樱
55	上海新长宁（集团）有限公司	倪尧
56	上海地产（集团）有限公司	冯经明
57	上海东方明珠房地产有限公司	曹志勇
58	通用地产（上海）有限公司	郭丽强
59	上海张江房地产有限公司	倪伟忠
60	上海浦东土地控股（集团）有限公司	严炯浩
61	上海张江（集团）有限公司	袁涛
62	万达地产集团有限公司	齐界
63	江南造船集团（上海）房地产开发经营有限公司	杨青海
64	上海建都房地产开发有限公司	万石龙
65	上海来亚达置业发展有限公司	陈国宝
66	上海高屋置业有限公司	沈平
67	上海城投资产管理（集团）有限公司	沈坚
68	上海市龙峰企业集团有限公司	任国龙
69	上海鑫泰房地产发展有限公司	沈际文
70	上海维卓建设发展有限公司	李伟
71	上海奉贤城建（集团）有限公司	唐爱国
72	上海罗店房地产有限责任公司	吴杰
73	上海凯通置业有限公司	程宏利
74	上海华飞投资集团股份有限公司	石骏
75	上海极富房地产开发有限公司	张宁
76	上海乾溪置业总公司	朱红兵
77	上海浦东发展置业有限公司	陶维明
78	上海金山房屋建设集团有限公司	薛国龙
79	上海恒大房产股份有限公司	任军
80	上海南汇房地产开发经营有限公司	周冬
81	上海外高桥集团股份有限公司	刘宏
82	上海海东房地产有限公司	屈国明
83	上海临港新城投资建设有限公司	陆颖青
84	上海张江高科技园区置业有限公司	张雷
85	上海顾村房地产开发（集团）有限公司	沈震宇
86	上海外高桥保税区联合发展有限公司	张浩
87	上海山川置业有限公司	贺方建
88	上海东航投资有限公司	王晓颖
89	上海崇明房地产开发有限公司	陈浪
90	上海市浦东新区房地产交易市场有限公司	高幸奇
91	上海云翔置业有限公司	茅剑冬
92	上海五隆置业发展有限公司	谢金雄
93	上海象屿置业有限公司	胡新立
94	上海信筑置业有限公司	杨鸿
95	上海朱家角房地产发展有限公司	蔡利平
96	上海鑫置置业有限公司	付锦治
97	上海申亚投资控股（集团）有限公司	李忠
98	上海申马房地产实业有限公司	沈家庆
99	上海上实城市发展投资有限公司	唐钧
100	上海新富港房地产发展有限公司	郑甫
101	上海中建八局投资发展有限公司	江岩
102	上海颐和置业有限公司	陶唐清
103	上海华伦房地产开发有限公司	黄冲
104	上海明师房地产开发有限公司	蒋利江
105	正荣地产控股股份有限公司	刘伟亮
106	上海营巢房产开发有限公司	王新其
107	上海中融置业集团有限公司	倪召兴
108	上海金盘房地产有限公司	胡立新
109	上海江海置业有限公司	谢刚
110	上海意得实业投资有限公司	林汝琴
111	上海浦程房地产发展有限公司	丁建祖
112	上坤置业有限公司	盛剑静
113	上海泉山房地产开发有限公司	陶基劲
114	上海新崇房地产开发有限公司	张俊
115	上海达安企业股份有限公司	耿毅
116	上海东上海联合置业有限公司	龚晨宇
117	上海嘉定城发置业有限公司	李洪
118	上海千秋置业股份有限公司	杨敏杰
119	上海国际汽车城（集团）有限公司	陈钢

120	上海同丰房地产开发有限公司	袁卫灵
121	上海鑫昌房地产开发经营有限公司	俞长仁
122	上海东方城市花园有限公司	山佳明
123	上海朋大置业有限公司	张卫娟
124	上海通城房地产经营开发有限公司	朱建芳
125	上海地纬（集团）股份有限公司	郁鑫
126	上海浦东星河湾房地产开发有限公司	孙小烈
127	上海吉联房地产开发经营有限公司	陈鹃
128	上海浦东伟业房地产开发有限公司	张建良
129	上海平土实业（集团）有限公司	李彦斌
130	东方国际集团上海外经贸房地产开发经营有限公司	康蹪
131	上海嘉定区住宅建设综合开发有限责任公司	马鸿飞
132	上海昌鑫（集团）有限公司	陈招贵
133	上海三林房地产开发经营有限公司	全晓军
134	上海陆洋经济联合发展有限公司	马友良
135	中廷建设工程有限公司	潘建根
136	上海明兴房地产开发经营有限公司	黄汉兴
137	上海万业企业股份有限公司	朱旭东
138	上海金桥房地产发展有限公司	杨蔷芳
139	上海永和房地产有限责任公司	杨永法
140	上海刚泰置业集团有限公司	王仁忠
141	上海花木房地产开发经营公司	钱向荣
142	农工商房地产集团上海虹阳投资有限公司	张军
143	上海锦江国际地产有限公司	邵晓明
144	上海中福置业控股集团有限公司	胡培毅
145	上海界龙房产开发有限公司	王爱红
146	上海市浦东新区房地产(集团)有限公司	张毅
147	上海金山国际贸易城市场经营管理有限公司	夏灵勇
148	上海华能天地房地产有限公司	陶永生
149	上海永圣房地产有限公司	沈俞
150	上海华鑫股份有限公司	李军
151	上海盛青房地产发展有限公司	陈晓燕
152	上海界龙联合房地产有限公司	王爱红
153	上海丽华投资发展有限公司	郁玉生
154	上海国际汽车城产业发展有限公司	陈钢
155	上海广昊房产集团有限公司	夏品云
156	上海康月投资管理有限公司	金毅
157	上海捷博房地产发展有限公司	沈斌
158	上海金韵房地产发展有限公司	张士忠
159	上海港房地产经营开发公司	范长清
160	上海宏润地产有限公司	鲁红兵
161	上海龙仓置业有限公司	陈万磊
162	上海隧峰房地产开发有限公司	郭亮
163	上海同盛投资集团房地产有限公司	胡晨
164	上海日月明房地产开发(集团)有限公司	盛卿
165	上海古北（集团）有限公司	凌晓洁
166	上海环城置业发展有限公司	谢亚文
167	上海弘久实业集团有限公司	洪根云
168	上海蔚蓝置业有限公司	宣卫华
169	上海天歌置业有限公司	陆彦臣
170	上海言青房产开发有限公司	许成旺
171	上海长甲置业有限公司	赵长甲
172	上海蓝印实业有限公司	高幸奇
173	上海东波房地产开发经营有限公司	黄稚燕
174	上海徐房（集团）有限公司	华茂
175	华丽家族股份有限公司	王伟林
176	上海中暨置业有限公司	黄琼华
177	上海绍盛房地产发展有限公司	娄冬虎
178	上海安裕置业有限公司	胡兵
179	上海正阳投资集团有限公司	邹建明
180	上海杨浦置地有限公司	黄坚勤
181	上海外滩投资开发(集团)有限公司	周旭民
182	上海复兴建设发展有限公司	丁兰弟
183	上海百倍置业有限公司	李文新
184	舜元控股集团有限公司	陈炎表
185	上海隽翔房地产开发有限公司	蔡玉芝
186	上海福产置业有限公司	张奕彬
187	上海华门置业有限公司	杨梅
188	中信地产(上海)投资有限公司	齐大鹏
189	上海金工企业发展有限公司	陈晓娟
190	上海金山土地开发服务有限公司	陈江华
191	上海市上投房地产有限公司	钟涛
192	龙盛置地集团有限公司	阮兴祥
193	上海洲海房地产开发有限公司	王军
194	上海莘闵宝铭房地产开发有限公司	王荣铭
195	上海古树园实业集团有限公司	谭文华
196	新保辉企业发展有限公司	林隆彬
197	上海隆宇企业发展有限公司	钱思解
198	上海金镇城镇建设发展有限公司	俞高强
199	上海民强投资（集团）有限公司	杨春
200	上海华拓房地产集团有限公司	孙林珍

201	上海阳光欧洲城投资发展集团有限公司	杨文龙
202	上海市黄浦区房地产开发实业总公司	邓伟民
203	上海原脉房地产开发有限公司	池通林
204	上海江桥城市建设投资有限公司	李劲
205	上海松江新城投资建设集团有限公司	钱锋
206	上海中冶成工置业有限公司	周青平
207	上海国飞绿色置业有限公司	严养龙
208	上海锦威房产开发经营集团有限公司	陈炎荼
209	上海新发展新团房地产开发有限公司	葛建军
210	上海贵来房产发展有限公司	徐桂来
211	上海电子商城有限公司	吴联韬
212	上海恒威房地产发展有限公司	林祥华
213	上海徐泾房地产有限公司	邵国旗
214	上海豪都房地产开发经营有限公司	屠海鸣
215	上海汇达建设发展实业有限公司	严建华
216	上海金山新城区建设发展有限公司	吴珺
217	上海海欣建设发展有限公司	冯克宇
218	上海云间房地产开发有限公司	沈利华
219	上海同进置业有限公司	孙益功
220	上海仁杰河滨园房地产有限公司	周铁群
221	上海西上海集团置业有限公司	潘厚泉
222	上海华盛建设(集团)有限公司	陈华
223	上海松江新城建设工程服务有限公司	沈永毅
224	上海枫枫房地产置业有限公司	方国良
225	上海松江方松建设投资有限公司	韩杰
226	上海华业房地产发展有限公司	陆国先
227	上海中惠投资控股有限公司	张剑
228	上海骏丰物业有限公司	衣振涛
229	上海华江建设发展有限公司	李瑞超
230	上海嘉定城市建设投资有限公司	陈晓东
231	中国中建地产有限公司	陈颖
232	上海朋鑫房地产有限公司	汪峰
233	上海张江微电子港有限公司	刘樱
234	上海松腾置业有限责任公司	沈林锋
235	上海中亚城市建设综合开发公司	朱明胜
236	上海兴海房产综合开发有限公司	高鹏
237	上海允申置业有限公司	相迪龙
238	上海静安城建投资有限公司	高鹏
239	上海金沪投资集团有限公司	黄少荣
240	上海金山卫房地产经营有限公司	蒋国权
241	上海汽车工业房地产开发有限公司	陈德美
242	上海住宅科技置业发展有限公司	钱国忠
243	上海豫园商城房地产发展有限公司	茅向华
244	金大元集团（上海）有限公司	奚复明
245	上海松山房地产开发有限公司	张义才
246	上海莘盛发展有限公司	叶立培
247	上海吉富绅置业集团有限公司	斯朝富
248	上海致达建设发展有限公司	严彭丰
249	上海仓桥房产经营有限公司	唐菊芳
250	上海电力房地产有限公司	盛月桂
251	上海爱建股份有限公司	王均金
252	上海证大置业有限公司	陈锋
253	上海保利佳房地产开发有限公司	夏文伟
254	上海盛大房地产开发有限公司	石建极
255	上海爱家豪庭房地产集团发展有限公司	薛萍
256	上海奉贤住宅建设有限公司	蔡立
257	上海天祥华侨城投资有限公司	陈运根
258	上海智富企业发展（集团）有限公司	严宝明
259	上海联鑫房地产有限公司	蔡材佳
260	上海盛源房地产(集团)有限公司	黄平
261	上海金牛房地产有限公司	陈小军
262	上海巨龙房地产有限公司	戚时明
263	上海中星集团新城房产有限公司	沈伯霖
264	上海兴荣酒店管理有限公司	姚荣春
265	上海诚建建设投资有限公司	王华惠
266	上海东苑房地产开发（集团）有限公司	侯抗胜
267	上海明泉企业（集团）有限公司	王云
268	上海临港松江科技城投资发展有限公司	刘德宏
269	上海总泉置业有限公司	陈立群
270	上海建德企业（集团）有限公司	周志成
271	上海保利建锦房地产有限公司	刘文生
272	上海康妙置业有限公司	任燕洁
273	上海建佳房地产开发有限公司	胡煜
274	上海慧创现代服务园发展有限公司	丁雪祥
275	上海万千投资开发有限公司	范俊贵
276	上海振华房地产开发经营有限公司	莫少幸
277	上海莲森实业（集团）有限公司	马献平
278	上海东紫房地产发展有限公司	邵东明
279	上海佳铭房产有限公司	徐学青
280	上海开天房地产开发经营有限公司	金裕龙
281	上海奥林匹克置业投资有限公司	陈阳庆
282	上海晟地集团有限公司	张朝阳

283	上海和田城市建设开发公司	曾云
284	上海浦联房地产发展公司	樊革平
285	上海市机电工业房地产公司	黄承荣
286	上海不夜城联合发展（集团）有限公司	赵茂云
287	上海运杰置业有限公司	陈祖新
288	上海华敏置业（集团）有限公司	蔡忠儒
289	上海万科长宁置业有限公司	高涵
290	上海高远置业（集团）有限公司	高荣成
291	上海市北高新（集团）有限公司	罗岚
292	上海兴城建设发展有限公司	张易
293	上海祥腾投资有限公司	于教清
294	上海众众房地产开发有限公司	吴嘉禄
295	上海维罗纳置业发展有限公司	董希用
296	上海黄浦建设发展（集团）有限公司	李汉林
297	上海陆家嘴东城开发有限公司	徐而进
298	上海静安新成置业有限公司	王永康
299	上海友谊集团置业有限公司	浦静波
300	上海三盛房地产（集团）有限责任公司	胡光伟
301	上海新梅房地产开发有限公司	李勇军
302	上海广顺房地产开发公司	钱刚
303	上海大家置业有限公司	刘跃明
304	上海泰宇房地产(集团)有限公司	黄贤芳
305	上海金房置业有限公司	谢鹤鸣
306	上海珠江投资集团有限公司	林海涛
307	上海闵行置业发展有限公司	华允弟
308	上海嘉实房地产发展有限公司	章亦男
309	上海东方金马房地产有限公司	唐阿敏
310	上海金鹏房地产开发有限公司	金维幸
311	上海康发房产经营有限公司	薛晓容
312	上海绿洲房地产（集团）有限公司	陆振华
313	上海高新房地产发展有限公司	蒋国兴
314	上海新城万嘉房地产有限公司	唐云龙
315	上海恒信源置业有限公司	顾仁源
316	上海桥升商贸置业有限公司	陈红
317	上海房地（集团）有限公司	徐国平
318	上海国际汽车城置业有限公司	郭守林
319	上海华纺房地产发展有限公司	朱鑫彪
320	上海石化城市建设综合开发有限公司	周潜
321	上海万临置业有限公司	季鹤圣
322	上海圣陶沙置业有限公司	郭聪聪
323	上海山鑫置业有限公司	吴振来
324	上海浦陈房地产开发经营有限公司	陈帮建
325	上海中通置业(集团)有限公司	袁佳旺
326	上海市嘉定区建设工程（集团）有限公司	朱参参
327	上海山阳房产开发有限公司	朱龙明
328	上海广洋房地产开发经营有限公司	马友良
329	上海嘉房置业发展有限公司	邵星
330	上海曹峰置业有限公司	王凌霄
331	上海物资集团房地产有限公司	张健
332	上海爱家投资（集团）有限公司	恭惠琴
333	上海漕河泾开发区高科技园发展有限公司	顾伦
334	上海沙田房地产开发有限责任公司	梁振民
335	上海中盛房地产有限公司	张宗宝
336	上海中建房产(集团)有限公司	李永芬
337	上海静安置业股份有限公司	龚晓栋
338	上海住德房地产开发有限公司	王建忠
339	上海明旺房地产有限公司	唐修旺
340	上海莘松房地产有限公司	陆向军
341	上海兴盛实业发展（集团）有限公司	张兴标
342	上海莘闵房地产有限公司	王荣铭
343	上海集伟投资发展有限公司	徐睿
344	上海卫百辛（集团）有限公司	叶瀛舟
345	上海联益房地产实业公司	张晓霖
346	上海杨浦滨江投资开发有限公司	左卫东
347	上海青浦房地产有限公司	王家桢
348	上海中汇投资发展总公司	贺英勃
349	上海轮胎橡胶（集团）公司房地产开发经营公司	周冰
350	上海市静安区房地产开发经营公司	龚晓栋
351	上海永业股份有限公司	戴金梁
352	上海新申房产建设有限公司	陶月平

三、三级资质

编号	企业名称	法人
1	上海东北明园实业发展有限公司	李松坚
2	上海展博置业有限公司	何小涛
3	上海中建一局集团投资发展有限公司	冯志海
4	上海文基置业有限公司	卢定娣
5	上海海辉房地产有限公司	李滨
6	上海暄颐房地产开发有限公司	傅小君
7	上海市外高桥保税区三联发展有限公司	舒俊杰
8	上海富盛经济开发区开发有限公司	张振飞

9	上海绿庭房地产开发有限公司	俞乃奋
10	上海浦东现代产业开发有限公司	俞勇
11	中电科（上海）置业发展有限公司	孙观茂
12	上海浦东金三角房地产实业有限公司	厉瞬敏
13	上海中建东孚投资发展有限公司	韩文东
14	上海中城企业集团房地产有限公司	赵越莉
15	长城国富置业有限公司	张斌
16	上海鹏欣(集团)有限公司	姜照柏
17	上海康桥实业发展（集团）有限公司	汤柳鶄
18	上海中万置业投资有限公司	任国龙
19	上海富润房地产发展有限公司	徐荣璞
20	上海大豪城乡建设有限公司	徐文华
21	上海真如城市副中心发展有限公司	杜春文
22	上海张江集成电路产业区开发有限公司	何大军
23	上海龙灶置业有限公司	张玉昌
24	上海新高桥开发有限公司	孙晨胜
25	中船置业有限公司	雷凡培
26	上海万源房地产开发有限公司	叶维琪
27	上海甬申置业有限公司	唐志华
28	瑞诗房地产开发（上海）有限公司	肖丽萍
29	上海江兴置业有限公司	邵毅
30	上海玉宇房地产开发有限公司	朱昌言
31	上海筑成房地产有限公司	林希
32	上海新练塘城建开发有限公司	蒋利峰
33	上海恒谷置业有限公司	方刚
34	上海祁华房地产开发有限公司	金建明
35	华侨城（上海）置地有限公司	袁静平
36	上海浦东软件园股份有限公司	谢庆华
37	上海揽海房地产开发有限公司	贾鹏翔
38	上海自贸区联合发展有限公司	孙仓龙
39	上海张江医疗器械产业发展有限公司	楼琦
40	上海漕河泾康桥科技绿洲建设发展有限公司	丁桂康
41	上海东升置业发展有限公司	朱怡
42	上海袭明房地产开发有限公司	冯国良
43	上海一方置业发展有限公司	唐宇游
44	上海富珩置业有限公司	郑辉
45	上海建工东煦房产有限公司	朱立
46	上海秀弛实业有限公司	张燕琦
47	天健置业（上海）有限公司	郭永平
48	览海控股（集团）有限公司	密春雷
49	上海铧发创盛置业有限公司	张正林
50	上海一通置业有限公司	徐金妹
51	上海世博土地控股有限公司	蒋振华
52	上海万宇房地产（集团）有限公司	王素云
53	上海浦发升荣房地产开发有限公司	宋林俊
54	上海汇郡投资有限公司	姚志坚
55	上海金桥出口加工区房地产发展有限公司	王颖
56	上海奉贤正阳置业有限公司	李明宝
57	上海地杰置业有限公司	任军
58	上海深长城地产有限公司	董子昭
59	上海康实置业有限公司	汤柳鶄
60	上海昊川置业有限公司	颜晟
61	上海庙行房地产开发经营公司	朱国忠
62	上海融御置地有限公司	袁俊杰
63	上海临港万祥经济发展有限公司	唐旭波
64	上海贡霄房地产开发有限公司	蔡为超
65	上海安居房产开发有限责任公司	蔡丽萍
66	上海锦和置业有限公司	郁敏珺
67	绿地集团上海青浦置业有限公司	陈增荣
68	上海凤翔房地产开发有限公司	蔡云
69	上海市城镇建设发展有限公司	游玉云
70	上海三迪房地产开发有限公司	郭加迪
71	上海保利建憬房地产有限公司	傅小君
72	上海康桥房地产开发经营有限公司	沈惠中
73	上海金倍置业有限公司	吴巧龙
74	上海硕诚置业有限公司	蔡立彬
75	上海两港装饰材料城有限公司	胡景荣
76	上海临港经济发展集团资产管理有限公司	顾伦
77	上海临港经济发展(集团)有限公司	袁国华
78	上海龙江房地产开发有限公司	潘维慧
79	上海立地房地产有限公司	陈炎茶
80	上海悦达房地产发展有限公司	何大志
81	上海中金房地产（集团）有限公司	周传有
82	上海诚建建设实业有限公司	王华杰
83	上海南方国际购物中心（集团）有限公司	王雁
84	上海市徐汇区城市建设投资开发有限公司	丁建华
85	上海春郭房地产开发有限公司	施跃鸣
86	上海新崇建设发展有限公司	张俊
87	上海九韵置业有限公司	俞建尧
88	上海潼港置业有限公司	徐赐祥
89	上海月浦房地产开发有限责任公司	陈卫
90	上海彩虹房地产有限公司	陈建彬

91	上海尚合物业发展有限公司	彭中州
92	上海金隅大成房地产开发有限公司	周正予
93	上海中瀚置业有限公司	唐甬涛
94	上海国际汽车城同济科技园有限公司	戴大勇
95	上海怀盛房地产开发有限公司	周崇伍
96	上海意邦置业有限公司	俞刚
97	上海欧美亚置业有限公司	林国弟
98	上海嘉定区房地产（集团）股份有限公司	陈爱民
99	上海古胤置业有限公司	马达东
100	好一家（上海）投资发展有限公司	赖家程
101	上海漕河泾开发区经济技术发展有限公司	张黎明
102	上海麦格茂置业有限公司	赵向伟
103	上海宝筑房地产开发有限公司	夏锋
104	金茂(上海)置业有限公司	陶天海
105	上海远汇置业有限公司	贾鹏翔
106	上海振河房地产开发有限公司	王良河
107	上海东翼房产有限公司	朱伟
108	中铁房地产集团华东有限公司	马建军
109	上海荣惠置业有限公司	屈国明
110	上海浦东川城房地产经营开发有限公司	杨秋菊
111	上海市银行卡产业园开发有限公司	闵浩
112	上海康德利房地产经营有限公司	林锡跃
113	上海万科投资管理有限公司	张海
114	上海长宁房地产经营有限公司	封汶璟
115	上海川杰置业有限公司	黄永良
116	上海东方明珠置业有限公司	曹志勇
117	冠丰(上海)房地产发展有限公司	查懋诚
118	上海安居晟坤房地产开发经营有限公司	陈谈
119	上海长宁公共租赁住房运营有限公司	左静
120	上海协信远定房地产开发有限公司	冯新彦
121	上海远运投资管理有限公司	冯新彦
122	上海东豫房地产开发经营有限公司	高幸奇
123	上海康桥正阳投资有限公司	张红艳
124	华润（上海）房地产开发有限公司	张红艳
125	上海丰扬房地产开发有限公司	祁彦龙
126	上海品兴房地产开发有限公司	张建国
127	华润超智房地产开发有限公司	王昕铁
128	上海保集置业有限公司	刘文忠
129	上海新湾投资发展有限公司	赵毓蘅
130	上海城投悦城置业有限公司	李尚明
131	上海中江房地产发展有限公司	葛志超

132	上海宝静置业有限公司	王玮
133	上海闵行房地（集团）有限公司	华允弟
134	上海龙锡置业有限公司	谈龙彬
135	上海骏丰置业发展有限公司	关惠勤
136	上海安都房地产发展有限公司	张杏元
137	上海东鹤房地产有限公司	童彬彬
138	上海华神置业发展有限公司	马兴忠
139	上海亿丰置业有限公司	张风良
140	振丰（上海）有限公司	姚征
141	上海陆家嘴城市建设开发投资有限公司	郭嵘
142	上海隆济建设发展有限公司	樊为中
143	上海招商奉瑞置业有限公司	蒋铁峰
144	上海振川物业有限公司	尹善峰
145	上海久青房地产开发经营有限公司	金涛
146	上海三友房地产有限公司	沈文辉
147	上海金罗店开发有限公司	任晓威
148	上海九城置业有限公司	侯彬
149	上海恒杰房地产开发有限公司	朱益民
150	上海申东房地产开发有限公司	富心荧
151	上海盛帆房地产开发有限公司	盛明其
152	上海明诸实业有限公司	章巨焕
153	上海复旦软件园建设有限公司	杨顺发
154	上海汇华房地产有限公司	钱荣德
155	上海尚晋实业有限公司	黄奕雄
156	上海祖鼎实业有限公司	范骏
157	上海东扬房地产开发有限公司	高幸奇
158	上海培润实业发展有限公司	邓基秀
159	上海兴吉房地产开发有限公司	郭翼
160	上海禹洲房地产投资有限公司	刘湄煌
161	盛旅置业（上海）有限公司	钟浩
162	上海香溢房地产有限公司	王根宝
163	上海双拥文化园投资开发有限公司	张敏
164	上海万峰房地产有限公司	黄秀文
165	上海海燕房地产经营有限公司	瞿世华
166	长江联合置地有限公司	蒋伟松
167	上海裕生房地产发展有限公司	倪思礼
168	上海新湖房地产开发有限公司	黄立程
169	上海宏城房地产开发有限公司	高国武
170	上海博佳房地产开发有限公司	应立富
171	上海迎博房地产开发有限公司	刘剑安
172	上海嘉城兆业房地产有限公司	陈哲臻

173	上海中地圣世置业有限公司	苏沪光
174	上海众合地产开发有限公司	李昂
175	上海黄浦投资（集团）发展有限公司	郑小灿
176	上海恒成置业发展有限公司	张方明
177	上海建创置业有限公司	汤正华
178	上海远正置业有限公司	贾鹏翔
179	上海鹏航建设发展有限公司	陶允晖
180	上海晟元房地产开发有限公司	杨文龙
181	上海雨润房地产开发有限公司	沈贵鑫
182	上海金高房地产有限责任公司	冯建华
183	上海绿地弘途投资发展有限公司	段然
184	上海绿地景汇置业有限公司	徐荣璞
185	上海顺儒投资开发有限公司	屠德龙
186	上海美郊房地产有限公司	孙忠清
187	上海兴高房地产有限公司	陈美付
188	上海驰华房地产开发有限公司	俞美凤
189	上海星际房地产发展有限公司	陈少东
190	上海康邦房地产开发有限公司	卫平
191	上海歌信置业有限公司	王华生
192	上海龙盟房地产开发有限公司	毛志红
193	上海珠街阁房地产开发有限公司	刘慧明
194	上海临港商业建设发展有限公司	刘君国
195	上海明凯实业有限公司	梁鹏飞
196	上海招商奉盛置业有限公司	蒋铁峰
197	上海强健房地产开发有限公司	徐瑞平
198	上海欣沁置业有限公司	唐梁
199	上海明华房地产有限公司	吕庆洲
200	上海杨泰房地产开发有限公司	吴涛
201	上海安新华诚实业发展有限公司	陶永生
202	上海万兆房地产发展有限公司	单高平
203	上海康桥半岛(集团)有限公司	李永强
204	上海雅鹿房地产开发有限公司	马志兵
205	上海恒顺远置业有限公司	蔡东巍
206	上海东鼎房地产发展有限公司	邵东明
207	上海浦东陆家嘴置业发展有限公司	鲍殊毅
208	上海兰开房地产开发有限公司	陆惠玲
209	上海浦东新区东集房地产实业有限公司	陈青
210	上海万博房地产开发有限公司	黄志源
211	上海鑫唐置业发展有限公司	黄维梅
212	上海信建房地产集团有限公司	赵正科
213	上海鼎鑫置业有限公司	黄波
214	中海发展（上海）有限公司	刘慧明
215	上海金午置业有限公司	宋文清
216	上海五角场（集团）有限公司	崔勇
217	上海惠格置业发展有限公司	俞燕萍
218	上海瑞明置业有限公司	雷凡培
219	上海金纬房地产发展有限公司	周永兴
220	上海东方金融广场企业发展有限公司	张喆
221	华润置地（上海）有限公司	王昕轶
222	上海漕河泾开发区华港实业有限公司	卫祖晔
223	上海东陆房地产发展有限公司	吴永康
224	上海岭南实业有限公司	高幸奇
225	上海吴淞住宅建设开发有限公司	刘厚生
226	上海久事置业有限公司	臧晓敏
227	上海富中置业有限公司	严富源
228	上海保利金鹏置业有限公司	夏文伟
229	上海境逸房地产有限公司	张少波
230	上海康奕置业有限公司	陶国兴
231	上海绿地嘉定置业有限公司	陆孜浩
232	上海绿地南翔置业有限公司	陆孜浩
233	上海佳源置业有限公司	方壮源
234	上海金金置业有限公司	徐新根
235	上海信拓置业有限公司	罗存荣
236	上海市房地产实业有限公司	柴之元
237	上海亚东房地产有限公司	张益堂
238	上海市金辉工业房地产发展公司	时光
239	上海绿地源盛置业有限公司	陆孜浩
240	上海荣海房地产发展有限公司	张晓俊
241	上海鸿海房地产发展有限公司	忻鸿良
242	上海汇浩实业集团有限公司	厉惠章
243	上海亲和源置业有限公司	奚志勇
244	上海莎海实业（集团）有限公司	王卫兵
245	上海弘扬房地产开发有限公司	符奇荣
246	上海浦阳置业有限公司	王宏元
247	上海好世置业有限公司	薛晓路
248	上海东方康桥房地产发展有限公司	李永强
249	上海长峰房地产开发有限公司	童锦泉
250	上海庆宁置业有限公司	王玺嘉
251	上海森泽房地产有限公司	王雅美
252	上海通盛(集团)发展有限公司	潘海飞
253	上海绿地湾置业有限公司	徐峥嵘
254	上海康达房地产实业有限公司	席建华

255	上海新天地置业发展有限责任公司	黄建春
256	上海汇裕置业有限公司	郑晖
257	上海同文置业有限公司	钱学标
258	上海凌港置业有限公司	黄维梅
259	上海华天房地产发展有限公司	黄河清
260	上海恒智房地产开发有限公司	张方明
261	上海广盛房地产开发有限公司	盛凤祥
262	上海陈氏集团有限公司	王曹欢
263	上海盈旺房地产开发有限公司	曹继光
264	上海景荣置业有限公司	吴宝林
265	上海新景房地产开发有限公司	孟明荣
266	上海三象房产发展有限公司	丁妍
267	上海星腾房产开发有限公司	栾晓军
268	上海国际医学园区联合发展有限公司	周永刚
269	上海博捷房地产开发有限公司	任金荣
270	上海亿峰置业有限公司	高亭婷
271	上海公房实业有限公司	汪琦
272	上海顺驰方城置业有限公司	施敏
273	上海申丰房地产开发有限公司	蒋镇林
274	上海西北盛唐房地产有限公司	叶子生
275	上海中铁市北投资发展有限公司	张安民
276	上海平高企业集团有限公司	俞跃良
277	上海上泰置业有限公司	吴世震
278	上海信通浦皓置业有限公司	金亚春
279	上海由由房地产开发有限公司	王福祥
280	上海佳苑房地产发展有限公司	林振伟
281	上海久阳房地产开发有限公司	李德伟
282	上海通达房地产有限公司	冯伟建
283	上海沪中房地产联合发展总公司	龚晓栋
284	上海强生房地产开发经营公司	金涛
285	上海市房屋实业有限公司	陆声和
286	上海金合房地产有限公司	何晓
287	上海泰华房地产开发实业有限公司	姚秀凤
288	上海兴申房地产经营有限公司	张翼
289	上海开创企业发展有限公司	严慧明
290	上海航新房地产有限公司	陈素珍
291	上海新青浦置业有限公司	於德明
292	上海盛勤房地产有限公司	王亦敏
293	上海怡泰房地产开发（集团）有限公司	杨文军
294	上海恒舜置业有限公司	邱志宇
295	上海陆发房地产开发有限公司	陶开辽
296	上海金明投资集团有限公司	卢伟坚
297	上海海港国际贸易有限公司	范月闺
298	上海长城建设开发有限公司	钱仲明
299	上海大业房地产开发有限公司	袁维
300	上海建晟置业发展有限公司	邢文峰
301	上海凌桥房地产有限公司	朱晓丹
302	上海恒力房地产发展有限公司	顾宝林
303	上海新凯房地产开发有限公司	奚岳峰
304	上海天亿置业发展有限公司	刘爱明
305	上海国申房地产开发有限公司	陈伟元
306	上海万业企业两湾置业发展有限公司	程光
307	上海美尔置业发展有限公司	孙忠清
308	上海东宏房地产开发有限公司	周龙宝
309	上海连兴经济发展合作公司	马友良
310	上海颛桥房地产有限公司	叶月明
311	上海汇峰房地产开发有限公司	童锦泉
312	上海浦东唐安房地产开发有限公司	陆忠华
313	上海新虹房产经营开发公司	乔鸿魁
314	上海忆龙置业有限公司	梁立章
315	上海沪总送变电房地产经营公司	丁华仙
316	上海昕城房地产有限公司	徐宝棣
317	上海北桥房地产有限公司	陈惠民
318	上海紫勋房地产开发有限公司	吴剑波
319	上海新耀房地产开发有限公司	王海松
320	上海天治建设发展有限公司	朱银生
321	上海强拓房产发展有限公司	庄永华
322	上海漕河泾房产开发有限公司	曹莉军
323	上海多媒体谷投资有限公司	马晓伟
324	上海英达莱置业有限公司	任健
325	上海源恺城建开发有限公司	李从恺
326	上海绿宇房地产开发有限公司	寿柏年
327	上海大柏树房地产开发经营有限公司	王福民
328	上海意景房地产开发有限公司	严翠霞
329	上海兴江房地产综合开发公司	魏洪鹏
330	上海泰日房地产有限公司	曹纳弟
331	上海金禧房地产开发有限公司	阮其惠
332	上海实久公司	陆琳
333	上海泰元置业有限公司	张春泽
334	上海人保房地产开发经营公司	王振毅
335	上海建浦房地产有限公司	须绍宗
336	上海源丰投资发展有限公司	王建新

337	百旌（上海）控股集团有限公司	章引
338	上海中鹰置业有限公司	芮永祥
339	上海泰银置业有限公司	张春泽
340	上海江湾房地产开发经营有限公司	路治华
341	上海典鹏实业有限公司	张国勇
342	上海优幸投资管理有限公司	张国勇
343	上海服装机械城企业发展有限公司	黄建初
344	上海中大股份有限公司	沈伯霖
345	上海伟立房地产有限公司	吴四荣
346	上海宏伊置业有限公司	郑育健
347	上海中星集团振城不动产经营有限公司	徐晓阳
348	上海同济科技园有限公司	戴大勇
349	上海三新企业发展有限公司	张逸诚
350	上海迪威行置业发展有限公司	白俊平
351	上海浙联房地产开发有限公司	王迪海
352	上海景秀置业发展有限公司	江涛
353	上海宝域房地产发展有限公司	薛荣坤
354	中铁二十四局集团上海房地产开发有限公司	支卫清
355	上海环恒房地产有限公司	蔡永康
356	上海市北置业发展有限公司	王向阳
357	上海名鹰房地产发展有限公司	芮永祥
358	上海铭源房地产开发经营有限公司	张峰
359	上海东开置业有限公司	施喜军
360	上海松江工业区房地产开发有限公司	李伟
361	上海华世置地有限公司	林秀芳
362	上海松江建通房地产开发有限公司	李月明
363	上海环龙房地产开发经营有限公司	钱一
364	上海上风科盛投资有限公司	陈继谨
365	上海昌辉企业发展有限公司	陈永生
366	上海慧氏企业发展有限公司	于昌德
367	上海欧筑实业发展有限公司	杨鸿
368	上海泰江置业发展有限公司	林华中
369	上海市市政房地产经营公司	裴建群
370	上海九亭房地产开发有限公司	陈天史
371	上海新舒房地产开发有限公司	钱亦奇
372	上海信盛置业有限公司	刘卫
373	上海复旦科技园股份有限公司	杨学民
374	上海梅山房地产开发经营有限公司	黄思德
375	上海锦茸房地产开发经营有限公司	马立峰
376	上海彭浦商品住宅开发总公司	樊革平
377	上海华商房产发展公司	朱云捷

378	上海东苑兆业房地产发展有限公司	侯抗胜
379	上海福乐思特房地产发展有限公司	黄崇圣
380	上海新徐房地产开发有限公司	YeoWen
381	上海群达置业有限公司	赵斌
382	杉恒地产集团有限公司	何青
383	上海平安欣仑物业发展有限公司	沈金荣
384	上海振亭房地产开发有限公司	曾振丽
385	上海金山土地整理发展有限公司	吴巧龙
386	上海氯碱化工房产开发经营有限公司	余峰
387	上海华夏房地产开发经营有限公司	陈鹰
388	上海谷元房地产开发有限公司	高天国
389	东方海外（上海）投资有限公司	CHIN PHEI
390	上海环源房地产开发有限公司	邢志浩
391	上海银都商城发展有限公司	陈忠
392	上海大闸房地产有限公司	莫启康
393	上海金明房地产开发有限公司	卢泽明
394	上海裕康房地产有限公司	何齐元
395	上海杨浦科技创业中心有限公司	谢吉华
396	上海华邸房地产发展有限公司	黄有志
397	上海欧港置业有限公司	刘昌兴
398	上海弘辉房地产开发有限公司	杜自弘
399	上海颛元置业有限公司	唐惠钢
400	上海瑞禾房地产发展有限公司	姚百祥
401	上海锦迪城市建设开发有限公司	李志平
402	上海跃进房地产开发有限公司	励一鸣
403	上海新和置业管理有限公司	潘亚立
404	上海中钱房地产开发有限公司	潘辽源
405	上海富友房产有限公司	李恬然
406	上海金廊房地产开发有限公司	陆金光
407	上海新环源房地产开发有限公司	邢志浩
408	上海菊缘房地产发展有限公司	冯琛
409	上海鸿顺置业发展有限公司	卢福
410	上海华隆房地产发展有限公司	陈余根
411	上海新闵房地产联合发展有限公司	林振伟
412	上海衡泰房地产有限公司	朱晓东
413	上海安联投资发展有限公司	孙宇辉
414	上海静安公房资产经营有限公司	龚晓栋
415	上海爱迪房产开发有限公司	杜敏
416	上海东苑利景置业有限公司	侯抗胜
417	中集申发建设实业有限公司	麦伯良
418	上海莘南房地产开发有限公司	段炼

419	上海西郊庄园资产经营管理有限公司	王树清
420	上海博泰房地产发展有限公司	陈爱民
421	上海昌大房地产发展有限公司	蒋元昌
422	上海宝安企业有限公司	代建宁
423	上海富都世界发展有限公司	李晋昭
424	上海锦源房地产有限公司	吴品钧
425	上海虹桥高尔夫俱乐部有限公司	杨思汉
426	上海东方城乡房地产开发经营有限公司	陆永兴
427	上海科事发房地产有限公司	陈剑
428	上海桑园置业有限公司	姜世良
429	嘉里发展(上海)有限公司	吴继霖
430	上海明佳房地产经营开发有限公司	乐燕
431	上海欣晟房地产开发有限公司	王政
432	上海华闽房地产开发有限公司	李小敏
433	上海索营置业有限公司	贺英勃
434	上海市卢湾区房产经营有限公司	庞立彪
435	上海市公房资产经营(集团)有限公司	姚嘉
436	上海闵行区杜行沿浦房地产经营有限公司	陈帮建
437	上海汇鑫房地产有限公司	曹凌雯
438	上海新世纪创业有限公司	钱莹
439	上海嘉宝奇伊房地产经营有限公司	武忠兴
440	上海锦城房地产有限公司	叶国梁
441	上海嘉定区菊园房地产开发有限公司	高铭
442	上海江桥建设开发有限公司	沈明兴
443	上海前晋企业(集团)有限公司	张汉钫
444	上海裕都房地产开发有限公司	杨钦宇
445	上海原申投资有限公司	金银华
446	上海江东土地房产开发有限公司	邵永飞
447	上海富林房地产发展有限公司	王飞舟
448	上海烟草集团房地产开发经营公司	周铭
449	上海众众实业发展有限公司	吴嘉禄
450	上海东苑碧贵置业有限公司	侯抗胜
451	上海广源房地产开发有限公司	俞国林
452	上海三和房地产有限公司	顾建国
453	上海闵行城建开发有限公司	邱维桉
454	上海银河房地产经营有限公司	马新高
455	上海联农房产有限公司	施嘉伟
456	上海虹桥房地产有限公司	王缨
457	上海闵行区商业建设有限公司	林亚夫
458	上海闵行公房资产经营有限公司	陈耀辉
459	上海五角场房地产开发公司	金月生
460	上海杨树浦置业有限公司	许瑞
461	上海瑞华置业（集团）有限公司	孟明荣
462	上海鑫隆房地产开发有限公司	周箴达
463	上海嘉宏房地产有限责任公司	钱明
464	上海中新房地产开发有限公司	庄文光
465	上海杨浦房地产开发经营有限公司	袁建森

第七章 部分物业管理企业

一、上海市综合能力五星级物业企业

编号	企业名称	法人
1	上海中山物业有限公司	陶纹
2	上海万科物业服务有限公司	杨光辉
3	上海上安物业管理有限公司	丁世文
4	上海上实物业管理有限公司	朱云飞
5	上海上房物业服务股份有限公司	周超
6	上海丰诚物业管理有限公司	刘广中
7	上海车城物业管理有限公司	崔益飞
8	上海中企物业管理有限公司	朱建华
9	上海中远物业管理发展有限公司	申延财
10	上海中建东孚物业管理有限公司	金忠奎
11	上海中星集团申城物业有限公司	孙膑
12	上海仁恒物业管理有限公司	周轶群
13	上海文化银湾物业管理有限公司	周正东
14	上海古北物业管理有限公司	刘志强
15	上海东方大学城物业管理有限公司	张华
16	上海东方航空物业有限公司	张发荣
17	上海东湖物业管理有限公司	沈信峰
18	上海申大物业有限公司	朱云飞
19	上海申能物业管理有限公司	苏月珍
20	上海申勤物业管理服务有限公司	胡雪珍
21	上海生乐物业管理有限公司	柏志成
22	上海汇成物业有限公司	仲勇
23	上海永升物业管理有限公司	梁斌
24	上海永绿置业有限公司	钱杰
25	上海吉晨卫生后勤服务管理有限公司	黄晨
26	上海百联物业管理有限公司	陈宇伟
27	上海光明房地产服务集团有限公司	陈万钧
28	上海同涞物业管理有限公司	翁国强
29	上海延吉物业管理有限公司	周强
30	上海华鑫物业管理顾问有限公司	龙乔溪
31	上海安荣物业管理服务有限公司	ZHU JUN
32	上海启胜物业管理服务有限公司	陈锦辉
33	上海陆家嘴物业管理有限公司	蔡宏图

34	上海孜诚置业有限公司	朱励
35	上海明华物业管理有限公司	李涛
36	上海金晨物业经营管理有限公司	王赛
37	上海科瑞物业管理发展有限公司	张一民
38	上海复医天健医疗服务产业股份有限公司	方强
39	上海复欣物业管理发展有限公司	丁兰弟
40	上海复瑞物业管理有限公司	堵文浩
41	上海保利物业酒店管理集团有限公司	王明礼
42	上海振新物业管理有限公司	吴骞
43	上海圆外物业管理有限公司	李俊南
44	上海高地物业管理有限公司	田佐平
45	上海益中亘泰（集团）股份有限公司	朱春堂
46	上海浦江物业有限公司	傅其昌
47	上海海鸿福船物业管理有限公司	张宇杰
48	上海联源物业发展有限公司	许建峰
49	上海紫泰物业管理有限公司	沈雯
50	上海景瑞物业管理有限公司	陶敏
51	上海锐翔上房物业管理有限公司	王希
52	上海新长宁集团仙霞物业有限公司	李明新
53	上海新世纪房产服务有限公司	朱云飞
54	上海新市北企业管理服务有限公司	王若冰
55	上海漕河泾开发区物业管理有限公司	凌晨
56	上海德律风置业有限公司	陈敏
57	中信泰富（上海）物业管理有限公司	滕涛
58	华润置地（上海）物业管理有限公司	王江江
59	保利物业发展股份有限公司上海分公司	何礼
60	狮城怡安（上海）物业管理股份有限公司	徐新
61	第一太平戴维斯物业顾问（上海）有限公司	朱兆荣
62	港联不动产服务（上海）有限公司	蒋雪琴

二、上海市综合能力四星级物业企业

编号	企业名称	法人
1	上海中梁物业发展有限公司	石仁祥
2	上海申江怡德投资经营管理有限公司	李奕
3	上海申松物业管理有限公司	张华
4	上海金地物业服务有限公司	冯浩
5	上海房德科创企业发展集团有限公司	李晨辉
6	上海新金桥物业经营管理有限公司	赵瑞春
7	尚物博（上海）物业服务有限公司	章福祥
8	融创物业服务集团有限公司上海分公司	吕小昌
9	大华集团上海物业管理有限公司	周酉

10	上海三湘物业服务有限公司	张涛
11	上海上勤物业管理有限公司	陶巍
12	上海上勤高级楼宇管理有限公司	陶巍
13	上海中心大厦置业管理有限公司	刘昌
14	上海中环陆家嘴物业管理有限公司	顾伟文
15	上海中房物业管理有限公司	卫永建
16	上海中海物业管理有限公司	叶翔
17	上海六角物业管理有限公司	郑书坦
18	上海东渡物业管理有限责任公司	茆春梅
19	上海禾泰物业管理有限公司	施丽苹
20	上海乐道物业管理有限公司	徐军
21	上海外高桥物业管理有限公司	张旭东
22	上海地铁东方置业发展有限公司	刘耀民
23	上海同进物业服务有限公司	杨德林
24	上海同济物业管理有限公司	成斌
25	上海华闻物业管理有限公司	郭军
26	上海仰宏物业管理有限公司	徐伟
27	上海兴桥盛物业有限公司	洪文辉
28	上海安亦物业服务有限公司	张红军
29	上海安得物业管理有限公司	黄振荣
30	上海沙田物业管理有限公司	赵小凤
31	上海宏阳物业有限公司	徐定进
32	上海良友物业管理有限公司	沈国辉
33	上海证大物业管理有限公司	付磊
34	上海招商局物业管理有限公司	石寒
35	上海松开物业管理有限公司	潘菊华
36	上海明君物业管理有限公司	许建峰
37	上海金陵投资有限公司	陶力
38	上海宝月物业管理有限责任公司	张建明
39	上海诚信中宁物业服务有限公司	罗登科
40	上海春川物业服务有限公司	彭毅敏
41	上海威斯特物业经营有限公司	朱嘉寅
42	上海轻工物业管理有限公司	朱汎
43	上海星海时尚物业经营管理有限公司（纺织）	贺明
44	上海虹达物业管理有限公司	朱有荣
45	上海虹桥经济技术开发区物业经营管理有限公司	万竞军
46	上海虹桥临空经济园区物业管理有限公司	施敏
47	上海恒联物业有限公司	忻智发
48	上海晟新物业经营管理有限公司	龚昔峰
49	上海钰鼎物业管理有限公司	张振武
50	上海徐房物业有限公司	龚燕

51	上海航天实业有限公司	王少东
52	上海益镇物业管理有限公司	刘文洋
53	上海浦东房地产集团物业管理有限公司	倪峥
54	上海海运物业管理有限公司	张振华
55	上海润美物业管理有限公司	马腾标
56	上海营巢物业管理有限公司	吕翔
57	上海淮海商业集团置业发展有限公司	刘金红
58	上海深长城物业管理有限公司	冯涛
59	上海惠乐物业有限公司	贾晓霞
60	上海强生物业有限公司	马良
61	上海瑞创物业管理有限公司	姚炯
62	上海锦日物业管理有限公司	王国平
63	上海锦龙物业管理有限公司	许经锡
64	上海锦江物业管理有限公司	蔡湧钧
65	上海锦润物业管理有限公司	赵卫东
66	上海锦宾物业管理有限公司	王亚华
67	上海新张江物业管理有限公司	马立雄
68	上海嘉城物业管理有限公司	陈日甫
69	上海嘉隆物业管理有限公司	陈卫东
70	上海德一置行物业管理有限公司	曹富国
71	上海鑫源物业经营管理有限公司	康文华
72	进华物业服务集团有限公司	潘赵来
73	绿城物业服务集团有限公司上海分公司	茆惠俊
74	嘉里建设管理（上海）有限公司	王励哲

三、上海市综合能力三星级物业企业

编号	企业名称	法人
1	上海一百第一太平物业管理有限公司	丁斌
2	上海上坤物业管理有限公司	陈舟
3	上海天骄爱生活物业服务有限公司	梅洪风
4	上海中鑫物业管理有限公司	徐建民
5	上海仁恒置地物业服务管理有限公司	周成
6	上海龙湖物业服务有限公司	陶亮
7	上海外滩物业有限公司	傅其昌
8	上海冬迩物业管理有限公司	秦应洛
9	上海乔爱物业管理有限公司	尉燕青
10	上海闵勤物业管理有限公司	施建章
11	上海沙林物业管理有限公司	李伟佳
12	上海尚泽物业服务有限公司	廖芳
13	上海欣赛物业管理服务有限公司	古钦
14	上海盛华物业管理服务有限公司	陈永正

15	上海盛高物业服务有限公司	王煦菱
16	上海博嘉物业管理有限公司	王坚
17	上海路劲物业服务有限公司	高大鹏
18	上海新东湖物业管理有限公司	沈信峰
19	上海新寓物业管理有限公司	屠云
20	上海聚悦资产管理有限公司	戴美玲
21	交银企业管理服务（上海）有限公司	林雨盛
22	浙江开元物业管理股份有限公司上海松江分公司	朱淑莉
23	上海一建投资发展有限公司	胡建华
24	上海九海金狮物业管理有限公司	谢骅
25	上海大桥物业管理有限公司	陆松桥
26	上海万涓物业有限公司	张团胜
27	上海上工物业发展有限公司	梅喜连
28	上海千亿物业有限公司	沈川
29	上海川北物业有限公司	颜志奇
30	上海卫事康卫生管理服务有限公司	张卫成
31	上海文广物业管理有限公司	姚远
32	上海世博会有限公司	陆俊毅
33	上海世德物业管理有限公司	董雪春
34	上海东方欣迪商务服务有限公司	袁剑
35	上海东慧庄原物业管理有限公司	侯新娟
36	上海申华物业有限公司	张宝林
37	上海用为物业管理有限公司	董宏超
38	上海乐居物业管理有限公司	许海东
39	上海市工联物业公司	王欣
40	上海市北高新集团物业管理有限公司	王若冰
41	上海汇虹物业管理有限公司	汪术华
42	上海汇绿绿地管理有限公司	于雪皓
43	上海汉仁置业集团有限公司	陈绪治
44	上海永乐物业有限公司	胡文虎
45	上海永佳物业管理有限责任公司	卫永强
46	上海民逸物业管理有限公司	郭文斌
47	上海圣维仕物业管理有限公司	罗维
48	上海地矿物业管理有限公司	许锋
49	上海地铁物业管理有限公司	黄凯
50	上海朴越物业管理有限公司	仪兴国
51	上海西部物业有限公司	朱嘉寅
52	上海同科物业管理有限公司	沈田华
53	上海华仕物业管理有限公司	郭忠
54	上海华寿物业管理有限公司	吴伟民
55	上海华欣物业管理有限公司	刘代伟

56	上海华谊集团置业有限公司	郝浩杰
57	上海企福物业管理有限公司	张建军
58	上海安必盛物业管理有限公司	陈峥
59	上海安锐盟企业服务有限公司	刘伟
60	上海孙林物业管理有限公司	吴孙林
61	上海阳光投资（集团）物业管理有限公司	高伟
62	上海阳厦物业管理有限公司	赵文伍
63	上海杨房物业管理有限公司	戴建冬
64	上海辰展物业管理有限公司	朱刚
65	上海闵行后勤管理有限公司	陆林平
66	上海闵碧物业管理有限公司	马传宝
67	上海良宇物业管理有限公司	王晓峰
68	上海青浦青房物业管理有限公司	王妙林
69	上海现代建筑设计集团物业管理有限公司	江立新
70	上海国际贸易中心有限公司	高文伟
71	上海昌悦物业管理有限公司	王维
72	上海明达物业服务有限公司	李志兰
73	上海欣周物业管理有限公司	毛逸清
74	上海采林物业管理有限公司	李庆华
75	上海宝房（集团）大楼物业管理有限公司	沈国斌
76	上海城开商用物业发展有限公司	朱云飞
77	上海城建物业管理有限公司	钱林
78	上海临南物业经营管理有限公司	吴建明
79	上海临港新城物业管理有限公司	冯播天
80	上海虹叶物业管理有限公司	赵玮
81	上海复乐物业管理有限公司	陈戈
82	上海保集物业管理有限公司	戴升波
83	上海脉动物业服务有限公司	张登金
84	上海真如物业有限公司	张亮
85	上海殷行物业管理有限公司	王承华
86	上海爱仁物业有限公司	周金龙
87	上海高建物业有限公司	冯金彪
88	上海浦东华油实业有限责任公司	王海军
89	上海浦钦物业管理有限公司	刘家兴
90	上海海尚物业管理有限公司	程栋
91	上海海港新城物业服务有限公司	唐艳琳
92	上海悦佳物业管理有限公司	沈峥
93	上海悦聘物业管理有限公司	陆月美
94	上海捷艾尔物业管理有限公司	沈汇沁
95	上海曹杨物业有限公司	万家明
96	上海盛宇物业经营服务有限公司	彭勇

97	上海盛源物业有限公司	毛蔚雯
98	上海崇明房屋物业服务有限公司	钱彬
99	上海铭弘物业管理有限公司	朱海煜
100	上海深和平物业管理有限公司	赵迎莉
101	上海绿岛物业发展有限公司	徐文渊
102	上海联讯物业管理有限公司	李建超
103	上海智仕物业管理有限公司	熊越英
104	上海奥菲思房产经营管理有限公司	黄忠和
105	上海鲁能物业服务有限公司	王获菲
106	上海尊德物业管理有限公司	庄继平
107	上海富宁物业管理有限公司	赵力
108	上海富都物业管理有限公司	毕海琳
109	上海锦能物业管理有限公司	郁敏珺
110	上海新长宁集团大楼物业有限公司	沈洪辉
111	上海新长宁集团华阳物业有限公司	封志云
112	上海新古北物业管理有限公司	李奕
113	上海新电佳能源综合服务有限公司	刘志杰
114	上海新青浦物业管理有限公司	朱强
115	上海新诚物业管理有限公司	周法彪
116	上海新黄浦资产管理有限公司	朱亦锋
117	上海新翠生物业管理有限公司	施忠海
118	上海意晟物业管理有限公司	陈根深
119	上海静安置业物业管理有限公司	瞿英
120	上海慧一物业管理有限公司	颜彦
121	上海磊成物业管理有限公司	高品良
122	上海衡复物业有限公司	俞晓洁
123	上海鑫铭物业管理有限公司	李兵
124	申杰环境发展（上海）有限公司	陈升
125	仲量联行测量师事务所(上海)有限公司	吴允燊
126	华侨城物业（集团）有限公司上海分公司	丘学梅
127	重庆新东原物业管理有限公司上海分公司	唐盛伟
128	保利（上海）城市建设服务有限公司	吴兰玉
129	家利物业管理（上海）有限公司	徐建东
130	福建世邦泰和物业管理有限公司上海分公司	孙伟

四、上海市综合能力二星级物业企业

编号	企业名称	法人
1	上海大飞物业管理有限公司	王建国
2	上海万业企业爱佳物业服务有限公司	刘荣明
3	上海久怡物业管理有限公司	李胜来
4	上海天颐物业管理有限公司	姜节湧

5	上海太实物业管理有限公司	陈铭刚
6	上海中建物业管理有限公司	王天云
7	上海长宜物业管理有限公司	赵长伟
8	上海东久磐易物业管理有限公司	施铭蓉
9	上海吉和物业管理服务有限公司	毛本和
10	上海华府天地物业管理有限公司	宋家妹
11	上海合创嘉锦物业管理有限公司	裴刚
12	上海创环物业管理有限公司	谢吉华
13	上海庆有余物业管理有限公司	路明
14	上海宇东物业管理有限公司	吴晓军
15	上海安禾好物业服务有限公司	吴龙演
16	上海沪西物业有限公司	汤宝龙
17	上海陆家嘴贝思特物业管理有限公司	宫倩
18	上海奉信物业管理有限公司	张珠健
19	上海英家皇道物业管理服务有限公司	刘强
20	上海欣通物业管理有限公司	丁宁宁
21	上海金玉兰物业管理有限公司	沈浩
22	上海郝威物业管理有限公司	沈长刘
23	上海航效物业管理有限公司	孙冬雷
24	上海浦东新区高桥物业发展公司	吴春燕
25	上海海泰物业管理有限公司	杨泽鸿
26	上海银程物业管理有限公司	吴利民
27	上海象屿物业管理有限公司	胡新立
28	上海康苑物业管理有限公司	高敏
29	上海隆江物业管理有限公司	姚伟
30	上海琴川物业管理有限公司	曹玉成
31	上海博威物业管理有限公司	毛公华
32	上海联洋物业服务有限公司	周跃忠
33	上海翔龙物业管理有限公司	刘翠华
34	上海翔禧物业管理有限公司	王婷
35	上海强丰环境集团有限公司	吴连强
36	上海锦仕物业管理有限公司	时一华
37	上海新凯物业管理公司	胡文龙
38	上海新轻物业管理有限责任公司	王立安
39	上海源华物业管理有限公司	陈佼
40	上海瑶瞻医院管理有限公司	唐彬
41	上海嘉宝物业服务有限公司	王幸千
42	上海瀛海三幸物业管理有限公司	朱建林
43	中舰物业管理（上海）有限公司	刘洋
44	长城物业集团股份有限公司上海分公司	李斌
45	北京仲量联行物业管理服务有限公司上海分公司	李炳基

46	怡家园（厦门）物业管理有限公司上海分公司	诸超
47	临客嘉物业管理（上海）有限公司	张霞
48	深圳万物商企物业服务有限公司上海分公司	钱滨强
49	隆鑫（上海）物业服务有限公司	杨玉琳
50	融信世欧物业服务集团有限公司上海分公司	李赞成
51	上海大至物业管理有限公司	任鹏
52	上海万欢物业服务有限公司	叶卫兵
53	上海万润物业管理有限公司	张美
54	上海马桥物业管理有限公司	顾志兴
55	上海开伦物业管理有限公司	奚云波
56	上海天伟物业管理有限公司	曹耕
57	上海巨星物业有限公司	杨锡荣
58	上海贝成物业发展（集团）有限公司	韩俊杰
59	上海月星环球港商业中心有限公司	丁佐宏
60	上海方达物业经营公司	梁振伟
61	上海玉星物业管理有限公司	周明
62	上海平凉物业管理有限公司	许国强
63	上海东方物产物业管理有限公司	骆国芬
64	上海东宁物业经营管理有限公司	吴粉强
65	上海北方物业管理有限公司	商建萍
66	上海永乐股份有限公司	陈若颖
67	上海弘森物业管理有限公司	陈虹
68	上海吉兴物业管理有限公司	郁建华
69	上海协沁物业管理有限公司	徐善庆
70	上海西房物业管理有限公司	毛妮娜
71	上海百特物业管理有限公司	胡国柱
72	上海优联物业管理有限公司	陈立军
73	上海华船资产管理有限公司	季峻
74	上海名人苑物业管理公司	杨敏
75	上海齐佳物业管理有限公司	翁南进
76	上海兴盛物业有限公司	张兴标
77	上海阳光工联物业管理有限公司	袁玉俊
78	上海玖利物业管理有限公司	赵国林
79	上海芸绮物业管理有限公司	冯浩
80	上海杏花楼（集团）股份有限公司鸿祥置业分公司	陈喆
81	上海谷城物业管理有限公司	夏登
82	上海冶金物业管理有限公司	耿峰
83	上海闵华物业管理有限公司	郑必春
84	上海汽车工业物业有限公司	田颖颖
85	上海沪中物业管理有限公司	周建秀
86	上海沪船物业管理有限公司	吕军

87	上海宏途物业服务有限公司	缪瑞
88	上海纺原物业有限公司	李红兵
89	上海奉浦物业管理有限公司	蒋新荣
90	上海青浦第一物业管理有限公司	黄胜贤
91	上海松茂物业管理有限公司	周阳
92	上海枫宇物业管理有限公司	徐月秀
93	上海国顺物业管理有限公司	谭景胜
94	上海明之物业管理有限公司	施龙平
95	上海易达物业管理有限公司	瞿洪飞
96	上海凯晨物业管理有限公司	吴登林
97	上海凯德置地物业管理有限公司	CHINPHEI CHEN
98	上海佳国物业管理有限公司	王建存
99	上海佳信物业管理有限公司	杨广庆
100	上海欣茂物业管理有限公司	倪云珠
101	上海金伟颐家物业管理有限公司	李建
102	上海金维邦物业管理有限公司	杨兵
103	上海怡东物业管理有限公司	梁兵
104	上海怡德明华物业管理有限公司	刘志强
105	上海宝正物业管理有限公司	林秀珠
106	上海宝地仲量联行物业服务有限公司	黄道锋
107	上海宝房友宜物业管理有限公司	顾爱林
108	上海宝鼎物业管理有限公司	施晖
109	上海房地集团物业服务有限公司	刘志强
110	上海春晖物业管理有限公司	沈东亮
111	上海荣域物业服务有限公司	钟青山
112	上海南翔物业有限公司	沈军
113	上海临源物业有限公司	金元宝
114	上海重望物业管理服务有限公司	公彦宝
115	上海前卫投资管理有限公司	张万祥
116	上海恒茂物业管理有限公司	裘孟钢
117	上海恒润物业管理有限公司	黄邦玲
118	上海恒臻物业管理有限公司	王治兵
119	上海艳华物业管理有限公司	姜玲玲
120	上海泰灵物业管理有限公司	陆毓康
121	上海振乾伦物业管理有限公司	黄清伦
122	上海莘闵物业发展有限公司	陶亮
123	上海莘旺物业管理有限公司	姜桂品
124	上海索尼美实业发展有限公司	顾健强
125	上海原始物业管理有限公司	朱豪杰
126	上海航新物业管理有限公司	陈素珍
127	上海朕华物业管理有限公司	崔凤梅

128	上海高博物业管理有限公司	王巍
129	上海浦原实业有限公司	彭志雄
130	上海海顿物业管理有限公司	王志康
131	上海家佳物业有限公司	徐允连
132	上海诸翟物业管理有限公司	陈永平
133	上海菁泓实业有限公司	罗强
134	上海菊苑物业管理有限公司	肖建新
135	上海铭杰物业管理有限公司	李花
136	上海逸思曼企业管理服务有限公司	孙新忠
137	上海鸿兆物业管理有限公司	王淑平
138	上海绿宇物业管理有限公司	茆惠俊
139	上海琮元物业管理有限公司	裘俊浩
140	上海联工实业有限公司	燕飞
141	上海掌心物业管理有限公司	丁跃峰
142	上海锋颖实业有限公司	陈荣
143	上海舜苑华物业管理有限公司	平磊
144	上海普陀物业有限公司	金正宾
145	上海登丰物业管理有限公司	杨正辉
146	上海蒙阳物业管理有限公司	王中华
147	上海路利物业管理有限公司	王义贵
148	上海遥瞻物业管理有限公司	朱军
149	上海新长宁集团天山物业有限公司	朱健健
150	上海新长宁集团新华物业有限公司	王海明
151	上海新长宁集团新程物业有限公司	胡文虎
152	上海新竹物业管理有限公司	徐荣明
153	上海新新物业管理有限公司	周永强
154	上海嘉朱物业管理有限公司	丁惠娟
155	上海德英物业管理有限公司	赵玉宝
156	上海瀚泰物业管理有限公司	高志明
157	无锡九龙仓物业管理有限公司上海分公司	张震亚
158	中观物业管理（上海）有限公司	黄怡菱
159	中远酒店物业管理有限公司上海分公司	刘金侠
160	中海物业管理有限公司、上海海昶商业管理分公司	黄博巨
161	正荣物业服务有限公司上海分公司	施雷
162	申杰物业服务（上海）有限公司	陈升
163	西藏新城悦物业服务股份有限公司上海分公司	李兴成
164	阳光城物业服务有限公司上海分公司	余海波
165	明喆集团有限公司上海分公司	李兆海
166	佳兆业物业管理（深圳）有限公司上海分公司	俞来龙
167	金融街物业股份有限公司上海分公司	赵文成
168	南京朗诗物业管理有限公司上海分公司	蒋兴才

169	南都物业服务集团股份有限公司上海分公司	余剑义
170	禹洲物业服务有限公司上海分公司	林聪辉
171	深圳德诚物业服务有限公司上海分公司	戴辉
172	福建省中庚物业管理有限公司上海分公司	陈本英

五、上海市综合能力一星级物业企业

编号	企业名称	法人
1	上海人民企业集团物业管理有限公司	古登峰
2	上海万群物业管理有限公司	卢志兰
3	上海上企物业集团有限公司	阮声波
4	上海久立物业有限公司	姚兆秀
5	上海广汇物业管理服务有限公司	周富荣
6	上海广顺物业管理有限公司	赵秉钧
7	上海丰柏物业管理有限公司	姚佳全
8	上海不夜城全兴物业管理有限公司	顾春
9	上海中鹰物业管理有限公司	芮永祥
10	上海方泰物业管理有限公司	万忠
11	上海正昌物业管理有限公司	李正武
12	上海东泰物业管理有限公司	张艳
13	上海东乾物业管理有限公司	乔马荣
14	上海汇沙物业管理有限公司	张金寿
15	上海汇普物业服务有限公司	侯士功
16	上海吉岛物业管理有限公司	王国敬
17	上海西郊庄园物业管理有限公司	张明艺
18	上海华舟物业管理有限公司	乔海
19	上海华时物业管理有限公司	雷华源
20	上海华幸物业管理有限公司	钱江
21	上海华晅投资管理有限公司	张蔚
22	上海华蕴物业管理有限公司	孙康敏
23	上海兆聚物业管理有限公司	陈蕾
24	上海众家物业有限公司	刘康
25	上海众联物业管理有限公司	陈立
26	上海驰悦物业服务有限公司	蔡越
27	上海志平物业管理有限公司	秦立华
28	上海沪楚物业管理有限公司	仇涛山
29	上海沁心物业管理有限公司	朱承鹏
30	上海宏苑物业管理经营有限公司	王培华
31	上海宏赞环境科技有限公司	杨雄
32	上海宏赞物业管理有限公司	杨雄
33	上海奉新物业管理有限公司	顾才根
34	上海环连物业管理有限公司	俞建荣

35	上海苗淼物业管理有限公司	黄银战
36	上海昊堃物业管理有限公司	徐斌
37	上海畅苑物业管理有限公司	缪金荣
38	上海昕茹物业有限公司	张翠玉
39	上海昀月物业管理有限公司	张怡萍
40	上海岩锦物业管理有限公司	杨晓琍
41	上海和迅物业管理有限公司	杨锦塑
42	上海和悦物业管理有限公司	王熠
43	上海佳通物业管理有限公司	戴国华
44	上海佳隆物业管理有限公司	周佳涵
45	上海欣桥物业管理有限公司	马汉熊
46	上海金鹰物业管理有限公司	冯卓明
47	上海金瀚物业管理有限公司	唐永海
48	上海实红物业管理有限公司	汪泓
49	上海诚成物业管理有限公司	郭永富
50	上海顺风物业管理有限责任公司	汤俊雄
51	上海俊虹物业管理有限公司	刘志乾
52	上海亭东物业管理有限公司	袁蔚清
53	上海亭新物业发展有限公司	姚时辉
54	上海奕文物业管理有限公司	刘婷婷
55	上海恒达物业管理有限公司	史咏晶
56	上海恒浩物业管理有限公司	徐云德
57	上海恒福御景物业管理有限公司	何红萍
58	上海盈尚物业管理有限公司	张武
59	上海桐宸物业管理有限公司	魏仲豪
60	上海罡鑫物业管理有限公司	孙梓栋
61	上海钱隆广裕物业服务有限公司	潘铁敏
62	上海俱美物业管理有限公司	杨林
63	上海殷阳物业管理有限公司	高红
64	上海航空工业集团物业管理有限公司	胡亚东
65	上海爱生特商用物业管理有限公司	袁铁亮
66	上海烨高物业服务有限公司	卞烨瑾
67	上海浦东新区新川物业公司	郝思伟
68	上海浩权物业管理有限公司	倪岗
69	上海宸际物业管理有限公司	唐华峰
70	上海乾宽物业管理有限公司	孔袁方
71	上海晨辉物业管理有限公司	陈筱平
72	上海铭寰物业管理有限公司	袁惠宁
73	上海康旺物业有限公司	火钧
74	上海旌淇物业管理有限公司	袁宏成
75	上海率土物业管理有限公司	张志鸿

76	上海鸿浩物业管理有限公司	马爱丽
77	上海绿岚物业管理有限公司	刘卫国
78	上海绿春物业管理有限公司	许钧
79	上海瑞运物业管理有限公司	孟明荣
80	上海勤澄物业有限公司	尹文科
81	上海锦昀物业管理有限公司	董建萍
82	上海锦南物业经营有限公司	余建国
83	上海简普物业管理有限公司	侯烨
84	上海新驰物业有限公司	张爱华
85	上海新昌物业服务有限公司	刘修涛
86	上海嘉丰物业管理有限公司	汪丽秀
87	上海漕泾物业发展有限公司	殷春峰
88	上海赛福莱物业发展有限公司	方志仁
89	上海慧如物业管理有限公司	黄承如
90	上海稷康物业管理有限公司	董洪志
91	上海磐馨物业管理有限公司	王俊玲
92	上海耀东物业管理有限公司	刘芳
93	上海鑫荣物业管理有限公司	张卫明
94	广东康景物业服务有限公司上海分公司	秦飞
95	广州市宁骏物业管理有限公司上海分公司	袁良平
96	广州星河湾物业管理服务有限公司上海分公司	孙小烈
97	中邺（上海）物业管理有限公司	陆丽娜
98	北京金融街第一太平戴维斯物业管理有限公司上海分公司	胡文
99	北京普净物业管理有限公司上海分公司	陈沪生
100	江苏银河物业管理有限公司上海分公司	许德军
101	泛海物业管理有限公司上海分公司	张宁
102	珠海华发物业管理服务有限公司上海分公司	虞飞
103	浙江华夏物业管理有限公司上海展鹏物业管理分公司	朱鹏忠
104	浙江鸿翔物业管理服务有限公司上海兴瑞物业管理分公司	麻永明
105	深圳市天健城市服务有限公司上海第一分公司	聂晓春
106	深圳市赤湾物业管理有限公司上海分公司	杨维刚
107	深圳市金地物业管理有限公司上海分公司	刘涛
108	雅居乐雅生活服务股份有限公司上海分公司	黄奉潮
109	新中物业管理（中国）有限公司上海分公司	成业
110	上海双泉物业管理有限公司	徐欢良
111	上海赐安物业管理有限公司	王关龙
112	上海轩宇物业管理有限公司	李伟栋
113	上海远基物业管理有限公司	单思君
114	上海徐体物业管理有限公司	黄丽芳
115	上海新泾物业发展有限公司	杨杰
116	上海馨城物业管理有限公司	顾华

117	上海和宝物业服务有限公司	岗片幸和（KATAOKA YUKIKAZU）
118	上海诚远物业管理有限公司	陈辉祥
119	广州天力物业发展有限公司上海分公司	朱禄盛
120	上海吾诚物业管理有限公司	陈锦兰
121	上海永开置业有限公司	董连云
122	上海御境物业管理有限公司	宋建芳
123	上海杰安物业管理有限公司	徐荣元
124	上海澄方物业服务有限公司	唐盛伟
125	中化金茂物业管理（北京）有限公司上海分公司	蔡云
126	上海乾溪物业管理有限公司	张建兴
127	上海新巷物业发展有限公司	柳慧涛
128	上海轩鑫物业管理有限公司	沈军
129	上海静安新成物业有限公司	潘丹伦
130	上海威尼佳物业服务有限公司	杨鲁明
131	上海旭鼎会展服务有限公司	张柏轩
132	上海国际房产有限公司	汪祥生
133	上海奕彤物业管理有限公司	卢玉榕
134	上海青浦徐泾房产物业管理有限公司	徐向阳
135	上海成泰物业管理有限公司	刘忠
136	上海宾泉物业管理有限公司	朱澄
137	上海启沅物业管理有限公司	唐嘉戒
138	上海新臣物业管理有限公司	蔡懿超
139	上海劲源物业管理有限公司	陈明友
140	上海市奉贤区育秀物业管理有限公司	杨秋红
141	上海青住物业管理有限公司	周国强
142	上海夏利文物业管理有限公司	徐耀祥
143	上海天呈物业管理有限公司	洪丛梅
144	江苏金奥天地资产管理有限责任公司上海分公司	杜运铎
145	上海奉缘物业服务有限公司	葛伟琦
146	上海齐锦物业有限公司	陈昕
147	上海维欣物业管理有限公司	吴忠华
148	上海靓兴企业管理有限公司	李凌伟
149	上海九福物业管理有限公司	江丽华
150	上海兴苑物业管理有限公司	黄志华
151	上海家鸿物业管理有限公司	许伟
152	浙江绿升物业服务有限公司上海分公司	王玉婕
153	上海良城物业管理有限公司	孙膑
154	上海居逸源恒物业管理有限公司	吴振来
155	上海茂捷物业管理有限公司	张伟
156	上海深科园物业管理有限公司	王莉
157	上海蓝宏物业管理有限公司	吴军贤
158	上海豪家物业管理有限公司	陈浪

159	上海天为物业管理服务有限公司	庄姚群
160	上海维翔实业有限公司	李玉
161	上海酷效物业管理有限公司	刘小妹
162	上海吕峰物业管理有限公司	潘磊
163	上海普务物业管理有限公司	卢兴普
164	上海兴宇物业管理有限公司	刘玮
165	上海奥林匹克物业管理有限公司	甘木荣
166	上海辰开物业管理有限公司	赵根仙
167	上海众歆物业管理有限公司	顾丽
168	上海欣源物业管理有限公司	吉增汉
169	广东中奥物业管理有限公司上海分公司	梁兵
170	上海隆良物业管理有限公司	赵良材
171	上海黎平置业有限公司	刘志田
172	上海昶仰物业管理有限公司	陈官睿
173	上海嘉真物业管理有限公司	李兵
174	上海浦文物业有限公司	徐华
175	上海五角场物业管理有限公司	赵振华
176	上海御潮物业管理服务有限公司	阮娟华
177	上海开祥物业管理有限公司	沈秋荣
178	上海尘卫物业管理有限公司	邵宁芳
179	上海银顺物业管理有限公司	丁彦伟
180	上海联美品悦物业管理有限公司	王维新
181	上海怡馨物业管理有限公司	陈列
182	上海嘉伊房产物业有限公司	陆耀光
183	上海嘉安物业管理有限公司	车星杰
184	上海中宜物业管理有限公司	郁维欣
185	上海天傲物业管理有限公司	王文江
186	上海张堰物业发展有限公司	沈玉莲
187	上海康万物业有限公司	彭小云
188	上海新明星物业管理有限公司	周辉明
189	上海吾义物业管理有限公司	蔡爱军
190	上海跃盛物业管理有限公司	潘海飞
191	上海臣虹物业管理有限公司	朱水其
192	上海柏泽房地产咨询有限公司	张路明
193	上海凯尚物业管理有限公司	侯文伟
194	上海奉工物业管理有限公司	蔡平辉
195	上海奉贤双建置业有限公司	张杰

第八章 部分房地产经纪企业

编号	企业名称
1	上海链家房地产经纪有限公司
2	上海新联康投资顾问有限公司
3	上海中原物业顾问有限公司
4	同策房产咨询股份有限公司
5	上海聚超房地产经纪有限公司
6	上海策源置业顾问股份有限公司
7	上海三湘房地产经纪有限公司
8	上海亚业房地产经纪有限公司
9	上海我爱我家房地产经纪有限公司
10	上海金丰易居房地产顾问有限公司
11	上海经佳文化产业投资股份有限公司
12	上海华燕房盟网络科技股份有限公司
13	上海信义房屋中介咨询有限公司
14	上海晏子房地产策划咨询有限公司
15	上海仁丰房地产经纪有限公司
16	上海市浦东新区房地产交易市场有限公司
17	上海易居祥悦房屋销售有限公司
18	魔方（上海）公寓管理有限公司
19	中国建设银行股份有限公司上海市分行
20	上海佳歆房地产投资顾问有限公司
21	上海泊寓企业管理有限公司
22	上海云房数据服务有限公司
23	北京拓世寰宇网络技术有限公司上海分公司
24	上海自如资产管理有限公司
25	上海巧房信息科技有限公司
26	上海鸿跃物业管理有限公司
27	上海精稳房地产咨询有限公司
28	上海易居房地产交易服务有限公司
29	上海万间信息技术有限公司
30	上海徐汇房地产市场管理有限公司
31	易居企业（中国）集团有限公司
32	上海原萃信息技术有限公司
33	北京五八信息技术有限公司上海徐汇分公司
34	上海太平洋房屋服务有限公司

35	上海赢佳房地产经纪有限公司
36	上海联城房地产评估咨询有限公司
37	上海徐汇商用物业有限公司
38	上海城市房地产估价有限公司
39	上海徐房（集团）有限公司
40	上海汇成房产置换有限公司
41	上海静安置业房屋置换有限公司
42	上海全程房地产经纪有限公司
43	上海地衡房地产投资顾问有限公司
44	上海鼎铭房地产经纪有限公司
45	上海星火测绘有限公司
46	上海地产优家房屋租赁管理有限公司
47	上海新长宁房产销售有限公司
48	上海恒福房地产经纪有限公司
49	上海卫百辛房地产经纪有限公司
50	微领地创客空间运营管理集团股份有限公司
51	上海力江房地产经纪有限公司
52	上海青客公共租赁住房经营管理股份有限公司
53	上海房多多网络科技有限公司
54	上海汉宇房地产经纪有限公司
55	上海志远房地产经纪有限公司
56	上海德佑物业顾问有限公司
57	上海中睿房地产经营有限公司
58	上海申展房地产经纪有限公司
59	上海住商房地产经纪有限公司
60	威联房地产咨询（上海）有限公司
61	上海菁英房地产经纪有限公司
62	上海家营物业管理有限公司
63	上海康开房产经纪有限公司
64	上海明明房产经纪有限公司
65	上海市普陀区房屋置换服务有限公司
66	上海网上房地产投资管理有限公司
67	上海市房地产市场有限公司

第九章　部分房地产估价企业

编号	企业名称	资质	法定代表人
1	上海城市房地产估价有限公司	一级	王常华
2	上海建经房地产估价咨询有限公司	一级	施瑞麟
3	上海博乐房地产估价有限公司	一级	卢俊华
4	上海联城房地产评估咨询有限公司	一级	许军
5	广州第一太平戴维斯房地产与土地评估有限公司上海分公司	一级	张萍
6	博文房地产评估造价集团有限公司上海分公司	一级	高岚
7	上海地维房地产估价有限公司	一级	徐智芬
8	北京仁达房地产土地资产评估有限公司上海分公司	一级	顾骏
9	上海国衡房地产估价有限公司	一级	谈勇
10	江苏苏信房地产评估咨询有限公司上海分公司	一级	孙正宏
11	上海大雄房地产估价有限公司	一级	胡耀清
12	上海信衡房地产估价有限公司	一级	杨云林
13	深圳市世联土地房地产评估有限公司上海分公司	一级	张勇
14	上海百盛房地产估价有限责任公司	一级	丁光华
15	上海申杨房地产土地估价有限公司	一级	马军
16	上海沪港土地房地产资产评估有限公司	一级	李亚光
17	上海友达土地房地产评估有限公司	一级	陈峰
18	上海国城土地房地产资产评估有限公司	一级	龙浩
19	上海加策房地产估价有限公司	一级	徐刚
20	上海财瑞房地产土地估价有限公司	一级	孙鸣红
21	上海同信土地房地产评估投资咨询有限公司	一级	严秋霞
22	上海沪宁土地房地产资产评估有限公司	一级	沈玲
23	上海万千土地房地产估价有限公司	一级	刘卫国
24	深圳市戴德梁行土地房地产评估有限公司上海分公司	一级	顾悦如
25	上海富申房地产估价有限公司	一级	龚道刚
26	上海立信中诚房地产土地估价有限公司	一级	朱莹政
27	上海八达国瑞房地产土地估价有限公司	一级	胡亮
28	建银（浙江）房地产土地资产评估有限公司上海分公司	一级	王伟
29	上海耀华房地产估价有限公司	一级	占迎喜
30	上海国众联土地房地产咨询估价有限公司	一级	时磊
31	中城联行（上海）房地产土地评估有限公司	一级	应恩杰
32	上海上资房地产估价有限公司	一级	张新杰
33	上海东洲房地产土地估价有限公司	一级	周佩祥
34	上海安大华永房地产土地估价有限公司	一级	许蓓

35	上海金虹房地产估价有限公司	一级	王宇
36	上海港城房地产土地估价有限公司	一级	施正官
37	上海科东房地产土地估价有限公司	一级	王伟
38	上海万隆房地产土地估价有限公司	一级	高伟林
39	上海上睿房地产估价有限公司	一级	金琦
40	江苏金土地房地产评估测绘咨询有限公司上海分公司	一级	左伟
41	上海同测房地产评估咨询有限公司	一级	张斌
42	上海申价房地产评估有限公司	一级	王方
43	上海涌力土地房地产估价有限公司	一级	林平
44	中财宝信（北京）房地产土地资产评估有限公司上海分公司	一级	卫红
45	上海瑞汇房地产土地估价有限公司	二级	蔡文超
46	上海博沃房地产估价有限公司	二级	李秋贵
47	上海纬临房地产估价有限公司	二级	金晓卿
48	上海宏璟房地产评估有限公司	三级	夏佳蓉
49	上海兆涛行房地产估价事务所（普通合伙）	三级	姜涛
50	上海雅衡土地房地产资产评估有限公司	三级	潘党生
51	上海上审房地产估价有限公司	三级	查剑锋
52	上海东方房地产估价有限公司	三级	倪军
53	中证房地产评估造价集团有限公司上海第一分公司	分支机构	王俊平
54	中兴华咨（北京）房地产评估工程咨询有限公司上海分公司	分支机构	戴建国
55	仲量联行（北京）土地房地产评估顾问有限公司上海分公司	分支机构	吴慧兰
56	深圳市融泽源资产评估土地房地产估价有限公司上海分公司	分支机构	余荣生
57	江苏苏地行土地房产评估有限公司上海分公司	分支机构	林鹏杰
58	深圳市国策房地产土地资产评估有限公司上海分公司	分支机构	忽树佳